Inhaltsverzeichnis

10

11

12

15

Gesetz über die Durchführung von Maßnahmen des Arbeitsschutzes zur Verbesserung der Sicherheit und des Gesundheitsschutzes der Beschäftigten bei der Arbeit

Arbeitsschutzgesetz - ArbSchG

-

ArbSchG

Ausfertigungsdatum: 07.08.1996

"Arbeitsschutzgesetz vom 7. August 1996 (BGBl. I S. 1246), das zuletzt durch Artikel 427 der Verordnung vom 31. August 2015 (BGBl. I S. 1474) geändert worden ist". Zuletzt geändert durch Art. 427 V v. 31.8.2015 I 1474.

Dieses Gesetz dient der Umsetzung folgender EG-Richtlinien: -Richtlinie 89/391/EWG des Rates vom 12. Juni 1989 über die Durchführung von Maßnahmen zur Verbesserung der Sicherheit und des Gesundheitsschutzes der Arbeitnehmer bei der Arbeit (ABl. EG Nr. L 183 S. 1) und - Richtlinie 91/383/EWG des Rates vom 25. Juni 1991 zur Ergänzung der Maßnahmen zur Verbesserung der Sicherheit und des Gesundheitsschutzes von Arbeitnehmern mit befristetem Arbeitsverhältnis oder Leiharbeitsverhältnis (ABl. EG Nr. L 206 S. 19).

Fußnote

(+++ Textnachweis ab: 21.8.1996 +++)
(+++ Amtliche Hinweise des Normgebers auf EG-Recht:
   Umsetzung der
     EWGRL 391/89 (CELEX Nr: 389L0391)
     EWGRL 383/91 (CELEX Nr: 391L0383) +++)

Das Gesetz wurde als Artikel 1 d. G v. 7.8.1996 I 1246 (ArbSchEGRLUmsG) vom Bundestag mit Zustimmung des Bundesrates beschlossen. Es ist gem. Art. 6 dieses G mWv 21.8.1996 in Kraft getreten. § 6 Abs. 1 tritt am 21.8.1997 in Kraft.

Erster Abschnitt
Allgemeine Vorschriften

-

§ 1 Zielsetzung und Anwendungsbereich

(1) Dieses Gesetz dient dazu, Sicherheit und Gesundheitsschutz der Beschäftigten bei der Arbeit durch Maßnahmen des Arbeitsschutzes zu sichern und zu verbessern. Es gilt in allen Tätigkeitsbereichen und findet im Rahmen der Vorgaben des Seerechtsübereinkommens der Vereinten Nationen vom 10. Dezember 1982 (BGBl. 1994 II S. 1799) auch in der ausschließlichen Wirtschaftszone Anwendung.
(2) Dieses Gesetz gilt nicht für den Arbeitsschutz von Hausangestellten in privaten Haushalten. Es gilt nicht für den Arbeitsschutz von Beschäftigten auf Seeschiffen und in Betrieben, die dem Bundesberggesetz unterliegen, soweit dafür entsprechende Rechtsvorschriften bestehen.
(3) Pflichten, die die Arbeitgeber zur Gewährleistung von Sicherheit und Gesundheitsschutz der Beschäftigten bei der Arbeit nach sonstigen Rechtsvorschriften haben, bleiben unberührt. Satz 1 gilt entsprechend für Pflichten und Rechte der Beschäftigten. Unberührt bleiben Gesetze, die andere Personen als Arbeitgeber zu Maßnahmen des Arbeitsschutzes verpflichten.
(4) Bei öffentlich-rechtlichen Religionsgemeinschaften treten an die Stelle der Betriebs- oder Personalräte die Mitarbeitervertretungen entsprechend dem kirchlichen Recht.

-

§ 2 Begriffsbestimmungen

(1) Maßnahmen des Arbeitsschutzes im Sinne dieses Gesetzes sind Maßnahmen zur Verhütung von Unfällen bei der Arbeit und arbeitsbedingten Gesundheitsgefahren einschließlich Maßnahmen der menschengerechten Gestaltung der Arbeit.
(2) Beschäftigte im Sinne dieses Gesetzes sind:

1.
   Arbeitnehmerinnen und Arbeitnehmer,
2.
   die zu ihrer Berufsbildung Beschäftigten,
3.
   arbeitnehmerähnliche Personen im Sinne des § 5 Abs. 1 des Arbeitsgerichtsgesetzes, ausgenommen die in Heimarbeit Beschäftigten und die ihnen Gleichgestellten,
4.
   Beamtinnen und Beamte,
5.
   Richterinnen und Richter,
6.
   Soldatinnen und Soldaten,
7.
   die in Werkstätten für Behinderte Beschäftigten.

(3) Arbeitgeber im Sinne dieses Gesetzes sind natürliche und juristische Personen und rechtsfähige Personengesellschaften, die Personen nach Absatz 2 beschäftigen.
(4) Sonstige Rechtsvorschriften im Sinne dieses Gesetzes sind Regelungen über Maßnahmen des Arbeitsschutzes in anderen Gesetzen, in Rechtsverordnungen und Unfallverhütungsvorschriften.
(5) Als Betriebe im Sinne dieses Gesetzes gelten für den Bereich des öffentlichen Dienstes die Dienststellen. Dienststellen sind die einzelnen Behörden, Verwaltungsstellen und Betriebe der Verwaltungen des Bundes, der Länder, der Gemeinden und der sonstigen Körperschaften, Anstalten und Stiftungen des öffentlichen Rechts, die Gerichte des Bundes und der Länder sowie die entsprechenden Einrichtungen der Streitkräfte.

Zweiter Abschnitt
Pflichten des Arbeitgebers

§ 3 Grundpflichten des Arbeitgebers

(1) Der Arbeitgeber ist verpflichtet, die erforderlichen Maßnahmen des Arbeitsschutzes unter Berücksichtigung der Umstände zu treffen, die Sicherheit und Gesundheit der Beschäftigten bei der Arbeit beeinflussen. Er hat die Maßnahmen auf ihre Wirksamkeit zu überprüfen und erforderlichenfalls sich ändernden Gegebenheiten anzupassen. Dabei hat er eine Verbesserung von Sicherheit und Gesundheitsschutz der Beschäftigten anzustreben.

(2) Zur Planung und Durchführung der Maßnahmen nach Absatz 1 hat der Arbeitgeber unter Berücksichtigung der Art der Tätigkeiten und der Zahl der Beschäftigten

1. für eine geeignete Organisation zu sorgen und die erforderlichen Mittel bereitzustellen sowie

2. Vorkehrungen zu treffen, daß die Maßnahmen erforderlichenfalls bei allen Tätigkeiten und eingebunden in die betrieblichen Führungsstrukturen beachtet werden und die Beschäftigten ihren Mitwirkungspflichten nachkommen können.

(3) Kosten für Maßnahmen nach diesem Gesetz darf der Arbeitgeber nicht den Beschäftigten auferlegen.

§ 4 Allgemeine Grundsätze

Der Arbeitgeber hat bei Maßnahmen des Arbeitsschutzes von folgenden allgemeinen Grundsätzen auszugehen:

1. Die Arbeit ist so zu gestalten, daß eine Gefährdung für das Leben sowie die physische und die psychische Gesundheit möglichst vermieden und die verbleibende Gefährdung möglichst gering gehalten wird;

2. Gefahren sind an ihrer Quelle zu bekämpfen;

3. bei den Maßnahmen sind der Stand von Technik, Arbeitsmedizin und Hygiene sowie sonstige gesicherte arbeitswissenschaftliche Erkenntnisse zu berücksichtigen;

4. Maßnahmen sind mit dem Ziel zu planen, Technik, Arbeitsorganisation, sonstige Arbeitsbedingungen, soziale Beziehungen und Einfluß der Umwelt auf den Arbeitsplatz sachgerecht zu verknüpfen;

5. individuelle Schutzmaßnahmen sind nachrangig zu anderen Maßnahmen;

6. spezielle Gefahren für besonders schutzbedürftige Beschäftigtengruppen sind zu berücksichtigen;

7. den Beschäftigten sind geeignete Anweisungen zu erteilen;

8. mittelbar oder unmittelbar geschlechtsspezifisch wirkende Regelungen sind nur zulässig, wenn dies aus biologischen Gründen zwingend geboten ist.

§ 5 Beurteilung der Arbeitsbedingungen

(1) Der Arbeitgeber hat durch eine Beurteilung der für die Beschäftigten mit ihrer Arbeit verbundenen Gefährdung zu ermitteln, welche Maßnahmen des Arbeitsschutzes erforderlich sind.
(2) Der Arbeitgeber hat die Beurteilung je nach Art der Tätigkeiten vorzunehmen. Bei gleichartigen Arbeitsbedingungen ist die Beurteilung eines Arbeitsplatzes oder einer Tätigkeit ausreichend.
(3) Eine Gefährdung kann sich insbesondere ergeben durch

1.
   die Gestaltung und die Einrichtung der Arbeitsstätte und des Arbeitsplatzes,
2.
   physikalische, chemische und biologische Einwirkungen,
3.
   die Gestaltung, die Auswahl und den Einsatz von Arbeitsmitteln, insbesondere von Arbeitsstoffen, Maschinen, Geräten und Anlagen sowie den Umgang damit,
4.
   die Gestaltung von Arbeits- und Fertigungsverfahren, Arbeitsabläufen und Arbeitszeit und deren Zusammenwirken,
5.
   unzureichende Qualifikation und Unterweisung der Beschäftigten,
6.
   psychische Belastungen bei der Arbeit.
-

§ 6 Dokumentation

(1) Der Arbeitgeber muß über die je nach Art der Tätigkeiten und der Zahl der Beschäftigten erforderlichen Unterlagen verfügen, aus denen das Ergebnis der Gefährdungsbeurteilung, die von ihm festgelegten Maßnahmen des Arbeitsschutzes und das Ergebnis ihrer Überprüfung ersichtlich sind. Bei gleichartiger Gefährdungssituation ist es ausreichend, wenn die Unterlagen zusammengefaßte Angaben enthalten.
(2) Unfälle in seinem Betrieb, bei denen ein Beschäftigter getötet oder so verletzt wird, daß er stirbt oder für mehr als drei Tage völlig oder teilweise arbeits- oder dienstunfähig wird, hat der Arbeitgeber zu erfassen.
-

§ 7 Übertragung von Aufgaben

Bei der Übertragung von Aufgaben auf Beschäftigte hat der Arbeitgeber je nach Art der Tätigkeiten zu berücksichtigen, ob die Beschäftigten befähigt sind, die für die Sicherheit und den Gesundheitsschutz bei der Aufgabenerfüllung zu beachtenden Bestimmungen und Maßnahmen einzuhalten.
-

§ 8 Zusammenarbeit mehrerer Arbeitgeber

(1) Werden Beschäftigte mehrerer Arbeitgeber an einem Arbeitsplatz tätig, sind die Arbeitgeber verpflichtet, bei der Durchführung der Sicherheits- und Gesundheitsschutzbestimmungen zusammenzuarbeiten. Soweit dies für die Sicherheit und den Gesundheitsschutz der Beschäftigten bei der Arbeit erforderlich ist, haben die Arbeitgeber je nach Art der Tätigkeiten insbesondere sich gegenseitig und ihre Beschäftigten über die mit den Arbeiten verbundenen Gefahren für Sicherheit und Gesundheit der Beschäftigten zu unterrichten und Maßnahmen zur Verhütung dieser Gefahren abzustimmen.
(2) Der Arbeitgeber muß sich je nach Art der Tätigkeit vergewissern, daß die Beschäftigten anderer

Arbeitgeber, die in seinem Betrieb tätig werden, hinsichtlich der Gefahren für ihre Sicherheit und Gesundheit während ihrer Tätigkeit in seinem Betrieb angemessene Anweisungen erhalten haben.

–

§ 9 Besondere Gefahren

(1) Der Arbeitgeber hat Maßnahmen zu treffen, damit nur Beschäftigte Zugang zu besonders gefährlichen Arbeitsbereichen haben, die zuvor geeignete Anweisungen erhalten haben.

(2) Der Arbeitgeber hat Vorkehrungen zu treffen, daß alle Beschäftigten, die einer unmittelbaren erheblichen Gefahr ausgesetzt sind oder sein können, möglichst frühzeitig über diese Gefahr und die getroffenen oder zu treffenden Schutzmaßnahmen unterrichtet sind. Bei unmittelbarer erheblicher Gefahr für die eigene Sicherheit oder die Sicherheit anderer Personen müssen die Beschäftigten die geeigneten Maßnahmen zur Gefahrenabwehr und Schadensbegrenzung selbst treffen können, wenn der zuständige Vorgesetzte nicht erreichbar ist; dabei sind die Kenntnisse der Beschäftigten und die vorhandenen technischen Mittel zu berücksichtigen. Den Beschäftigten dürfen aus ihrem Handeln keine Nachteile entstehen, es sei denn, sie haben vorsätzlich oder grob fahrlässig ungeeignete Maßnahmen getroffen.

(3) Der Arbeitgeber hat Maßnahmen zu treffen, die es den Beschäftigten bei unmittelbarer erheblicher Gefahr ermöglichen, sich durch sofortiges Verlassen der Arbeitsplätze in Sicherheit zu bringen. Den Beschäftigten dürfen hierdurch keine Nachteile entstehen. Hält die unmittelbare erhebliche Gefahr an, darf der Arbeitgeber die Beschäftigten nur in besonders begründeten Ausnahmefällen auffordern, ihre Tätigkeit wieder aufzunehmen. Gesetzliche Pflichten der Beschäftigten zur Abwehr von Gefahren für die öffentliche Sicherheit sowie die §§ 7 und 11 des Soldatengesetzes bleiben unberührt.

–

§ 10 Erste Hilfe und sonstige Notfallmaßnahmen

(1) Der Arbeitgeber hat entsprechend der Art der Arbeitsstätte und der Tätigkeiten sowie der Zahl der Beschäftigten die Maßnahmen zu treffen, die zur Ersten Hilfe, Brandbekämpfung und Evakuierung der Beschäftigten erforderlich sind. Dabei hat er der Anwesenheit anderer Personen Rechnung zu tragen. Er hat auch dafür zu sorgen, daß im Notfall die erforderlichen Verbindungen zu außerbetrieblichen Stellen, insbesondere in den Bereichen der Ersten Hilfe, der medizinischen Notversorgung, der Bergung und der Brandbekämpfung eingerichtet sind.

(2) Der Arbeitgeber hat diejenigen Beschäftigten zu benennen, die Aufgaben der Ersten Hilfe, Brandbekämpfung und Evakuierung der Beschäftigten übernehmen. Anzahl, Ausbildung und Ausrüstung der nach Satz 1 benannten Beschäftigten müssen in einem angemessenen Verhältnis zur Zahl der Beschäftigten und zu den bestehenden besonderen Gefahren stehen. Vor der Benennung hat der Arbeitgeber den Betriebs- oder Personalrat zu hören. Weitergehende Beteiligungsrechte bleiben unberührt. Der Arbeitgeber kann die in Satz 1 genannten Aufgaben auch selbst wahrnehmen, wenn er über die nach Satz 2 erforderliche Ausbildung und Ausrüstung verfügt.

–

§ 11 Arbeitsmedizinische Vorsorge

Der Arbeitgeber hat den Beschäftigten auf ihren Wunsch unbeschadet der Pflichten aus anderen Rechtsvorschriften zu ermöglichen, sich je nach den Gefahren für ihre Sicherheit und Gesundheit bei der Arbeit regelmäßig arbeitsmedizinisch untersuchen zu lassen, es sei denn, auf Grund der Beurteilung der Arbeitsbedingungen und der getroffenen Schutzmaßnahmen ist nicht mit einem Gesundheitsschaden zu rechnen.

–

§ 12 Unterweisung

(1) Der Arbeitgeber hat die Beschäftigten über Sicherheit und Gesundheitsschutz bei der Arbeit während ihrer Arbeitszeit ausreichend und angemessen zu unterweisen. Die Unterweisung umfaßt Anweisungen und Erläuterungen, die eigens auf den Arbeitsplatz oder den Aufgabenbereich der Beschäftigten ausgerichtet sind. Die Unterweisung muß bei der Einstellung, bei Veränderungen im Aufgabenbereich, der Einführung neuer Arbeitsmittel oder einer neuen Technologie vor Aufnahme der Tätigkeit der Beschäftigten erfolgen. Die Unterweisung muß an die Gefährdungsentwicklung angepaßt sein und erforderlichenfalls regelmäßig wiederholt werden.

(2) Bei einer Arbeitnehmerüberlassung trifft die Pflicht zur Unterweisung nach Absatz 1 den Entleiher. Er hat die Unterweisung unter Berücksichtigung der Qualifikation und der Erfahrung der Personen, die ihm zur Arbeitsleistung überlassen werden, vorzunehmen. Die sonstigen Arbeitsschutzpflichten des Verleihers bleiben unberührt.

-

§ 13 Verantwortliche Personen

(1) Verantwortlich für die Erfüllung der sich aus diesem Abschnitt ergebenden Pflichten sind neben dem Arbeitgeber

1.
  sein gesetzlicher Vertreter,
2.
  das vertretungsberechtigte Organ einer juristischen Person,
3.
  der vertretungsberechtigte Gesellschafter einer Personenhandelsgesellschaft,
4.
  Personen, die mit der Leitung eines Unternehmens oder eines Betriebes beauftragt sind, im Rahmen der ihnen übertragenen Aufgaben und Befugnisse,
5.
  sonstige nach Absatz 2 oder nach einer auf Grund dieses Gesetzes erlassenen Rechtsverordnung oder nach einer Unfallverhütungsvorschrift verpflichtete Personen im Rahmen ihrer Aufgaben und Befugnisse.

(2) Der Arbeitgeber kann zuverlässige und fachkundige Personen schriftlich damit beauftragen, ihm obliegende Aufgaben nach diesem Gesetz in eigener Verantwortung wahrzunehmen.

-

§ 14 Unterrichtung und Anhörung der Beschäftigten des öffentlichen Dienstes

(1) Die Beschäftigten des öffentlichen Dienstes sind vor Beginn der Beschäftigung und bei Veränderungen in ihren Arbeitsbereichen über Gefahren für Sicherheit und Gesundheit, denen sie bei der Arbeit ausgesetzt sein können, sowie über die Maßnahmen und Einrichtungen zur Verhütung dieser Gefahren und die nach § 10 Abs. 2 getroffenen Maßnahmen zu unterrichten.

(2) Soweit in Betrieben des öffentlichen Dienstes keine Vertretung der Beschäftigten besteht, hat der Arbeitgeber die Beschäftigten zu allen Maßnahmen zu hören, die Auswirkungen auf Sicherheit und Gesundheit der Beschäftigten haben können.

Dritter Abschnitt
Pflichten und Rechte der Beschäftigten

-

§ 15 Pflichten der Beschäftigten

(1) Die Beschäftigten sind verpflichtet, nach ihren Möglichkeiten sowie gemäß der Unterweisung

und Weisung des Arbeitgebers für ihre Sicherheit und Gesundheit bei der Arbeit Sorge zu tragen. Entsprechend Satz 1 haben die Beschäftigten auch für die Sicherheit und Gesundheit der Personen zu sorgen, die von ihren Handlungen oder Unterlassungen bei der Arbeit betroffen sind.
(2) Im Rahmen des Absatzes 1 haben die Beschäftigten insbesondere Maschinen, Geräte, Werkzeuge, Arbeitsstoffe, Transportmittel und sonstige Arbeitsmittel sowie Schutzvorrichtungen und die ihnen zur Verfügung gestellte persönliche Schutzausrüstung bestimmungsgemäß zu verwenden.
-

§ 16 Besondere Unterstützungspflichten

(1) Die Beschäftigten haben dem Arbeitgeber oder dem zuständigen Vorgesetzten jede von ihnen festgestellte unmittelbare erhebliche Gefahr für die Sicherheit und Gesundheit sowie jeden an den Schutzsystemen festgestellten Defekt unverzüglich zu melden.
(2) Die Beschäftigten haben gemeinsam mit dem Betriebsarzt und der Fachkraft für Arbeitssicherheit den Arbeitgeber darin zu unterstützen, die Sicherheit und den Gesundheitsschutz der Beschäftigten bei der Arbeit zu gewährleisten und seine Pflichten entsprechend den behördlichen Auflagen zu erfüllen. Unbeschadet ihrer Pflicht nach Absatz 1 sollen die Beschäftigten von ihnen festgestellte Gefahren für Sicherheit und Gesundheit und Mängel an den Schutzsystemen auch der Fachkraft für Arbeitssicherheit, dem Betriebsarzt oder dem Sicherheitsbeauftragten nach § 22 des Siebten Buches Sozialgesetzbuch mitteilen.
-

§ 17 Rechte der Beschäftigten

(1) Die Beschäftigten sind berechtigt, dem Arbeitgeber Vorschläge zu allen Fragen der Sicherheit und des Gesundheitsschutzes bei der Arbeit zu machen. Für Beamtinnen und Beamte des Bundes ist § 125 des Bundesbeamtengesetzes anzuwenden. Entsprechendes Landesrecht bleibt unberührt.
(2) Sind Beschäftigte auf Grund konkreter Anhaltspunkte der Auffassung, daß die vom Arbeitgeber getroffenen Maßnahmen und bereitgestellten Mittel nicht ausreichen, um die Sicherheit und den Gesundheitsschutz bei der Arbeit zu gewährleisten, und hilft der Arbeitgeber darauf gerichteten Beschwerden von Beschäftigten nicht ab, können sich diese an die zuständige Behörde wenden. Hierdurch dürfen den Beschäftigten keine Nachteile entstehen. Die in Absatz 1 Satz 2 und 3 genannten Vorschriften sowie die Vorschriften der Wehrbeschwerdeordnung und des Gesetzes über den Wehrbeauftragten des Deutschen Bundestages bleiben unberührt.

Vierter Abschnitt
Verordnungsermächtigungen

-

§ 18 Verordnungsermächtigungen

(1) Die Bundesregierung wird ermächtigt, durch Rechtsverordnung mit Zustimmung des Bundesrates vorzuschreiben, welche Maßnahmen der Arbeitgeber und die sonstigen verantwortlichen Personen zu treffen haben und wie sich die Beschäftigten zu verhalten haben, um ihre jeweiligen Pflichten, die sich aus diesem Gesetz ergeben, zu erfüllen. In diesen Rechtsverordnungen kann auch bestimmt werden, daß bestimmte Vorschriften des Gesetzes zum Schutz anderer als in § 2 Abs. 2 genannter Personen anzuwenden sind.
(2) Durch Rechtsverordnungen nach Absatz 1 kann insbesondere bestimmt werden,
1.
    daß und wie zur Abwehr bestimmter Gefahren Dauer oder Lage der Beschäftigung oder die

Zahl der Beschäftigten begrenzt werden muß,

2. daß der Einsatz bestimmter Arbeitsmittel oder -verfahren mit besonderen Gefahren für die Beschäftigten verboten ist oder der zuständigen Behörde angezeigt oder von ihr erlaubt sein muß oder besonders gefährdete Personen dabei nicht beschäftigt werden dürfen,

3. daß bestimmte, besonders gefährliche Betriebsanlagen einschließlich der Arbeits- und Fertigungsverfahren vor Inbetriebnahme, in regelmäßigen Abständen oder auf behördliche Anordnung fachkundig geprüft werden müssen,

4. daß Beschäftigte, bevor sie eine bestimmte gefährdende Tätigkeit aufnehmen oder fortsetzen oder nachdem sie sie beendet haben, arbeitsmedizinisch zu untersuchen sind und welche besonderen Pflichten der Arzt dabei zu beachten hat,

5. dass Ausschüsse zu bilden sind, denen die Aufgabe übertragen wird, die Bundesregierung oder das zuständige Bundesministerium zur Anwendung der Rechtsverordnungen zu beraten, dem Stand der Technik, Arbeitsmedizin und Hygiene entsprechende Regeln und sonstige gesicherte arbeitswissenschaftliche Erkenntnisse zu ermitteln sowie Regeln zu ermitteln, wie die in den Rechtsverordnungen gestellten Anforderungen erfüllt werden können. Das Bundesministerium für Arbeit und Soziales kann die Regeln und Erkenntnisse amtlich bekannt machen.

-

§ 19 Rechtsakte der Europäischen Gemeinschaften und zwischenstaatliche Vereinbarungen

Rechtsverordnungen nach § 18 können auch erlassen werden, soweit dies zur Durchführung von Rechtsakten des Rates oder der Kommission der Europäischen Gemeinschaften oder von Beschlüssen internationaler Organisationen oder von zwischenstaatlichen Vereinbarungen, die Sachbereiche dieses Gesetzes betreffen, erforderlich ist, insbesondere um Arbeitsschutzpflichten für andere als in § 2 Abs. 3 genannte Personen zu regeln.

-

§ 20 Regelungen für den öffentlichen Dienst

(1) Für die Beamten der Länder, Gemeinden und sonstigen Körperschaften, Anstalten und Stiftungen des öffentlichen Rechts regelt das Landesrecht, ob und inwieweit die nach § 18 erlassenen Rechtsverordnungen gelten.
(2) Für bestimmte Tätigkeiten im öffentlichen Dienst des Bundes, insbesondere bei der Bundeswehr, der Polizei, den Zivil- und Katastrophenschutzdiensten, dem Zoll oder den Nachrichtendiensten, können das Bundeskanzleramt, das Bundesministerium des Innern, das Bundesministerium für Verkehr und digitale Infrastruktur, das Bundesministerium der Verteidigung oder das Bundesministerium der Finanzen, soweit sie hierfür jeweils zuständig sind, durch Rechtsverordnung ohne Zustimmung des Bundesrates bestimmen, daß Vorschriften dieses Gesetzes ganz oder zum Teil nicht anzuwenden sind, soweit öffentliche Belange dies zwingend erfordern, insbesondere zur Aufrechterhaltung oder Wiederherstellung der öffentlichen Sicherheit. Rechtsverordnungen nach Satz 1 werden im Einvernehmen mit dem Bundesministerium für Arbeit und Soziales und, soweit nicht das Bundesministerium des Innern selbst ermächtigt ist, im Einvernehmen mit diesem Ministerium erlassen. In den Rechtsverordnungen ist gleichzeitig festzulegen, wie die Sicherheit und der Gesundheitsschutz bei der Arbeit unter Berücksichtigung der Ziele dieses Gesetzes auf andere Weise gewährleistet werden. Für Tätigkeiten im öffentlichen Dienst der Länder, Gemeinden und sonstigen landesunmittelbaren Körperschaften, Anstalten und Stiftungen des öffentlichen Rechts können den Sätzen 1 und 3 entsprechende Regelungen durch Landesrecht getroffen werden.

Fünfter Abschnitt
Gemeinsame deutsche Arbeitsschutzstrategie

§ 20a Gemeinsame deutsche Arbeitsschutzstrategie

(1) Nach den Bestimmungen dieses Abschnitts entwickeln Bund, Länder und Unfallversicherungsträger im Interesse eines wirksamen Arbeitsschutzes eine gemeinsame deutsche Arbeitsschutzstrategie und gewährleisten ihre Umsetzung und Fortschreibung. Mit der Wahrnehmung der ihnen gesetzlich zugewiesenen Aufgaben zur Verhütung von Arbeitsunfällen, Berufskrankheiten und arbeitsbedingten Gesundheitsgefahren sowie zur menschengerechten Gestaltung der Arbeit tragen Bund, Länder und Unfallversicherungsträger dazu bei, die Ziele der gemeinsamen deutschen Arbeitsschutzstrategie zu erreichen.

(2) Die gemeinsame deutsche Arbeitsschutzstrategie umfasst

1.
    die Entwicklung gemeinsamer Arbeitsschutzziele,

2.
    die Festlegung vorrangiger Handlungsfelder und von Eckpunkten für Arbeitsprogramme sowie deren Ausführung nach einheitlichen Grundsätzen,

3.
    die Evaluierung der Arbeitsschutzziele, Handlungsfelder und Arbeitsprogramme mit geeigneten Kennziffern,

4.
    die Festlegung eines abgestimmten Vorgehens der für den Arbeitsschutz zuständigen Landesbehörden und der Unfallversicherungsträger bei der Beratung und Überwachung der Betriebe,

5.
    die Herstellung eines verständlichen, überschaubaren und abgestimmten Vorschriften- und Regelwerks.

§ 20b Nationale Arbeitsschutzkonferenz

(1) Die Aufgabe der Entwicklung, Steuerung und Fortschreibung der gemeinsamen deutschen Arbeitsschutzstrategie nach § 20a Abs. 1 Satz 1 wird von der Nationalen Arbeitsschutzkonferenz wahrgenommen. Sie setzt sich aus jeweils drei stimmberechtigten Vertretern von Bund, Ländern und den Unfallversicherungsträgern zusammen und bestimmt für jede Gruppe drei Stellvertreter. Außerdem entsenden die Spitzenorganisationen der Arbeitgeber und Arbeitnehmer für die Behandlung von Angelegenheiten nach § 20a Abs. 2 Nr. 1 bis 3 und 5 jeweils bis zu drei Vertreter in die Nationale Arbeitsschutzkonferenz; sie nehmen mit beratender Stimme an den Sitzungen teil. Die Nationale Arbeitsschutzkonferenz gibt sich eine Geschäftsordnung; darin werden insbesondere die Arbeitsweise und das Beschlussverfahren festgelegt. Die Geschäftsordnung muss einstimmig angenommen werden.

(2) Alle Einrichtungen, die mit Sicherheit und Gesundheit bei der Arbeit befasst sind, können der Nationalen Arbeitsschutzkonferenz Vorschläge für Arbeitsschutzziele, Handlungsfelder und Arbeitsprogramme unterbreiten.

(3) Die Nationale Arbeitsschutzkonferenz wird durch ein Arbeitsschutzforum unterstützt, das in der Regel einmal jährlich stattfindet. Am Arbeitsschutzforum sollen sachverständige Vertreter der Spitzenorganisationen der Arbeitgeber und Arbeitnehmer, der Berufs- und Wirtschaftsverbände, der Wissenschaft, der Kranken- und Rentenversicherungsträger, von Einrichtungen im Bereich Sicherheit und Gesundheit bei der Arbeit sowie von Einrichtungen, die der Förderung der Beschäftigungsfähigkeit dienen, teilnehmen. Das Arbeitsschutzforum hat die Aufgabe, eine frühzeitige und aktive Teilhabe der sachverständigen Fachöffentlichkeit an der Entwicklung und

Fortschreibung der gemeinsamen deutschen Arbeitsschutzstrategie sicherzustellen und die Nationale Arbeitsschutzkonferenz entsprechend zu beraten.

(4) Einzelheiten zum Verfahren der Einreichung von Vorschlägen nach Absatz 2 und zur Durchführung des Arbeitsschutzforums nach Absatz 3 werden in der Geschäftsordnung der Nationalen Arbeitsschutzkonferenz geregelt.

(5) Die Geschäfte der Nationalen Arbeitsschutzkonferenz und des Arbeitsschutzforums führt die Bundesanstalt für Arbeitsschutz und Arbeitsmedizin. Einzelheiten zu Arbeitsweise und Verfahren werden in der Geschäftsordnung der Nationalen Arbeitsschutzkonferenz festgelegt.

Sechster Abschnitt
Schlußvorschriften

§ 21 Zuständige Behörden, Zusammenwirken mit den Trägern der gesetzlichen Unfallversicherung

(1) Die Überwachung des Arbeitsschutzes nach diesem Gesetz ist staatliche Aufgabe. Die zuständigen Behörden haben die Einhaltung dieses Gesetzes und der auf Grund dieses Gesetzes erlassenen Rechtsverordnungen zu überwachen und die Arbeitgeber bei der Erfüllung ihrer Pflichten zu beraten.

(2) Die Aufgaben und Befugnisse der Träger der gesetzlichen Unfallversicherung richten sich, soweit nichts anderes bestimmt ist, nach den Vorschriften des Sozialgesetzbuchs. Soweit die Träger der gesetzlichen Unfallversicherung nach dem Sozialgesetzbuch im Rahmen ihres Präventionsauftrags auch Aufgaben zur Gewährleistung von Sicherheit und Gesundheitsschutz der Beschäftigten wahrnehmen, werden sie ausschließlich im Rahmen ihrer autonomen Befugnisse tätig.

(3) Die zuständigen Landesbehörden und die Unfallversicherungsträger wirken auf der Grundlage einer gemeinsamen Beratungs- und Überwachungsstrategie nach § 20a Abs. 2 Nr. 4 eng zusammen und stellen den Erfahrungsaustausch sicher. Diese Strategie umfasst die Abstimmung allgemeiner Grundsätze zur methodischen Vorgehensweise bei

1.
   der Beratung und Überwachung der Betriebe,
2.
   der Festlegung inhaltlicher Beratungs- und Überwachungsschwerpunkte, aufeinander abgestimmter oder gemeinsamer Schwerpunktaktionen und Arbeitsprogramme und
3.
   der Förderung eines Daten- und sonstigen Informationsaustausches, insbesondere über Betriebsbesichtigungen und deren wesentliche Ergebnisse.

Die zuständigen Landesbehörden vereinbaren mit den Unfallversicherungsträgern nach § 20 Abs. 2 Satz 3 des Siebten Buches Sozialgesetzbuch die Maßnahmen, die zur Umsetzung der gemeinsamen Arbeitsprogramme nach § 20a Abs. 2 und der gemeinsamen Beratungs- und Überwachungsstrategie notwendig sind; sie evaluieren deren Zielerreichung mit den von der Nationalen Arbeitsschutzkonferenz nach § 20a Abs. 2 Nr. 3 bestimmten Kennziffern.

(4) Die für den Arbeitsschutz zuständige oberste Landesbehörde kann mit Trägern der gesetzlichen Unfallversicherung vereinbaren, daß diese in näher zu bestimmenden Tätigkeitsbereichen die Einhaltung dieses Gesetzes, bestimmter Vorschriften dieses Gesetzes oder der auf Grund dieses Gesetzes erlassenen Rechtsverordnungen überwachen. In der Vereinbarung sind Art und Umfang der Überwachung sowie die Zusammenarbeit mit den staatlichen Arbeitsschutzbehörden festzulegen.

(5) Soweit nachfolgend nichts anderes bestimmt ist, ist zuständige Behörde für die Durchführung dieses Gesetzes und der auf dieses Gesetz gestützten Rechtsverordnungen in den Betrieben und Verwaltungen des Bundes die Zentralstelle für Arbeitsschutz beim Bundesministerium des Innern. Im Auftrag der Zentralstelle handelt, soweit nichts anderes bestimmt ist, die Unfallversicherung Bund und Bahn, die insoweit der Aufsicht des Bundesministeriums des Innern unterliegt;

Aufwendungen werden nicht erstattet. Im öffentlichen Dienst im Geschäftsbereich des Bundesministeriums für Verkehr und digitale Infrastruktur führt die Unfallversicherung Bund und Bahn, soweit die Eisenbahn-Unfallkasse bis zum 31. Dezember 2014 Träger der Unfallversicherung war, dieses Gesetz durch. Für Betriebe und Verwaltungen in den Geschäftsbereichen des Bundesministeriums der Verteidigung und des Auswärtigen Amtes hinsichtlich seiner Auslandsvertretungen führt das jeweilige Bundesministerium, soweit es jeweils zuständig ist, oder die von ihm jeweils bestimmte Stelle dieses Gesetz durch. Im Geschäftsbereich des Bundesministeriums der Finanzen führt die Berufsgenossenschaft Verkehrswirtschaft Post-Logistik Telekommunikation dieses Gesetz durch, soweit der Geschäftsbereich des ehemaligen Bundesministeriums für Post und Telekommunikation betroffen ist. Die Sätze 1 bis 4 gelten auch für Betriebe und Verwaltungen, die zur Bundesverwaltung gehören, für die aber eine Berufsgenossenschaft Träger der Unfallversicherung ist. Die zuständigen Bundesministerien können mit den Berufsgenossenschaften für diese Betriebe und Verwaltungen vereinbaren, daß das Gesetz von den Berufsgenossenschaften durchgeführt wird; Aufwendungen werden nicht erstattet.

-

§ 22 Befugnisse der zuständigen Behörden

(1) Die zuständige Behörde kann vom Arbeitgeber oder von den verantwortlichen Personen die zur Durchführung ihrer Überwachungsaufgabe erforderlichen Auskünfte und die Überlassung von entsprechenden Unterlagen verlangen. Die auskunftspflichtige Person kann die Auskunft auf solche Fragen oder die Vorlage derjenigen Unterlagen verweigern, deren Beantwortung oder Vorlage sie selbst oder einen ihrer in § 383 Abs. 1 Nr. 1 bis 3 der Zivilprozeßordnung bezeichneten Angehörigen der Gefahr der Verfolgung wegen einer Straftat oder Ordnungswidrigkeit aussetzen würde. Die auskunftspflichtige Person ist darauf hinzuweisen.

(2) Die mit der Überwachung beauftragten Personen sind befugt, zu den Betriebs- und Arbeitszeiten Betriebsstätten, Geschäfts- und Betriebsräume zu betreten, zu besichtigen und zu prüfen sowie in die geschäftlichen Unterlagen der auskunftspflichtigen Person Einsicht zu nehmen, soweit dies zur Erfüllung ihrer Aufgaben erforderlich ist. Außerdem sind sie befugt, Betriebsanlagen, Arbeitsmittel und persönliche Schutzausrüstungen zu prüfen, Arbeitsverfahren und Arbeitsabläufe zu untersuchen, Messungen vorzunehmen und insbesondere arbeitsbedingte Gesundheitsgefahren festzustellen und zu untersuchen, auf welche Ursachen ein Arbeitsunfall, eine arbeitsbedingte Erkrankung oder ein Schadensfall zurückzuführen ist. Sie sind berechtigt, die Begleitung durch den Arbeitgeber oder eine von ihm beauftragte Person zu verlangen. Der Arbeitgeber oder die verantwortlichen Personen haben die mit der Überwachung beauftragten Personen bei der Wahrnehmung ihrer Befugnisse nach den Sätzen 1 und 2 zu unterstützen. Außerhalb der in Satz 1 genannten Zeiten, oder wenn die Arbeitsstätte sich in einer Wohnung befindet, dürfen die mit der Überwachung beauftragten Personen ohne Einverständnis des Arbeitgebers die Maßnahmen nach den Sätzen 1 und 2 nur zur Verhütung dringender Gefahren für die öffentliche Sicherheit oder Ordnung treffen. Die auskunftspflichtige Person hat die Maßnahmen nach den Sätzen 1, 2 und 5 zu dulden. Die Sätze 1 und 5 gelten entsprechend, wenn nicht feststeht, ob in der Arbeitsstätte Personen beschäftigt werden, jedoch Tatsachen gegeben sind, die diese Annahme rechtfertigen. Das Grundrecht der Unverletzlichkeit der Wohnung (Artikel 13 des Grundgesetzes) wird insoweit eingeschränkt.

(3) Die zuständige Behörde kann im Einzelfall anordnen,

1.

   welche Maßnahmen der Arbeitgeber und die verantwortlichen Personen oder die Beschäftigten zur Erfüllung der Pflichten zu treffen haben, die sich aus diesem Gesetz und den auf Grund dieses Gesetzes erlassenen Rechtsverordnungen ergeben,

2.

   welche Maßnahmen der Arbeitgeber und die verantwortlichen Personen zur Abwendung einer besonderen Gefahr für Leben und Gesundheit der Beschäftigten zu treffen haben.

Die zuständige Behörde hat, wenn nicht Gefahr im Verzug ist, zur Ausführung der Anordnung eine angemessene Frist zu setzen. Wird eine Anordnung nach Satz 1 nicht innerhalb einer gesetzten Frist oder eine für sofort vollziehbar erklärte Anordnung nicht sofort ausgeführt, kann die zuständige Behörde die von der Anordnung betroffene Arbeit oder die Verwendung oder den Betrieb der von der Anordnung betroffenen Arbeitsmittel untersagen. Maßnahmen der zuständigen Behörde im Bereich des öffentlichen Dienstes, die den Dienstbetrieb wesentlich beeinträchtigen, sollen im Einvernehmen mit der obersten Bundes- oder Landesbehörde oder dem Hauptverwaltungsbeamten der Gemeinde getroffen werden.

§ 23 Betriebliche Daten, Zusammenarbeit mit anderen Behörden, Jahresbericht

(1) Der Arbeitgeber hat der zuständigen Behörde zu einem von ihr bestimmten Zeitpunkt Mitteilungen über

1.

die Zahl der Beschäftigten und derer, an die er Heimarbeit vergibt, aufgegliedert nach Geschlecht, Alter und Staatsangehörigkeit,

2.

den Namen oder die Bezeichnung und Anschrift des Betriebs, in dem er sie beschäftigt,

3.

seinen Namen, seine Firma und seine Anschrift sowie

4.

den Wirtschaftszweig, dem sein Betrieb angehört,

zu machen. Das Bundesministerium für Arbeit und Soziales wird ermächtigt, durch Rechtsverordnung mit Zustimmung des Bundesrates zu bestimmen, daß die Stellen der Bundesverwaltung, denen der Arbeitgeber die in Satz 1 genannten Mitteilungen bereits auf Grund einer Rechtsvorschrift mitgeteilt hat, diese Angaben an die für die Behörden nach Satz 1 zuständigen obersten Landesbehörden als Schreiben oder auf maschinell verwertbaren Datenträgern oder durch Datenübertragung weiterzuleiten haben. In der Rechtsverordnung können das Nähere über die Form der weiterzuleitenden Angaben sowie die Frist für die Weiterleitung bestimmt werden. Die weitergeleiteten Angaben dürfen nur zur Erfüllung der in der Zuständigkeit der Behörden nach § 21 Abs. 1 liegenden Arbeitsschutzaufgaben verwendet sowie in Datenverarbeitungssystemen gespeichert oder verarbeitet werden.
(2) Die mit der Überwachung beauftragten Personen dürfen die ihnen bei ihrer Überwachungstätigkeit zur Kenntnis gelangenden Geschäfts- und Betriebsgeheimnisse nur in den gesetzlich geregelten Fällen oder zur Verfolgung von Gesetzwidrigkeiten oder zur Erfüllung von gesetzlich geregelten Aufgaben zum Schutz der Versicherten dem Träger der gesetzlichen Unfallversicherung oder zum Schutz der Umwelt den dafür zuständigen Behörden offenbaren. Soweit es sich bei Geschäfts- und Betriebsgeheimnissen um Informationen über die Umwelt im Sinne des Umweltinformationsgesetzes handelt, richtet sich die Befugnis zu ihrer Offenbarung nach dem Umweltinformationsgesetz.
(3) Ergeben sich im Einzelfall für die zuständigen Behörden konkrete Anhaltspunkte für

1.

eine Beschäftigung oder Tätigkeit von Ausländern ohne den erforderlichen Aufenthaltstitel nach § 4 Abs. 3 des Aufenthaltsgesetzes, eine Aufenthaltsgestattung oder eine Duldung, die zur Ausübung der Beschäftigung berechtigen, oder eine Genehmigung nach § 284 Abs. 1 des Dritten Buches Sozialgesetzbuch,

2.

Verstöße gegen die Mitwirkungspflicht nach § 60 Abs. 1 Satz 1 Nr. 2 des Ersten Buches Sozialgesetzbuch gegenüber einer Dienststelle der Bundesagentur für Arbeit, einem Träger der gesetzlichen Kranken-, Pflege-, Unfall- oder Rentenversicherung oder einem Träger der Sozialhilfe oder gegen die Meldepflicht nach § 8a des Asylbewerberleistungsgesetzes,

3.

Verstöße gegen das Gesetz zur Bekämpfung der Schwarzarbeit,

4.

Verstöße gegen das Arbeitnehmerüberlassungsgesetz,

5.

Verstöße gegen die Vorschriften des Vierten und Siebten Buches Sozialgesetzbuch über die Verpflichtung zur Zahlung von Sozialversicherungsbeiträgen,

6.

Verstöße gegen das Aufenthaltsgesetz,

7.

Verstöße gegen die Steuergesetze,

unterrichten sie die für die Verfolgung und Ahndung der Verstöße nach den Nummern 1 bis 7 zuständigen Behörden, die Träger der Sozialhilfe sowie die Behörden nach § 71 des Aufenthaltsgesetzes. In den Fällen des Satzes 1 arbeiten die zuständigen Behörden insbesondere mit den Agenturen für Arbeit, den Hauptzollämtern, den Rentenversicherungsträgern, den Krankenkassen als Einzugsstellen für die Sozialversicherungsbeiträge, den Trägern der gesetzlichen Unfallversicherung, den nach Landesrecht für die Verfolgung und Ahndung von Verstößen gegen das Gesetz zur Bekämpfung der Schwarzarbeit zuständigen Behörden, den Trägern der Sozialhilfe, den in § 71 des Aufenthaltsgesetzes genannten Behörden und den Finanzbehörden zusammen.

(4) Die zuständigen obersten Landesbehörden haben über die Überwachungstätigkeit der ihnen unterstellten Behörden einen Jahresbericht zu veröffentlichen. Der Jahresbericht umfaßt auch Angaben zur Erfüllung von Unterrichtungspflichten aus internationalen Übereinkommen oder Rechtsakten der Europäischen Gemeinschaften, soweit sie den Arbeitsschutz betreffen.

-

§ 24 Ermächtigung zum Erlaß von allgemeinen Verwaltungsvorschriften

Das Bundesministerium für Arbeit und Soziales kann mit Zustimmung des Bundesrates allgemeine Verwaltungsvorschriften erlassen

1.

zur Durchführung dieses Gesetzes und der auf Grund dieses Gesetzes erlassenen Rechtsverordnungen, soweit die Bundesregierung zu ihrem Erlaß ermächtigt ist,

2.

über die Gestaltung der Jahresberichte nach § 23 Abs. 4 und

3.

über die Angaben, die die zuständigen obersten Landesbehörden dem Bundesministerium für Arbeit und Soziales für den Unfallverhütungsbericht nach § 25 Abs. 2 des Siebten Buches Sozialgesetzbuch bis zu einem bestimmten Zeitpunkt mitzuteilen haben.

Verwaltungsvorschriften, die Bereiche des öffentlichen Dienstes einbeziehen, werden im Einvernehmen mit dem Bundesministerium des Innern erlassen.

-

§ 25 Bußgeldvorschriften

(1) Ordnungswidrig handelt, wer vorsätzlich oder fahrlässig

1.

einer Rechtsverordnung nach § 18 Abs. 1 oder § 19 zuwiderhandelt, soweit sie für einen bestimmten Tatbestand auf diese Bußgeldvorschrift verweist, oder

2.

a)

als Arbeitgeber oder als verantwortliche Person einer vollziehbaren Anordnung nach § 22 Abs. 3 oder

b)

als Beschäftigter einer vollziehbaren Anordnung nach § 22 Abs. 3 Satz 1 Nr. 1

31

zuwiderhandelt.

(2) Die Ordnungswidrigkeit kann in den Fällen des Absatzes 1 Nr. 1 und 2 Buchstabe b mit einer Geldbuße bis zu fünftausend Euro, in den Fällen des Absatzes 1 Nr. 2 Buchstabe a mit einer Geldbuße bis zu fünfundzwanzigtausend Euro geahndet werden.

-

§ 26 Strafvorschriften

Mit Freiheitsstrafe bis zu einem Jahr oder mit Geldstrafe wird bestraft, wer

1.

eine in § 25 Abs. 1 Nr. 2 Buchstabe a bezeichnete Handlung beharrlich wiederholt oder

2.

durch eine in § 25 Abs. 1 Nr. 1 oder Nr. 2 Buchstabe a bezeichnete vorsätzliche Handlung Leben oder Gesundheit eines Beschäftigten gefährdet.

Gesetz zum Schutze der arbeitenden Jugend

Jugendarbeitsschutzgesetz - JArbSchG

-

JArbSchG

Ausfertigungsdatum: 12.04.1976

"Jugendarbeitsschutzgesetz vom 12. April 1976 (BGBl. I S. 965), das zuletzt durch Artikel 8a des Gesetzes vom 17. Juli 2015 (BGBl. I S. 1368) geändert worden ist". Zuletzt geändert durch Art. 8a G v. 17.7.2015 I 1368.

Fußnote

(+++ Textnachweis ab: 1.5.1976 +++)
(+++ Amtlicher Hinweis des Normgebers auf EG-Recht:
    Umsetzung der
    EGRL 33/94 (CELEX Nr: 394L0033) vgl. G v. 24.2.1997 I 311 +++)

Eingangsformel

Der Bundestag hat mit Zustimmung des Bundesrates das folgende Gesetz beschlossen:

Erster Abschnitt
Allgemeine Vorschriften

-

§ 1 Geltungsbereich

(1) Dieses Gesetz gilt in der Bundesrepublik Deutschland und in der ausschließlichen Wirtschaftszone für die Beschäftigung von Personen, die noch nicht 18 Jahre alt sind,

1.

    in der Berufsausbildung,

2.

    als Arbeitnehmer oder Heimarbeiter,

3.

    mit sonstigen Dienstleistungen, die der Arbeitsleistung von Arbeitnehmern oder Heimarbeitern ähnlich sind,

4.

    in einem der Berufsausbildung ähnlichen Ausbildungsverhältnis.

(2) Dieses Gesetz gilt nicht

1.

    für geringfügige Hilfeleistungen, soweit sie gelegentlich

    a)

        aus Gefälligkeit,

    b)

        auf Grund familienrechtlicher Vorschriften,

    c)

        in Einrichtungen der Jugendhilfe,

    d)

        in Einrichtungen zur Eingliederung Behinderter

    erbracht werden,

2.

    für die Beschäftigung durch die Personensorgeberechtigten im Familienhaushalt.

-

§ 2 Kind, Jugendlicher

(1) Kind im Sinne dieses Gesetzes ist, wer noch nicht 15 Jahre alt ist.
(2) Jugendlicher im Sinne dieses Gesetzes ist, wer 15, aber noch nicht 18 Jahre alt ist.
(3) Auf Jugendliche, die der Vollzeitschulpflicht unterliegen, finden die für Kinder geltenden Vorschriften Anwendung.

-

§ 3 Arbeitgeber

Arbeitgeber im Sinne dieses Gesetzes ist, wer ein Kind oder einen Jugendlichen gemäß § 1 beschäftigt.

-

§ 4 Arbeitszeit

(1) Tägliche Arbeitszeit ist die Zeit vom Beginn bis zum Ende der täglichen Beschäftigung ohne die Ruhepausen (§ 11).
(2) Schichtzeit ist die tägliche Arbeitszeit unter Hinzurechnung der Ruhepausen (§ 11).
(3) Im Bergbau unter Tage gilt die Schichtzeit als Arbeitszeit. Sie wird gerechnet vom Betreten des Förderkorbs bei der Einfahrt bis zum Verlassen des Förderkorbs bei der Ausfahrt oder vom Eintritt des einzelnen Beschäftigten in das Stollenmundloch bis zu seinem Wiederaustritt.
(4) Für die Berechnung der wöchentlichen Arbeitszeit ist als Woche die Zeit von Montag bis einschließlich Sonntag zugrunde zu legen. Die Arbeitszeit, die an einem Werktag infolge eines

gesetzlichen Feiertags ausfällt, wird auf die wöchentliche Arbeitszeit angerechnet.

(5) Wird ein Kind oder ein Jugendlicher von mehreren Arbeitgebern beschäftigt, so werden die Arbeits- und Schichtzeiten sowie die Arbeitstage zusammengerechnet.

<u>Zweiter Abschnitt</u>
<u>Beschäftigung von Kindern</u>

-

§ 5 Verbot der Beschäftigung von Kindern

(1) Die Beschäftigung von Kindern (§ 2 Abs. 1) ist verboten.

(2) Das Verbot des Absatzes 1 gilt nicht für die Beschäftigung von Kindern

1.
    zum Zwecke der Beschäftigungs- und Arbeitstherapie,

2.
    im Rahmen des Betriebspraktikums während der Vollzeitschulpflicht,

3.
    in Erfüllung einer richterlichen Weisung.

Auf die Beschäftigung finden § 7 Satz 1 Nr. 2 und die §§ 9 bis 46 entsprechende Anwendung.

(3) Das Verbot des Absatzes 1 gilt ferner nicht für die Beschäftigung von Kindern über 13 Jahre mit Einwilligung des Personensorgeberechtigten, soweit die Beschäftigung leicht und für Kinder geeignet ist. Die Beschäftigung ist leicht, wenn sie auf Grund ihrer Beschaffenheit und der besonderen Bedingungen, unter denen sie ausgeführt wird,

1.
    die Sicherheit, Gesundheit und Entwicklung der Kinder,

2.
    ihren Schulbesuch, ihre Beteiligung an Maßnahmen zur Berufswahlvorbereitung oder Berufsausbildung, die von der zuständigen Stelle anerkannt sind, und

3.
    ihre Fähigkeit, dem Unterricht mit Nutzen zu folgen,

nicht nachteilig beeinflußt. Die Kinder dürfen nicht mehr als zwei Stunden täglich, in landwirtschaftlichen Familienbetrieben nicht mehr als drei Stunden täglich, nicht zwischen 18 und 8 Uhr, nicht vor dem Schulunterricht und nicht während des Schulunterrichts beschäftigt werden. Auf die Beschäftigung finden die §§ 15 bis 31 entsprechende Anwendung.

(4) Das Verbot des Absatzes 1 gilt ferner nicht für die Beschäftigung von Jugendlichen (§ 2 Abs. 3) während der Schulferien für höchstens vier Wochen im Kalenderjahr. Auf die Beschäftigung finden die §§ 8 bis 31 entsprechende Anwendung.

(4a) Die Bundesregierung hat durch Rechtsverordnung mit Zustimmung des Bundesrates die Beschäftigung nach Absatz 3 näher zu bestimmen.

(4b) Der Arbeitgeber unterrichtet die Personensorgeberechtigten der von ihm beschäftigten Kinder über mögliche Gefahren sowie über alle zu ihrer Sicherheit und ihrem Gesundheitsschutz getroffenen Maßnahmen.

(5) Für Veranstaltungen kann die Aufsichtsbehörde Ausnahmen gemäß § 6 bewilligen.

-

§ 6 Behördliche Ausnahmen für Veranstaltungen

(1) Die Aufsichtsbehörde kann auf Antrag bewilligen, daß

1.
    bei Theatervorstellungen Kinder über sechs Jahre bis zu vier Stunden täglich in der Zeit von 10 bis 23 Uhr,

2.

bei Musikaufführungen und anderen Aufführungen, bei Werbeveranstaltungen sowie bei Aufnahmen im Rundfunk (Hörfunk und Fernsehen), auf Ton- und Bildträger sowie bei Film- und Fotoaufnahmen

a)

Kinder über drei bis sechs Jahre bis zu zwei Stunden täglich in der Zeit von 8 bis 17 Uhr,

b)

Kinder über sechs Jahre bis zu drei Stunden täglich in der Zeit von 8 bis 22 Uhr gestaltend mitwirken und an den erforderlichen Proben teilnehmen. Eine Ausnahme darf nicht bewilligt werden für die Mitwirkung in Kabaretts, Tanzlokalen und ähnlichen Betrieben sowie auf Vergnügungsparks, Kirmessen, Jahrmärkten und bei ähnlichen Veranstaltungen, Schaustellungen oder Darbietungen.

(2) Die Aufsichtsbehörde darf nach Anhörung des zuständigen Jugendamts die Beschäftigung nur bewilligen, wenn

1.

die Personensorgeberechtigten in die Beschäftigung schriftlich eingewilligt haben,

2.

der Aufsichtsbehörde eine nicht länger als vor drei Monaten ausgestellte ärztliche Bescheinigung vorgelegt wird, nach der gesundheitliche Bedenken gegen die Beschäftigung nicht bestehen,

3.

die erforderlichen Vorkehrungen und Maßnahmen zum Schutz des Kindes gegen Gefahren für Leben und Gesundheit sowie zur Vermeidung einer Beeinträchtigung der körperlichen oder seelisch-geistigen Entwicklung getroffen sind,

4.

Betreuung und Beaufsichtigung des Kindes bei der Beschäftigung sichergestellt sind,

5.

nach Beendigung der Beschäftigung eine ununterbrochene Freizeit von mindestens 14 Stunden eingehalten wird,

6.

das Fortkommen in der Schule nicht beeinträchtigt wird.

(3) Die Aufsichtsbehörde bestimmt,

1.

wie lange, zu welcher Zeit und an welchem Tag das Kind beschäftigt werden darf,

2.

Dauer und Lage der Ruhepausen,

3.

die Höchstdauer des täglichen Aufenthalts an der Beschäftigungsstätte.

(4) Die Entscheidung der Aufsichtsbehörde ist dem Arbeitgeber schriftlich bekanntzugeben. Er darf das Kind erst nach Empfang des Bewilligungsbescheids beschäftigen.

-

§ 7 Beschäftigung von nicht vollzeitschulpflichtigen Kindern

Kinder, die der Vollzeitschulpflicht nicht mehr unterliegen, dürfen

1.

im Berufsausbildungsverhältnis,

2.

außerhalb eines Berufsausbildungsverhältnisses nur mit leichten und für sie geeigneten Tätigkeiten bis zu sieben Stunden täglich und 35 Stunden wöchentlich

beschäftigt werden. Auf die Beschäftigung finden die §§ 8 bis 46 entsprechende Anwendung.

Erster Titel
Arbeitszeit und Freizeit

-

§ 8 Dauer der Arbeitszeit

(1) Jugendliche dürfen nicht mehr als acht Stunden täglich und nicht mehr als 40 Stunden wöchentlich beschäftigt werden.

(2) Wenn in Verbindung mit Feiertagen an Werktagen nicht gearbeitet wird, damit die Beschäftigten eine längere zusammenhängende Freizeit haben, so darf die ausfallende Arbeitszeit auf die Werktage von fünf zusammenhängenden, die Ausfalltage einschließenden Wochen nur dergestalt verteilt werden, daß die Wochenarbeitszeit im Durchschnitt dieser fünf Wochen 40 Stunden nicht überschreitet. Die tägliche Arbeitszeit darf hierbei achteinhalb Stunden nicht überschreiten.

(2a) Wenn an einzelnen Werktagen die Arbeitszeit auf weniger als acht Stunden verkürzt ist, können Jugendliche an den übrigen Werktagen derselben Woche achteinhalb Stunden beschäftigt werden.

(3) In der Landwirtschaft dürfen Jugendliche über 16 Jahre während der Erntezeit nicht mehr als neun Stunden täglich und nicht mehr als 85 Stunden in der Doppelwoche beschäftigt werden.

-

§ 9 Berufsschule

(1) Der Arbeitgeber hat den Jugendlichen für die Teilnahme am Berufsschulunterricht freizustellen. Er darf den Jugendlichen nicht beschäftigen

1.

   vor einem vor 9 Uhr beginnenden Unterricht; dies gilt auch für Personen, die über 18 Jahre alt und noch berufsschulpflichtig sind,

2.

   an einem Berufsschultag mit mehr als fünf Unterrichtsstunden von mindestens je 45 Minuten, einmal in der Woche,

3.

   in Berufsschulwochen mit einem planmäßigen Blockunterricht von mindestens 25 Stunden an mindestens fünf Tagen; zusätzliche betriebliche Ausbildungsveranstaltungen bis zu zwei Stunden wöchentlich sind zulässig.

(2) Auf die Arbeitszeit werden angerechnet

1.

   Berufsschultage nach Absatz 1 Nr. 2 mit acht Stunden,

2.

   Berufsschulwochen nach Absatz 1 Nr. 3 mit 40 Stunden,

3.

   im übrigen die Unterrichtszeit einschließlich der Pausen.

(3) Ein Entgeltausfall darf durch den Besuch der Berufsschule nicht eintreten.

(4) (weggefallen)

-

§ 10 Prüfungen und außerbetriebliche Ausbildungsmaßnahmen

(1) Der Arbeitgeber hat den Jugendlichen

1.
   für die Teilnahme an Prüfungen und Ausbildungsmaßnahmen, die auf Grund öffentlich-rechtlicher oder vertraglicher Bestimmungen außerhalb der Ausbildungsstätte durchzuführen sind,
2.
   an dem Arbeitstag, der der schriftlichen Abschlußprüfung unmittelbar vorangeht,

freizustellen.

(2) Auf die Arbeitszeit werden angerechnet

1.
   die Freistellung nach Absatz 1 Nr. 1 mit der Zeit der Teilnahme einschließlich der Pausen,
2.
   die Freistellung nach Absatz 1 Nr. 2 mit acht Stunden.

Ein Entgeltausfall darf nicht eintreten.

-

§ 11 Ruhepausen, Aufenthaltsräume

(1) Jugendlichen müssen im voraus feststehende Ruhepausen von angemessener Dauer gewährt werden. Die Ruhepausen müssen mindestens betragen

1.
   30 Minuten bei einer Arbeitszeit von mehr als viereinhalb bis zu sechs Stunden,
2.
   60 Minuten bei einer Arbeitszeit von mehr als sechs Stunden.

Als Ruhepause gilt nur eine Arbeitsunterbrechung von mindestens 15 Minuten.

(2) Die Ruhepausen müssen in angemessener zeitlicher Lage gewährt werden, frühestens eine Stunde nach Beginn und spätestens eine Stunde vor Ende der Arbeitszeit. Länger als viereinhalb Stunden hintereinander dürfen Jugendliche nicht ohne Ruhepause beschäftigt werden.

(3) Der Aufenthalt während der Ruhepausen in Arbeitsräumen darf den Jugendlichen nur gestattet werden, wenn die Arbeit in diesen Räumen während dieser Zeit eingestellt ist und auch sonst die notwendige Erholung nicht beeinträchtigt wird.

(4) Absatz 3 gilt nicht für den Bergbau unter Tage.

-

§ 12 Schichtzeit

Bei der Beschäftigung Jugendlicher darf die Schichtzeit (§ 4 Abs. 2) 10 Stunden, im Bergbau unter Tage 8 Stunden, im Gaststättengewerbe, in der Landwirtschaft, in der Tierhaltung, auf Bau- und Montagestellen 11 Stunden nicht überschreiten.

-

§ 13 Tägliche Freizeit

Nach Beendigung der täglichen Arbeitszeit dürfen Jugendliche nicht vor Ablauf einer ununterbrochenen Freizeit von mindestens 12 Stunden beschäftigt werden.

-

§ 14 Nachtruhe

(1) Jugendliche dürfen nur in der Zeit von 6 bis 20 Uhr beschäftigt werden.

(2) Jugendliche über 16 Jahre dürfen

1.
   im Gaststätten- und Schaustellergewerbe bis 22 Uhr,
2.
   in mehrschichtigen Betrieben bis 23 Uhr,
3.
   in der Landwirtschaft ab 5 Uhr oder bis 21 Uhr,
4.
   in Bäckereien und Konditoreien ab 5 Uhr
beschäftigt werden.

(3) Jugendliche über 17 Jahre dürfen in Bäckereien ab 4 Uhr beschäftigt werden.

(4) An dem einem Berufsschultag unmittelbar vorangehenden Tag dürfen Jugendliche auch nach Absatz 2 Nr. 1 bis 3 nicht nach 20 Uhr beschäftigt werden, wenn der Berufsschulunterricht am Berufsschultag vor 9 Uhr beginnt.

(5) Nach vorheriger Anzeige an die Aufsichtsbehörde dürfen in Betrieben, in denen die übliche Arbeitszeit aus verkehrstechnischen Gründen nach 20 Uhr endet, Jugendliche bis 21 Uhr beschäftigt werden, soweit sie hierdurch unnötige Wartezeiten vermeiden können. Nach vorheriger Anzeige an die Aufsichtsbehörde dürfen ferner in mehrschichtigen Betrieben Jugendliche über 16 Jahre ab 5.30 Uhr oder bis 23.30 Uhr beschäftigt werden, soweit sie hierdurch unnötige Wartezeiten vermeiden können.

(6) Jugendliche dürfen in Betrieben, in denen die Beschäftigten in außergewöhnlichem Grade der Einwirkung von Hitze ausgesetzt sind, in der warmen Jahreszeit ab 5 Uhr beschäftigt werden. Die Jugendlichen sind berechtigt, sich vor Beginn der Beschäftigung und danach in regelmäßigen Zeitabständen arbeitsmedizinisch untersuchen zu lassen. Die Kosten der Untersuchungen hat der Arbeitgeber zu tragen, sofern er diese nicht kostenlos durch einen Betriebsarzt oder einen überbetrieblichen Dienst von Betriebsärzten anbietet.

(7) Jugendliche dürfen bei Musikaufführungen, Theatervorstellungen und anderen Aufführungen, bei Aufnahmen im Rundfunk (Hörfunk und Fernsehen), auf Ton- und Bildträger sowie bei Film- und Fotoaufnahmen bis 23 Uhr gestaltend mitwirken. Eine Mitwirkung ist nicht zulässig bei Veranstaltungen, Schaustellungen oder Darbietungen, bei denen die Anwesenheit Jugendlicher nach den Vorschriften des Jugendschutzgesetzes verboten ist. Nach Beendigung der Tätigkeit dürfen Jugendliche nicht vor Ablauf einer ununterbrochenen Freizeit von mindestens 14 Stunden beschäftigt werden.

-

§ 15 Fünf-Tage-Woche

Jugendliche dürfen nur an fünf Tagen in der Woche beschäftigt werden. Die beiden wöchentlichen Ruhetage sollen nach Möglichkeit aufeinander folgen.

-

§ 16 Samstagsruhe

(1) An Samstagen dürfen Jugendliche nicht beschäftigt werden.

(2) Zulässig ist die Beschäftigung Jugendlicher an Samstagen nur

1.
   in Krankenanstalten sowie in Alten-, Pflege- und Kinderheimen,
2.
   in offenen Verkaufsstellen, in Betrieben mit offenen Verkaufsstellen, in Bäckereien und Konditoreien, im Friseurhandwerk und im Marktverkehr,
3.
   im Verkehrswesen,
4.

5. in der Landwirtschaft und Tierhaltung,

6. im Familienhaushalt,

7. im Gaststätten- und Schaustellergewerbe,

8. bei Musikaufführungen, Theatervorstellungen und anderen Aufführungen, bei Aufnahmen im Rundfunk (Hörfunk und Fernsehen), auf Ton- und Bildträger sowie bei Film- und Fotoaufnahmen,

9. bei außerbetrieblichen Ausbildungsmaßnahmen,

10. beim Sport,

11. im ärztlichen Notdienst,

in Reparaturwerkstätten für Kraftfahrzeuge.
Mindestens zwei Samstage im Monat sollen beschäftigungsfrei bleiben.
(3) Werden Jugendliche am Samstag beschäftigt, ist ihnen die Fünf-Tage-Woche (§ 15) durch Freistellung an einem anderen berufsschulfreien Arbeitstag derselben Woche sicherzustellen. In Betrieben mit einem Betriebsruhetag in der Woche kann die Freistellung auch an diesem Tag erfolgen, wenn die Jugendlichen an diesem Tag keinen Berufsschulunterricht haben.
(4) Können Jugendliche in den Fällen des Absatzes 2 Nr. 2 am Samstag nicht acht Stunden beschäftigt werden, kann der Unterschied zwischen der tatsächlichen und der nach § 8 Abs. 1 höchstzulässigen Arbeitszeit an dem Tag bis 13 Uhr ausgeglichen werden, an dem die Jugendlichen nach Absatz 3 Satz 1 freizustellen sind.

-

§ 17 Sonntagsruhe

(1) An Sonntagen dürfen Jugendliche nicht beschäftigt werden.
(2) Zulässig ist die Beschäftigung Jugendlicher an Sonntagen nur

1. in Krankenanstalten sowie in Alten-, Pflege- und Kinderheimen,

2. in der Landwirtschaft und Tierhaltung mit Arbeiten, die auch an Sonn- und Feiertagen naturnotwendig vorgenommen werden müssen,

3. im Familienhaushalt, wenn der Jugendliche in die häusliche Gemeinschaft aufgenommen ist,

4. im Schaustellergewerbe,

5. bei Musikaufführungen, Theatervorstellungen und anderen Aufführungen sowie bei Direktsendungen im Rundfunk (Hörfunk und Fernsehen),

6. beim Sport,

7. im ärztlichen Notdienst,

8. im Gaststättengewerbe.

Jeder zweite Sonntag soll, mindestens zwei Sonntage im Monat müssen beschäftigungsfrei bleiben.
(3) Werden Jugendliche am Sonntag beschäftigt, ist ihnen die Fünf-Tage-Woche (§ 15) durch Freistellung an einem anderen berufsschulfreien Arbeitstag derselben Woche sicherzustellen. In

39

Betrieben mit einem Betriebsruhetag in der Woche kann die Freistellung auch an diesem Tag erfolgen, wenn die Jugendlichen an diesem Tag keinen Berufsschulunterricht haben.

-

§ 18 Feiertagsruhe

(1) Am 24. und 31. Dezember nach 14 Uhr und an gesetzlichen Feiertagen dürfen Jugendliche nicht beschäftigt werden.

(2) Zulässig ist die Beschäftigung Jugendlicher an gesetzlichen Feiertagen in den Fällen des § 17 Abs. 2, ausgenommen am 25. Dezember, am 1. Januar, am ersten Osterfeiertag und am 1. Mai.

(3) Für die Beschäftigung an einem gesetzlichen Feiertag, der auf einem Werktag fällt, ist der Jugendliche an einem anderen berufsschulfreien Arbeitstag derselben oder der folgenden Woche freizustellen. In Betrieben mit einem Betriebsruhetag in der Woche kann die Freistellung auch an diesem Tag erfolgen, wenn die Jugendlichen an diesem Tag keinen Berufsschulunterricht haben.

-

§ 19 Urlaub

(1) Der Arbeitgeber hat Jugendlichen für jedes Kalenderjahr einen bezahlten Erholungsurlaub zu gewähren.

(2) Der Urlaub beträgt jährlich

1.

mindestens 30 Werktage, wenn der Jugendliche zu Beginn des Kalenderjahrs noch nicht 16 Jahre alt ist,

2.

mindestens 27 Werktage, wenn der Jugendliche zu Beginn des Kalenderjahrs noch nicht 17 Jahre alt ist,

3.

mindestens 25 Werktage, wenn der Jugendliche zu Beginn des Kalenderjahrs noch nicht 18 Jahre alt ist.

Jugendliche, die im Bergbau unter Tage beschäftigt werden, erhalten in jeder Altersgruppe einen zusätzlichen Urlaub von drei Werktagen.

(3) Der Urlaub soll Berufsschülern in der Zeit der Berufsschulferien gegeben werden. Soweit er nicht in den Berufsschulferien gegeben wird, ist für jeden Berufsschultag, an dem die Berufsschule während des Urlaubs besucht wird, ein weiterer Urlaubstag zu gewähren.

(4) Im übrigen gelten für den Urlaub der Jugendlichen § 3 Abs. 2, §§ 4 bis 12 und § 13 Abs. 3 des Bundesurlaubsgesetzes. Der Auftraggeber oder Zwischenmeister hat jedoch abweichend von § 12 Nr. 1 des Bundesurlaubsgesetzes den jugendlichen Heimarbeitern für jedes Kalenderjahr einen bezahlten Erholungsurlaub entsprechend Absatz 2 zu gewähren; das Urlaubsentgelt der jugendlichen Heimarbeiter beträgt bei einem Urlaub von 30 Werktagen 11,6 vom Hundert, bei einem Urlaub von 27 Werktagen 10,3 vom Hundert und bei einem Urlaub von 25 Werktagen 9,5 vom Hundert.

-

§ 20 Binnenschiffahrt

In der Binnenschiffahrt gelten folgende Abweichungen:

1.

Abweichend von § 12 darf die Schichtzeit Jugendlicher über 16 Jahre während der Fahrt bis auf 14 Stunden täglich ausgedehnt werden, wenn ihre Arbeitszeit sechs Stunden täglich nicht überschreitet. Ihre tägliche Freizeit kann abweichend von § 13 der Ausdehnung der Schichtzeit entsprechend bis auf 10 Stunden verkürzt werden.

2.

Abweichend von § 14 Abs. 1 dürfen Jugendliche über 16 Jahre während der Fahrt bis 22 Uhr beschäftigt werden.

3.

Abweichend von §§ 15, 16 Abs. 1, § 17 Abs. 1 und § 18 Abs. 1 dürfen Jugendliche an jedem Tag der Woche beschäftigt werden, jedoch nicht am 24. Dezember, an den Weihnachtsfeiertagen, am 31. Dezember, am 1. Januar, an den Osterfeiertagen und am 1. Mai. Für die Beschäftigung an einem Samstag, Sonntag und an einem gesetzlichen Feiertag, der auf einen Werktag fällt, ist ihnen je ein freier Tag zu gewähren. Diese freien Tage sind den Jugendlichen in Verbindung mit anderen freien Tagen zu gewähren, spätestens, wenn ihnen 10 freie Tage zustehen.

-

§ 21 Ausnahmen in besonderen Fällen

(1) Die §§ 8 und 11 bis 18 finden keine Anwendung auf die Beschäftigung Jugendlicher mit vorübergehenden und unaufschiebbaren Arbeiten in Notfällen, soweit erwachsene Beschäftigte nicht zur Verfügung stehen.

(2) Wird in den Fällen des Absatzes 1 über die Arbeitszeit des § 8 hinaus Mehrarbeit geleistet, so ist sie durch entsprechende Verkürzung der Arbeitszeit innerhalb der folgenden drei Wochen auszugleichen.

(3)

-

§ 21a Abweichende Regelungen

(1) In einem Tarifvertrag oder auf Grund eines Tarifvertrages in einer Betriebsvereinbarung kann zugelassen werden

1.

abweichend von den §§ 8, 15, 16 Abs. 3 und 4, § 17 Abs. 3 und § 18 Abs. 3 die Arbeitszeit bis zu neun Stunden täglich, 44 Stunden wöchentlich und bis zu fünfeinhalb Tagen in der Woche anders zu verteilen, jedoch nur unter Einhaltung einer durchschnittlichen Wochenarbeitszeit von 40 Stunden in einem Ausgleichszeitraum von zwei Monaten,

2.

abweichend von § 11 Abs. 1 Satz 2 Nr. 2 und Abs. 2 die Ruhepausen bis zu 15 Minuten zu kürzen und die Lage der Pausen anders zu bestimmen,

3.

abweichend von § 12 die Schichtzeit mit Ausnahme des Bergbaus unter Tage bis zu einer Stunde täglich zu verlängern,

4.

abweichend von § 16 Abs. 1 und 2 Jugendliche an 26 Samstagen im Jahr oder an jedem Samstag zu beschäftigen, wenn statt dessen der Jugendliche an einem anderen Werktag derselben Woche von der Beschäftigung freigestellt wird,

5.

abweichend von den §§ 15, 16 Abs. 3 und 4, § 17 Abs. 3 und § 18 Abs. 3 Jugendliche bei einer Beschäftigung an einem Samstag oder an einem Sonn- oder Feiertag unter vier Stunden an einem anderen Arbeitstag derselben oder der folgenden Woche vor- oder nachmittags von der Beschäftigung freizustellen,

6.

abweichend von § 17 Abs. 2 Satz 2 Jugendliche im Gaststätten- und Schaustellergewerbe sowie in der Landwirtschaft während der Saison oder der Erntezeit an drei Sonntagen im Monat zu beschäftigen.

(2) Im Geltungsbereich eines Tarifvertrages nach Absatz 1 kann die abweichende tarifvertragliche Regelung im Betrieb eines nicht tarifgebundenen Arbeitgebers durch Betriebsvereinbarung oder, wenn ein Betriebsrat nicht besteht, durch schriftliche Vereinbarung zwischen dem Arbeitgeber und dem Jugendlichen übernommen werden.

(3) Die Kirchen und die öffentlich-rechtlichen Religionsgesellschaften können die in Absatz 1 genannten Abweichungen in ihren Regelungen vorsehen.

-

§ 21b

Das Bundesministerium für Arbeit und Soziales kann im Interesse der Berufsausbildung oder der Zusammenarbeit von Jugendlichen und Erwachsenen durch Rechtsverordnung mit Zustimmung des Bundesrates Ausnahmen von den Vorschriften

1.

des § 8, der §§ 11 und 12, der §§ 15 und 16, des § 17 Abs. 2 und 3 sowie des § 18 Abs. 3 im Rahmen des § 21a Abs. 1,

2.

des § 14, jedoch nicht vor 5 Uhr und nicht nach 23 Uhr, sowie

3.

des § 17 Abs. 1 und § 18 Abs. 1 an höchstens 26 Sonn- und Feiertagen im Jahr

zulassen, soweit eine Beeinträchtigung der Gesundheit oder der körperlichen oder seelisch-geistigen Entwicklung der Jugendlichen nicht zu befürchten ist.

Zweiter Titel
Beschäftigungsverbote und -beschränkungen

-

§ 22 Gefährliche Arbeiten

(1) Jugendliche dürfen nicht beschäftigt werden

1.

mit Arbeiten, die ihre physische oder psychische Leistungsfähigkeit übersteigen,

2.

mit Arbeiten, bei denen sie sittlichen Gefahren ausgesetzt sind,

3.

mit Arbeiten, die mit Unfallgefahren verbunden sind, von denen anzunehmen ist, daß Jugendliche sie wegen mangelnden Sicherheitsbewußtseins oder mangelnder Erfahrung nicht erkennen oder nicht abwenden können,

4.

mit Arbeiten, bei denen ihre Gesundheit durch außergewöhnliche Hitze oder Kälte oder starke Nässe gefährdet wird,

5.

mit Arbeiten, bei denen sie schädlichen Einwirkungen von Lärm, Erschütterungen oder Strahlen ausgesetzt sind,

6.

mit Arbeiten, bei denen sie schädlichen Einwirkungen von Gefahrstoffen im Sinne des Chemikaliengesetzes ausgesetzt sind,

7.

mit Arbeiten, bei denen sie schädlichen Einwirkungen von biologischen Arbeitsstoffen im Sinne der Richtlinie 90/679/EWG des Rates vom 26. November 1990 zum Schutze der Arbeitnehmer gegen Gefährdung durch biologische Arbeitsstoffe bei der Arbeit ausgesetzt sind.

(2) Absatz 1 Nr. 3 bis 7 gilt nicht für die Beschäftigung Jugendlicher, soweit

1.

dies zur Erreichung ihres Ausbildungszieles erforderlich ist,

2.

ihr Schutz durch die Aufsicht eines Fachkundigen gewährleistet ist und

3.

der Luftgrenzwert bei gefährlichen Stoffen (Absatz 1 Nr. 6) unterschritten wird.
Satz 1 findet keine Anwendung auf den absichtlichen Umgang mit biologischen Arbeitsstoffen der Gruppen 3 und 4 im Sinne der Richtlinie 90/679/EWG des Rates vom 26. November 1990 zum Schutze der Arbeitnehmer gegen Gefährdung durch biologische Arbeitsstoffe bei der Arbeit.
(3) Werden Jugendliche in einem Betrieb beschäftigt, für den ein Betriebsarzt oder eine Fachkraft für Arbeitssicherheit verpflichtet ist, muß ihre betriebsärztliche oder sicherheitstechnische Betreuung sichergestellt sein.

§ 23 Akkordarbeit, tempoabhängige Arbeiten

(1) Jugendliche dürfen nicht beschäftigt werden

1.

mit Akkordarbeit und sonstigen Arbeiten, bei denen durch ein gesteigertes Arbeitstempo ein höheres Entgelt erzielt werden kann,

2.

in einer Arbeitsgruppe mit erwachsenen Arbeitnehmern, die mit Arbeiten nach Nummer 1 beschäftigt werden,

3.

mit Arbeiten, bei denen ihr Arbeitstempo nicht nur gelegentlich vorgeschrieben, vorgegeben oder auf andere Weise erzwungen wird.
(2) Absatz 1 Nr. 2 gilt nicht für die Beschäftigung Jugendlicher,

1.

soweit dies zur Erreichung ihres Ausbildungsziels erforderlich ist
oder

2.

wenn sie eine Berufsausbildung für diese Beschäftigung abgeschlossen haben
und ihr Schutz durch die Aufsicht eines Fachkundigen gewährleistet ist.

-

§ 24 Arbeiten unter Tage

(1) Jugendliche dürfen nicht mit Arbeiten unter Tage beschäftigt werden.
(2) Absatz 1 gilt nicht für die Beschäftigung Jugendlicher über 16 Jahre,

1.

soweit dies zur Erreichung ihres Ausbildungsziels erforderlich ist,

2.

wenn sie eine Berufsausbildung für die Beschäftigung unter Tage abgeschlossen haben oder

3.

wenn sie an einer von der Bergbehörde genehmigten Ausbildungsmaßnahme für Bergjungarbeiter teilnehmen oder teilgenommen haben
und ihr Schutz durch die Aufsicht eines Fachkundigen gewährleistet ist.

-

§ 25 Verbot der Beschäftigung durch bestimmte Personen

(1) Personen, die

1.

wegen eines Verbrechens zu einer Freiheitsstrafe von mindestens zwei Jahren,

2.

wegen einer vorsätzlichen Straftat, die sie unter Verletzung der ihnen als Arbeitgeber,
Ausbildender oder Ausbilder obliegenden Pflichten zum Nachteil von Kindern oder
Jugendlichen begangen haben, zu einer Freiheitsstrafe von mehr als drei Monaten,

3.

wegen einer Straftat nach den §§ 109h, 171, 174 bis 184h, 225, 232 bis 233a des
Strafgesetzbuches,

4.

wegen einer Straftat nach dem Betäubungsmittelgesetz oder

5.

wegen einer Straftat nach dem Jugendschutzgesetz oder nach dem Gesetz über die
Verbreitung jugendgefährdender Schriften wenigstens zweimal
rechtskräftig verurteilt worden sind, dürfen Jugendliche nicht beschäftigen sowie im Rahmen eines
Rechtsverhältnisses im Sinne des § 1 nicht beaufsichtigen, nicht anweisen, nicht ausbilden und
nicht mit der Beaufsichtigung, Anweisung oder Ausbildung von Jugendlichen beauftragt werden.
Eine Verurteilung bleibt außer Betracht, wenn seit dem Tag ihrer Rechtskraft fünf Jahre verstrichen
sind. Die Zeit, in welcher der Täter auf behördliche Anordnung in einer Anstalt verwahrt worden ist,
wird nicht eingerechnet.
(2) Das Verbot des Absatzes 1 Satz 1 gilt auch für Personen, gegen die wegen einer
Ordnungswidrigkeit nach § 58 Abs. 1 bis 4 wenigstens dreimal eine Geldbuße rechtskräftig
festgesetzt worden ist. Eine Geldbuße bleibt außer Betracht, wenn seit dem Tag ihrer
rechtskräftigen Festsetzung fünf Jahre verstrichen sind.
(3) Das Verbot des Absatzes 1 und 2 gilt nicht für die Beschäftigung durch die
Personensorgeberechtigten.

-

§ 26 Ermächtigungen

Das Bundesministerium für Arbeit und Soziales kann zum Schutz der Jugendlichen gegen
Gefahren für Leben und Gesundheit sowie zur Vermeidung einer Beeinträchtigung der
körperlichen oder seelisch-geistigen Entwicklung durch Rechtsverordnung mit Zustimmung des
Bundesrates

1.

die für Kinder, die der Vollzeitschulpflicht nicht mehr unterliegen, geeigneten und leichten
Tätigkeiten nach § 7 Satz 1 Nr. 2 und die Arbeiten nach § 22 Abs. 1 und den §§ 23 und 24
näher bestimmen,

2.

über die Beschäftigungsverbote in den §§ 22 bis 25 hinaus die Beschäftigung Jugendlicher
in bestimmten Betriebsarten oder mit bestimmten Arbeiten verbieten oder beschränken,
wenn sie bei diesen Arbeiten infolge ihres Entwicklungsstands in besonderem Maß Gefahren
ausgesetzt sind oder wenn das Verbot oder die Beschränkung der Beschäftigung infolge der
technischen Entwicklung oder neuer arbeitsmedizinischer oder sicherheitstechnischer
Erkenntnisse notwendig ist.

-

§ 27 Behördliche Anordnungen und Ausnahmen

(1) Die Aufsichtsbehörde kann in Einzelfällen feststellen, ob eine Arbeit unter die
Beschäftigungsverbote oder -beschränkungen der §§ 22 bis 24 oder einer Rechtsverordnung nach
§ 26 fällt. Sie kann in Einzelfällen die Beschäftigung Jugendlicher mit bestimmten Arbeiten über die
Beschäftigungsverbote und -beschränkungen der §§ 22 bis 24 und einer Rechtsverordnung nach §

26 hinaus verbieten oder beschränken, wenn diese Arbeiten mit Gefahren für Leben, Gesundheit oder für die körperliche oder seelisch-geistige Entwicklung der Jugendlichen verbunden sind.

(2) Die zuständige Behörde kann

1.

den Personen, die die Pflichten, die ihnen kraft Gesetzes zugunsten der von ihnen beschäftigten, beaufsichtigten, angewiesenen oder auszubildenden Kinder und Jugendlichen obliegen, wiederholt oder gröblich verletzt haben,

2.

den Personen, gegen die Tatsachen vorliegen, die sie in sittlicher Beziehung zur Beschäftigung, Beaufsichtigung, Anweisung oder Ausbildung von Kindern und Jugendlichen ungeeignet erscheinen lassen,

verbieten, Kinder und Jugendliche zu beschäftigen oder im Rahmen eines Rechtsverhältnisses im Sinne des § 1 zu beaufsichtigen, anzuweisen oder auszubilden.

(3) Die Aufsichtsbehörde kann auf Antrag Ausnahmen von § 23 Abs. 1 Nr. 2 und 3 für Jugendliche über 16 Jahre bewilligen,

1.

wenn die Art der Arbeit oder das Arbeitstempo eine Beeinträchtigung der Gesundheit oder der körperlichen oder seelisch-geistigen Entwicklung des Jugendlichen nicht befürchten lassen und

2.

wenn eine nicht länger als vor drei Monaten ausgestellte ärztliche Bescheinigung vorgelegt wird, nach der gesundheitliche Bedenken gegen die Beschäftigung nicht bestehen.

Dritter Titel
Sonstige Pflichten des Arbeitgebers

§ 28 Menschengerechte Gestaltung der Arbeit

(1) Der Arbeitgeber hat bei der Einrichtung und der Unterhaltung der Arbeitsstätte einschließlich der Maschinen, Werkzeuge und Geräte und bei der Regelung der Beschäftigung die Vorkehrungen und Maßnahmen zu treffen, die zum Schutz der Jugendlichen gegen Gefahren für Leben und Gesundheit sowie zur Vermeidung einer Beeinträchtigung der körperlichen oder seelisch-geistigen Entwicklung der Jugendlichen erforderlich sind. Hierbei sind das mangelnde Sicherheitsbewußtsein, die mangelnde Erfahrung und der Entwicklungsstand der Jugendlichen zu berücksichtigen und die allgemein anerkannten sicherheitstechnischen und arbeitsmedizinischen Regeln sowie die sonstigen gesicherten arbeitswissenschaftlichen Erkenntnisse zu beachten.

(2) Das Bundesministerium für Arbeit und Soziales kann durch Rechtsverordnung mit Zustimmung des Bundesrates bestimmen, welche Vorkehrungen und Maßnahmen der Arbeitgeber zur Erfüllung der sich aus Absatz 1 ergebenden Pflichten zu treffen hat.

(3) Die Aufsichtsbehörde kann in Einzelfällen anordnen, welche Vorkehrungen und Maßnahmen zur Durchführung des Absatzes 1 oder einer vom Bundesministerium für Arbeit und Soziales gemäß Absatz 2 erlassenen Verordnung zu treffen sind.

-

§ 28a Beurteilung der Arbeitsbedingungen

Vor Beginn der Beschäftigung Jugendlicher und bei wesentlicher Änderung der Arbeitsbedingungen hat der Arbeitgeber die mit der Beschäftigung verbundenen Gefährdungen Jugendlicher zu beurteilen. Im übrigen gelten die Vorschriften des Arbeitsschutzgesetzes.

-

§ 29 Unterweisung über Gefahren

(1) Der Arbeitgeber hat die Jugendlichen vor Beginn der Beschäftigung und bei wesentlicher Änderung der Arbeitsbedingungen über die Unfall- und Gesundheitsgefahren, denen sie bei der Beschäftigung ausgesetzt sind, sowie über die Einrichtungen und Maßnahmen zur Abwendung dieser Gefahren zu unterweisen. Er hat die Jugendlichen vor der erstmaligen Beschäftigung an Maschinen oder gefährlichen Arbeitsstellen oder mit Arbeiten, bei denen sie mit gesundheitsgefährdenden Stoffen in Berührung kommen, über die besonderen Gefahren dieser Arbeiten sowie über das bei ihrer Verrichtung erforderliche Verhalten zu unterweisen.
(2) Die Unterweisungen sind in angemessenen Zeitabständen, mindestens aber halbjährlich, zu wiederholen.
(3) Der Arbeitgeber beteiligt die Betriebsärzte und die Fachkräfte für Arbeitssicherheit an der Planung, Durchführung und Überwachung der für die Sicherheit und den Gesundheitsschutz bei der Beschäftigung Jugendlicher geltenden Vorschriften.
-

§ 30 Häusliche Gemeinschaft

(1) Hat der Arbeitgeber einen Jugendlichen in die häusliche Gemeinschaft aufgenommen, so muß er

1.
  ihm eine Unterkunft zur Verfügung stellen und dafür sorgen, daß sie so beschaffen, ausgestattet und belegt ist und so benutzt wird, daß die Gesundheit des Jugendlichen nicht beeinträchtigt wird, und

2.
  ihm bei einer Erkrankung, jedoch nicht über die Beendigung der Beschäftigung hinaus, die erforderliche Pflege und ärztliche Behandlung zuteil werden lassen, soweit diese nicht von einem Sozialversicherungsträger geleistet wird.

(2) Die Aufsichtsbehörde kann im Einzelfall anordnen, welchen Anforderungen die Unterkunft (Absatz 1 Nr. 1) und die Pflege bei Erkrankungen (Absatz 1 Nr. 2) genügen müssen.
-

§ 31 Züchtigungsverbot, Verbot der Abgabe von Alkohol und Tabak

(1) Wer Jugendliche beschäftigt oder im Rahmen eines Rechtsverhältnisses im Sinne des § 1 beaufsichtigt, anweist oder ausbildet, darf sie nicht körperlich züchtigen.
(2) Wer Jugendliche beschäftigt, muß sie vor körperlicher Züchtigung und Mißhandlung und vor sittlicher Gefährdung durch andere bei ihm Beschäftigte und durch Mitglieder seines Haushalts an der Arbeitsstätte und in seinem Haus schützen. Er darf Jugendlichen keine Tabakwaren, Jugendlichen unter 16 Jahren keine alkoholischen Getränke und Jugendlichen über 16 Jahre keinen Branntwein geben.

Vierter Titel
Gesundheitliche Betreuung

§ 32 Erstuntersuchung

(1) Ein Jugendlicher, der in das Berufsleben eintritt, darf nur beschäftigt werden, wenn

1.
  er innerhalb der letzten vierzehn Monate von einem Arzt untersucht worden ist (Erstuntersuchung) und

2.
  dem Arbeitgeber eine von diesem Arzt ausgestellte Bescheinigung vorliegt.

(2) Absatz 1 gilt nicht für eine nur geringfügige oder eine nicht länger als zwei Monate dauernde

Beschäftigung mit leichten Arbeiten, von denen keine gesundheitlichen Nachteile für den Jugendlichen zu befürchten sind.

§ 33 Erste Nachuntersuchung

(1) Ein Jahr nach Aufnahme der ersten Beschäftigung hat sich der Arbeitgeber die Bescheinigung eines Arztes darüber vorlegen zu lassen, daß der Jugendliche nachuntersucht worden ist (erste Nachuntersuchung). Die Nachuntersuchung darf nicht länger als drei Monate zurückliegen. Der Arbeitgeber soll den Jugendlichen neun Monate nach Aufnahme der ersten Beschäftigung nachdrücklich auf den Zeitpunkt, bis zu dem der Jugendliche ihm die ärztliche Bescheinigung nach Satz 1 vorzulegen hat, hinweisen und ihn auffordern, die Nachuntersuchung bis dahin durchführen zu lassen.

(2) Legt der Jugendliche die Bescheinigung nicht nach Ablauf eines Jahres vor, hat ihn der Arbeitgeber innerhalb eines Monats unter Hinweis auf das Beschäftigungsverbot nach Absatz 3 schriftlich aufzufordern, ihm die Bescheinigung vorzulegen. Je eine Durchschrift des Aufforderungsschreibens hat der Arbeitgeber dem Personensorgeberechtigten und dem Betriebs- oder Personalrat zuzusenden.

(3) Der Jugendliche darf nach Ablauf von 14 Monaten nach Aufnahme der ersten Beschäftigung nicht weiterbeschäftigt werden, solange er die Bescheinigung nicht vorgelegt hat.

-

§ 34 Weitere Nachuntersuchungen

Nach Ablauf jedes weiteren Jahres nach der ersten Nachuntersuchung kann sich der Jugendliche erneut nachuntersuchen lassen (weitere Nachuntersuchungen). Der Arbeitgeber soll ihn auf diese Möglichkeit rechtzeitig hinweisen und darauf hinwirken, daß der Jugendliche ihm die Bescheinigung über die weitere Nachuntersuchung vorlegt.

-

§ 35 Außerordentliche Nachuntersuchung

(1) Der Arzt soll eine außerordentliche Nachuntersuchung anordnen, wenn eine Untersuchung ergibt, daß

1.

   ein Jugendlicher hinter dem seinem Alter entsprechenden Entwicklungsstand zurückgeblieben ist,

2.

   gesundheitliche Schwächen oder Schäden vorhanden sind,

3.

   die Auswirkungen der Beschäftigung auf die Gesundheit oder Entwicklung des Jugendlichen noch nicht zu übersehen sind.

(2) Die in § 33 Abs. 1 festgelegten Fristen werden durch die Anordnung einer außerordentlichen Nachuntersuchung nicht berührt.

-

§ 36 Ärztliche Untersuchungen und Wechsel des Arbeitgebers

Wechselt der Jugendliche den Arbeitgeber, so darf ihn der neue Arbeitgeber erst beschäftigen, wenn ihm die Bescheinigung über die Erstuntersuchung (§ 32 Abs. 1) und, falls seit der Aufnahme der Beschäftigung ein Jahr vergangen ist, die Bescheinigung über die erste Nachuntersuchung (§ 33) vorliegen.

-

§ 37 Inhalt und Durchführung der ärztlichen Untersuchungen

(1) Die ärztlichen Untersuchungen haben sich auf den Gesundheits- und Entwicklungsstand und die körperliche Beschaffenheit, die Nachuntersuchungen außerdem auf die Auswirkungen der Beschäftigung auf Gesundheit und Entwicklung des Jugendlichen zu erstrecken.

(2) Der Arzt hat unter Berücksichtigung der Krankheitsvorgeschichte des Jugendlichen auf Grund der Untersuchungen zu beurteilen,

1.

    ob die Gesundheit oder die Entwicklung des Jugendlichen durch die Ausführung bestimmter Arbeiten oder durch die Beschäftigung während bestimmter Zeiten gefährdet wird,

2.

    ob besondere der Gesundheit dienende Maßnahmen einschließlich Maßnahmen zur Verbesserung des Impfstatus erforderlich sind,

3.

    ob eine außerordentliche Nachuntersuchung (§ 35 Abs. 1) erforderlich ist.

(3) Der Arzt hat schriftlich festzuhalten:

1.

    den Untersuchungsbefund,

2.

    die Arbeiten, durch deren Ausführung er die Gesundheit oder die Entwicklung des Jugendlichen für gefährdet hält,

3.

    die besonderen der Gesundheit dienenden Maßnahmen einschließlich Maßnahmen zur Verbesserung des Impfstatus,

4.

    die Anordnung einer außerordentlichen Nachuntersuchung (§ 35 Abs. 1).

-

§ 38 Ergänzungsuntersuchung

Kann der Arzt den Gesundheits- und Entwicklungsstand des Jugendlichen nur beurteilen, wenn das Ergebnis einer Ergänzungsuntersuchung durch einen anderen Arzt oder einen Zahnarzt vorliegt, so hat er die Ergänzungsuntersuchung zu veranlassen und ihre Notwendigkeit schriftlich zu begründen.

-

§ 39 Mitteilung, Bescheinigung

(1) Der Arzt hat dem Personensorgeberechtigten schriftlich mitzuteilen:

1.

    das wesentliche Ergebnis der Untersuchung,

2.

    die Arbeiten, durch deren Ausführung er die Gesundheit oder die Entwicklung des Jugendlichen für gefährdet hält,

3.

    die besonderen der Gesundheit dienenden Maßnahmen einschließlich Maßnahmen zur Verbesserung des Impfstatus,

4.

    die Anordnung einer außerordentlichen Nachuntersuchung (§ 35 Abs. 1).

(2) Der Arzt hat eine für den Arbeitgeber bestimmte Bescheinigung darüber auszustellen, daß die Untersuchung stattgefunden hat und darin die Arbeiten zu vermerken, durch deren Ausführung er die Gesundheit oder die Entwicklung des Jugendlichen für gefährdet hält.

-

§ 40 Bescheinigung mit Gefährdungsvermerk

(1) Enthält die Bescheinigung des Arztes (§ 39 Abs. 2) einen Vermerk über Arbeiten, durch deren Ausführung er die Gesundheit oder die Entwicklung des Jugendlichen für gefährdet hält, so darf der Jugendliche mit solchen Arbeiten nicht beschäftigt werden.
(2) Die Aufsichtsbehörde kann die Beschäftigung des Jugendlichen mit den in der Bescheinigung des Arztes (§ 39 Abs. 2) vermerkten Arbeiten im Einvernehmen mit einem Arzt zulassen und die Zulassung mit Auflagen verbinden.

-

§ 41 Aufbewahren der ärztlichen Bescheinigungen

(1) Der Arbeitgeber hat die ärztlichen Bescheinigungen bis zur Beendigung der Beschäftigung, längstens jedoch bis zur Vollendung des 18. Lebensjahrs des Jugendlichen aufzubewahren und der Aufsichtsbehörde sowie der Berufsgenossenschaft auf Verlangen zur Einsicht vorzulegen oder einzusenden.
(2) Scheidet der Jugendliche aus dem Beschäftigungsverhältnis aus, so hat ihm der Arbeitgeber die Bescheinigungen auszuhändigen.

-

§ 42 Eingreifen der Aufsichtsbehörde

Die Aufsichtsbehörde hat, wenn die dem Jugendlichen übertragenen Arbeiten Gefahren für seine Gesundheit befürchten lassen, dies dem Personensorgeberechtigten und dem Arbeitgeber mitzuteilen und den Jugendlichen aufzufordern, sich durch einen von ihr ermächtigten Arzt untersuchen zu lassen.

-

§ 43 Freistellung für Untersuchungen

Der Arbeitgeber hat den Jugendlichen für die Durchführung der ärztlichen Untersuchungen nach diesem Abschnitt freizustellen. Ein Entgeltausfall darf hierdurch nicht eintreten.

-

§ 44 Kosten der Untersuchungen

Die Kosten der Untersuchungen trägt das Land.

-

§ 45 Gegenseitige Unterrichtung der Ärzte

(1) Die Ärzte, die Untersuchungen nach diesem Abschnitt vorgenommen haben, müssen, wenn der Personensorgeberechtigte und der Jugendliche damit einverstanden sind,

1.
    dem staatlichen Gewerbearzt,
2.
    dem Arzt, der einen Jugendlichen nach diesem Abschnitt nachuntersucht,
auf Verlangen die Aufzeichnungen über die Untersuchungsbefunde zur Einsicht aushändigen.
(2) Unter den Voraussetzungen des Absatzes 1 kann der Amtsarzt des Gesundheitsamts einem Arzt, der einen Jugendlichen nach diesem Abschnitt untersucht, Einsicht in andere in seiner Dienststelle vorhandene Unterlagen über Gesundheit und Entwicklung des Jugendlichen gewähren.

§ 46 Ermächtigungen

(1) Das Bundesministerium für Arbeit und Soziales kann zum Zweck einer gleichmäßigen und wirksamen gesundheitlichen Betreuung durch Rechtsverordnung mit Zustimmung des Bundesrates Vorschriften über die Durchführung der ärztlichen Untersuchungen und über die für die Aufzeichnungen der Untersuchungsbefunde, die Bescheinigungen und Mitteilungen zu verwendenden Vordrucke erlassen.

(2) Die Landesregierung kann durch Rechtsverordnung

1.

zur Vermeidung von mehreren Untersuchungen innerhalb eines kurzen Zeitraums aus verschiedenen Anlässen bestimmen, daß die Untersuchungen nach den §§ 32 bis 34 zusammen mit Untersuchungen nach anderen Vorschriften durchzuführen sind, und hierbei von der Frist des § 32 Abs. 1 Nr. 1 bis zu drei Monaten abweichen,

2.

zur Vereinfachung der Abrechnung

a)

Pauschbeträge für die Kosten der ärztlichen Untersuchungen im Rahmen der geltenden Gebührenordnungen festsetzen,

b)

Vorschriften über die Erstattung der Kosten beim Zusammentreffen mehrerer Untersuchungen nach Nummer 1 erlassen.

Vierter Abschnitt
Durchführung des Gesetzes

Erster Titel
Aushänge und Verzeichnisse

§ 47 Bekanntgabe des Gesetzes und der Aufsichtsbehörde

Arbeitgeber, die regelmäßig mindestens einen Jugendlichen beschäftigen, haben einen Abdruck dieses Gesetzes und die Anschrift der zuständigen Aufsichtsbehörde an geeigneter Stelle im Betrieb zur Einsicht auszulegen oder auszuhängen.

§ 48 Aushang über Arbeitszeit und Pausen

Arbeitgeber, die regelmäßig mindestens drei Jugendliche beschäftigen, haben einen Aushang über Beginn und Ende der regelmäßigen täglichen Arbeitszeit und der Pausen der Jugendlichen an geeigneter Stelle im Betrieb anzubringen.

§ 49 Verzeichnisse der Jugendlichen

Arbeitgeber haben Verzeichnisse der bei ihnen beschäftigten Jugendlichen unter Angabe des Vor- und Familiennamens, des Geburtsdatums und der Wohnanschrift zu führen, in denen das Datum des Beginns der Beschäftigung bei ihnen, bei einer Beschäftigung unter Tage auch das Datum des Beginns dieser Beschäftigung, enthalten ist.

§ 50 Auskunft, Vorlage der Verzeichnisse

(1) Der Arbeitgeber ist verpflichtet, der Aufsichtsbehörde auf Verlangen

1. die zur Erfüllung ihrer Aufgaben erforderlichen Angaben wahrheitsgemäß und vollständig zu machen,

2. die Verzeichnisse gemäß § 49, die Unterlagen, aus denen Name, Beschäftigungsart und -zeiten der Jugendlichen sowie Lohn- und Gehaltszahlungen ersichtlich sind, und alle sonstigen Unterlagen, die sich auf die nach Nummer 1 zu machenden Angaben beziehen, zur Einsicht vorzulegen oder einzusenden.

(2) Die Verzeichnisse und Unterlagen sind mindestens bis zum Ablauf von zwei Jahren nach der letzten Eintragung aufzubewahren.

Zweiter Titel
Aufsicht

-

§ 51 Aufsichtsbehörde, Besichtigungsrechte und Berichtspflicht

(1) Die Aufsicht über die Ausführung dieses Gesetzes und der auf Grund dieses Gesetzes erlassenen Rechtsverordnungen obliegt der nach Landesrecht zuständigen Behörde (Aufsichtsbehörde). Die Landesregierung kann durch Rechtsverordnung die Aufsicht über die Ausführung dieser Vorschriften in Familienhaushalten auf gelegentliche Prüfungen beschränken.

(2) Die Beauftragten der Aufsichtsbehörde sind berechtigt, die Arbeitsstätten während der üblichen Betriebs- und Arbeitszeit zu betreten und zu besichtigen; außerhalb dieser Zeit oder wenn sich die Arbeitsstätten in einer Wohnung befinden, dürfen sie nur zur Verhütung von dringenden Gefahren für die öffentliche Sicherheit und Ordnung betreten und besichtigt werden. Der Arbeitgeber hat das Betreten und Besichtigen der Arbeitsstätten zu gestatten. Das Grundrecht der Unverletzlichkeit der Wohnung (Artikel 13 des Grundgesetzes) wird insoweit eingeschränkt.

(3) Die Aufsichtsbehörden haben im Rahmen der Jahresberichte nach § 139b Abs. 3 der Gewerbeordnung über ihre Aufsichtstätigkeit gemäß Absatz 1 zu berichten.

-

§ 52 (weggefallen)

-

§ 53 Mitteilung über Verstöße

Die Aufsichtsbehörde teilt schwerwiegende Verstöße gegen die Vorschriften dieses Gesetzes oder gegen die auf Grund dieses Gesetzes erlassenen Rechtsverordnungen der nach dem Berufsbildungsgesetz oder der Handwerksordnung zuständigen Stelle mit. Die zuständige Agentur für Arbeit erhält eine Durchschrift dieser Mitteilung.

-

§ 54 Ausnahmebewilligungen

(1) Ausnahmen, die die Aufsichtsbehörde nach diesem Gesetz oder den auf Grund dieses Gesetzes erlassenen Rechtsverordnungen bewilligen kann, sind zu befristen. Die Ausnahmebewilligungen können

1.

2. mit einer Bedingung erlassen werden,

3. mit einer Auflage oder mit einem Vorbehalt der nachträglichen Aufnahme, Änderung oder Ergänzung einer Auflage verbunden werden und

jederzeit widerrufen werden.

(2) Ausnahmen können nur für einzelne Beschäftigte, einzelne Betriebe oder einzelne Teile des Betriebs bewilligt werden.

(3) Ist eine Ausnahme für einen Betrieb oder einen Teil des Betriebs bewilligt worden, so hat der Arbeitgeber hierüber an geeigneter Stelle im Betrieb einen Aushang anzubringen.

Dritter Titel
Ausschüsse für Jugendarbeitsschutz

-

§ 55 Bildung des Landesausschusses für Jugendarbeitsschutz

(1) Bei der von der Landesregierung bestimmten obersten Landesbehörde wird ein Landesausschuß für Jugendarbeitsschutz gebildet.

(2) Dem Landesausschuß gehören als Mitglieder an:

1. je sechs Vertreter der Arbeitgeber und der Arbeitnehmer,

2. ein Vertreter des Landesjugendrings,

3. ein von der Bundesagentur für Arbeit benannter Vertreter und je ein Vertreter des Landesjugendamts, der für das Gesundheitswesen zuständigen obersten Landesbehörde und der für die berufsbildenden Schulen zuständigen obersten Landesbehörde und

4. ein Arzt.

(3) Die Mitglieder des Landesausschusses werden von der von der Landesregierung bestimmten obersten Landesbehörde berufen, die Vertreter der Arbeitgeber und Arbeitnehmer auf Vorschlag der auf Landesebene bestehenden Arbeitgeberverbände und Gewerkschaften, der Arzt auf Vorschlag der Landesärztekammer, die übrigen Vertreter auf Vorschlag der in Absatz 2 Nr. 2 und 3 genannten Stellen.

(4) Die Tätigkeit im Landesausschuß ist ehrenamtlich. Für bare Auslagen und für Entgeltausfall ist, soweit eine Entschädigung nicht von anderer Seite gewährt wird, eine angemessene Entschädigung zu zahlen, deren Höhe nach Landesrecht oder von der von der Landesregierung bestimmten obersten Landesbehörde festgesetzt wird.

(5) Die Mitglieder können nach Anhören der an ihrer Berufung beteiligten Stellen aus wichtigem Grund abberufen werden.

(6) Die Mitglieder haben Stellvertreter. Die Absätze 2 bis 5 gelten für die Stellvertreter entsprechend.

(7) Der Landesausschuß wählt aus seiner Mitte einen Vorsitzenden und dessen Stellvertreter. Der Vorsitzende und sein Stellvertreter sollen nicht derselben Mitgliedergruppe angehören.

(8) Der Landesausschuß gibt sich eine Geschäftsordnung. Die Geschäftsordnung kann die Bildung von Unterausschüssen vorsehen und bestimmen, daß ihnen ausnahmsweise nicht nur Mitglieder des Landesausschusses angehören. Absatz 4 Satz 2 gilt für die Unterausschüsse hinsichtlich der Entschädigung entsprechend. An den Sitzungen des Landesausschusses und der Unterausschüsse können Vertreter der beteiligten obersten Landesbehörden teilnehmen.

-

§ 56 Bildung des Ausschusses für Jugendarbeitsschutz bei der Aufsichtsbehörde

(1) Bei der Aufsichtsbehörde wird ein Ausschuß für Jugendarbeitsschutz gebildet. In Städten, in denen mehrere Aufsichtsbehörden ihren Sitz haben, wird ein gemeinsamer Ausschuß für Jugendarbeitsschutz gebildet. In Ländern, in denen nicht mehr als zwei Aufsichtsbehörden eingerichtet sind, übernimmt der Landesausschuß für Jugendarbeitsschutz die Aufgaben dieses Ausschusses.

(2) Dem Ausschuß gehören als Mitglieder an:

1.
    je sechs Vertreter der Arbeitgeber und der Arbeitnehmer,
2.
    ein Vertreter des im Bezirk der Aufsichtsbehörde wirkenden Jugendrings,
3.
    je ein Vertreter eines Arbeits-, Jugend- und Gesundheitsamts,
4.
    ein Arzt und ein Lehrer an einer berufsbildenden Schule.

(3) Die Mitglieder des Jugendarbeitsschutzausschusses werden von der Aufsichtsbehörde berufen, die Vertreter der Arbeitgeber und Arbeitnehmer auf Vorschlag der im Aufsichtsbezirk bestehenden Arbeitgeberverbände und Gewerkschaften, der Arzt auf Vorschlag der Ärztekammer, der Lehrer auf Vorschlag der nach Landesrecht zuständigen Behörde, die übrigen Vertreter auf Vorschlag der in Absatz 2 Nr. 2 und 3 genannten Stellen. § 55 Abs. 4 bis 8 gilt mit der Maßgabe entsprechend, daß die Entschädigung von der Aufsichtsbehörde mit Genehmigung der von der Landesregierung bestimmten obersten Landesbehörde festgesetzt wird.

-

§ 57 Aufgaben der Ausschüsse

(1) Der Landesausschuß berät die oberste Landesbehörde in allen allgemeinen Angelegenheiten des Jugendarbeitsschutzes und macht Vorschläge für die Durchführung dieses Gesetzes. Er klärt über Inhalt und Ziel des Jugendarbeitsschutzes auf.

(2) Die oberste Landesbehörde beteiligt den Landesausschuß in Angelegenheiten von besonderer Bedeutung, insbesondere vor Erlaß von Rechtsvorschriften zur Durchführung dieses Gesetzes.

(3) Der Landesausschuß hat über seine Tätigkeit im Zusammenhang mit dem Bericht der Aufsichtsbehörden nach § 51 Abs. 3 zu berichten.

(4) Der Ausschuß für Jugendarbeitsschutz bei der Aufsichtsbehörde berät diese in allen allgemeinen Angelegenheiten des Jugendarbeitsschutzes und macht dem Landesausschuß Vorschläge für die Durchführung dieses Gesetzes. Er klärt über Inhalt und Ziel des Jugendarbeitsschutzes auf.

Fünfter Abschnitt
Straf- und Bußgeldvorschriften

§ 58 Bußgeld- und Strafvorschriften

(1) Ordnungswidrig handelt, wer als Arbeitgeber vorsätzlich oder fahrlässig

1.
    entgegen § 5 Abs. 1, auch in Verbindung mit § 2 Abs. 3, ein Kind oder einen Jugendlichen, der der Vollzeitschulpflicht unterliegt, beschäftigt,
2.
    entgegen § 5 Abs. 3 Satz 1 oder Satz 3, jeweils auch in Verbindung mit § 2 Abs. 3, ein Kind über 13 Jahre oder einen Jugendlichen, der der Vollzeitschulpflicht unterliegt, in anderer als der zugelassenen Weise beschäftigt,
3.
    (weggefallen)

4.

entgegen § 7 Satz 1 Nr. 2, auch in Verbindung mit einer Rechtsverordnung nach § 26 Nr. 1, ein Kind, das der Vollzeitschulpflicht nicht mehr unterliegt, in anderer als der zugelassenen Weise beschäftigt,

5.

entgegen § 8 einen Jugendlichen über die zulässige Dauer der Arbeitszeit hinaus beschäftigt,

6.

entgegen § 9 Abs. 1 oder 4 in Verbindung mit Absatz 1 eine dort bezeichnete Person an Berufsschultagen oder in Berufsschulwochen nicht freistellt,

7.

entgegen § 10 Abs. 1 einen Jugendlichen für die Teilnahme an Prüfungen oder Ausbildungsmaßnahmen oder an dem Arbeitstag, der der schriftlichen Abschlußprüfung unmittelbar vorangeht, nicht freistellt,

8.

entgegen § 11 Abs. 1 oder 2 Ruhepausen nicht, nicht mit der vorgeschriebenen Mindestdauer oder nicht in der vorgeschriebenen zeitlichen Lage gewährt,

9.

entgegen § 12 einen Jugendlichen über die zulässige Schichtzeit hinaus beschäftigt,

10.

entgegen § 13 die Mindestfreizeit nicht gewährt,

11.

entgegen § 14 Abs. 1 einen Jugendlichen außerhalb der Zeit von 6 bis 20 Uhr oder entgegen § 14 Abs. 7 Satz 3 vor Ablauf der Mindestfreizeit beschäftigt,

12.

entgegen § 15 einen Jugendlichen an mehr als fünf Tagen in der Woche beschäftigt,

13.

entgegen § 16 Abs. 1 einen Jugendlichen an Samstagen beschäftigt oder entgegen § 16 Abs. 3 Satz 1 den Jugendlichen nicht freistellt,

14.

entgegen § 17 Abs. 1 einen Jugendlichen an Sonntagen beschäftigt oder entgegen § 17 Abs. 2 Satz 2 Halbsatz 2 oder Abs. 3 Satz 1 den Jugendlichen nicht freistellt,

15.

entgegen § 18 Abs. 1 einen Jugendlichen am 24. oder 31. Dezember nach 14 Uhr oder an gesetzlichen Feiertagen beschäftigt oder entgegen § 18 Abs. 3 nicht freistellt,

16.

entgegen § 19 Abs. 1, auch in Verbindung mit Abs. 2 Satz 1 oder 2, oder entgegen § 19 Abs. 3 Satz 2 oder Abs. 4 Satz 2 Urlaub nicht oder nicht mit der vorgeschriebenen Dauer gewährt,

17.

entgegen § 21 Abs. 2 die geleistete Mehrarbeit durch Verkürzung der Arbeitszeit nicht ausgleicht,

18.

entgegen § 22 Abs. 1, auch in Verbindung mit einer Rechtsverordnung nach § 26 Nr. 1, einen Jugendlichen mit den dort genannten Arbeiten beschäftigt,

19.

entgegen § 23 Abs. 1, auch in Verbindung mit einer Rechtsverordnung nach § 26 Nr. 1, einen Jugendlichen mit Arbeiten mit Lohnanreiz, in einer Arbeitsgruppe mit Erwachsenen, deren Entgelt vom Ergebnis ihrer Arbeit abhängt, oder mit tempoabhängigen Arbeiten beschäftigt,

20.

entgegen § 24 Abs. 1, auch in Verbindung mit einer Rechtsverordnung nach § 26 Nr. 1, einen Jugendlichen mit Arbeiten unter Tage beschäftigt,

21.

entgegen § 31 Abs. 2 Satz 2 einem Jugendlichen für seine Altersstufe nicht zulässige Getränke oder Tabakwaren gibt,

22.

23.
entgegen § 32 Abs. 1 einen Jugendlichen ohne ärztliche Bescheinigung über die Erstuntersuchung beschäftigt,

24.
entgegen § 33 Abs. 3 einen Jugendlichen ohne ärztliche Bescheinigung über die erste Nachuntersuchung weiterbeschäftigt,

25.
entgegen § 36 einen Jugendlichen ohne Vorlage der erforderlichen ärztlichen Bescheinigungen beschäftigt,

26.
entgegen § 40 Abs. 1 einen Jugendlichen mit Arbeiten beschäftigt, durch deren Ausführung der Arzt nach der von ihm erteilten Bescheinigung die Gesundheit oder die Entwicklung des Jugendlichen für gefährdet hält,

27.
einer Rechtsverordnung nach
a)
    § 26 Nr. 2 oder
b)
    § 28 Abs. 2
zuwiderhandelt, soweit sie für einen bestimmten Tatbestand auf diese Bußgeldvorschrift verweist,

28.
einer vollziehbaren Anordnung der Aufsichtsbehörde nach § 6 Abs. 3, § 27 Abs. 1 Satz 2 oder Abs. 2, § 28 Abs. 3 oder § 30 Abs. 2 zuwiderhandelt,

29.
einer vollziehbaren Auflage der Aufsichtsbehörde nach § 6 Abs. 1, § 14 Abs. 7, § 27 Abs. 3 oder § 40 Abs. 2, jeweils in Verbindung mit § 54 Abs. 1, zuwiderhandelt,

einer vollziehbaren Anordnung oder Auflage der Aufsichtsbehörde auf Grund einer Rechtsverordnung nach § 26 Nr. 2 oder § 28 Abs. 2 zuwiderhandelt, soweit die Rechtsverordnung für einen bestimmten Tatbestand auf die Bußgeldvorschrift verweist.

(2) Ordnungswidrig handelt, wer vorsätzlich oder fahrlässig entgegen § 25 Abs. 1 Satz 1 oder Abs. 2 Satz 1 einen Jugendlichen beschäftigt, beaufsichtigt, anweist oder ausbildet, obwohl ihm dies verboten ist, oder einen anderen, dem dies verboten ist, mit der Beaufsichtigung, Anweisung oder Ausbildung eines Jugendlichen beauftragt.

(3) Absatz 1 Nr. 4, 6 bis 29 und Absatz 2 gelten auch für die Beschäftigung von Kindern (§ 2 Abs. 1) oder Jugendlichen, die der Vollzeitschulpflicht unterliegen (§ 2 Abs. 3), nach § 5 Abs. 2 Absatz 1 Nr. 6 bis 29 und Absatz 2 gelten auch für die Beschäftigung von Kindern, die der Vollzeitschulpflicht nicht mehr unterliegen, nach § 7.

(4) Die Ordnungswidrigkeit kann mit einer Geldbuße bis zu fünfzehntausend Euro geahndet werden.

(5) Wer vorsätzlich eine in Absatz 1, 2 oder 3 bezeichnete Handlung begeht und dadurch ein Kind, einen Jugendlichen oder im Fall des Absatzes 1 Nr. 6 eine Person, die noch nicht 21 Jahre alt ist, in ihrer Gesundheit oder Arbeitskraft gefährdet, wird mit Freiheitsstrafe bis zu einem Jahr oder mit Geldstrafe bestraft. Ebenso wird bestraft, wer eine in Absatz 1, 2 oder 3 bezeichnete Handlung beharrlich wiederholt.

(6) Wer in den Fällen des Absatzes 5 Satz 1 die Gefahr fahrlässig verursacht, wird mit Freiheitsstrafe bis zu sechs Monaten oder mit Geldstrafe bis zu einhundertachtzig Tagessätzen bestraft.

§ 59 Bußgeldvorschriften

(1) Ordnungswidrig handelt, wer als Arbeitgeber vorsätzlich oder fahrlässig

1.
entgegen § 6 Abs. 4 Satz 2 ein Kind vor Erhalt des Bewilligungsbescheids beschäftigt,

2.

55

3. entgegen § 11 Abs. 3 den Aufenthalt in Arbeitsräumen gestattet,

4. entgegen § 29 einen Jugendlichen über Gefahren nicht, nicht richtig oder nicht rechtzeitig unterweist,

5. entgegen § 33 Abs. 2 Satz 1 einen Jugendlichen nicht oder nicht rechtzeitig zur Vorlage einer ärztlichen Bescheinigung auffordert,

6. entgegen § 41 die ärztliche Bescheinigung nicht aufbewahrt, vorlegt, einsendet oder aushändigt,

7. entgegen § 43 Satz 1 einen Jugendlichen für ärztliche Untersuchungen nicht freistellt,

8. entgegen § 47 einen Abdruck des Gesetzes oder die Anschrift der zuständigen Aufsichtsbehörde nicht auslegt oder aushängt,

9. entgegen § 48 Arbeitszeit und Pausen nicht oder nicht in der vorgeschriebenen Weise aushängt,

10. entgegen § 49 ein Verzeichnis nicht oder nicht in der vorgeschriebenen Weise führt,

11. entgegen § 50 Abs. 1 Angaben nicht, nicht richtig oder nicht vollständig macht oder Verzeichnisse oder Unterlagen nicht vorlegt oder einsendet oder entgegen § 50 Abs. 2 Verzeichnisse oder Unterlagen nicht oder nicht vorschriftsmäßig aufbewahrt,

12. entgegen § 51 Abs. 2 Satz 2 das Betreten oder Besichtigen der Arbeitsstätten nicht gestattet,

entgegen § 54 Abs. 3 einen Aushang nicht anbringt.

(2) Absatz 1 Nr. 2 bis 6 gilt auch für die Beschäftigung von Kindern (§ 2 Abs. 1 und 3) nach § 5 Abs. 2 Satz 1.

(3) Die Ordnungswidrigkeit kann mit einer Geldbuße bis zu zweitausendfünfhundert Euro geahndet werden.

-

§ 60 Verwaltungsvorschriften für die Verfolgung und Ahndung von Ordnungswidrigkeiten

Der Bundesminister für Arbeit und Sozialordnung kann mit Zustimmung des Bundesrates allgemeine Verwaltungsvorschriften für die Verfolgung und Ahndung von Ordnungswidrigkeiten nach §§ 58 und 59 durch die Verwaltungsbehörde (§ 35 des Gesetzes über Ordnungswidrigkeiten) und über die Erteilung einer Verwarnung (§§ 56, 58 Abs. 2 des Gesetzes über Ordnungswidrigkeiten) wegen einer Ordnungswidrigkeit nach §§ 58 und 59 erlassen.

Sechster Abschnitt
Schlußvorschriften

-

§ 61 Beschäftigung von Jugendlichen auf Kauffahrteischiffen

Für die Beschäftigung von Jugendlichen als Besatzungsmitglieder auf Kauffahrteischiffen im Sinne des § 3 des Seearbeitsgesetzes gilt anstelle dieses Gesetzes das Seearbeitsgesetz.

-

§ 62 Beschäftigung im Vollzug einer Freiheitsentziehung

(1) Die Vorschriften dieses Gesetzes gelten für die Beschäftigung Jugendlicher (§ 2 Abs. 2) im Vollzug einer gerichtlich angeordneten Freiheitsentziehung entsprechend, soweit es sich nicht nur um gelegentliche, geringfügige Hilfeleistungen handelt und soweit in den Absätzen 2 bis 4 nichts anderes bestimmt ist.
(2) Im Vollzug einer gerichtlich angeordneten Freiheitsentziehung finden § 19, §§ 47 bis 50 keine Anwendung.
(3) Die §§ 13, 14, 15, 16, 17 und 18 Abs. 1 und 2 gelten im Vollzug einer gerichtlich angeordneten Freiheitsentziehung nicht für die Beschäftigung jugendlicher Anstaltsinsassen mit der Zubereitung und Ausgabe der Anstaltsverpflegung.
(4) § 18 Abs. 1 und 2 gilt nicht für die Beschäftigung jugendlicher Anstaltsinsassen in landwirtschaftlichen Betrieben der Vollzugsanstalten mit Arbeiten, die auch an Sonn- und Feiertagen naturnotwendig vorgenommen werden müssen.

§§ 63 bis 70 ----

§ 71 Berlin-Klausel

Dieses Gesetz gilt nach Maßgabe des § 13 Abs. 1 des Dritten Überleitungsgesetzes vom 4. Januar 1952 (Bundesgesetzbl. I S. 1) auch im Land Berlin. Rechtsverordnungen, die auf Grund dieses Gesetzes erlassen werden, gelten im Land Berlin nach § 14 des Dritten Überleitungsgesetzes.

§ 72 Inkrafttreten

(1) Dieses Gesetz tritt am 1. Mai 1976 in Kraft.
(2)
(3) Die auf Grund des § 37 Abs. 2 und des § 53 des Jugendarbeitsschutzgesetzes vom 9. August 1960, des § 20 Abs. 1 des Jugendschutzgesetzes vom 30. April 1938 und des § 120e der Gewerbeordnung erlassenen Vorschriften bleiben unberührt. Sie können, soweit sie den Geltungsbereich dieses Gesetzes betreffen, durch Rechtsverordnungen auf Grund des § 26 oder des § 46 geändert oder aufgehoben werden.
(4) Vorschriften in Rechtsverordnungen, die durch § 69 dieses Gesetzes geändert werden, können vom Bundesministerium für Arbeit und Soziales im Rahmen der bestehenden Ermächtigungen geändert oder aufgehoben werden.
(5) *Verweisungen auf Vorschriften des Jugendarbeitsschutzgesetzes vom 9. August 1960 gelten als Verweisungen auf die entsprechenden Vorschriften dieses Gesetzes oder der auf Grund dieses Gesetzes erlassenen Rechtsverordnungen.*

Arbeitszeitgesetz (ArbZG)

ArbZG

Ausfertigungsdatum: 06.06.1994

"Arbeitszeitgesetz vom 6. Juni 1994 (BGBl. I S. 1170, 1171), das zuletzt durch Artikel 3 Absatz 6 des Gesetzes vom 20. April 2013 (BGBl. I S. 868) geändert worden ist". Zuletzt geändert durch Art. 3 Abs. 6 G v. 20.4.2013 I 868.

Fußnote

(+++ Textnachweis ab: 1.7.1994 +++)
(+++ Umsetzung der
    EGRL 104/93   (CELEX Nr: 393L0104)
    vgl. Art. 4b G v. 24.12.2003 I 3002 +++)

Das G wurde als Artikel 1 G v. 6.6.1994 I 1170 (ArbZRG) vom Bundestag beschlossen. Es ist gem. Art. 21 Satz 2 dieses G am 1.7.1994 in Kraft getreten.

Erster Abschnitt
Allgemeine Vorschriften

§ 1 Zweck des Gesetzes

Zweck des Gesetzes ist es,

1.

    die Sicherheit und den Gesundheitsschutz der Arbeitnehmer in der Bundesrepublik Deutschland und in der ausschließlichen Wirtschaftszone bei der Arbeitszeitgestaltung zu gewährleisten und die Rahmenbedingungen für flexible Arbeitszeiten zu verbessern sowie

2.

    den Sonntag und die staatlich anerkannten Feiertage als Tage der Arbeitsruhe und der seelischen Erhebung der Arbeitnehmer zu schützen.

§ 2 Begriffsbestimmungen

(1) Arbeitszeit im Sinne dieses Gesetzes ist die Zeit vom Beginn bis zum Ende der Arbeit ohne die Ruhepausen; Arbeitszeiten bei mehreren Arbeitgebern sind zusammenzurechnen. Im Bergbau unter Tage zählen die Ruhepausen zur Arbeitszeit.

(2) Arbeitnehmer im Sinne dieses Gesetzes sind Arbeiter und Angestellte sowie die zu ihrer Berufsbildung Beschäftigten.

(3) Nachtzeit im Sinne dieses Gesetzes ist die Zeit von 23 bis 6 Uhr, in Bäckereien und Konditoreien die Zeit von 22 bis 5 Uhr.

(4) Nachtarbeit im Sinne dieses Gesetzes ist jede Arbeit, die mehr als zwei Stunden der Nachtzeit umfaßt.

(5) Nachtarbeitnehmer im Sinne dieses Gesetzes sind Arbeitnehmer, die

1.

    auf Grund ihrer Arbeitszeitgestaltung normalerweise Nachtarbeit in Wechselschicht zu leisten haben oder

2.

    Nachtarbeit an mindestens 48 Tagen im Kalenderjahr leisten.

Zweiter Abschnitt
Werktägliche Arbeitszeit und arbeitsfreie Zeiten

§ 3 Arbeitszeit der Arbeitnehmer

Die werktägliche Arbeitszeit der Arbeitnehmer darf acht Stunden nicht überschreiten. Sie kann auf bis zu zehn Stunden nur verlängert werden, wenn innerhalb von sechs Kalendermonaten oder innerhalb von 24 Wochen im Durchschnitt acht Stunden werktäglich nicht überschritten werden.

§ 4 Ruhepausen

Die Arbeit ist durch im voraus feststehende Ruhepausen von mindestens 30 Minuten bei einer Arbeitszeit von mehr als sechs bis zu neun Stunden und 45 Minuten bei einer Arbeitszeit von mehr als neun Stunden insgesamt zu unterbrechen. Die Ruhepausen nach Satz 1 können in Zeitabschnitte von jeweils mindestens 15 Minuten aufgeteilt werden. Länger als sechs Stunden hintereinander dürfen Arbeitnehmer nicht ohne Ruhepause beschäftigt werden.

§ 5 Ruhezeit

(1) Die Arbeitnehmer müssen nach Beendigung der täglichen Arbeitszeit eine ununterbrochene Ruhezeit von mindestens elf Stunden haben.
(2) Die Dauer der Ruhezeit des Absatzes 1 kann in Krankenhäusern und anderen Einrichtungen zur Behandlung, Pflege und Betreuung von Personen, in Gaststätten und anderen Einrichtungen zur Bewirtung und Beherbergung, in Verkehrsbetrieben, beim Rundfunk sowie in der Landwirtschaft und in der Tierhaltung um bis zu eine Stunde verkürzt werden, wenn jede Verkürzung der Ruhezeit innerhalb eines Kalendermonats oder innerhalb von vier Wochen durch Verlängerung einer anderen Ruhezeit auf mindestens zwölf Stunden ausgeglichen wird.
(3) Abweichend von Absatz 1 können in Krankenhäusern und anderen Einrichtungen zur Behandlung, Pflege und Betreuung von Personen Kürzungen der Ruhezeit durch Inanspruchnahmen während der Rufbereitschaft, die nicht mehr als die Hälfte der Ruhezeit betragen, zu anderen Zeiten ausgeglichen werden.
(4) (weggefallen)

§ 6 Nacht- und Schichtarbeit

(1) Die Arbeitszeit der Nacht- und Schichtarbeitnehmer ist nach den gesicherten arbeitswissenschaftlichen Erkenntnissen über die menschengerechte Gestaltung der Arbeit festzulegen.
(2) Die werktägliche Arbeitszeit der Nachtarbeitnehmer darf acht Stunden nicht überschreiten. Sie kann auf bis zu zehn Stunden nur verlängert werden, wenn abweichend von § 3 innerhalb von einem Kalendermonat oder innerhalb von vier Wochen im Durchschnitt acht Stunden werktäglich nicht überschritten werden. Für Zeiträume, in denen Nachtarbeitnehmer im Sinne des § 2 Abs. 5 Nr. 2 nicht zur Nachtarbeit herangezogen werden, findet § 3 Satz 2 Anwendung.
(3) Nachtarbeitnehmer sind berechtigt, sich vor Beginn der Beschäftigung und danach in regelmäßigen Zeitabständen von nicht weniger als drei Jahren arbeitsmedizinisch untersuchen zu lassen. Nach Vollendung des 50. Lebensjahres steht Nachtarbeitnehmern dieses Recht in Zeitabständen von einem Jahr zu. Die Kosten der Untersuchungen hat der Arbeitgeber zu tragen, sofern er die Untersuchungen den Nachtarbeitnehmern nicht kostenlos durch einen Betriebsarzt

oder einen überbetrieblichen Dienst von Betriebsärzten anbietet.

(4) Der Arbeitgeber hat den Nachtarbeitnehmer auf dessen Verlangen auf einen für ihn geeigneten Tagesarbeitsplatz umzusetzen, wenn

a)

 nach arbeitsmedizinischer Feststellung die weitere Verrichtung von Nachtarbeit den Arbeitnehmer in seiner Gesundheit gefährdet oder

b)

 im Haushalt des Arbeitnehmers ein Kind unter zwölf Jahren lebt, das nicht von einer anderen im Haushalt lebenden Person betreut werden kann, oder

c)

 der Arbeitnehmer einen schwerpflegebedürftigen Angehörigen zu versorgen hat, der nicht von einem anderen im Haushalt lebenden Angehörigen versorgt werden kann,

sofern dem nicht dringende betriebliche Erfordernisse entgegenstehen. Stehen der Umsetzung des Nachtarbeitnehmers auf einen für ihn geeigneten Tagesarbeitsplatz nach Auffassung des Arbeitgebers dringende betriebliche Erfordernisse entgegen, so ist der Betriebs- oder Personalrat zu hören. Der Betriebs- oder Personalrat kann dem Arbeitgeber Vorschläge für eine Umsetzung unterbreiten.

(5) Soweit keine tarifvertraglichen Ausgleichsregelungen bestehen, hat der Arbeitgeber dem Nachtarbeitnehmer für die während der Nachtzeit geleisteten Arbeitsstunden eine angemessene Zahl bezahlter freier Tage oder einen angemessenen Zuschlag auf das ihm hierfür zustehende Bruttoarbeitsentgelt zu gewähren.

(6) Es ist sicherzustellen, daß Nachtarbeitnehmer den gleichen Zugang zur betrieblichen Weiterbildung und zu aufstiegsfördernden Maßnahmen haben wie die übrigen Arbeitnehmer.

-

§ 7 Abweichende Regelungen

(1) In einem Tarifvertrag oder auf Grund eines Tarifvertrags in einer Betriebs- oder Dienstvereinbarung kann zugelassen werden,

1.

 abweichend von § 3

 a)

  die Arbeitszeit über zehn Stunden werktäglich zu verlängern, wenn in die Arbeitszeit regelmäßig und in erheblichem Umfang Arbeitsbereitschaft oder Bereitschaftsdienst fällt,

 b)

  einen anderen Ausgleichszeitraum festzulegen,

 c)

  (weggefallen)

2.

 abweichend von § 4 Satz 2 die Gesamtdauer der Ruhepausen in Schichtbetrieben und Verkehrsbetrieben auf Kurzpausen von angemessener Dauer aufzuteilen,

3.

 abweichend von § 5 Abs. 1 die Ruhezeit um bis zu zwei Stunden zu kürzen, wenn die Art der Arbeit dies erfordert und die Kürzung der Ruhezeit innerhalb eines festzulegenden Ausgleichszeitraums ausgeglichen wird,

4.

 abweichend von § 6 Abs. 2

 a)

  die Arbeitszeit über zehn Stunden werktäglich hinaus zu verlängern, wenn in die Arbeitszeit regelmäßig und in erheblichem Umfang Arbeitsbereitschaft oder Bereitschaftsdienst fällt,

 b)

einen anderen Ausgleichszeitraum festzulegen,

5.

den Beginn des siebenstündigen Nachtzeitraums des § 2 Abs. 3 auf die Zeit zwischen 22 und 24 Uhr festzulegen.

(2) Sofern der Gesundheitsschutz der Arbeitnehmer durch einen entsprechenden Zeitausgleich gewährleistet wird, kann in einem Tarifvertrag oder auf Grund eines Tarifvertrags in einer Betriebs- oder Dienstvereinbarung ferner zugelassen werden,

1.

abweichend von § 5 Abs. 1 die Ruhezeiten bei Rufbereitschaft den Besonderheiten dieses Dienstes anzupassen, insbesondere Kürzungen der Ruhezeit infolge von Inanspruchnahmen während dieses Dienstes zu anderen Zeiten auszugleichen,

2.

die Regelungen der §§ 3, 5 Abs. 1 und § 6 Abs. 2 in der Landwirtschaft der Bestellungs- und Erntezeit sowie den Witterungseinflüssen anzupassen,

3.

die Regelungen der §§ 3, 4, 5 Abs. 1 und § 6 Abs. 2 bei der Behandlung, Pflege und Betreuung von Personen der Eigenart dieser Tätigkeit und dem Wohl dieser Personen entsprechend anzupassen,

4.

die Regelungen der §§ 3, 4, 5 Abs. 1 und § 6 Abs. 2 bei Verwaltungen und Betrieben des Bundes, der Länder, der Gemeinden und sonstigen Körperschaften, Anstalten und Stiftungen des öffentlichen Rechts sowie bei anderen Arbeitgebern, die der Tarifbindung eines für den öffentlichen Dienst geltenden oder eines im wesentlichen inhaltsgleichen Tarifvertrags unterliegen, der Eigenart der Tätigkeit bei diesen Stellen anzupassen.

(2a) In einem Tarifvertrag oder auf Grund eines Tarifvertrags in einer Betriebs- oder Dienstvereinbarung kann abweichend von den §§ 3, 5 Abs. 1 und § 6 Abs. 2 zugelassen werden, die werktägliche Arbeitszeit auch ohne Ausgleich über acht Stunden zu verlängern, wenn in die Arbeitszeit regelmäßig und in erheblichem Umfang Arbeitsbereitschaft oder Bereitschaftsdienst fällt und durch besondere Regelungen sichergestellt wird, dass die Gesundheit der Arbeitnehmer nicht gefährdet wird.

(3) Im Geltungsbereich eines Tarifvertrags nach Absatz 1, 2 oder 2a können abweichende tarifvertragliche Regelungen im Betrieb eines nicht tarifgebundenen Arbeitgebers durch Betriebs- oder Dienstvereinbarung oder, wenn ein Betriebs- oder Personalrat nicht besteht, durch schriftliche Vereinbarung zwischen dem Arbeitgeber und dem Arbeitnehmer übernommen werden. Können auf Grund eines solchen Tarifvertrags abweichende Regelungen in einer Betriebs- oder Dienstvereinbarung getroffen werden, kann auch in Betrieben eines nicht tarifgebundenen Arbeitgebers davon Gebrauch gemacht werden. Eine nach Absatz 2 Nr. 4 getroffene abweichende tarifvertragliche Regelung hat zwischen nicht tarifgebundenen Arbeitgebern und Arbeitnehmern Geltung, wenn zwischen ihnen die Anwendung der für den öffentlichen Dienst geltenden tarifvertraglichen Bestimmungen vereinbart ist und die Arbeitgeber die Kosten des Betriebs überwiegend mit Zuwendungen im Sinne des Haushaltsrechts decken.

(4) Die Kirchen und die öffentlich-rechtlichen Religionsgesellschaften können die in Absatz 1, 2 oder 2a genannten Abweichungen in ihren Regelungen vorsehen.

(5) In einem Bereich, in dem Regelungen durch Tarifvertrag üblicherweise nicht getroffen werden, können Ausnahmen im Rahmen des Absatzes 1, 2 oder 2a durch die Aufsichtsbehörde bewilligt werden, wenn dies aus betrieblichen Gründen erforderlich ist und die Gesundheit der Arbeitnehmer nicht gefährdet wird.

(6) Die Bundesregierung kann durch Rechtsverordnung mit Zustimmung des Bundesrates Ausnahmen im Rahmen des Absatzes 1 oder 2 zulassen, sofern dies aus betrieblichen Gründen erforderlich ist und die Gesundheit der Arbeitnehmer nicht gefährdet wird.

(7) Auf Grund einer Regelung nach Absatz 2a oder den Absätzen 3 bis 5 jeweils in Verbindung mit Absatz 2a darf die Arbeitszeit nur verlängert werden, wenn der Arbeitnehmer schriftlich eingewilligt hat. Der Arbeitnehmer kann die Einwilligung mit einer Frist von sechs Monaten schriftlich widerrufen. Der Arbeitgeber darf einen Arbeitnehmer nicht benachteiligen, weil dieser die

Einwilligung zur Verlängerung der Arbeitszeit nicht erklärt oder die Einwilligung widerrufen hat.
(8) Werden Regelungen nach Absatz 1 Nr. 1 und 4, Absatz 2 Nr. 2 bis 4 oder solche Regelungen auf Grund der Absätze 3 und 4 zugelassen, darf die Arbeitszeit 48 Stunden wöchentlich im Durchschnitt von zwölf Kalendermonaten nicht überschreiten. Erfolgt die Zulassung auf Grund des Absatzes 5, darf die Arbeitszeit 48 Stunden wöchentlich im Durchschnitt von sechs Kalendermonaten oder 24 Wochen nicht überschreiten.
(9) Wird die werktägliche Arbeitszeit über zwölf Stunden hinaus verlängert, muss im unmittelbaren Anschluss an die Beendigung der Arbeitszeit eine Ruhezeit von mindestens elf Stunden gewährt werden.

-

§ 8 Gefährliche Arbeiten

Die Bundesregierung kann durch Rechtsverordnung mit Zustimmung des Bundesrates für einzelne Beschäftigungsbereiche, für bestimmte Arbeiten oder für bestimmte Arbeitnehmergruppen, bei denen besondere Gefahren für die Gesundheit der Arbeitnehmer zu erwarten sind, die Arbeitszeit über § 3 hinaus beschränken, die Ruhepausen und Ruhezeiten über die §§ 4 und 5 hinaus ausdehnen, die Regelungen zum Schutz der Nacht- und Schichtarbeitnehmer in § 6 erweitern und die Abweichungsmöglichkeiten nach § 7 beschränken, soweit dies zum Schutz der Gesundheit der Arbeitnehmer erforderlich ist. Satz 1 gilt nicht für Beschäftigungsbereiche und Arbeiten in Betrieben, die der Bergaufsicht unterliegen.

Dritter Abschnitt
Sonn- und Feiertagsruhe

-

§ 9 Sonn- und Feiertagsruhe

(1) Arbeitnehmer dürfen an Sonn- und gesetzlichen Feiertagen von 0 bis 24 Uhr nicht beschäftigt werden.
(2) In mehrschichtigen Betrieben mit regelmäßiger Tag- und Nachtschicht kann Beginn oder Ende der Sonn- und Feiertagsruhe um bis zu sechs Stunden vor- oder zurückverlegt werden, wenn für die auf den Beginn der Ruhezeit folgenden 24 Stunden der Betrieb ruht.
(3) Für Kraftfahrer und Beifahrer kann der Beginn der 24stündigen Sonn- und Feiertagsruhe um bis zu zwei Stunden vorverlegt werden.

-

§ 10 Sonn- und Feiertagsbeschäftigung

(1) Sofern die Arbeiten nicht an Werktagen vorgenommen werden können, dürfen Arbeitnehmer an Sonn- und Feiertagen abweichend von § 9 beschäftigt werden

1.
    in Not- und Rettungsdiensten sowie bei der Feuerwehr,
2.
    zur Aufrechterhaltung der öffentlichen Sicherheit und Ordnung sowie der Funktionsfähigkeit von Gerichten und Behörden und für Zwecke der Verteidigung,
3.
    in Krankenhäusern und anderen Einrichtungen zur Behandlung, Pflege und Betreuung von Personen,
4.
    in Gaststätten und anderen Einrichtungen zur Bewirtung und Beherbergung sowie im Haushalt,

5.

bei Musikaufführungen, Theatervorstellungen, Filmvorführungen, Schaustellungen, Darbietungen und anderen ähnlichen Veranstaltungen,

6.

bei nichtgewerblichen Aktionen und Veranstaltungen der Kirchen, Religionsgesellschaften, Verbände, Vereine, Parteien und anderer ähnlicher Vereinigungen,

7.

beim Sport und in Freizeit-, Erholungs- und Vergnügungseinrichtungen, beim Fremdenverkehr sowie in Museen und wissenschaftlichen Präsenzbibliotheken,

8.

beim Rundfunk, bei der Tages- und Sportpresse, bei Nachrichtenagenturen sowie bei den der Tagesaktualität dienenden Tätigkeiten für andere Presseerzeugnisse einschließlich des Austragens, bei der Herstellung von Satz, Filmen und Druckformen für tagesaktuelle Nachrichten und Bilder, bei tagesaktuellen Aufnahmen auf Ton- und Bildträger sowie beim Transport und Kommissionieren von Presseerzeugnissen, deren Ersterscheinungstag am Montag oder am Tag nach einem Feiertag liegt,

9.

bei Messen, Ausstellungen und Märkten im Sinne des Titels IV der Gewerbeordnung sowie bei Volksfesten,

10.

in Verkehrsbetrieben sowie beim Transport und Kommissionieren von leichtverderblichen Waren im Sinne des § 30 Abs. 3 Nr. 2 der Straßenverkehrsordnung,

11.

in den Energie- und Wasserversorgungsbetrieben sowie in Abfall- und Abwasserentsorgungsbetrieben,

12.

in der Landwirtschaft und in der Tierhaltung sowie in Einrichtungen zur Behandlung und Pflege von Tieren,

13.

im Bewachungsgewerbe und bei der Bewachung von Betriebsanlagen,

14.

bei der Reinigung und Instandhaltung von Betriebseinrichtungen, soweit hierdurch der regelmäßige Fortgang des eigenen oder eines fremden Betriebs bedingt ist, bei der Vorbereitung der Wiederaufnahme des vollen werktägigen Betriebs sowie bei der Aufrechterhaltung der Funktionsfähigkeit von Datennetzen und Rechnersystemen,

15.

zur Verhütung des Verderbens von Naturerzeugnissen oder Rohstoffen oder des Mißlingens von Arbeitsergebnissen sowie bei kontinuierlich durchzuführenden Forschungsarbeiten,

16.

zur Vermeidung einer Zerstörung oder erheblichen Beschädigung der Produktionseinrichtungen.

(2) Abweichend von § 9 dürfen Arbeitnehmer an Sonn- und Feiertagen mit den Produktionsarbeiten beschäftigt werden, wenn die infolge der Unterbrechung der Produktion nach Absatz 1 Nr. 14 zulässigen Arbeiten den Einsatz von mehr Arbeitnehmern als bei durchgehender Produktion erfordern.

(3) Abweichend von § 9 dürfen Arbeitnehmer an Sonn- und Feiertagen in Bäckereien und Konditoreien für bis zu drei Stunden mit der Herstellung und dem Austragen oder Ausfahren von Konditorwaren und an diesem Tag zum Verkauf kommenden Bäckerwaren beschäftigt werden.

(4) Sofern die Arbeiten nicht an Werktagen vorgenommen werden können, dürfen Arbeitnehmer zur Durchführung des Eil- und Großbetragszahlungsverkehrs und des Geld-, Devisen-, Wertpapier- und Derivatehandels abweichend von § 9 Abs. 1 an den auf einen Werktag fallenden Feiertagen beschäftigt werden, die nicht in allen Mitgliedstaaten der Europäischen Union Feiertage sind.

-

§ 11 Ausgleich für Sonn- und Feiertagsbeschäftigung

(1) Mindestens 15 Sonntage im Jahr müssen beschäftigungsfrei bleiben.

(2) Für die Beschäftigung an Sonn- und Feiertagen gelten die §§ 3 bis 8 entsprechend, jedoch dürfen durch die Arbeitszeit an Sonn- und Feiertagen die in den §§ 3, 6 Abs. 2, §§ 7 und 21a Abs. 4 bestimmten Höchstarbeitszeiten und Ausgleichszeiträume nicht überschritten werden.

(3) Werden Arbeitnehmer an einem Sonntag beschäftigt, müssen sie einen Ersatzruhetag haben, der innerhalb eines den Beschäftigungstag einschließenden Zeitraums von zwei Wochen zu gewähren ist. Werden Arbeitnehmer an einem auf einen Werktag fallenden Feiertag beschäftigt, müssen sie einen Ersatzruhetag haben, der innerhalb eines den Beschäftigungstag einschließenden Zeitraums von acht Wochen zu gewähren ist.

(4) Die Sonn- oder Feiertagsruhe des § 9 oder der Ersatzruhetag des Absatzes 3 ist den Arbeitnehmern unmittelbar in Verbindung mit einer Ruhezeit nach § 5 zu gewähren, soweit dem technische oder arbeitsorganisatorische Gründe nicht entgegenstehen.

-

§ 12 Abweichende Regelungen

In einem Tarifvertrag oder auf Grund eines Tarifvertrags in einer Betriebs- oder Dienstvereinbarung kann zugelassen werden,

1.

abweichend von § 11 Abs. 1 die Anzahl der beschäftigungsfreien Sonntage in den Einrichtungen des § 10 Abs. 1 Nr. 2, 3, 4 und 10 auf mindestens zehn Sonntage, im Rundfunk, in Theaterbetrieben, Orchestern sowie bei Schaustellungen auf mindestens acht Sonntage, in Filmtheatern und in der Tierhaltung auf mindestens sechs Sonntage im Jahr zu verringern,

2.

abweichend von § 11 Abs. 3 den Wegfall von Ersatzruhetagen für auf Werktage fallende Feiertage zu vereinbaren oder Arbeitnehmer innerhalb eines festzulegenden Ausgleichszeitraums beschäftigungsfrei zu stellen,

3.

abweichend von § 11 Abs. 1 bis 3 in der Seeschiffahrt die den Arbeitnehmern nach diesen Vorschriften zustehenden freien Tage zusammenhängend zu geben,

4.

abweichend von § 11 Abs. 2 die Arbeitszeit in vollkontinuierlichen Schichtbetrieben an Sonn- und Feiertagen auf bis zu zwölf Stunden zu verlängern, wenn dadurch zusätzliche freie Schichten an Sonn- und Feiertagen erreicht werden.

§ 7 Abs. 3 bis 6 findet Anwendung.

-

§ 13 Ermächtigung, Anordnung, Bewilligung

(1) Die Bundesregierung kann durch Rechtsverordnung mit Zustimmung des Bundesrates zur Vermeidung erheblicher Schäden unter Berücksichtigung des Schutzes der Arbeitnehmer und der Sonn- und Feiertagsruhe

1.

die Bereiche mit Sonn- und Feiertagsbeschäftigung nach § 10 sowie die dort zugelassenen Arbeiten näher bestimmen,

2.

über die Ausnahmen nach § 10 hinaus weitere Ausnahmen abweichend von § 9

a)

für Betriebe, in denen die Beschäftigung von Arbeitnehmern an Sonn- oder Feiertagen zur Befriedigung täglicher oder an diesen Tagen besonders hervortretender

64

Bedürfnisse der Bevölkerung erforderlich ist,

b)

für Betriebe, in denen Arbeiten vorkommen, deren Unterbrechung oder Aufschub

aa)

nach dem Stand der Technik ihrer Art nach nicht oder nur mit erheblichen Schwierigkeiten möglich ist,

bb)

besondere Gefahren für Leben oder Gesundheit der Arbeitnehmer zur Folge hätte,

cc)

zu erheblichen Belastungen der Umwelt oder der Energie- oder Wasserversorgung führen würde,

c)

aus Gründen des Gemeinwohls, insbesondere auch zur Sicherung der Beschäftigung, zulassen und die zum Schutz der Arbeitnehmer und der Sonn- und Feiertagsruhe notwendigen Bedingungen bestimmen.

(2) Soweit die Bundesregierung von der Ermächtigung des Absatzes 1 Nr. 2 Buchstabe a keinen Gebrauch gemacht hat, können die Landesregierungen durch Rechtsverordnung entsprechende Bestimmungen erlassen. Die Landesregierungen können diese Ermächtigung durch Rechtsverordnung auf oberste Landesbehörden übertragen.

(3) Die Aufsichtsbehörde kann

1.

feststellen, ob eine Beschäftigung nach § 10 zulässig ist,

2.

abweichend von § 9 bewilligen, Arbeitnehmer zu beschäftigen

a)

im Handelsgewerbe an bis zu zehn Sonn- und Feiertagen im Jahr, an denen besondere Verhältnisse einen erweiterten Geschäftsverkehr erforderlich machen,

b)

an bis zu fünf Sonn- und Feiertagen im Jahr, wenn besondere Verhältnisse zur Verhütung eines unverhältnismäßigen Schadens dies erfordern,

c)

an einem Sonntag im Jahr zur Durchführung einer gesetzlich vorgeschriebenen Inventur,

und Anordnungen über die Beschäftigungszeit unter Berücksichtigung der für den öffentlichen Gottesdienst bestimmten Zeit treffen.

(4) Die Aufsichtsbehörde soll abweichend von § 9 bewilligen, daß Arbeitnehmer an Sonn- und Feiertagen mit Arbeiten beschäftigt werden, die aus chemischen, biologischen, technischen oder physikalischen Gründen einen ununterbrochenen Fortgang auch an Sonn- und Feiertagen erfordern.

(5) Die Aufsichtsbehörde hat abweichend von § 9 die Beschäftigung von Arbeitnehmern an Sonn- und Feiertagen zu bewilligen, wenn bei einer weitgehenden Ausnutzung der gesetzlich zulässigen wöchentlichen Betriebszeiten und bei längeren Betriebszeiten im Ausland die Konkurrenzfähigkeit unzumutbar beeinträchtigt ist und durch die Genehmigung von Sonn- und Feiertagsarbeit die Beschäftigung gesichert werden kann.

<u>Vierter Abschnitt</u>
<u>Ausnahmen in besonderen Fällen</u>

-

§ 14 Außergewöhnliche Fälle

(1) Von den §§ 3 bis 5, 6 Abs. 2, §§ 7, 9 bis 11 darf abgewichen werden bei vorübergehenden

Arbeiten in Notfällen und in außergewöhnlichen Fällen, die unabhängig vom Willen der Betroffenen eintreten und deren Folgen nicht auf andere Weise zu beseitigen sind, besonders wenn Rohstoffe oder Lebensmittel zu verderben oder Arbeitsergebnisse zu mißlingen drohen.

(2) Von den §§ 3 bis 5, 6 Abs. 2, §§ 7, 11 Abs. 1 bis 3 und § 12 darf ferner abgewichen werden,

1.

wenn eine verhältnismäßig geringe Zahl von Arbeitnehmern vorübergehend mit Arbeiten beschäftigt wird, deren Nichterledigung das Ergebnis der Arbeiten gefährden oder einen unverhältnismäßigen Schaden zur Folge haben würden,

2.

bei Forschung und Lehre, bei unaufschiebbaren Vor- und Abschlußarbeiten sowie bei unaufschiebbaren Arbeiten zur Behandlung, Pflege und Betreuung von Personen oder zur Behandlung und Pflege von Tieren an einzelnen Tagen,

wenn dem Arbeitgeber andere Vorkehrungen nicht zugemutet werden können.

(3) Wird von den Befugnissen nach Absatz 1 oder 2 Gebrauch gemacht, darf die Arbeitszeit 48 Stunden wöchentlich im Durchschnitt von sechs Kalendermonaten oder 24 Wochen nicht überschreiten.

-

§ 15 Bewilligung, Ermächtigung

(1) Die Aufsichtsbehörde kann

1.

eine von den §§ 3, 6 Abs. 2 und § 11 Abs. 2 abweichende längere tägliche Arbeitszeit bewilligen

a)

für kontinuierliche Schichtbetriebe zur Erreichung zusätzlicher Freischichten,

b)

für Bau- und Montagestellen,

2.

eine von den §§ 3, 6 Abs. 2 und § 11 Abs. 2 abweichende längere tägliche Arbeitszeit für Saison- und Kampagnebetriebe für die Zeit der Saison oder Kampagne bewilligen, wenn die Verlängerung der Arbeitszeit über acht Stunden werktäglich durch eine entsprechende Verkürzung der Arbeitszeit zu anderen Zeiten ausgeglichen wird,

3.

eine von den §§ 5 und 11 Abs. 2 abweichende Dauer und Lage der Ruhezeit bei Arbeitsbereitschaft, Bereitschaftsdienst und Rufbereitschaft den Besonderheiten dieser Inanspruchnahmen im öffentlichen Dienst entsprechend bewilligen,

4.

eine von den §§ 5 und 11 Abs. 2 abweichende Ruhezeit zur Herbeiführung eines regelmäßigen wöchentlichen Schichtwechsels zweimal innerhalb eines Zeitraums von drei Wochen bewilligen.

(2) Die Aufsichtsbehörde kann über die in diesem Gesetz vorgesehenen Ausnahmen hinaus weitergehende Ausnahmen zulassen, soweit sie im öffentlichen Interesse dringend nötig werden.

(2a) Die Bundesregierung kann durch Rechtsverordnung mit Zustimmung des Bundesrates

1.

Ausnahmen von den §§ 3, 4, 5 und 6 Absatz 2 sowie von den §§ 9 und 11 für Arbeitnehmer, die besondere Tätigkeiten zur Errichtung, zur Änderung oder zum Betrieb von Bauwerken, künstlichen Inseln oder sonstigen Anlagen auf See (Offshore-Tätigkeiten) durchführen, zulassen und

2.

die zum Schutz der in Nummer 1 genannten Arbeitnehmer sowie der Sonn- und Feiertagsruhe notwendigen Bedingungen bestimmen.

(3) Das Bundesministerium der Verteidigung kann in seinem Geschäftsbereich durch

Rechtsverordnung mit Zustimmung des Bundesministeriums für Arbeit und Soziales aus zwingenden Gründen der Verteidigung Arbeitnehmer verpflichten, über die in diesem Gesetz und in den auf Grund dieses Gesetzes erlassenen Rechtsverordnungen und Tarifverträgen festgelegten Arbeitszeitgrenzen und -beschränkungen hinaus Arbeit zu leisten.
(3a) Das Bundesministerium der Verteidigung kann in seinem Geschäftsbereich durch Rechtsverordnung im Einvernehmen mit dem Bundesministerium für Arbeit und Soziales für besondere Tätigkeiten der Arbeitnehmer bei den Streitkräften Abweichungen von in diesem Gesetz sowie von in den auf Grund dieses Gesetzes erlassenen Rechtsverordnungen bestimmten Arbeitszeitgrenzen und -beschränkungen zulassen, soweit die Abweichungen aus zwingenden Gründen erforderlich sind und die größtmögliche Sicherheit und der bestmögliche Gesundheitsschutz der Arbeitnehmer gewährleistet werden.
(4) Werden Ausnahmen nach Absatz 1 oder 2 zugelassen, darf die Arbeitszeit 48 Stunden wöchentlich im Durchschnitt von sechs Kalendermonaten oder 24 Wochen nicht überschreiten.

Fünfter Abschnitt
Durchführung des Gesetzes

-

§ 16 Aushang und Arbeitszeitnachweise

(1) Der Arbeitgeber ist verpflichtet, einen Abdruck dieses Gesetzes, der auf Grund dieses Gesetzes erlassenen, für den Betrieb geltenden Rechtsverordnungen und der für den Betrieb geltenden Tarifverträge und Betriebs- oder Dienstvereinbarungen im Sinne des § 7 Abs. 1 bis 3, §§ 12 und 21a Abs. 6 an geeigneter Stelle im Betrieb zur Einsichtnahme auszulegen oder auszuhängen.
(2) Der Arbeitgeber ist verpflichtet, die über die werktägliche Arbeitszeit des § 3 Satz 1 hinausgehende Arbeitszeit der Arbeitnehmer aufzuzeichnen und ein Verzeichnis der Arbeitnehmer zu führen, die in eine Verlängerung der Arbeitszeit gemäß § 7 Abs. 7 eingewilligt haben. Die Nachweise sind mindestens zwei Jahre aufzubewahren.

-

§ 17 Aufsichtsbehörde

(1) Die Einhaltung dieses Gesetzes und der auf Grund dieses Gesetzes erlassenen Rechtsverordnungen wird von den nach Landesrecht zuständigen Behörden (Aufsichtsbehörden) überwacht.
(2) Die Aufsichtsbehörde kann die erforderlichen Maßnahmen anordnen, die der Arbeitgeber zur Erfüllung der sich aus diesem Gesetz und den auf Grund dieses Gesetzes erlassenen Rechtsverordnungen ergebenden Pflichten zu treffen hat.
(3) Für den öffentlichen Dienst des Bundes sowie für die bundesunmittelbaren Körperschaften, Anstalten und Stiftungen des öffentlichen Rechts werden die Aufgaben und Befugnisse der Aufsichtsbehörde vom zuständigen Bundesministerium oder den von ihm bestimmten Stellen wahrgenommen; das gleiche gilt für die Befugnisse nach § 15 Abs. 1 und 2.
(4) Die Aufsichtsbehörde kann vom Arbeitgeber die für die Durchführung dieses Gesetzes und der auf Grund dieses Gesetzes erlassenen Rechtsverordnungen erforderlichen Auskünfte verlangen. Sie kann ferner vom Arbeitgeber verlangen, die Arbeitszeitnachweise und Tarifverträge oder Betriebs- oder Dienstvereinbarungen im Sinne des § 7 Abs. 1 bis 3, §§ 12 und 21a Abs. 6 vorzulegen oder zur Einsicht einzusenden.
(5) Die Beauftragten der Aufsichtsbehörde sind berechtigt, die Arbeitsstätten während der Betriebs- und Arbeitszeit zu betreten und zu besichtigen; außerhalb dieser Zeit oder wenn sich die Arbeitsstätten in einer Wohnung befinden, dürfen sie ohne Einverständnis des Inhabers nur zur Verhütung von dringenden Gefahren für die öffentliche Sicherheit und Ordnung betreten und besichtigt werden. Der Arbeitgeber hat das Betreten und Besichtigen der Arbeitsstätten zu

gestatten. Das Grundrecht der Unverletzlichkeit der Wohnung (Artikel 13 des Grundgesetzes) wird insoweit eingeschränkt.

(6) Der zur Auskunft Verpflichtete kann die Auskunft auf solche Fragen verweigern, deren Beantwortung ihn selbst oder einen der in § 383 Abs. 1 Nr. 1 bis 3 der Zivilprozeßordnung bezeichneten Angehörigen der Gefahr strafgerichtlicher Verfolgung oder eines Verfahrens nach dem Gesetz über Ordnungswidrigkeiten aussetzen würde.

<u>Sechster Abschnitt</u>
<u>Sonderregelungen</u>

-

§ 18 Nichtanwendung des Gesetzes

(1) Dieses Gesetz ist nicht anzuwenden auf

1.

leitende Angestellte im Sinne des § 5 Abs. 3 des Betriebsverfassungsgesetzes sowie Chefärzte,

2.

Leiter von öffentlichen Dienststellen und deren Vertreter sowie Arbeitnehmer im öffentlichen Dienst, die zu selbständigen Entscheidungen in Personalangelegenheiten befugt sind,

3.

Arbeitnehmer, die in häuslicher Gemeinschaft mit den ihnen anvertrauten Personen zusammenleben und sie eigenverantwortlich erziehen, pflegen oder betreuen,

4.

den liturgischen Bereich der Kirchen und der Religionsgemeinschaften.

(2) Für die Beschäftigung von Personen unter 18 Jahren gilt anstelle dieses Gesetzes das Jugendarbeitsschutzgesetz.

(3) Für die Beschäftigung von Arbeitnehmern als Besatzungsmitglieder auf Kauffahrteischiffen im Sinne des § 3 des Seearbeitsgesetzes gilt anstelle dieses Gesetzes das Seearbeitsgesetz.

(4) (weggefallen)

-

§ 19 Beschäftigung im öffentlichen Dienst

Bei der Wahrnehmung hoheitlicher Aufgaben im öffentlichen Dienst können, soweit keine tarifvertragliche Regelung besteht, durch die zuständige Dienstbehörde die für Beamte geltenden Bestimmungen über die Arbeitszeit auf die Arbeitnehmer übertragen werden; insoweit finden die §§ 3 bis 13 keine Anwendung.

-

§ 20 Beschäftigung in der Luftfahrt

Für die Beschäftigung von Arbeitnehmern als Besatzungsmitglieder von Luftfahrzeugen gelten anstelle der Vorschriften dieses Gesetzes über Arbeits- und Ruhezeiten die Vorschriften über Flug-, Flugdienst- und Ruhezeiten der Zweiten Durchführungsverordnung zur Betriebsordnung für Luftfahrtgerät in der jeweils geltenden Fassung.

-

§ 21 Beschäftigung in der Binnenschiffahrt

Die Vorschriften dieses Gesetzes gelten für die Beschäftigung von Fahrpersonal in der Binnenschiffahrt, soweit die Vorschriften über Ruhezeiten der Binnenschiffsuntersuchungsordnung in der jeweils geltenden Fassung dem nicht entgegenstehen. Sie können durch Tarifvertrag der Eigenart der Binnenschiffahrt angepaßt werden.

-

§ 21a Beschäftigung im Straßentransport

(1) Für die Beschäftigung von Arbeitnehmern als Fahrer oder Beifahrer bei Straßenverkehrstätigkeiten im Sinne der Verordnung (EG) Nr. 561/2006 des Europäischen Parlaments und des Rates vom 15. März 2006 zur Harmonisierung bestimmter Sozialvorschriften im Straßenverkehr und zur Änderung der Verordnungen (EWG) Nr. 3821/85 und (EG) Nr. 2135/98 des Rates sowie zur Aufhebung der Verordnung (EWG) Nr. 3820/85 des Rates (ABl. EG Nr. L 102 S. 1) oder des Europäischen Übereinkommens über die Arbeit des im internationalen Straßenverkehr beschäftigten Fahrpersonals (AETR) vom 1. Juli 1970 (BGBl. II 1974 S. 1473) in ihren jeweiligen Fassungen gelten die Vorschriften dieses Gesetzes, soweit nicht die folgenden Absätze abweichende Regelungen enthalten. Die Vorschriften der Verordnung (EG) Nr. 561/2006 und des AETR bleiben unberührt.

(2) Eine Woche im Sinne dieser Vorschriften ist der Zeitraum von Montag 0 Uhr bis Sonntag 24 Uhr.

(3) Abweichend von § 2 Abs. 1 ist keine Arbeitszeit:

1.
   die Zeit, während derer sich ein Arbeitnehmer am Arbeitsplatz bereithalten muss, um seine Tätigkeit aufzunehmen,

2.
   die Zeit, während derer sich ein Arbeitnehmer bereithalten muss, um seine Tätigkeit auf Anweisung aufnehmen zu können, ohne sich an seinem Arbeitsplatz aufhalten zu müssen;

3.
   für Arbeitnehmer, die sich beim Fahren abwechseln, die während der Fahrt neben dem Fahrer oder in einer Schlafkabine verbrachte Zeit.

Für die Zeiten nach Satz 1 Nr. 1 und 2 gilt dies nur, wenn der Zeitraum und dessen voraussichtliche Dauer im Voraus, spätestens unmittelbar vor Beginn des betreffenden Zeitraums bekannt ist. Die in Satz 1 genannten Zeiten sind keine Ruhezeiten. Die in Satz 1 Nr. 1 und 2 genannten Zeiten sind keine Ruhepausen.

(4) Die Arbeitszeit darf 48 Stunden wöchentlich nicht überschreiten. Sie kann auf bis zu 60 Stunden verlängert werden, wenn innerhalb von vier Kalendermonaten oder 16 Wochen im Durchschnitt 48 Stunden wöchentlich nicht überschritten werden.

(5) Die Ruhezeiten bestimmen sich nach den Vorschriften der Europäischen Gemeinschaften für Kraftfahrer und Beifahrer sowie nach dem AETR. Dies gilt auch für Auszubildende und Praktikanten.

(6) In einem Tarifvertrag oder auf Grund eines Tarifvertrags in einer Betriebs- oder Dienstvereinbarung kann zugelassen werden,

1.
   nähere Einzelheiten zu den in Absatz 3 Satz 1 Nr. 1, 2 und Satz 2 genannten Voraussetzungen zu regeln,

2.
   abweichend von Absatz 4 sowie den §§ 3 und 6 Abs. 2 die Arbeitszeit festzulegen, wenn objektive, technische oder arbeitszeitorganisatorische Gründe vorliegen. Dabei darf die Arbeitszeit 48 Stunden wöchentlich im Durchschnitt von sechs Kalendermonaten nicht überschreiten.

§ 7 Abs. 1 Nr. 2 und Abs. 2a gilt nicht. § 7 Abs. 3 gilt entsprechend.

(7) Der Arbeitgeber ist verpflichtet, die Arbeitszeit der Arbeitnehmer aufzuzeichnen. Die Aufzeichnungen sind mindestens zwei Jahre aufzubewahren. Der Arbeitgeber hat dem Arbeitnehmer auf Verlangen eine Kopie der Aufzeichnungen seiner Arbeitszeit auszuhändigen.

(8) Zur Berechnung der Arbeitszeit fordert der Arbeitgeber den Arbeitnehmer schriftlich auf, ihm

eine Aufstellung der bei einem anderen Arbeitgeber geleisteten Arbeitszeit vorzulegen. Der Arbeitnehmer legt diese Angaben schriftlich vor.

Siebter Abschnitt
Straf- und Bußgeldvorschriften

§ 22 Bußgeldvorschriften

(1) Ordnungswidrig handelt, wer als Arbeitgeber vorsätzlich oder fahrlässig

1.

entgegen §§ 3, 6 Abs. 2 oder § 21a Abs. 4, jeweils auch in Verbindung mit § 11 Abs. 2, einen Arbeitnehmer über die Grenzen der Arbeitszeit hinaus beschäftigt,

2.

entgegen § 4 Ruhepausen nicht, nicht mit der vorgeschriebenen Mindestdauer oder nicht rechtzeitig gewährt,

3.

entgegen § 5 Abs. 1 die Mindestruhezeit nicht gewährt oder entgegen § 5 Abs. 2 die Verkürzung der Ruhezeit durch Verlängerung einer anderen Ruhezeit nicht oder nicht rechtzeitig ausgleicht,

4.

einer Rechtsverordnung nach § 8 Satz 1, § 13 Abs. 1 oder 2, § 15 Absatz 2a Nummer 2 oder § 24 zuwiderhandelt, soweit sie für einen bestimmten Tatbestand auf diese Bußgeldvorschrift verweist,

5.

entgegen § 9 Abs. 1 einen Arbeitnehmer an Sonn- oder Feiertagen beschäftigt,

6.

entgegen § 11 Abs. 1 einen Arbeitnehmer an allen Sonntagen beschäftigt oder entgegen § 11 Abs. 3 einen Ersatzruhetag nicht oder nicht rechtzeitig gewährt,

7.

einer vollziehbaren Anordnung nach § 13 Abs. 3 Nr. 2 zuwiderhandelt,

8.

entgegen § 16 Abs. 1 die dort bezeichnete Auslage oder den dort bezeichneten Aushang nicht vornimmt,

9.

entgegen § 16 Abs. 2 oder § 21a Abs. 7 Aufzeichnungen nicht oder nicht richtig erstellt oder nicht für die vorgeschriebene Dauer aufbewahrt oder

10.

entgegen § 17 Abs. 4 eine Auskunft nicht, nicht richtig oder nicht vollständig erteilt, Unterlagen nicht oder nicht vollständig vorlegt oder nicht einsendet oder entgegen § 17 Abs. 5 Satz 2 eine Maßnahme nicht gestattet.

(2) Die Ordnungswidrigkeit kann in den Fällen des Absatzes 1 Nr. 1 bis 7, 9 und 10 mit einer Geldbuße bis zu fünfzehntausend Euro, in den Fällen des Absatzes 1 Nr. 8 mit einer Geldbuße bis zu zweitausendfünfhundert Euro geahndet werden.

§ 23 Strafvorschriften

(1) Wer eine der in § 22 Abs. 1 Nr. 1 bis 3, 5 bis 7 bezeichneten Handlungen

1.

vorsätzlich begeht und dadurch Gesundheit oder Arbeitskraft eines Arbeitnehmers gefährdet oder

2.

beharrlich wiederholt,

wird mit Freiheitsstrafe bis zu einem Jahr oder mit Geldstrafe bestraft.

(2) Wer in den Fällen des Absatzes 1 Nr. 1 die Gefahr fahrlässig verursacht, wird mit Freiheitsstrafe bis zu sechs Monaten oder mit Geldstrafe bis zu 180 Tagessätzen bestraft.

Achter Abschnitt
Schlußvorschriften

-

§ 24 Umsetzung von zwischenstaatlichen Vereinbarungen und Rechtsakten der EG

Die Bundesregierung kann mit Zustimmung des Bundesrates zur Erfüllung von Verpflichtungen aus zwischenstaatlichen Vereinbarungen oder zur Umsetzung von Rechtsakten des Rates oder der Kommission der Europäischen Gemeinschaften, die Sachbereiche dieses Gesetzes betreffen, Rechtsverordnungen nach diesem Gesetz erlassen.

-

§ 25 Übergangsregelung für Tarifverträge

Enthält ein am 1. Januar 2004 bestehender oder nachwirkender Tarifvertrag abweichende Regelungen nach § 7 Abs. 1 oder 2 oder § 12 Satz 1, die den in diesen Vorschriften festgelegten Höchstrahmen überschreiten, bleiben diese tarifvertraglichen Bestimmungen bis zum 31. Dezember 2006 unberührt. Tarifverträgen nach Satz 1 stehen durch Tarifvertrag zugelassene Betriebsvereinbarungen sowie Regelungen nach § 7 Abs. 4 gleich.

-

§ 26

(weggefallen)

Mindesturlaubsgesetz für Arbeitnehmer

Bundesurlaubsgesetz

-

BUrlG

Ausfertigungsdatum: 08.01.1963

"Bundesurlaubsgesetz in der im Bundesgesetzblatt Teil III, Gliederungsnummer 800-4, veröffentlichten bereinigten Fassung, das zuletzt durch Artikel 3 Absatz 3 des Gesetzes vom 20. April 2013 (BGBl. I S. 868) geändert worden ist". Zuletzt geändert durch Art. 3 Abs. 3 G v.

20.4.2013 I 868.

Fußnote

(+++ Textnachweis Geltung ab: 1.11.1974 +++)
(+++ Maßgaben aufgrund EinigVtr nicht mehr anzuwenden gem. Art. 20
    G v. 6.6.1994 I 1170 mWv 1.1.1995 und Art. 109 Nr. 3 Buchst. a
    DBuchst. cc G v. 8.12.2010 I 1864 mWv 15.12.2010 +++)

-

Eingangsformel

Der Bundestag hat mit Zustimmung des Bundesrates das folgende Gesetz beschlossen:

-

§ 1 Urlaubsanspruch

Jeder Arbeitnehmer hat in jedem Kalenderjahr Anspruch auf bezahlten Erholungsurlaub.

-

§ 2 Geltungsbereich

Arbeitnehmer im Sinne des Gesetzes sind Arbeiter und Angestellte sowie die zu ihrer Berufsausbildung Beschäftigten. Als Arbeitnehmer gelten auch Personen, die wegen ihrer wirtschaftlichen Unselbständigkeit als arbeitnehmerähnliche Personen anzusehen sind; für den Bereich der Heimarbeit gilt § 12.

-

§ 3 Dauer des Urlaubs

(1) Der Urlaub beträgt jährlich mindestens 24 Werktage.
(2) Als Werktage gelten alle Kalendertage, die nicht Sonn- oder gesetzliche Feiertage sind.

-

§ 4 Wartezeit

Der volle Urlaubsanspruch wird erstmalig nach sechsmonatigem Bestehen des Arbeitsverhältnisses erworben.

-

§ 5 Teilurlaub

(1) Anspruch auf ein Zwölftel des Jahresurlaubs für jeden vollen Monat des Bestehens des Arbeitsverhältnisses hat der Arbeitnehmer

a)
    für Zeiten eines Kalenderjahrs, für die er wegen Nichterfüllung der Wartezeit in diesem Kalenderjahr keinen vollen Urlaubsanspruch erwirbt;
b)

c) wenn er vor erfüllter Wartezeit aus dem Arbeitsverhältnis ausscheidet;

wenn er nach erfüllter Wartezeit in der ersten Hälfte eines Kalenderjahrs aus dem Arbeitsverhältnis ausscheidet.

(2) Bruchteile von Urlaubstagen, die mindestens einen halben Tag ergeben, sind auf volle Urlaubstage aufzurunden.

(3) Hat der Arbeitnehmer im Falle des Absatzes 1 Buchstabe c bereits Urlaub über den ihm zustehenden Umfang hinaus erhalten, so kann das dafür gezahlte Urlaubsentgelt nicht zurückgefordert werden.

-

§ 6 Ausschluß von Doppelansprüchen

(1) Der Anspruch auf Urlaub besteht nicht, soweit dem Arbeitnehmer für das laufende Kalenderjahr bereits von einem früheren Arbeitgeber Urlaub gewährt worden ist.

(2) Der Arbeitgeber ist verpflichtet, bei Beendigung des Arbeitsverhältnisses dem Arbeitnehmer eine Bescheinigung über den im laufenden Kalenderjahr gewährten oder abgegoltenen Urlaub auszuhändigen.

-

§ 7 Zeitpunkt, Übertragbarkeit und Abgeltung des Urlaubs

(1) Bei der zeitlichen Festlegung des Urlaubs sind die Urlaubswünsche des Arbeitnehmers zu berücksichtigen, es sei denn, daß ihrer Berücksichtigung dringende betriebliche Belange oder Urlaubswünsche anderer Arbeitnehmer, die unter sozialen Gesichtspunkten den Vorrang verdienen, entgegenstehen. Der Urlaub ist zu gewähren, wenn der Arbeitnehmer dies im Anschluß an eine Maßnahme der medizinischen Vorsorge oder Rehabilitation verlangt.

(2) Der Urlaub ist zusammenhängend zu gewähren, es sei denn, daß dringende betriebliche oder in der Person des Arbeitnehmers liegende Gründe eine Teilung des Urlaubs erforderlich machen. Kann der Urlaub aus diesen Gründen nicht zusammenhängend gewährt werden, und hat der Arbeitnehmer Anspruch auf Urlaub von mehr als zwölf Werktagen, so muß einer der Urlaubsteile mindestens zwölf aufeinanderfolgende Werktage umfassen.

(3) Der Urlaub muß im laufenden Kalenderjahr gewährt und genommen werden. Eine Übertragung des Urlaubs auf das nächste Kalenderjahr ist nur statthaft, wenn dringende betriebliche oder in der Person des Arbeitnehmers liegende Gründe dies rechtfertigen. Im Fall der Übertragung muß der Urlaub in den ersten drei Monaten des folgenden Kalenderjahrs gewährt und genommen werden. Auf Verlangen des Arbeitnehmers ist ein nach § 5 Abs. 1 Buchstabe a entstehender Teilurlaub jedoch auf das nächste Kalenderjahr zu übertragen.

(4) Kann der Urlaub wegen Beendigung des Arbeitsverhältnisses ganz oder teilweise nicht mehr gewährt werden, so ist er abzugelten.

-

§ 8 Erwerbstätigkeit während des Urlaubs

Während des Urlaubs darf der Arbeitnehmer keine dem Urlaubszweck widersprechende Erwerbstätigkeit leisten.

-

§ 9 Erkrankung während des Urlaubs

Erkrankt ein Arbeitnehmer während des Urlaubs, so werden die durch ärztliches Zeugnis nachgewiesenen Tage der Arbeitsunfähigkeit auf den Jahresurlaub nicht angerechnet.

-

§ 10 Maßnahmen der medizinischen Vorsorge oder Rehabilitation

Maßnahmen der medizinischen Vorsorge oder Rehabilitation dürfen nicht auf den Urlaub angerechnet werden, soweit ein Anspruch auf Fortzahlung des Arbeitsentgelts nach den gesetzlichen Vorschriften über die Entgeltfortzahlung im Krankheitsfall besteht.

-

§ 11 Urlaubsentgelt

(1) Das Urlaubsentgelt bemißt sich nach dem durchschnittlichen Arbeitsverdienst, das der Arbeitnehmer in den letzten dreizehn Wochen vor dem Beginn des Urlaubs erhalten hat, mit Ausnahme des zusätzlich für Überstunden gezahlten Arbeitsverdienstes. Bei Verdiensterhöhungen nicht nur vorübergehender Natur, die während des Berechnungszeitraums oder des Urlaubs eintreten, ist von dem erhöhten Verdienst auszugehen. Verdienstkürzungen, die im Berechnungszeitraum infolge von Kurzarbeit, Arbeitsausfällen oder unverschuldeter Arbeitsversäumnis eintreten, bleiben für die Berechnung des Urlaubsentgelts außer Betracht. Zum Arbeitsentgelt gehörende Sachbezüge, die während des Urlaubs nicht weitergewährt werden, sind für die Dauer des Urlaubs angemessen in bar abzugelten.
(2) Das Urlaubsentgelt ist vor Antritt des Urlaubs auszuzahlen.

-

§ 12 Urlaub im Bereich der Heimarbeit

Für die in Heimarbeit Beschäftigten und die ihnen nach § 1 Abs. 2 Buchstaben a bis c des Heimarbeitsgesetzes Gleichgestellten, für die die Urlaubsregelung nicht ausdrücklich von der Gleichstellung ausgenommen ist, gelten die vorstehenden Bestimmungen mit Ausnahme der §§ 4 bis 6, 7 Abs. 3 und 4 und § 11 nach Maßgabe der folgenden Bestimmungen:

1.
   Heimarbeiter (§ 1 Abs. 1 Buchstabe a des Heimarbeitsgesetzes) und nach § 1 Abs. 2 Buchstabe a des Heimarbeitsgesetzes Gleichgestellte erhalten von ihrem Auftraggeber oder, falls sie von einem Zwischenmeister beschäftigt werden, von diesem bei einem Anspruch auf 24 Werktage ein Urlaubsentgelt von 9,1 vom Hundert des in der Zeit vom 1. Mai bis zum 30. April des folgenden Jahres oder bis zur Beendigung des Beschäftigungsverhältnisses verdienten Arbeitsentgelts vor Abzug der Steuern und Sozialversicherungsbeiträge ohne Unkostenzuschlag und ohne die für den Lohnausfall an Feiertagen, den Arbeitsausfall infolge Krankheit und den Urlaub zu leistenden Zahlungen.

2.
   War der Anspruchsberechtigte im Berechnungszeitraum nicht ständig beschäftigt, so brauchen unbeschadet des Anspruches auf Urlaubsentgelt nach Nummer 1 nur so viele Urlaubstage gegeben zu werden, wie durchschnittliche Tagesverdienste, die er in der Regel erzielt hat, in dem Urlaubsentgelt nach Nummer 1 enthalten sind.

3.
   Das Urlaubsentgelt für die in Nummer 1 bezeichneten Personen soll erst bei der letzten Entgeltzahlung vor Antritt des Urlaubs ausgezahlt werden.

4.
   Hausgewerbetreibende (§ 1 Abs. 1 Buchstabe b des Heimarbeitsgesetzes) und nach § 1 Abs. 2 Buchstaben b und c des Heimarbeitsgesetzes Gleichgestellte erhalten von ihrem Auftraggeber oder, falls sie von einem Zwischenmeister beschäftigt werden, von diesem als eigenes Urlaubsentgelt und zur Sicherung der Urlaubsansprüche der von ihnen Beschäftigten einen Betrag von 9,1 vom Hundert des an sie ausgezahlten Arbeitsentgelts vor

74

5. Abzug der Steuern und Sozialversicherungsbeiträge ohne Unkostenzuschlag und ohne die für den Lohnausfall an Feiertagen, den Arbeitsausfall infolge Krankheit und den Urlaub zu leistenden Zahlungen.

5. Zwischenmeister, die den in Heimarbeit Beschäftigten nach § 1 Abs. 2 Buchstabe d des Heimarbeitsgesetzes gleichgestellt sind, haben gegen ihren Auftraggeber Anspruch auf die von ihnen nach den Nummern 1 und 4 nachweislich zu zahlenden Beträge.

6. Die Beträge nach den Nummern 1, 4 und 5 sind gesondert im Entgeltbeleg auszuweisen.

7. Durch Tarifvertrag kann bestimmt werden, daß Heimarbeiter (§ 1 Abs. 1 Buchstabe a des Heimarbeitsgesetzes), die nur für einen Auftraggeber tätig sind und tariflich allgemein wie Betriebsarbeiter behandelt werden, Urlaub nach den allgemeinen Urlaubsbestimmungen erhalten.

8. Auf die in den Nummern 1, 4 und 5 vorgesehenen Beträge finden die §§ 23 bis 25, 27 und 28 und auf die in den Nummern 1 und 4 vorgesehenen Beträge außerdem § 21 Abs. 2 des Heimarbeitsgesetzes entsprechende Anwendung. Für die Urlaubsansprüche der fremden Hilfskräfte der in Nummer 4 genannten Personen gilt § 26 des Heimarbeitsgesetzes entsprechend.

-

§ 13 Unabdingbarkeit

(1) Von den vorstehenden Vorschriften mit Ausnahme der §§ 1, 2 und 3 Abs. 1 kann in Tarifverträgen abgewichen werden. Die abweichenden Bestimmungen haben zwischen nichttarifgebundenen Arbeitgebern und Arbeitnehmern Geltung, wenn zwischen diesen die Anwendung der einschlägigen tariflichen Urlaubsregelung vereinbart ist. Im übrigen kann, abgesehen von § 7 Abs. 2 Satz 2, von den Bestimmungen dieses Gesetzes nicht zuungunsten des Arbeitnehmers abgewichen werden.
(2) Für das Baugewerbe oder sonstige Wirtschaftszweige, in denen als Folge häufigen Ortswechsels der von den Betrieben zu leistenden Arbeit Arbeitsverhältnisse von kürzerer Dauer als einem Jahr in erheblichem Umfange üblich sind, kann durch Tarifvertrag von den vorstehenden Vorschriften über die in Absatz 1 Satz 1 vorgesehene Grenze hinaus abgewichen werden, soweit dies zur Sicherung eines zusammenhängenden Jahresurlaubs für alle Arbeitnehmer erforderlich ist. Absatz 1 Satz 2 findet entsprechende Anwendung.
(3) Für den Bereich der Deutsche Bahn Aktiengesellschaft sowie einer gemäß § 2 Abs. 1 und § 3 Abs. 3 des Deutsche Bahn Gründungsgesetzes vom 27. Dezember 1993 (BGBl. I S. 2378, 2386) ausgegliederten Gesellschaft und für den Bereich der Nachfolgeunternehmen der Deutschen Bundespost kann von der Vorschrift über das Kalenderjahr als Urlaubsjahr (§ 1) in Tarifverträgen abgewichen werden.

-

§ 14 Berlin-Klausel

Dieses Gesetz gilt nach Maßgabe des § 13 Abs. 1 des Dritten Überleitungsgesetzes vom 4. Januar 1952 (Bundesgesetzbl. I S. 1) auch im Land Berlin.

-

§ 15 Änderung und Aufhebung von Gesetzen

(1) Unberührt bleiben die urlaubsrechtlichen Bestimmungen des Arbeitsplatzschutzgesetzes vom 30. März 1957 (Bundesgesetzbl. I S. 293), geändert durch Gesetz vom 22. März 1962

(Bundesgesetzbl. I S. 169), des Neunten Buches Sozialgesetzbuch des Jugendarbeitsschutzgesetzes vom 9. August 1960 (Bundesgesetzbl. I S. 665), geändert durch Gesetz vom 20. Juli 1962 (Bundesgesetzbl. I S. 449), und des Seearbeitsgesetzes vom 20. April 2013 (BGBl. I S. 868), jedoch wird
a) und b) ...
(2) Mit dem Inkrafttreten dieses Gesetzes treten die landesrechtlichen Vorschriften über den Erholungsurlaub außer Kraft. In Kraft bleiben jedoch die landesrechtlichen Bestimmungen über den Urlaub für Opfer des Nationalsozialismus und für solche Arbeitnehmer, die geistig oder körperlich in ihrer Erwerbsfähigkeit behindert sind.

-

§ 15a Übergangsvorschrift

Befindet sich der Arbeitnehmer von einem Tag nach dem 9. Dezember 1998 bis zum 1. Januar 1999 oder darüber hinaus in einer Maßnahme der medizinischen Vorsorge oder Rehabilitation, sind für diesen Zeitraum die seit dem 1. Januar 1999 geltenden Vorschriften maßgebend, es sei denn, daß diese für den Arbeitnehmer ungünstiger sind.

-

§ 16 Inkrafttreten

Dieses Gesetz tritt mit Wirkung vom 1. Januar 1963 in Kraft.

Gesetz zum Schutze der erwerbstätigen Mutter

Mutterschutzgesetz - MuSchG

-

MuSchG

Ausfertigungsdatum: 24.01.1952

"Mutterschutzgesetz in der Fassung der Bekanntmachung vom 20. Juni 2002 (BGBl. I S. 2318), das zuletzt durch Artikel 6 des Gesetzes vom 23. Oktober 2012 (BGBl. I S. 2246) geändert worden ist". Neugefasst durch Bek. v. 20.6.2002 I 2318; zuletzt geändert durch Art. 6 G v. 23.10.2012 I 2246.

Fußnote

(+++ Textnachweis Geltung ab: 1.1.1982 +++)
(+++ Amtlicher Hinweis des Normgebers auf EG-Recht:
    Umsetzung der
    EWGRL 85/92 (CELEX Nr: 392L0085) +++)

Das G ist in dem in Art. 3 des Einigungsvertrages genannten Gebiet gem. Anlage I Kap. X Sachg. A Abschn. III iVm Art. 1 G v. 23.9.1990 II 885, 1072 ab 1. Januar 1991 anzuwenden. Es gilt nicht für Geburten vor dem 1. Januar 1991. Maßgaben nicht mehr anzuwenden gem. Art. 1 Nr. 7 Buchst. a G v. 21.1.2013 I 91 mWv 29.1.2013.

-

Erster Abschnitt
Allgemeine Vorschriften

-

§ 1 Geltungsbereich

Dieses Gesetz gilt

1.

   für Frauen, die in einem Arbeitsverhältnis stehen,

2.

   für weibliche in Heimarbeit Beschäftigte und ihnen Gleichgestellte (§ 1 Abs. 1 und 2 des Heimarbeitsgesetzes vom 14. März 1951 BGBl. I S. 191), soweit sie am Stück mitarbeiten.

-

§ 2 Gestaltung des Arbeitsplatzes

(1) Wer eine werdende oder stillende Mutter beschäftigt, hat bei der Einrichtung und der Unterhaltung des Arbeitsplatzes einschließlich der Maschinen, Werkzeuge und Geräte und bei der Regelung der Beschäftigung die erforderlichen Vorkehrungen und Maßnahmen zum Schutze von Leben und Gesundheit der werdenden oder stillenden Mutter zu treffen.
(2) Wer eine werdende oder stillende Mutter mit Arbeiten beschäftigt, bei denen sie ständig stehen oder gehen muss, hat für sie eine Sitzgelegenheit zum kurzen Ausruhen bereitzustellen.
(3) Wer eine werdende oder stillende Mutter mit Arbeiten beschäftigt, bei denen sie ständig sitzen muss, hat ihr Gelegenheit zu kurzen Unterbrechungen ihrer Arbeit zu geben.
(4) Die Bundesregierung wird ermächtigt, durch Rechtsverordnung mit Zustimmung des Bundesrates

1.

   den Arbeitgeber zu verpflichten, zur Vermeidung von Gesundheitsgefährdungen der werdenden oder stillenden Mütter oder ihrer Kinder Liegeräume für diese Frauen einzurichten und sonstige Maßnahmen zur Durchführung des in Absatz 1 enthaltenen Grundsatzes zu treffen,

2.

   nähere Einzelheiten zu regeln wegen der Verpflichtung des Arbeitgebers zur Beurteilung einer Gefährdung für die werdenden oder stillenden Mütter, zur Durchführung der notwendigen Schutzmaßnahmen und zur Unterrichtung der betroffenen Arbeitnehmerinnen nach Maßgabe der insoweit umzusetzenden Artikel 4 bis 6 der Richtlinie 92/85/EWG des Rates vom 19. Oktober 1992 über die Durchführung von Maßnahmen zur Verbesserung der Sicherheit und des Gesundheitsschutzes von schwangeren Arbeitnehmerinnen, Wöchnerinnen und stillenden Arbeitnehmerinnen am Arbeitsplatz (ABl. EG Nr. L 348 S. 1).

(5) Unabhängig von den auf Grund des Absatzes 4 erlassenen Vorschriften kann die Aufsichtsbehörde in Einzelfällen anordnen, welche Vorkehrungen und Maßnahmen zur Durchführung des Absatzes 1 zu treffen sind.

Zweiter Abschnitt
Beschäftigungsverbote

-

§ 3 Beschäftigungsverbote für werdende Mütter

(1) Werdende Mütter dürfen nicht beschäftigt werden, soweit nach ärztlichem Zeugnis Leben oder Gesundheit von Mutter oder Kind bei Fortdauer der Beschäftigung gefährdet ist.

(2) Werdende Mütter dürfen in den letzten sechs Wochen vor der Entbindung nicht beschäftigt werden, es sei denn, dass sie sich zur Arbeitsleistung ausdrücklich bereit erklären; die Erklärung kann jederzeit widerrufen werden.

-

§ 4 Weitere Beschäftigungsverbote

(1) Werdende Mütter dürfen nicht mit schweren körperlichen Arbeiten und nicht mit Arbeiten beschäftigt werden, bei denen sie schädlichen Einwirkungen von gesundheitsgefährdenden Stoffen oder Strahlen, von Staub, Gasen oder Dämpfen, von Hitze, Kälte oder Nässe, von Erschütterungen oder Lärm ausgesetzt sind.

(2) Werdende Mütter dürfen insbesondere nicht beschäftigt werden

1.
mit Arbeiten, bei denen regelmäßig Lasten von mehr als fünf Kilogramm Gewicht oder gelegentlich Lasten von mehr als zehn Kilogramm Gewicht ohne mechanische Hilfsmittel von Hand gehoben, bewegt oder befördert werden. Sollen größere Lasten mit mechanischen Hilfsmitteln von Hand gehoben, bewegt oder befördert werden, so darf die körperliche Beanspruchung der werdenden Mutter nicht größer sein als bei Arbeiten nach Satz 1,

2.
nach Ablauf des fünften Monats der Schwangerschaft mit Arbeiten, bei denen sie ständig stehen müssen, soweit diese Beschäftigung täglich vier Stunden überschreitet,

3.
mit Arbeiten, bei denen sie sich häufig erheblich strecken oder beugen oder bei denen sie dauernd hocken oder sich gebückt halten müssen,

4.
mit der Bedienung von Geräten und Maschinen aller Art mit hoher Fußbeanspruchung, insbesondere von solchen mit Fußantrieb,

5.
mit dem Schälen von Holz,

6.
mit Arbeiten, bei denen sie infolge ihrer Schwangerschaft in besonderem Maße der Gefahr, an einer Berufskrankheit zu erkranken, ausgesetzt sind oder bei denen durch das Risiko der Entstehung einer Berufskrankheit eine erhöhte Gefährdung für die werdende Mutter oder eine Gefahr für die Leibesfrucht besteht,

7.
nach Ablauf des dritten Monats der Schwangerschaft auf Beförderungsmitteln,

8.
mit Arbeiten, bei denen sie erhöhten Unfallgefahren, insbesondere der Gefahr auszugleiten, zu fallen oder abzustürzen, ausgesetzt sind.

(3) Die Beschäftigung von werdenden Müttern mit

1.
Akkordarbeit und sonstigen Arbeiten, bei denen durch ein gesteigertes Arbeitstempo ein höheres Entgelt erzielt werden kann,

2.

Fließarbeit mit vorgeschriebenem Arbeitstempo
ist verboten. Die Aufsichtsbehörde kann Ausnahmen bewilligen, wenn die Art der Arbeit und das Arbeitstempo eine Beeinträchtigung der Gesundheit von Mutter oder Kind nicht befürchten lassen. Die Aufsichtsbehörde kann die Beschäftigung für alle werdenden Mütter eines Betriebes oder einer Betriebsabteilung bewilligen, wenn die Voraussetzungen des Satzes 2 für alle im Betrieb oder in der Betriebsabteilung beschäftigten Frauen gegeben sind.
(4) Die Bundesregierung wird ermächtigt, zur Vermeidung von Gesundheitsgefährdungen der werdenden oder stillenden Mütter und ihrer Kinder durch Rechtsverordnung mit Zustimmung des Bundesrates

1.
   Arbeiten zu bestimmen, die unter die Beschäftigungsverbote der Absätze 1 und 2 fallen,
2.
   weitere Beschäftigungsverbote für werdende und stillende Mütter vor und nach der Entbindung zu erlassen.
(5) Die Aufsichtsbehörde kann in Einzelfällen bestimmen, ob eine Arbeit unter die Beschäftigungsverbote der Absätze 1 bis 3 oder einer von der Bundesregierung gemäß Absatz 4 erlassenen Verordnung fällt. Sie kann in Einzelfällen die Beschäftigung mit bestimmten anderen Arbeiten verbieten.
-

§ 5 Mitteilungspflicht, ärztliches Zeugnis

(1) Werdende Mütter sollen dem Arbeitgeber ihre Schwangerschaft und den mutmaßlichen Tag der Entbindung mitteilen, sobald ihnen ihr Zustand bekannt ist. Auf Verlangen des Arbeitgebers sollen sie das Zeugnis eines Arztes oder einer Hebamme vorlegen. Der Arbeitgeber hat die Aufsichtsbehörde unverzüglich von der Mitteilung der werdenden Mutter zu benachrichtigen. Er darf die Mitteilung der werdenden Mutter Dritten nicht unbefugt bekannt geben.
(2) Für die Berechnung der in § 3 Abs. 2 bezeichneten Zeiträume vor der Entbindung ist das Zeugnis eines Arztes oder einer Hebamme maßgebend; das Zeugnis soll den mutmaßlichen Tag der Entbindung angeben. Irrt sich der Arzt oder die Hebamme über den Zeitpunkt der Entbindung, so verkürzt oder verlängert sich diese Frist entsprechend.
(3) Die Kosten für die Zeugnisse nach den Absätzen 1 und 2 trägt der Arbeitgeber.
-

§ 6 Beschäftigungsverbote nach der Entbindung

(1) Mütter dürfen bis zum Ablauf von acht Wochen, bei Früh- und Mehrlingsgeburten bis zum Ablauf von zwölf Wochen nach der Entbindung nicht beschäftigt werden. Bei Frühgeburten und sonstigen vorzeitigen Entbindungen verlängern sich die Fristen nach Satz 1 zusätzlich um den Zeitraum der Schutzfrist nach § 3 Abs. 2, der nicht in Anspruch genommen werden konnte. Beim Tod ihres Kindes kann die Mutter auf ihr ausdrückliches Verlangen ausnahmsweise schon vor Ablauf dieser Fristen, aber noch nicht in den ersten zwei Wochen nach der Entbindung, wieder beschäftigt werden, wenn nach ärztlichem Zeugnis nichts dagegen spricht. Sie kann ihre Erklärung jederzeit widerrufen.[*)]
(2) Frauen, die in den ersten Monaten nach der Entbindung nach ärztlichem Zeugnis nicht voll leistungsfähig sind, dürfen nicht zu einer ihre Leistungsfähigkeit übersteigenden Arbeit herangezogen werden.
(3) Stillende Mütter dürfen mit den in § 4 Abs. 1, 2 Nr. 1, 3, 4, 5, 6 und 8 sowie Abs. 3 Satz 1 genannten Arbeiten nicht beschäftigt werden. Die Vorschriften des § 4 Abs. 3 Satz 2 und 3 sowie Abs. 5 gelten entsprechend.

*)
   § 6 Abs. 1 dieses Gesetzes dient der Umsetzung des Artikels 8 (Mutterschaftsurlaub) der Richtlinie 92/85/EWG des Rates vom 19. Oktober 1992 über die Durchführung von

Maßnahmen zur Verbesserung der Sicherheit und des Gesundheitsschutzes von schwangeren Arbeitnehmerinnen, Wöchnerinnen und stillenden Arbeitnehmerinnen am Arbeitsplatz (Zehnte Einzelrichtlinie im Sinne des Artikels 16 Abs. 1 der Richtlinie 89/391/EWG - ABl. EG Nr. L 348 S. 1).

-

§ 7 Stillzeit

(1) Stillenden Müttern ist auf ihr Verlangen die zum Stillen erforderliche Zeit, mindestens aber zweimal täglich eine halbe Stunde oder einmal täglich eine Stunde freizugeben. Bei einer zusammenhängenden Arbeitszeit von mehr als acht Stunden soll auf Verlangen zweimal eine Stillzeit von mindestens 45 Minuten oder, wenn in der Nähe der Arbeitsstätte keine Stillgelegenheit vorhanden ist, einmal eine Stillzeit von mindestens 90 Minuten gewährt werden. Die Arbeitszeit gilt als zusammenhängend, soweit sie nicht durch eine Ruhepause von mindestens zwei Stunden unterbrochen wird.
(2) Durch die Gewährung der Stillzeit darf ein Verdienstausfall nicht eintreten. Die Stillzeit darf von stillenden Müttern nicht vor- oder nachgearbeitet und nicht auf die in dem Arbeitszeitgesetz oder in anderen Vorschriften festgesetzten Ruhepausen angerechnet werden.
(3) Die Aufsichtsbehörde kann in Einzelfällen nähere Bestimmungen über Zahl, Lage und Dauer der Stillzeiten treffen; sie kann die Einrichtung von Stillräumen vorschreiben.
(4) Der Auftraggeber oder Zwischenmeister hat den in Heimarbeit Beschäftigten und den ihnen Gleichgestellten für die Stillzeit ein Entgelt von 75 vom Hundert eines durchschnittlichen Stundenverdienstes, mindestens aber 0,38 Euro für jeden Werktag zu zahlen. Ist die Frau für mehrere Auftraggeber oder Zwischenmeister tätig, so haben diese das Entgelt für die Stillzeit zu gleichen Teilen zu gewähren. Auf das Entgelt finden die Vorschriften der §§ 23 bis 25 des Heimarbeitsgesetzes vom 14. März 1951 (BGBl. I S. 191) über den Entgeltschutz Anwendung.

-

§ 8 Mehrarbeit, Nacht- und Sonntagsarbeit

(1) Werdende und stillende Mütter dürfen nicht mit Mehrarbeit, nicht in der Nacht zwischen 20 und 6 Uhr und nicht an Sonn- und Feiertagen beschäftigt werden.
(2) Mehrarbeit im Sinne des Absatzes 1 ist jede Arbeit, die

1.
    von Frauen unter 18 Jahren über 8 Stunden täglich oder 80 Stunden in der Doppelwoche,

2.
    von sonstigen Frauen über 8 1/2 Stunden täglich oder 90 Stunden in der Doppelwoche hinaus geleistet wird. In die Doppelwoche werden die Sonntage eingerechnet.
(3) Abweichend vom Nachtarbeitsverbot des Absatzes 1 dürfen werdende Mütter in den ersten vier Monaten der Schwangerschaft und stillende Mütter beschäftigt werden

1.
    in Gast- und Schankwirtschaften und im übrigen Beherbergungswesen bis 22 Uhr,

2.
    in der Landwirtschaft mit dem Melken von Vieh ab 5 Uhr,

3.
    als Künstlerinnen bei Musikaufführungen, Theatervorstellungen und ähnlichen Aufführungen bis 23 Uhr.
(4) Im Verkehrswesen, in Gast- und Schankwirtschaften und im übrigen Beherbergungswesen, im Familienhaushalt, in Krankenpflege- und in Badeanstalten, bei Musikaufführungen, Theatervorstellungen, anderen Schaustellungen, Darbietungen oder Lustbarkeiten dürfen werdende oder stillende Mütter, abweichend von Absatz 1, an Sonn- und Feiertagen beschäftigt werden, wenn ihnen in jeder Woche einmal eine ununterbrochene Ruhezeit von mindestens 24 Stunden im Anschluss an eine Nachtruhe gewährt wird.

(5) An in Heimarbeit Beschäftigte und ihnen Gleichgestellte, +ie werdende oder stillende Mütter sind, darf Heimarbeit nur in solchem Umfang und mit solchen Fertigungsfristen ausgegeben werden, dass sie von der werdenden Mutter voraussichtlich während einer 8-stündigen Tagesarbeitszeit, von der stillenden Mutter voraussichtlich während einer 7 1/4-stündigen Tagesarbeitszeit an Werktagen ausgeführt werden kann. Die Aufsichtsbehörde kann in Einzelfällen nähere Bestimmungen über die Arbeitsmenge treffen; falls ein Heimarbeitsausschuss besteht, hat sie diesen vorher zu hören.

(6) Die Aufsichtsbehörde kann in begründeten Einzelfällen Ausnahmen von den vorstehenden Vorschriften zulassen.

Abschnitt 2a
Mutterschaftsurlaub

-

§§ 8a bis 8d (weggefallen)

Dritter Abschnitt
Kündigung

-

§ 9 Kündigungsverbot

(1) Die Kündigung gegenüber einer Frau während der Schwangerschaft und bis zum Ablauf von vier Monaten nach der Entbindung ist unzulässig, wenn dem Arbeitgeber zur Zeit der Kündigung die Schwangerschaft oder Entbindung bekannt war oder innerhalb zweier Wochen nach Zugang der Kündigung mitgeteilt wird; das Überschreiten dieser Frist ist unschädlich, wenn es auf einem von der Frau nicht zu vertretenden Grund beruht und die Mitteilung unverzüglich nachgeholt wird. Die Vorschrift des Satzes 1 gilt für Frauen, die den in Heimarbeit Beschäftigten gleichgestellt sind, nur, wenn sich die Gleichstellung auch auf den Neunten Abschnitt - Kündigung - des Heimarbeitsgesetzes vom 14. März 1951 (BGBl. I S. 191) erstreckt.

(2) Kündigt eine schwangere Frau, gilt § 5 Abs. 1 Satz 3 entsprechend.

(3) Die für den Arbeitsschutz zuständige oberste Landesbehörde oder die von ihr bestimmte Stelle kann in besonderen Fällen, die nicht mit dem Zustand einer Frau während der Schwangerschaft oder ihrer Lage bis zum Ablauf von vier Monaten nach der Entbindung in Zusammenhang stehen, ausnahmsweise die Kündigung für zulässig erklären. Die Kündigung bedarf der schriftlichen Form und sie muss den zulässigen Kündigungsgrund angeben.

(4) In Heimarbeit Beschäftigte und ihnen Gleichgestellte dürfen während der Schwangerschaft und bis zum Ablauf von vier Monaten nach der Entbindung nicht gegen ihren Willen bei der Ausgabe von Heimarbeit ausgeschlossen werden; die Vorschriften der §§ 3, 4, 6 und 8 Abs. 5 bleiben unberührt.

-

§ 9a

(weggefallen)

-

§ 10 Erhaltung von Rechten

(1) Eine Frau kann während der Schwangerschaft und während der Schutzfrist nach der Entbindung (§ 6 Abs. 1) das Arbeitsverhältnis ohne Einhaltung einer Frist zum Ende der Schutzfrist

nach der Entbindung kündigen.

(2) Wird das Arbeitsverhältnis nach Absatz 1 aufgelöst und wird die Frau innerhalb eines Jahres nach der Entbindung in ihrem bisherigen Betrieb wieder eingestellt, so gilt, soweit Rechte aus dem Arbeitsverhältnis von der Dauer der Betriebs- oder Berufszugehörigkeit oder von der Dauer der Beschäftigungs- oder Dienstzeit abhängen, das Arbeitsverhältnis als nicht unterbrochen. Dies gilt nicht, wenn die Frau in der Zeit von der Auflösung des Arbeitsverhältnisses bis zur Wiedereinstellung bei einem anderen Arbeitgeber beschäftigt war.

Vierter Abschnitt
Leistungen

-

§ 11 Arbeitsentgelt bei Beschäftigungsverboten

(1) Den unter den Geltungsbereich des § 1 fallenden Frauen ist, soweit sie nicht Mutterschaftsgeld nach den Vorschriften der Reichsversicherungsordnung beziehen können, vom Arbeitgeber mindestens der Durchschnittsverdienst der letzten 13 Wochen oder der letzten drei Monate vor Beginn des Monats, in dem die Schwangerschaft eingetreten ist, weiter zu gewähren, wenn sie wegen eines Beschäftigungsverbots nach § 3 Abs. 1, §§ 4, 6 Abs. 2 oder 3 oder wegen des Mehr-, Nacht- oder Sonntagsarbeitsverbots nach § 8 Abs. 1, 3 oder 5 teilweise oder völlig mit der Arbeit aussetzen. Dies gilt auch, wenn wegen dieser Verbote die Beschäftigung oder die Entlohnungsart wechselt. Wird das Arbeitsverhältnis erst nach Eintritt der Schwangerschaft begonnen, so ist der Durchschnittsverdienst aus dem Arbeitsentgelt der ersten 13 Wochen oder drei Monate der Beschäftigung zu berechnen. Hat das Arbeitsverhältnis nach Satz 1 oder 3 kürzer gedauert, so ist der kürzere Zeitraum der Berechnung zugrunde zu legen. Zeiten, in denen kein Arbeitsentgelt erzielt wurde, bleiben außer Betracht.

(2) Bei Verdiensterhöhungen nicht nur vorübergehender Natur, die während oder nach Ablauf des Berechnungszeitraums eintreten, ist von dem erhöhten Verdienst auszugehen. Verdienstkürzungen, die im Berechnungszeitraum infolge von Kurzarbeit, Arbeitsausfällen oder unverschuldeter Arbeitsversäumnis eintreten, bleiben für die Berechnung des Durchschnittsverdienstes außer Betracht. Zu berücksichtigen sind dauerhafte Verdienstkürzungen, die während oder nach Ablauf des Berechnungszeitraums eintreten und nicht auf einem mutterschutzrechtlichen Beschäftigungsverbot beruhen.

(3) Die Bundesregierung wird ermächtigt, durch Rechtsverordnung mit Zustimmung des Bundesrates Vorschriften über die Berechnung des Durchschnittsverdienstes im Sinne der Absätze 1 und 2 zu erlassen.

-

§ 12

(weggefallen)

-

§ 13 Mutterschaftsgeld

(1) Frauen, die Mitglied einer gesetzlichen Krankenkasse sind, erhalten für die Zeit der Schutzfristen des § 3 Abs. 2 und des § 6 Abs. 1 sowie für den Entbindungstag Mutterschaftsgeld nach den Vorschriften des Fünften Buches Sozialgesetzbuch oder des Zweiten Gesetzes über die Krankenversicherung der Landwirte über das Mutterschaftsgeld.

(2) Frauen, die nicht Mitglied einer gesetzlichen Krankenkasse sind, erhalten, wenn sie bei Beginn der Schutzfrist nach § 3 Abs. 2 in einem Arbeitsverhältnis stehen oder in Heimarbeit beschäftigt

sind, für die Zeit der Schutzfristen des § 3 Abs. 2 und des § 6 Abs. 1 sowie für den Entbindungstag Mutterschaftsgeld zu Lasten des Bundes in entsprechender Anwendung der Vorschriften des Fünften Buches Sozialgesetzbuch über das Mutterschaftsgeld, höchstens jedoch insgesamt 210 Euro. Das Mutterschaftsgeld wird diesen Frauen auf Antrag vom Bundesversicherungsamt gezahlt. Die Sätze 1 und 2 gelten für Frauen entsprechend, deren Arbeitsverhältnis während ihrer Schwangerschaft oder der Schutzfrist des § 6 Abs. 1 nach Maßgabe von § 9 Abs. 3 aufgelöst worden ist.

(3) Frauen, die während der Schutzfristen des § 3 Abs. 2 oder des § 6 Abs. 1 von einem Beamten-in ein Arbeitsverhältnis wechseln, erhalten von diesem Zeitpunkt an Mutterschaftsgeld entsprechend den Absätzen 1 und 2.

-

§ 14 Zuschuss zum Mutterschaftsgeld

(1) Frauen, die Anspruch auf Mutterschaftsgeld nach § 24i Absatz 1, 2 Satz 1 bis 4 und Absatz 3 des Fünften Buches Sozialgesetzbuch oder § 13 Abs. 2, 3 haben, erhalten während ihres bestehenden Arbeitsverhältnisses für die Zeit der Schutzfristen des § 3 Abs. 2 und § 6 Abs. 1 sowie für den Entbindungstag von ihrem Arbeitgeber einen Zuschuss in Höhe des Unterschiedsbetrages zwischen 13 Euro und dem um die gesetzlichen Abzüge verminderten durchschnittlichen kalendertäglichen Arbeitsentgelt. Das durchschnittliche kalendertägliche Arbeitsentgelt ist aus den letzten drei abgerechneten Kalendermonaten, bei wöchentlicher Abrechnung aus den letzten 13 abgerechneten Wochen vor Beginn der Schutzfrist nach § 3 Abs. 2 zu berechnen. Nicht nur vorübergehende Erhöhungen des Arbeitsentgeltes, die während der Schutzfristen des § 3 Abs. 2 und § 6 Abs. 1 wirksam werden, sind ab diesem Zeitpunkt in die Berechnung einzubeziehen. Einmalig gezahltes Arbeitsentgelt (§ 23a des Vierten Buches Sozialgesetzbuch) sowie Tage, an denen infolge von Kurzarbeit, Arbeitsausfällen oder unverschuldeter Arbeitsversäumnis kein oder ein vermindertes Arbeitsentgelt erzielt wurde, bleiben außer Betracht. Zu berücksichtigen sind dauerhafte Verdienstkürzungen, die während oder nach Ablauf des Berechnungszeitraums eintreten und auf einem mutterschutzrechtlichen Beschäftigungsverbot beruhen. Ist danach eine Berechnung nicht möglich, so ist das durchschnittliche kalendertägliche Arbeitsentgelt einer gleichartig Beschäftigten zugrunde zu legen.

(2) Frauen, deren Arbeitsverhältnis während ihrer Schwangerschaft oder während der Schutzfrist des § 6 Abs. 1 nach Maßgabe von § 9 Abs. 3 aufgelöst worden ist, erhalten bis zum Ende dieser Schutzfrist den Zuschuss nach Absatz 1 von der für die Zahlung des Mutterschaftsgeldes zuständigen Stelle.

(3) Absatz 2 gilt entsprechend, wenn der Arbeitgeber wegen eines Insolvenzereignisses im Sinne des § 165 Absatz 1 Satz 2 des Dritten Buches Sozialgesetzbuch seinen Zuschuss nach Absatz 1 nicht zahlen kann.

(4) Der Zuschuss nach den Absätzen 1 bis 3 entfällt für die Zeit, in der Frauen die Elternzeit nach dem Bundeselterngeld- und Elternzeitgesetz in Anspruch nehmen oder in Anspruch genommen hätten, wenn deren Arbeitsverhältnis nicht während ihrer Schwangerschaft oder während der Schutzfrist des § 6 Abs. 1 vom Arbeitgeber zulässig aufgelöst worden wäre. Dies gilt nicht, soweit sie eine zulässige Teilzeitarbeit leisten.

Fußnote

§ 14 Abs. 1 Satz 1: Nach Maßgabe der Entscheidungsformel mit GG unvereinbar gem. BVerfGE v. 18.11.2003; 2004 I 69 - 1 BvR 302/96 -

-

§ 15 Sonstige Leistungen bei Schwangerschaft und Mutterschaft

Frauen, die in der gesetzlichen Krankenversicherung versichert sind, erhalten auch die folgenden Leistungen bei Schwangerschaft und Mutterschaft nach den Vorschriften des Fünften Buches Sozialgesetzbuch oder des Zweiten Gesetzes über die Krankenversicherung der Landwirte:

1.
    ärztliche Betreuung und Hebammenhilfe,
2.
    Versorgung mit Arznei-, Verband- und Heilmitteln,
3.
    stationäre Entbindung,
4.
    häusliche Pflege,
5.
    Haushaltshilfe.
-

§ 16 Freistellung für Untersuchungen

Der Arbeitgeber hat die Frau für die Zeit freizustellen, die zur Durchführung der Untersuchungen im Rahmen der Leistungen der gesetzlichen Krankenversicherung bei Schwangerschaft und Mutterschaft erforderlich ist. Entsprechendes gilt zugunsten der Frau, die nicht in der gesetzlichen Krankenversicherung versichert ist. Ein Entgeltausfall darf hierdurch nicht eintreten.
-

§ 17 Erholungsurlaub

Für den Anspruch auf bezahlten Erholungsurlaub und dessen Dauer gelten die Ausfallzeiten wegen mutterschutzrechtlicher Beschäftigungsverbote als Beschäftigungszeiten. Hat die Frau ihren Urlaub vor Beginn der Beschäftigungsverbote nicht oder nicht vollständig erhalten, so kann sie nach Ablauf der Fristen den Resturlaub im laufenden oder im nächsten Urlaubsjahr beanspruchen.

Fünfter Abschnitt
Durchführung des Gesetzes

-

§ 18 Auslage des Gesetzes

(1) In Betrieben und Verwaltungen, in denen regelmäßig mehr als drei Frauen beschäftigt werden, ist ein Abdruck dieses Gesetzes an geeigneter Stelle zur Einsicht auszulegen oder auszuhängen.
(2) Wer Heimarbeit ausgibt oder abnimmt, hat in den Räumen der Ausgabe und Abnahme einen Abdruck dieses Gesetzes an geeigneter Stelle zur Einsicht auszulegen oder auszuhängen.
-

§ 19 Auskunft

(1) Der Arbeitgeber ist verpflichtet, der Aufsichtsbehörde auf Verlangen

1.
    die zur Erfüllung der Aufgaben dieser Behörde erforderlichen Angaben wahrheitsgemäß und vollständig zu machen,
2.

84

die Unterlagen, aus denen Namen, Beschäftigungsart und -zeiten der werdenden und stillenden Mütter sowie Lohn- und Gehaltszahlungen ersichtlich sind, und alle sonstigen Unterlagen, die sich auf die zu Nummer 1 zu machenden Angaben beziehen, zur Einsicht vorzulegen oder einzusenden.

(2) Die Unterlagen sind mindestens bis zum Ablauf von zwei Jahren nach der letzten Eintragung aufzubewahren.

§ 20 Aufsichtsbehörden

(1) Die Aufsicht über die Ausführung der Vorschriften dieses Gesetzes und der auf Grund dieses Gesetzes erlassenen Vorschriften obliegt den nach Landesrecht zuständigen Behörden (Aufsichtsbehörden).

(2) Die Aufsichtsbehörden haben dieselben Befugnisse und Obliegenheiten wie nach § 139b der Gewerbeordnung die dort genannten besonderen Beamten. Das Grundrecht der Unverletzlichkeit der Wohnung (Artikel 13 des Grundgesetzes) wird insoweit eingeschränkt.

Sechster Abschnitt
Straftaten und Ordnungswidrigkeiten

§ 21 Straftaten und Ordnungswidrigkeiten

(1) Ordnungswidrig handelt der Arbeitgeber, der vorsätzlich oder fahrlässig

1.
den Vorschriften der §§ 3, 4 Abs. 1 bis 3 Satz 1 oder § 6 Abs. 1 bis 3 Satz 1 über die Beschäftigungsverbote vor und nach der Entbindung,

2.
den Vorschriften des § 7 Abs. 1 Satz 1 oder Abs. 2 Satz 2 über die Stillzeit,

3.
den Vorschriften des § 8 Abs. 1 oder 3 bis 5 Satz 1 über Mehr-, Nacht- oder Sonntagsarbeit,

4.
den auf Grund des § 4 Abs. 4 erlassenen Vorschriften, soweit sie für einen bestimmten Tatbestand auf diese Bußgeldvorschrift verweisen,

5.
einer vollziehbaren Verfügung der Aufsichtsbehörde nach § 2 Abs. 5, § 4 Abs. 5, § 6 Abs. 3 Satz 2, § 7 Abs. 3 oder § 8 Abs. 5 Satz 2 Halbsatz 1,

6.
den Vorschriften des § 5 Abs. 1 Satz 3 über die Benachrichtigung,

7.
der Vorschrift des § 16 Satz 1, auch in Verbindung mit Satz 2, über die Freistellung für Untersuchungen oder

8.
den Vorschriften des § 18 über die Auslage des Gesetzes oder des § 19 über die Einsicht, Aufbewahrung und Vorlage der Unterlagen und über die Auskunft

zuwiderhandelt.

(2) Die Ordnungswidrigkeit nach Absatz 1 Nr. 1 bis 5 kann mit einer Geldbuße bis zu fünfzehntausend Euro, die Ordnungswidrigkeit nach Absatz 1 Nr. 6 bis 8 mit einer Geldbuße bis zu zweitausendfünfhundert Euro geahndet werden.

(3) Wer vorsätzlich eine der in Absatz 1 Nr. 1 bis 5 bezeichneten Handlungen begeht und dadurch die Frau in ihrer Arbeitskraft oder Gesundheit gefährdet, wird mit Freiheitsstrafe bis zu einem Jahr oder mit Geldstrafe bestraft.

(4) Wer in den Fällen des Absatzes 3 die Gefahr fahrlässig verursacht, wird mit Freiheitsstrafe bis zu sechs Monaten oder mit Geldstrafe bis zu einhundertachtzig Tagessätzen bestraft.

-

§§ 22 und 23 (weggefallen)

Siebter Abschnitt
Schlussvorschriften

-

§ 24 In Heimarbeit Beschäftigte

Für die in Heimarbeit Beschäftigten und die ihnen Gleichgestellten gelten

1.

    die §§ 3, 4 und 6 mit der Maßgabe, dass an die Stelle der Beschäftigungsverbote das Verbot der Ausgabe von Heimarbeit tritt,

2.

    § 2 Abs. 4, § 5 Abs. 1 und 3, § 9 Abs. 1, § 11 Abs. 1, § 13 Abs. 2, die §§ 14, 16, 19 Abs. 1 und § 21 Abs. 1 mit der Maßgabe, dass an die Stelle des Arbeitgebers der Auftraggeber oder Zwischenmeister tritt.

-

§ 25

(weggefallen)

Gesetz zur Regelung eines allgemeinen Mindestlohns

Mindestlohngesetz - MiLoG

MiLoG

Ausfertigungsdatum: 11.08.2014

"Mindestlohngesetz vom 11. August 2014 (BGBl. I S. 1348)"

Fußnote

(+++ Textnachweis ab: 16.8.2014 +++)
(+++ Zur Anwendung d. § 16 Abs. 1 bis 4 vgl. § 1 Abs. 1 u. 2 MiLoDokV +++)
(+++ Zur Anwendung d. § 17 Abs. 1 u. 2 vgl. § 1 Abs. 1 u. 2 MiLoDokV +++)

Das G wurde als Art. 1 des G v. 11.8.2014 I 1348 vom Bundestag mit der Mehrheit seiner Mitglieder und der Zustimmung des Bundesrates beschlossen. Es tritt gem. Art. 15 Abs. 1 am 16.8.2014 in Kraft. § 24 tritt gem. Art. 15 Abs. 2 mit Ablauf des 31.12.2017 außer Kraft.

Abschnitt 1
Festsetzung des allgemeinen Mindestlohns

Unterabschnitt 1
Inhalt des Mindestlohns

§ 1 Mindestlohn

(1) Jede Arbeitnehmerin und jeder Arbeitnehmer hat Anspruch auf Zahlung eines Arbeitsentgelts mindestens in Höhe des Mindestlohns durch den Arbeitgeber.
(2) Die Höhe des Mindestlohns beträgt ab dem 1. Januar 2015 brutto 8,50 Euro je Zeitstunde. Die Höhe des Mindestlohns kann auf Vorschlag einer ständigen Kommission der Tarifpartner (Mindestlohnkommission) durch Rechtsverordnung der Bundesregierung geändert werden.
(3) Die Regelungen des Arbeitnehmer-Entsendegesetzes, des Arbeitnehmerüberlassungsgesetzes und der auf ihrer Grundlage erlassenen Rechtsverordnungen gehen den Regelungen dieses Gesetzes vor, soweit die Höhe der auf ihrer Grundlage festgesetzten Branchenmindestlöhne die Höhe des Mindestlohns nicht unterschreitet. Der Vorrang nach Satz 1 gilt entsprechend für einen auf der Grundlage von § 5 des Tarifvertragsgesetzes für allgemeinverbindlich erklärten Tarifvertrag im Sinne von § 4 Absatz 1 Nummer 1 sowie §§ 5 und 6 Absatz 2 des Arbeitnehmer-Entsendegesetzes.
-

§ 2 Fälligkeit des Mindestlohns

(1) Der Arbeitgeber ist verpflichtet, der Arbeitnehmerin oder dem Arbeitnehmer den Mindestlohn

1.
   zum Zeitpunkt der vereinbarten Fälligkeit,
2.
   spätestens am letzten Bankarbeitstag (Frankfurt am Main) des Monats, der auf den Monat folgt, in dem die Arbeitsleistung erbracht wurde,

zu zahlen. Für den Fall, dass keine Vereinbarung über die Fälligkeit getroffen worden ist, bleibt § 614 des Bürgerlichen Gesetzbuchs unberührt.
(2) Abweichend von Absatz 1 Satz 1 sind bei Arbeitnehmerinnen und Arbeitnehmern die über die vertraglich vereinbarte Arbeitszeit hinausgehenden und auf einem schriftlich vereinbarten Arbeitszeitkonto eingestellten Arbeitsstunden spätestens innerhalb von zwölf Kalendermonaten nach ihrer monatlichen Erfassung durch bezahlte Freizeitgewährung oder Zahlung des Mindestlohns auszugleichen, soweit der Anspruch auf den Mindestlohn für die geleisteten Arbeitsstunden nach § 1 Absatz 1 nicht bereits durch Zahlung des verstetigten Arbeitsentgelts erfüllt ist. Im Falle der Beendigung des Arbeitsverhältnisses hat der Arbeitgeber nicht ausgeglichene Arbeitsstunden spätestens in dem auf die Beendigung des Arbeitsverhältnisses folgenden Kalendermonat auszugleichen. Die auf das Arbeitszeitkonto eingestellten Arbeitsstunden dürfen monatlich jeweils 50 Prozent der vertraglich vereinbarten Arbeitszeit nicht übersteigen.

(3) Die Absätze 1 und 2 gelten nicht für Wertguthabenvereinbarungen im Sinne des Vierten Buches Sozialgesetzbuch. Satz 1 gilt entsprechend für eine im Hinblick auf den Schutz der Arbeitnehmerinnen und Arbeitnehmer vergleichbare ausländische Regelung.

-

§ 3 Unabdingbarkeit des Mindestlohns

Vereinbarungen, die den Anspruch auf Mindestlohn unterschreiten oder seine Geltendmachung beschränken oder ausschließen, sind insoweit unwirksam. Die Arbeitnehmerin oder der Arbeitnehmer kann auf den entstandenen Anspruch nach § 1 Absatz 1 nur durch gerichtlichen Vergleich verzichten; im Übrigen ist ein Verzicht ausgeschlossen. Die Verwirkung des Anspruchs ist ausgeschlossen.

Unterabschnitt 2
Mindestlohnkommission

-

§ 4 Aufgabe und Zusammensetzung

(1) Die Bundesregierung errichtet eine ständige Mindestlohnkommission, die über die Anpassung der Höhe des Mindestlohns befindet.
(2) Die Mindestlohnkommission wird alle fünf Jahre neu berufen. Sie besteht aus einer oder einem Vorsitzenden, sechs weiteren stimmberechtigten ständigen Mitgliedern und zwei Mitgliedern aus Kreisen der Wissenschaft ohne Stimmrecht (beratende Mitglieder).

-

§ 5 Stimmberechtigte Mitglieder

(1) Die Bundesregierung beruft je drei stimmberechtigte Mitglieder auf Vorschlag der Spitzenorganisationen der Arbeitgeber und der Arbeitnehmer aus Kreisen der Vereinigungen von Arbeitgebern und Gewerkschaften. Die Spitzenorganisationen der Arbeitgeber und Arbeitnehmer sollen jeweils mindestens eine Frau und einen Mann als stimmberechtigte Mitglieder vorschlagen. Werden auf Arbeitgeber- oder auf Arbeitnehmerseite von den Spitzenorganisationen mehr als drei Personen vorgeschlagen, erfolgt die Auswahl zwischen den Vorschlägen im Verhältnis zur Bedeutung der jeweiligen Spitzenorganisationen für die Vertretung der Arbeitgeber- oder Arbeitnehmerinteressen im Arbeitsleben des Bundesgebietes. Übt eine Seite ihr Vorschlagsrecht nicht aus, werden die Mitglieder dieser Seite durch die Bundesregierung aus Kreisen der Vereinigungen von Arbeitgebern oder Gewerkschaften berufen.
(2) Scheidet ein Mitglied aus, wird nach Maßgabe des Absatzes 1 Satz 1 und 4 ein neues Mitglied berufen.

-

§ 6 Vorsitz

(1) Die Bundesregierung beruft die Vorsitzende oder den Vorsitzenden auf gemeinsamen Vorschlag der Spitzenorganisationen der Arbeitgeber und der Arbeitnehmer.
(2) Wird von den Spitzenorganisationen kein gemeinsamer Vorschlag unterbreitet, beruft die Bundesregierung jeweils eine Vorsitzende oder einen Vorsitzenden auf Vorschlag der Spitzenorganisationen der Arbeitgeber und der Arbeitnehmer. Der Vorsitz wechselt zwischen den Vorsitzenden nach jeder Beschlussfassung nach § 9. Über den erstmaligen Vorsitz entscheidet das Los. § 5 Absatz 1 Satz 3 und 4 gilt entsprechend.

(3) Scheidet die Vorsitzende oder der Vorsitzende aus, wird nach Maßgabe der Absätze 1 und 2 eine neue Vorsitzende oder ein neuer Vorsitzender berufen.

§ 7 Beratende Mitglieder

(1) Die Bundesregierung beruft auf Vorschlag der Spitzenorganisationen der Arbeitgeber und Arbeitnehmer zusätzlich je ein beratendes Mitglied aus Kreisen der Wissenschaft. Die Bundesregierung soll darauf hinwirken, dass die Spitzenorganisationen der Arbeitgeber und Arbeitnehmer eine Frau und einen Mann als beratendes Mitglied vorschlagen. Das beratende Mitglied soll in keinem Beschäftigungsverhältnis stehen zu

1.
   einer Spitzenorganisation der Arbeitgeber oder Arbeitnehmer,
2.
   einer Vereinigung der Arbeitgeber oder einer Gewerkschaft oder
3.
   einer Einrichtung, die von den in der Nummer 1 oder Nummer 2 genannten Vereinigungen getragen wird.
§ 5 Absatz 1 Satz 3 und 4 und Absatz 2 gilt entsprechend.
(2) Die beratenden Mitglieder unterstützen die Mindestlohnkommission insbesondere bei der Prüfung nach § 9 Absatz 2 durch die Einbringung wissenschaftlichen Sachverstands. Sie haben das Recht, an den Beratungen der Mindestlohnkommission teilzunehmen.

§ 8 Rechtsstellung der Mitglieder

(1) Die Mitglieder der Mindestlohnkommission unterliegen bei der Wahrnehmung ihrer Tätigkeit keinen Weisungen.
(2) Die Tätigkeit der Mitglieder der Mindestlohnkommission ist ehrenamtlich.
(3) Die Mitglieder der Mindestlohnkommission erhalten eine angemessene Entschädigung für den ihnen bei der Wahrnehmung ihrer Tätigkeit erwachsenden Verdienstausfall und Aufwand sowie Ersatz der Fahrtkosten entsprechend den für ehrenamtliche Richterinnen und Richter der Arbeitsgerichte geltenden Vorschriften. Die Entschädigung und die erstattungsfähigen Fahrtkosten setzt im Einzelfall die oder der Vorsitzende der Mindestlohnkommission fest.

§ 9 Beschluss der Mindestlohnkommission

(1) Die Mindestlohnkommission hat über eine Anpassung der Höhe des Mindestlohns erstmals bis zum 30. Juni 2016 mit Wirkung zum 1. Januar 2017 zu beschließen. Danach hat die Mindestlohnkommission alle zwei Jahre über Anpassungen der Höhe des Mindestlohns zu beschließen.
(2) Die Mindestlohnkommission prüft im Rahmen einer Gesamtabwägung, welche Höhe des Mindestlohns geeignet ist, zu einem angemessenen Mindestschutz der Arbeitnehmerinnen und Arbeitnehmer beizutragen, faire und funktionierende Wettbewerbsbedingungen zu ermöglichen sowie Beschäftigung nicht zu gefährden. Die Mindestlohnkommission orientiert sich bei der Festsetzung des Mindestlohns nachlaufend an der Tarifentwicklung.
(3) Die Mindestlohnkommission hat ihren Beschluss schriftlich zu begründen.
(4) Die Mindestlohnkommission evaluiert laufend die Auswirkungen des Mindestlohns auf den Schutz der Arbeitnehmerinnen und Arbeitnehmer, die Wettbewerbsbedingungen und die Beschäftigung im Bezug auf bestimmte Branchen und Regionen sowie die Produktivität und stellt

ihre Erkenntnisse der Bundesregierung in einem Bericht alle zwei Jahre gemeinsam mit ihrem Beschluss zur Verfügung.

-

§ 10 Verfahren der Mindestlohnkommission

(1) Die Mindestlohnkommission ist beschlussfähig, wenn mindestens die Hälfte ihrer stimmberechtigten Mitglieder anwesend ist.

(2) Die Beschlüsse der Mindestlohnkommission werden mit einfacher Mehrheit der Stimmen der anwesenden Mitglieder gefasst. Bei der Beschlussfassung hat sich die oder der Vorsitzende zunächst der Stimme zu enthalten. Kommt eine Stimmenmehrheit nicht zustande, macht die oder der Vorsitzende einen Vermittlungsvorschlag. Kommt nach Beratung über den Vermittlungsvorschlag keine Stimmenmehrheit zustande, übt die oder der Vorsitzende ihr oder sein Stimmrecht aus.

(3) Die Mindestlohnkommission kann Spitzenorganisationen der Arbeitgeber und Arbeitnehmer, Vereinigungen von Arbeitgebern und Gewerkschaften, öffentlich-rechtliche Religionsgesellschaften, Wohlfahrtsverbände, Verbände, die wirtschaftliche und soziale Interessen organisieren, sowie sonstige von der Anpassung des Mindestlohns Betroffene vor Beschlussfassung anhören. Sie kann Informationen und fachliche Einschätzungen von externen Stellen einholen.

(4) Die Sitzungen der Mindestlohnkommission sind nicht öffentlich; der Inhalt ihrer Beratungen ist vertraulich. Die übrigen Verfahrensregelungen trifft die Mindestlohnkommission in einer Geschäftsordnung.

-

§ 11 Rechtsverordnung

(1) Die Bundesregierung kann die von der Mindestlohnkommission vorgeschlagene Anpassung des Mindestlohns durch Rechtsverordnung ohne Zustimmung des Bundesrates für alle Arbeitgeber sowie Arbeitnehmerinnen und Arbeitnehmer verbindlich machen. Die Rechtsverordnung tritt am im Beschluss der Mindestlohnkommission bezeichneten Tag, frühestens aber am Tag nach Verkündung in Kraft. Die Rechtsverordnung gilt, bis sie durch eine neue Rechtsverordnung abgelöst wird.

(2) Vor Erlass der Rechtsverordnung erhalten die Spitzenorganisationen der Arbeitgeber und Arbeitnehmer, die Vereinigungen von Arbeitgebern und Gewerkschaften, die öffentlich-rechtlichen Religionsgesellschaften, die Wohlfahrtsverbände sowie die Verbände, die wirtschaftliche und soziale Interessen organisieren, Gelegenheit zur schriftlichen Stellungnahme. Die Frist zur Stellungnahme beträgt drei Wochen; sie beginnt mit der Bekanntmachung des Verordnungsentwurfs.

-

§ 12 Geschäfts- und Informationsstelle für den Mindestlohn; Kostenträgerschaft

(1) Die Mindestlohnkommission wird bei der Durchführung ihrer Aufgaben von einer Geschäftsstelle unterstützt. Die Geschäftsstelle untersteht insoweit fachlich der oder dem Vorsitzenden der Mindestlohnkommission.

(2) Die Geschäftsstelle wird bei der Bundesanstalt für Arbeitsschutz und Arbeitsmedizin als selbständige Organisationeinheit eingerichtet.

(3) Die Geschäftsstelle informiert und berät als Informationsstelle für den Mindestlohn Arbeitnehmerinnen und Arbeitnehmer sowie Unternehmen zum Thema Mindestlohn.

(4) Die durch die Tätigkeit der Mindestlohnkommission und der Geschäftsstelle anfallenden Kosten trägt der Bund.

Abschnitt 2
Zivilrechtliche Durchsetzung

§ 13 Haftung des Auftraggebers

§ 14 des Arbeitnehmer-Entsendegesetzes findet entsprechende Anwendung.

Abschnitt 3
Kontrolle und Durchsetzung durch staatliche Behörden

§ 14 Zuständigkeit

Für die Prüfung der Einhaltung der Pflichten eines Arbeitgebers nach § 20 sind die Behörden der Zollverwaltung zuständig.

§ 15 Befugnisse der Behörden der Zollverwaltung und anderer Behörden; Mitwirkungspflichten des Arbeitgebers

Die §§ 2 bis 6, 14, 15, 20, 22 und 23 des Schwarzarbeitsbekämpfungsgesetzes sind entsprechend anzuwenden mit der Maßgabe, dass

1.

   die dort genannten Behörden auch Einsicht in Arbeitsverträge, Niederschriften nach § 2 des Nachweisgesetzes und andere Geschäftsunterlagen nehmen können, die mittelbar oder unmittelbar Auskunft über die Einhaltung des Mindestlohns nach § 20 geben, und

2.

   die nach § 5 Absatz 1 des Schwarzarbeitsbekämpfungsgesetzes zur Mitwirkung Verpflichteten diese Unterlagen vorzulegen haben.
§ 6 Absatz 3 sowie die §§ 16 bis 19 des Schwarzarbeitsbekämpfungsgesetzes finden entsprechende Anwendung.

§ 16 Meldepflicht

(1) Ein Arbeitgeber mit Sitz im Ausland, der eine Arbeitnehmerin oder einen Arbeitnehmer oder mehrere Arbeitnehmerinnen oder Arbeitnehmer in den in § 2a des Schwarzarbeitsbekämpfungsgesetzes genannten Wirtschaftsbereichen oder Wirtschaftszweigen im Anwendungsbereich dieses Gesetzes beschäftigt, ist verpflichtet, vor Beginn jeder Werk- oder Dienstleistung eine schriftliche Anmeldung in deutscher Sprache bei der zuständigen Behörde der Zollverwaltung nach Absatz 6 vorzulegen, die die für die Prüfung wesentlichen Angaben enthält. Wesentlich sind die Angaben über

1.

   den Familiennamen, den Vornamen und das Geburtsdatum der von ihm im Geltungsbereich dieses Gesetzes beschäftigten Arbeitnehmerinnen und Arbeitnehmer,

2.

   den Beginn und die voraussichtliche Dauer der Beschäftigung,

3.

   den Ort der Beschäftigung,

4.

91

5. den Ort im Inland, an dem die nach § 17 erforderlichen Unterlagen bereitgehalten werden,

6. den Familiennamen, den Vornamen, das Geburtsdatum und die Anschrift in Deutschland der oder des verantwortlich Handelnden und

den Familiennamen, den Vornamen und die Anschrift in Deutschland einer oder eines Zustellungsbevollmächtigten, soweit diese oder dieser nicht mit der oder dem in Nummer 5 genannten verantwortlich Handelnden identisch ist.

Änderungen bezüglich dieser Angaben hat der Arbeitgeber im Sinne des Satzes 1 unverzüglich zu melden.

(2) Der Arbeitgeber hat der Anmeldung eine Versicherung beizufügen, dass er die Verpflichtungen nach § 20 einhält.

(3) Überlässt ein Verleiher mit Sitz im Ausland eine Arbeitnehmerin oder einen Arbeitnehmer oder mehrere Arbeitnehmerinnen oder Arbeitnehmer zur Arbeitsleistung einem Entleiher, hat der Entleiher in den in § 2a des Schwarzarbeitsbekämpfungsgesetzes genannten Wirtschaftsbereichen oder Wirtschaftszweigen unter den Voraussetzungen des Absatzes 1 Satz 1 vor Beginn jeder Werk- oder Dienstleistung der zuständigen Behörde der Zollverwaltung eine schriftliche Anmeldung in deutscher Sprache mit folgenden Angaben zuzuleiten:

1. den Familiennamen, den Vornamen und das Geburtsdatum der überlassenen Arbeitnehmerinnen und Arbeitnehmer,

2. den Beginn und die Dauer der Überlassung,

3. den Ort der Beschäftigung,

4. den Ort im Inland, an dem die nach § 17 erforderlichen Unterlagen bereitgehalten werden,

5. den Familiennamen, den Vornamen und die Anschrift in Deutschland einer oder eines Zustellungsbevollmächtigten des Verleihers,

6. den Familiennamen, den Vornamen oder die Firma sowie die Anschrift des Verleihers.

Absatz 1 Satz 3 gilt entsprechend.

(4) Der Entleiher hat der Anmeldung eine Versicherung des Verleihers beizufügen, dass dieser die Verpflichtungen nach § 20 einhält.

(5) Das Bundesministerium der Finanzen kann durch Rechtsverordnung im Einvernehmen mit dem Bundesministerium für Arbeit und Soziales ohne Zustimmung des Bundesrates bestimmen,

1. dass, auf welche Weise und unter welchen technischen und organisatorischen Voraussetzungen eine Anmeldung, eine Änderungsmeldung und die Versicherung abweichend von Absatz 1 Satz 1 und 3, Absatz 2 und 3 Satz 1 und 2 und Absatz 4 elektronisch übermittelt werden kann,

2. unter welchen Voraussetzungen eine Änderungsmeldung ausnahmsweise entfallen kann, und

3. wie das Meldeverfahren vereinfacht oder abgewandelt werden kann, sofern die entsandten Arbeitnehmerinnen und Arbeitnehmer im Rahmen einer regelmäßig wiederkehrenden Werk- oder Dienstleistung eingesetzt werden oder sonstige Besonderheiten der zu erbringenden Werk- oder Dienstleistungen dies erfordern.

(6) Das Bundesministerium der Finanzen kann durch Rechtsverordnung ohne Zustimmung des Bundesrates die zuständige Behörde nach Absatz 1 Satz 1 und Absatz 3 Satz 1 bestimmen.

(+++ § 16 Abs. 1 bis 4: Zur Anwendung vgl. § 1 Abs. 1 u. 2 MiLoDokV +++)

-

§ 17 Erstellen und Bereithalten von Dokumenten

(1) Ein Arbeitgeber, der Arbeitnehmerinnen und Arbeitnehmer nach § 8 Absatz 1 des Vierten Buches Sozialgesetzbuch oder in den in § 2a des Schwarzarbeitsbekämpfungsgesetzes genannten Wirtschaftsbereichen oder Wirtschaftszweigen beschäftigt, ist verpflichtet, Beginn, Ende und Dauer der täglichen Arbeitszeit dieser Arbeitnehmerinnen und Arbeitnehmer spätestens bis zum Ablauf des siebten auf den Tag der Arbeitsleistung folgenden Kalendertages aufzuzeichnen und diese Aufzeichnungen mindestens zwei Jahre beginnend ab dem für die Aufzeichnung maßgeblichen Zeitpunkt aufzubewahren. Satz 1 gilt entsprechend für einen Entleiher, dem ein Verleiher eine Arbeitnehmerin oder einen Arbeitnehmer oder mehrere Arbeitnehmerinnen oder Arbeitnehmer zur Arbeitsleistung in einem der in § 2a des Schwarzarbeitsbekämpfungsgesetzes genannten Wirtschaftszweige überlässt. Satz 1 gilt nicht für Beschäftigungsverhältnisse nach § 8a des Vierten Buches Sozialgesetzbuch.
(2) Arbeitgeber im Sinne des Absatzes 1 haben die für die Kontrolle der Einhaltung der Verpflichtungen nach § 20 in Verbindung mit § 2 erforderlichen Unterlagen im Inland in deutscher Sprache für die gesamte Dauer der tatsächlichen Beschäftigung der Arbeitnehmerinnen und Arbeitnehmer im Geltungsbereich dieses Gesetzes, mindestens für die Dauer der gesamten Werk- oder Dienstleistung, insgesamt jedoch nicht länger als zwei Jahre, bereitzuhalten. Auf Verlangen der Prüfbehörde sind die Unterlagen auch am Ort der Beschäftigung bereitzuhalten.
(3) Das Bundesministerium für Arbeit und Soziales kann durch Rechtsverordnung ohne Zustimmung des Bundesrates die Verpflichtungen des Arbeitgebers oder eines Entleihers nach § 16 und den Absätzen 1 und 2 hinsichtlich bestimmter Gruppen von Arbeitnehmerinnen und Arbeitnehmern oder der Wirtschaftsbereiche oder den Wirtschaftszweigen einschränken oder erweitern.
(4) Das Bundesministerium der Finanzen kann durch Rechtsverordnung im Einvernehmen mit dem Bundesministerium für Arbeit und Soziales ohne Zustimmung des Bundesrates bestimmen, wie die Verpflichtung des Arbeitgebers, die tägliche Arbeitszeit bei ihm beschäftigter Arbeitnehmerinnen und Arbeitnehmer aufzuzeichnen und diese Aufzeichnungen aufzubewahren, vereinfacht oder abgewandelt werden kann, sofern Besonderheiten der zu erbringenden Werk- oder Dienstleistungen oder Besonderheiten des jeweiligen Wirtschaftsbereiches oder Wirtschaftszweiges dies erfordern.

(+++ § 17 Abs. 1 u. 2: Zur Anwendung vgl. § 1 Abs. 1 u. 2 MiLoDokV +++)

-

§ 18 Zusammenarbeit der in- und ausländischen Behörden

(1) Die Behörden der Zollverwaltung unterrichten die zuständigen örtlichen Landesfinanzbehörden über Meldungen nach § 16 Absatz 1 und 3.
(2) Die Behörden der Zollverwaltung und die übrigen in § 2 des Schwarzarbeitsbekämpfungsgesetzes genannten Behörden dürfen nach Maßgabe der datenschutzrechtlichen Vorschriften auch mit Behörden anderer Vertragsstaaten des Abkommens über den Europäischen Wirtschaftsraum zusammenarbeiten, die diesem Gesetz entsprechende Aufgaben durchführen oder für die Bekämpfung illegaler Beschäftigung zuständig sind oder Auskünfte geben können, ob ein Arbeitgeber seine Verpflichtungen nach § 20 erfüllt. Die Regelungen über die internationale Rechtshilfe in Strafsachen bleiben hiervon unberührt.
(3) Die Behörden der Zollverwaltung unterrichten das Gewerbezentralregister über rechtskräftige Bußgeldentscheidungen nach § 21 Absatz 1 bis 3, sofern die Geldbuße mehr als zweihundert Euro

beträgt.

-

§ 19 Ausschluss von der Vergabe öffentlicher Aufträge

(1) Von der Teilnahme an einem Wettbewerb um einen Liefer-, Bau- oder Dienstleistungsauftrag der in § 98 des Gesetzes gegen Wettbewerbsbeschränkungen genannten Auftraggeber sollen Bewerberinnen oder Bewerber für eine angemessene Zeit bis zur nachgewiesenen Wiederherstellung ihrer Zuverlässigkeit ausgeschlossen werden, die wegen eines Verstoßes nach § 21 mit einer Geldbuße von wenigstens zweitausendfünfhundert Euro belegt worden sind.
(2) Die für die Verfolgung oder Ahndung der Ordnungswidrigkeiten nach § 21 zuständigen Behörden dürfen öffentlichen Auftraggebern nach § 98 Nummer 1 bis 3 und 5 des Gesetzes gegen Wettbewerbsbeschränkungen und solchen Stellen, die von öffentlichen Auftraggebern zugelassene Präqualifikationsverzeichnisse oder Unternehmer- und Lieferantenverzeichnisse führen, auf Verlangen die erforderlichen Auskünfte geben.
(3) Öffentliche Auftraggeber nach Absatz 2 fordern im Rahmen ihrer Tätigkeit beim Gewerbezentralregister Auskünfte über rechtskräftige Bußgeldentscheidungen wegen einer Ordnungswidrigkeit nach § 21 Absatz 1 oder Absatz 2 an oder verlangen von Bewerberinnen oder Bewerbern eine Erklärung, dass die Voraussetzungen für einen Ausschluss nach Absatz 1 nicht vorliegen. Im Falle einer Erklärung der Bewerberin oder des Bewerbers können öffentliche Auftraggeber nach Absatz 2 jederzeit zusätzlich Auskünfte des Gewerbezentralregisters nach § 150a der Gewerbeordnung anfordern.
(4) Bei Aufträgen ab einer Höhe von 30 000 Euro fordert der öffentliche Auftraggeber nach Absatz 2 für die Bewerberin oder den Bewerber, die oder der den Zuschlag erhalten soll, vor der Zuschlagserteilung eine Auskunft aus dem Gewerbezentralregister nach § 150a der Gewerbeordnung an.
(5) Vor der Entscheidung über den Ausschluss ist die Bewerberin oder der Bewerber zu hören.

-

§ 20 Pflichten des Arbeitgebers zur Zahlung des Mindestlohns

Arbeitgeber mit Sitz im In- oder Ausland sind verpflichtet, ihren im Inland beschäftigten Arbeitnehmerinnen und Arbeitnehmern ein Arbeitsentgelt mindestens in Höhe des Mindestlohns nach § 1 Absatz 2 spätestens zu dem in § 2 Absatz 1 Satz 1 Nummer 2 genannten Zeitpunkt zu zahlen.

-

§ 21 Bußgeldvorschriften

(1) Ordnungswidrig handelt, wer vorsätzlich oder fahrlässig
1.
  entgegen § 15 Satz 1 in Verbindung mit § 5 Absatz 1 Satz 1 des Schwarzarbeitsbekämpfungsgesetzes eine Prüfung nicht duldet oder bei einer Prüfung nicht mitwirkt,
2.
  entgegen § 15 Satz 1 in Verbindung mit § 5 Absatz 1 Satz 2 des Schwarzarbeitsbekämpfungsgesetzes das Betreten eines Grundstücks oder Geschäftsraums nicht duldet,
3.
  entgegen § 15 Satz 1 in Verbindung mit § 5 Absatz 3 Satz 1 des Schwarzarbeitsbekämpfungsgesetzes Daten nicht, nicht richtig, nicht vollständig, nicht in der vorgeschriebenen Weise oder nicht rechtzeitig übermittelt,
4.

entgegen § 16 Absatz 1 Satz 1 oder Absatz 3 Satz 1 eine Anmeldung nicht, nicht richtig, nicht vollständig, nicht in der vorgeschriebenen Weise oder nicht rechtzeitig vorlegt oder nicht, nicht richtig, nicht vollständig, nicht in der vorgeschriebenen Weise oder nicht rechtzeitig zuleitet,

5.

entgegen § 16 Absatz 1 Satz 3, auch in Verbindung mit Absatz 3 Satz 2, eine Änderungsmeldung nicht, nicht richtig, nicht vollständig, nicht in der vorgeschriebenen Weise oder nicht rechtzeitig macht,

6.

entgegen § 16 Absatz 2 oder 4 eine Versicherung nicht, nicht richtig oder nicht rechtzeitig beifügt,

7.

entgegen § 17 Absatz 1 Satz 1, auch in Verbindung mit Satz 2, eine Aufzeichnung nicht, nicht richtig, nicht vollständig oder nicht rechtzeitig erstellt oder nicht oder nicht mindestens zwei Jahre aufbewahrt,

8.

entgegen § 17 Absatz 2 eine Unterlage nicht, nicht richtig, nicht vollständig oder nicht in der vorgeschriebenen Weise bereithält oder

9.

entgegen § 20 das dort genannte Arbeitsentgelt nicht oder nicht rechtzeitig zahlt.
(2) Ordnungswidrig handelt, wer Werk- oder Dienstleistungen in erheblichem Umfang ausführen lässt, indem er als Unternehmer einen anderen Unternehmer beauftragt, von dem er weiß oder fahrlässig nicht weiß, dass dieser bei der Erfüllung dieses Auftrags

1.

entgegen § 20 das dort genannte Arbeitsentgelt nicht oder nicht rechtzeitig zahlt oder

2.

einen Nachunternehmer einsetzt oder zulässt, dass ein Nachunternehmer tätig wird, der entgegen § 20 das dort genannte Arbeitsentgelt nicht oder nicht rechtzeitig zahlt.
(3) Die Ordnungswidrigkeit kann in den Fällen des Absatzes 1 Nummer 9 und des Absatzes 2 mit einer Geldbuße bis zu fünfhunderttausend Euro, in den übrigen Fällen mit einer Geldbuße bis zu dreißigtausend Euro geahndet werden.
(4) Verwaltungsbehörden im Sinne des § 36 Absatz 1 Nummer 1 des Gesetzes über Ordnungswidrigkeiten sind die in § 14 genannten Behörden jeweils für ihren Geschäftsbereich.
(5) Für die Vollstreckung zugunsten der Behörden des Bundes und der bundesunmittelbaren juristischen Personen des öffentlichen Rechts sowie für die Vollziehung des dinglichen Arrestes nach § 111d der Strafprozessordnung in Verbindung mit § 46 des Gesetzes über Ordnungswidrigkeiten durch die in § 14 genannten Behörden gilt das Verwaltungs-Vollstreckungsgesetz des Bundes.

Abschnitt 4
Schlussvorschriften

-

§ 22 Persönlicher Anwendungsbereich

(1) Dieses Gesetz gilt für Arbeitnehmerinnen und Arbeitnehmer. Praktikantinnen und Praktikanten im Sinne des § 26 des Berufsbildungsgesetzes gelten als Arbeitnehmerinnen und Arbeitnehmer im Sinne dieses Gesetzes, es sei denn, dass sie

1.

ein Praktikum verpflichtend auf Grund einer schulrechtlichen Bestimmung, einer Ausbildungsordnung, einer hochschulrechtlichen Bestimmung oder im Rahmen einer Ausbildung an einer gesetzlich geregelten Berufsakademie leisten,

2.

3. ein Praktikum von bis zu drei Monaten zur Orientierung für eine Berufsausbildung oder für die Aufnahme eines Studiums leisten,

4. ein Praktikum von bis zu drei Monaten begleitend zu einer Berufs- oder Hochschulausbildung leisten, wenn nicht zuvor ein solches Praktikumsverhältnis mit demselben Ausbildenden bestanden hat, oder

an einer Einstiegsqualifizierung nach § 54a des Dritten Buches Sozialgesetzbuch oder an einer Berufsausbildungsvorbereitung nach §§ 68 bis 70 des Berufsbildungsgesetzes teilnehmen.

Praktikantin oder Praktikant ist unabhängig von der Bezeichnung des Rechtsverhältnisses, wer sich nach der tatsächlichen Ausgestaltung und Durchführung des Vertragsverhältnisses für eine begrenzte Dauer zum Erwerb praktischer Kenntnisse und Erfahrungen einer bestimmten betrieblichen Tätigkeit zur Vorbereitung auf eine berufliche Tätigkeit unterzieht, ohne dass es sich dabei um eine Berufsausbildung im Sinne des Berufsbildungsgesetzes oder um eine damit vergleichbare praktische Ausbildung handelt.

(2) Personen im Sinne von § 2 Absatz 1 und 2 des Jugendarbeitsschutzgesetzes ohne abgeschlossene Berufsausbildung gelten nicht als Arbeitnehmerinnen und Arbeitnehmer im Sinne dieses Gesetzes.

(3) Von diesem Gesetz nicht geregelt wird die Vergütung von zu ihrer Berufsausbildung Beschäftigten sowie ehrenamtlich Tätigen.

(4) Für Arbeitsverhältnisse von Arbeitnehmerinnen und Arbeitnehmern, die unmittelbar vor Beginn der Beschäftigung langzeitarbeitslos im Sinne des § 18 Absatz 1 des Dritten Buches Sozialgesetzbuch waren, gilt der Mindestlohn in den ersten sechs Monaten der Beschäftigung nicht. Die Bundesregierung hat den gesetzgebenden Körperschaften zum 1. Juni 2016 darüber zu berichten, inwieweit die Regelung nach Satz 1 die Wiedereingliederung von Langzeitarbeitslosen in den Arbeitsmarkt gefördert hat, und eine Einschätzung darüber abzugeben, ob diese Regelung fortbestehen soll.

-

§ 23 Evaluation

Dieses Gesetz ist im Jahr 2020 zu evaluieren.

-

§ 24 Übergangsregelung

(1) Bis zum 31. Dezember 2017 gehen abweichende Regelungen eines Tarifvertrages repräsentativer Tarifvertragsparteien dem Mindestlohn vor, wenn sie für alle unter den Geltungsbereich des Tarifvertrages fallenden Arbeitgeber mit Sitz im In- oder Ausland sowie deren Arbeitnehmerinnen und Arbeitnehmer verbindlich gemacht worden sind; ab dem 1. Januar 2017 müssen abweichende Regelungen in diesem Sinne mindestens ein Entgelt von brutto 8,50 Euro je Zeitstunde vorsehen. Satz 1 gilt entsprechend für Rechtsverordnungen, die auf der Grundlage von § 11 des Arbeitnehmer-Entsendegesetzes sowie § 3a des Arbeitnehmerüberlassungsgesetzes erlassen worden sind.

(2) Zeitungszustellerinnen und Zeitungszusteller haben ab dem 1. Januar 2015 einen Anspruch auf 75 Prozent und ab dem 1. Januar 2016 auf 85 Prozent des Mindestlohns nach § 1 Absatz 2 Satz 1. Vom 1. Januar 2017 bis zum 31. Dezember 2017 beträgt der Mindestlohn für Zeitungszustellerinnen und Zeitungszusteller brutto 8,50 Euro je Zeitstunde. Zeitungszustellerinnen und Zeitungszusteller im Sinne der Sätze 1 und 2 sind Personen, die in einem Arbeitsverhältnis ausschließlich periodische Zeitungen oder Zeitschriften an Endkunden zustellen; dies umfasst auch Zustellerinnen und Zusteller von Anzeigenblättern mit redaktionellem Inhalt.

Kündigungsschutzgesetz (KSchG)

KSchG

Ausfertigungsdatum: 10.08.1951

"Kündigungsschutzgesetz in der Fassung der Bekanntmachung vom 25. August 1969 (BGBl. I S. 1317), das zuletzt durch Artikel 3 Absatz 2 des Gesetzes vom 20. April 2013 (BGBl. I S. 868) geändert worden ist". Neugefasst durch Bek. v. 25.8.1969 I 1317. Zuletzt geändert durch Art. 3 Abs. 2 G v. 20.4.2013 I 868.

Fußnote

(+++ Textnachweis Geltung ab: 30.4.1978 +++)
(+++ Maßgaben aufgrund EinigVtr nicht mehr anzuwenden gem. Art. 109
    Nr. 3 Buchst. a DBuchst. dd G v. 8.12.2010 I 1864 mWv 15.12.2010 +++)

Erster Abschnitt
Allgemeiner Kündigungsschutz

§ 1 Sozial ungerechtfertigte Kündigungen

(1) Die Kündigung des Arbeitsverhältnisses gegenüber einem Arbeitnehmer, dessen Arbeitsverhältnis in demselben Betrieb oder Unternehmen ohne Unterbrechung länger als sechs Monate bestanden hat, ist rechtsunwirksam, wenn sie sozial ungerechtfertigt ist.
(2) Sozial ungerechtfertigt ist die Kündigung, wenn sie nicht durch Gründe, die in der Person oder in dem Verhalten des Arbeitnehmers liegen, oder durch dringende betriebliche Erfordernisse, die einer Weiterbeschäftigung des Arbeitnehmers in diesem Betrieb entgegenstehen, bedingt ist. Die Kündigung ist auch sozial ungerechtfertigt, wenn

1.

in Betrieben des privaten Rechts
a)
    die Kündigung gegen eine Richtlinie nach § 95 des Betriebsverfassungsgesetzes verstößt,
b)
    der Arbeitnehmer an einem anderen Arbeitsplatz in demselben Betrieb oder in einem anderen Betrieb des Unternehmens weiterbeschäftigt werden kann
und der Betriebsrat oder eine andere nach dem Betriebsverfassungsgesetz insoweit zuständige Vertretung der Arbeitnehmer aus einem dieser Gründe der Kündigung innerhalb der Frist des § 102 Abs. 2 Satz 1 des Betriebsverfassungsgesetzes schriftlich widersprochen hat,

2.

in Betrieben und Verwaltungen des öffentlichen Rechts
a)
    die Kündigung gegen eine Richtlinie über die personelle Auswahl bei Kündigungen verstößt,
b)

der Arbeitnehmer an einem anderen Arbeitsplatz in derselben Dienststelle oder in einer anderen Dienststelle desselben Verwaltungszweigs an demselben Dienstort einschließlich seines Einzugsgebiets weiterbeschäftigt werden kann
und die zuständige Personalvertretung aus einem dieser Gründe fristgerecht gegen die Kündigung Einwendungen erhoben hat, es sei denn, daß die Stufenvertretung in der Verhandlung mit der übergeordneten Dienststelle die Einwendungen nicht aufrechterhalten hat.

Satz 2 gilt entsprechend, wenn die Weiterbeschäftigung des Arbeitnehmers nach zumutbaren Umschulungs- oder Fortbildungsmaßnahmen oder eine Weiterbeschäftigung des Arbeitnehmers unter geänderten Arbeitsbedingungen möglich ist und der Arbeitnehmer sein Einverständnis hiermit erklärt hat. Der Arbeitgeber hat die Tatsachen zu beweisen, die die Kündigung bedingen.

(3) Ist einem Arbeitnehmer aus dringenden betrieblichen Erfordernissen im Sinne des Absatzes 2 gekündigt worden, so ist die Kündigung trotzdem sozial ungerechtfertigt, wenn der Arbeitgeber bei der Auswahl des Arbeitnehmers die Dauer der Betriebszugehörigkeit, das Lebensalter, die Unterhaltspflichten und die Schwerbehinderung des Arbeitnehmers nicht oder nicht ausreichend berücksichtigt hat; auf Verlangen des Arbeitnehmers hat der Arbeitgeber dem Arbeitnehmer die Gründe anzugeben, die zu der getroffenen sozialen Auswahl geführt haben. In die soziale Auswahl nach Satz 1 sind Arbeitnehmer nicht einzubeziehen, deren Weiterbeschäftigung, insbesondere wegen ihrer Kenntnisse, Fähigkeiten und Leistungen oder zur Sicherung einer ausgewogenen Personalstruktur des Betriebes, im berechtigten betrieblichen Interesse liegt. Der Arbeitnehmer hat die Tatsachen zu beweisen, die die Kündigung als sozial ungerechtfertigt im Sinne des Satzes 1 erscheinen lassen.

(4) Ist in einem Tarifvertrag, in einer Betriebsvereinbarung nach § 95 des Betriebsverfassungsgesetzes oder in einer entsprechenden Richtlinie nach den Personalvertretungsgesetzen festgelegt, wie die sozialen Gesichtspunkte nach Absatz 3 Satz 1 im Verhältnis zueinander zu bewerten sind, so kann die Bewertung nur auf grobe Fehlerhaftigkeit überprüft werden.

(5) Sind bei einer Kündigung auf Grund einer Betriebsänderung nach § 111 des Betriebsverfassungsgesetzes die Arbeitnehmer, denen gekündigt werden soll, in einem Interessenausgleich zwischen Arbeitgeber und Betriebsrat namentlich bezeichnet, so wird vermutet, dass die Kündigung durch dringende betriebliche Erfordernisse im Sinne des Absatzes 2 bedingt ist. Die soziale Auswahl der Arbeitnehmer kann nur auf grobe Fehlerhaftigkeit überprüft werden. Die Sätze 1 und 2 gelten nicht, soweit sich die Sachlage nach Zustandekommen des Interessenausgleichs wesentlich geändert hat. Der Interessenausgleich nach Satz 1 ersetzt die Stellungnahme des Betriebsrates nach § 17 Abs. 3 Satz 2.

§ 1a Abfindungsanspruch bei betriebsbedingter Kündigung

(1) Kündigt der Arbeitgeber wegen dringender betrieblicher Erfordernisse nach § 1 Abs. 2 Satz 1 und erhebt der Arbeitnehmer bis zum Ablauf der Frist des § 4 Satz 1 keine Klage auf Feststellung, dass das Arbeitsverhältnis durch die Kündigung nicht aufgelöst ist, hat der Arbeitnehmer mit dem Ablauf der Kündigungsfrist Anspruch auf eine Abfindung. Der Anspruch setzt den Hinweis des Arbeitgebers in der Kündigungserklärung voraus, dass die Kündigung auf dringende betriebliche Erfordernisse gestützt ist und der Arbeitnehmer bei Verstreichenlassen der Klagefrist die Abfindung beanspruchen kann.

(2) Die Höhe der Abfindung beträgt 0,5 Monatsverdienste für jedes Jahr des Bestehens des Arbeitsverhältnisses. § 10 Abs. 3 gilt entsprechend. Bei der Ermittlung der Dauer des Arbeitsverhältnisses ist ein Zeitraum von mehr als sechs Monaten auf ein volles Jahr aufzurunden.

§ 2 Änderungskündigung

Kündigt der Arbeitgeber das Arbeitsverhältnis und bietet er dem Arbeitnehmer im Zusammenhang mit der Kündigung die Fortsetzung des Arbeitsverhältnisses zu geänderten Arbeitsbedingungen an, so kann der Arbeitnehmer dieses Angebot unter dem Vorbehalt annehmen, daß die Änderung der Arbeitsbedingungen nicht sozial ungerechtfertigt ist (§ 1 Abs. 2 Satz 1 bis 3, Abs. 3 Satz 1 und 2). Diesen Vorbehalt muß der Arbeitnehmer dem Arbeitgeber innerhalb der Kündigungsfrist, spätestens jedoch innerhalb von drei Wochen nach Zugang der Kündigung erklären.

-

§ 3 Kündigungseinspruch

Hält der Arbeitnehmer eine Kündigung für sozial ungerechtfertigt, so kann er binnen einer Woche nach der Kündigung Einspruch beim Betriebsrat einlegen. Erachtet der Betriebsrat den Einspruch für begründet, so hat er zu versuchen, eine Verständigung mit dem Arbeitgeber herbeizuführen. Er hat seine Stellungnahme zu dem Einspruch dem Arbeitnehmer und dem Arbeitgeber auf Verlangen schriftlich mitzuteilen.

-

§ 4 Anrufung des Arbeitsgerichts

Will ein Arbeitnehmer geltend machen, dass eine Kündigung sozial ungerechtfertigt oder aus anderen Gründen rechtsunwirksam ist, so muss er innerhalb von drei Wochen nach Zugang der schriftlichen Kündigung Klage beim Arbeitsgericht auf Feststellung erheben, dass das Arbeitsverhältnis durch die Kündigung nicht aufgelöst ist. Im Falle des § 2 ist die Klage auf Feststellung zu erheben, daß die Änderung der Arbeitsbedingungen sozial ungerechtfertigt oder aus anderen Gründen rechtsunwirksam ist. Hat der Arbeitnehmer Einspruch beim Betriebsrat eingelegt (§ 3), so soll er der Klage die Stellungnahme des Betriebsrats beifügen. Soweit die Kündigung der Zustimmung einer Behörde bedarf, läuft die Frist zur Anrufung des Arbeitsgerichts erst von der Bekanntgabe der Entscheidung der Behörde an den Arbeitnehmer ab.

-

§ 5 Zulassung verspäteter Klagen

(1) War ein Arbeitnehmer nach erfolgter Kündigung trotz Anwendung aller ihm nach Lage der Umstände zuzumutenden Sorgfalt verhindert, die Klage innerhalb von drei Wochen nach Zugang der schriftlichen Kündigung zu erheben, so ist auf seinen Antrag die Klage nachträglich zuzulassen. Gleiches gilt, wenn eine Frau von ihrer Schwangerschaft aus einem von ihr nicht zu vertretenden Grund erst nach Ablauf der Frist des § 4 Satz 1 Kenntnis erlangt hat.

(2) Mit dem Antrag ist die Klageerhebung zu verbinden; ist die Klage bereits eingereicht, so ist auf sie im Antrag Bezug zu nehmen. Der Antrag muß ferner die Angabe der die nachträgliche Zulassung begründenden Tatsachen und der Mittel für deren Glaubhaftmachung enthalten.

(3) Der Antrag ist nur innerhalb von zwei Wochen nach Behebung des Hindernisses zulässig. Nach Ablauf von sechs Monaten, vom Ende der versäumten Frist an gerechnet, kann der Antrag nicht mehr gestellt werden.

(4) Das Verfahren über den Antrag auf nachträgliche Zulassung ist mit dem Verfahren über die Klage zu verbinden. Das Arbeitsgericht kann das Verfahren zunächst auf die Verhandlung und Entscheidung über den Antrag beschränken. In diesem Fall ergeht die Entscheidung durch Zwischenurteil, das wie ein Endurteil angefochten werden kann.

(5) Hat das Arbeitsgericht über einen Antrag auf nachträgliche Klagezulassung nicht entschieden oder wird ein solcher Antrag erstmals vor dem Landesarbeitsgericht gestellt, entscheidet hierüber die Kammer des Landesarbeitsgerichts. Absatz 4 gilt entsprechend.

-

§ 6 Verlängerte Anrufungsfrist

Hat ein Arbeitnehmer innerhalb von drei Wochen nach Zugang der schriftlichen Kündigung im Klagewege geltend gemacht, dass eine rechtswirksame Kündigung nicht vorliege, so kann er sich in diesem Verfahren bis zum Schluss der mündlichen Verhandlung erster Instanz zur Begründung der Unwirksamkeit der Kündigung auch auf innerhalb der Klagefrist nicht geltend gemachte Gründe berufen. Das Arbeitsgericht soll ihn hierauf hinweisen.

-

§ 7 Wirksamwerden der Kündigung

Wird die Rechtsunwirksamkeit einer Kündigung nicht rechtzeitig geltend gemacht (§ 4 Satz 1, §§ 5 und 6), so gilt die Kündigung als von Anfang an rechtswirksam; ein vom Arbeitnehmer nach § 2 erklärter Vorbehalt erlischt.

-

§ 8 Wiederherstellung der früheren Arbeitsbedingungen

Stellt das Gericht im Falle des § 2 fest, daß die Änderung der Arbeitsbedingungen sozial ungerechtfertigt ist, so gilt die Änderungskündigung als von Anfang an rechtsunwirksam.

-

§ 9 Auflösung des Arbeitsverhältnisses durch Urteil des Gerichts, Abfindung des Arbeitnehmers

(1) Stellt das Gericht fest, daß das Arbeitsverhältnis durch die Kündigung nicht aufgelöst ist, ist jedoch dem Arbeitnehmer die Fortsetzung des Arbeitsverhältnisses nicht zuzumuten, so hat das Gericht auf Antrag des Arbeitnehmers das Arbeitsverhältnis aufzulösen und den Arbeitgeber zur Zahlung einer angemessenen Abfindung zu verurteilen. Die gleiche Entscheidung hat das Gericht auf Antrag des Arbeitgebers zu treffen, wenn Gründe vorliegen, die eine den Betriebszwecken dienliche weitere Zusammenarbeit zwischen Arbeitgeber und Arbeitnehmer nicht erwarten lassen. Arbeitnehmer und Arbeitgeber können den Antrag auf Auflösung des Arbeitsverhältnisses bis zum Schluß der letzten mündlichen Verhandlung in der Berufungsinstanz stellen.
(2) Das Gericht hat für die Auflösung des Arbeitsverhältnisses den Zeitpunkt festzusetzen, an dem es bei sozial gerechtfertigter Kündigung geendet hätte.

-

§ 10 Höhe der Abfindung

(1) Als Abfindung ist ein Betrag bis zu zwölf Monatsverdiensten festzusetzen.
(2) Hat der Arbeitnehmer das fünfzigste Lebensjahr vollendet und hat das Arbeitsverhältnis mindestens fünfzehn Jahre bestanden, so ist ein Betrag bis zu fünfzehn Monatsverdiensten, hat der Arbeitnehmer das fünfundfünfzigste Lebensjahr vollendet und hat das Arbeitsverhältnis mindestens zwanzig Jahre bestanden, so ist ein Betrag bis zu achtzehn Monatsverdiensten festzusetzen. Dies gilt nicht, wenn der Arbeitnehmer in dem Zeitpunkt, den das Gericht nach § 9 Abs. 2 für die Auflösung des Arbeitsverhältnisses festsetzt, das in der Vorschrift des Sechsten Buches Sozialgesetzbuch über die Regelaltersrente bezeichnete Lebensalter erreicht hat.
(3) Als Monatsverdienst gilt, was dem Arbeitnehmer bei der für ihn maßgebenden regelmäßigen Arbeitszeit in dem Monat, in dem das Arbeitsverhältnis endet (§ 9 Abs. 2), an Geld und Sachbezügen zusteht.

-

§ 11 Anrechnung auf entgangenen Zwischenverdienst

1.
   was er durch anderweitige Arbeit verdient hat,
2.
   was er hätte verdienen können, wenn er es nicht böswillig unterlassen hätte, eine ihm zumutbare Arbeit anzunehmen,
3.
   was ihm an öffentlich-rechtlichen Leistungen infolge Arbeitslosigkeit aus der Sozialversicherung, der Arbeitslosenversicherung, der Sicherung des Lebensunterhalts nach dem Zweiten Buch Sozialgesetzbuch oder der Sozialhilfe für die Zwischenzeit gezahlt worden ist. Diese Beträge hat der Arbeitgeber der Stelle zu erstatten, die sie geleistet hat.

-

§ 12 Neues Arbeitsverhältnis des Arbeitnehmers, Auflösung des alten Arbeitsverhältnisses

Besteht nach der Entscheidung des Gerichts das Arbeitsverhältnis fort, ist jedoch der Arbeitnehmer inzwischen ein neues Arbeitsverhältnis eingegangen, so kann er binnen einer Woche nach der Rechtskraft des Urteils durch Erklärung gegenüber dem alten Arbeitgeber die Fortsetzung des Arbeitsverhältnisses bei diesem verweigern. Die Frist wird auch durch eine vor ihrem Ablauf zur Post gegebene schriftliche Erklärung gewahrt. Mit dem Zugang der Erklärung erlischt das Arbeitsverhältnis. Macht der Arbeitnehmer von seinem Verweigerungsrecht Gebrauch, so ist ihm entgangener Verdienst nur für die Zeit zwischen der Entlassung und dem Tag des Eintritts in das neue Arbeitsverhältnis zu gewähren. § 11 findet entsprechende Anwendung.

-

§ 13 Außerordentliche, sittenwidrige und sonstige Kündigungen

(1) Die Vorschriften über das Recht zur außerordentlichen Kündigung eines Arbeitsverhältnisses werden durch das vorliegende Gesetz nicht berührt. Die Rechtsunwirksamkeit einer außerordentlichen Kündigung kann jedoch nur nach Maßgabe des § 4 Satz 1 und der §§ 5 bis 7 geltend gemacht werden. Stellt das Gericht fest, dass die außerordentliche Kündigung unbegründet ist, ist jedoch dem Arbeitnehmer die Fortsetzung des Arbeitsverhältnisses nicht zuzumuten, so hat auf seinen Antrag das Gericht das Arbeitsverhältnis aufzulösen und den Arbeitgeber zur Zahlung einer angemessenen Abfindung zu verurteilen. Das Gericht hat für die Auflösung des Arbeitsverhältnisses den Zeitpunkt festzulegen, zu dem die außerordentliche Kündigung ausgesprochen wurde. Die Vorschriften der §§ 10 bis 12 gelten entsprechend.
(2) Verstößt eine Kündigung gegen die guten Sitten, so finden die Vorschriften des § 9 Abs. 1 Satz 1 und Abs. 2 und der §§ 10 bis 12 entsprechende Anwendung.
(3) Im Übrigen finden die Vorschriften dieses Abschnitts mit Ausnahme der §§ 4 bis 7 auf eine Kündigung, die bereits aus anderen als den in § 1 Abs. 2 und 3 bezeichneten Gründen rechtsunwirksam ist, keine Anwendung.

-

§ 14 Angestellte in leitender Stellung

(1) Die Vorschriften dieses Abschnitts gelten nicht

1.
   in Betrieben einer juristischen Person für die Mitglieder des Organs, das zur gesetzlichen Vertretung der juristischen Person berufen ist,

2.
   in Betrieben einer Personengesamtheit für die durch Gesetz, Satzung oder
   Gesellschaftsvertrag zur Vertretung der Personengesamtheit berufenen Personen.
(2) Auf Geschäftsführer, Betriebsleiter und ähnliche leitende Angestellte, soweit diese zur
selbständigen Einstellung oder Entlassung von Arbeitnehmern berechtigt sind, finden die
Vorschriften dieses Abschnitts mit Ausnahme des § 3 Anwendung. § 9 Abs. 1 Satz 2 findet mit der
Maßgabe Anwendung, daß der Antrag des Arbeitgebers auf Auflösung des Arbeitsverhältnisses
keiner Begründung bedarf.

Zweiter Abschnitt
Kündigungsschutz im Rahmen der Betriebsverfassung und Personalvertretung

§ 15 Unzulässigkeit der Kündigung

(1) Die Kündigung eines Mitglieds eines Betriebsrats, einer Jugend- und
Auszubildendenvertretung, einer Bordvertretung oder eines Seebetriebsrats ist unzulässig, es sei
denn, daß Tatsachen vorliegen, die den Arbeitgeber zur Kündigung aus wichtigem Grund ohne
Einhaltung einer Kündigungsfrist berechtigen, und daß die nach § 103 des
Betriebsverfassungsgesetzes erforderliche Zustimmung vorliegt oder durch gerichtliche
Entscheidung ersetzt ist. Nach Beendigung der Amtszeit ist die Kündigung eines Mitglieds eines
Betriebsrats, einer Jugend- und Auszubildendenvertretung oder eines Seebetriebsrats innerhalb
eines Jahres, die Kündigung eines Mitglieds einer Bordvertretung innerhalb von sechs Monaten,
jeweils vom Zeitpunkt der Beendigung der Amtszeit an gerechnet, unzulässig, es sei denn, daß
Tatsachen vorliegen, die den Arbeitgeber zur Kündigung aus wichtigem Grund ohne Einhaltung
einer Kündigungsfrist berechtigen; dies gilt nicht, wenn die Beendigung der Mitgliedschaft auf einer
gerichtlichen Entscheidung beruht.
(2) Die Kündigung eines Mitglieds einer Personalvertretung, einer Jugend- und
Auszubildendenvertretung oder einer Jugendvertretung ist unzulässig, es sei denn, daß Tatsachen
vorliegen, die den Arbeitgeber zur Kündigung aus wichtigem Grund ohne Einhaltung einer
Kündigungsfrist berechtigen, und daß die nach dem Personalvertretungsrecht erforderliche
Zustimmung vorliegt oder durch gerichtliche Entscheidung ersetzt ist. Nach Beendigung der
Amtszeit der in Satz 1 genannten Personen ist ihre Kündigung innerhalb eines Jahres, vom
Zeitpunkt der Beendigung der Amtszeit an gerechnet, unzulässig, es sei denn, daß Tatsachen
vorliegen, die den Arbeitgeber zur Kündigung aus wichtigem Grund ohne Einhaltung einer
Kündigungsfrist berechtigen; dies gilt nicht, wenn die Beendigung der Mitgliedschaft auf einer
gerichtlichen Entscheidung beruht.
(3) Die Kündigung eines Mitglieds eines Wahlvorstands ist vom Zeitpunkt seiner Bestellung an, die
Kündigung eines Wahlbewerbers vom Zeitpunkt der Aufstellung des Wahlvorschlags an, jeweils bis
zur Bekanntgabe des Wahlergebnisses unzulässig, es sei denn, daß Tatsachen vorliegen, die den
Arbeitgeber zur Kündigung aus wichtigem Grund ohne Einhaltung einer Kündigungsfrist
berechtigen, und daß die nach § 103 des Betriebsverfassungsgesetzes oder nach dem
Personalvertretungsrecht erforderliche Zustimmung vorliegt oder durch eine gerichtliche
Entscheidung ersetzt ist. Innerhalb von sechs Monaten nach Bekanntgabe des Wahlergebnisses
ist die Kündigung unzulässig, es sei denn, daß Tatsachen vorliegen, die den Arbeitgeber zur
Kündigung aus wichtigem Grund ohne Einhaltung einer Kündigungsfrist berechtigen; dies gilt nicht
für Mitglieder des Wahlvorstands, wenn dieser durch gerichtliche Entscheidung durch einen
anderen Wahlvorstand ersetzt worden ist.
(3a) Die Kündigung eines Arbeitnehmers, der zu einer Betriebs-, Wahl- oder Bordversammlung
nach § 17 Abs. 3, § 17a Nr. 3 Satz 2, § 115 Abs. 2 Nr. 8 Satz 1 des Betriebsverfassungsgesetzes
einlädt oder die Bestellung eines Wahlvorstands nach § 16 Abs. 2 Satz 1, § 17 Abs. 4, § 17a Nr. 4,
§ 63 Abs. 3, § 115 Abs. 2 Nr. 8 Satz 2 oder § 116 Abs. 2 Nr. 7 Satz 5 des
Betriebsverfassungsgesetzes beantragt, ist vom Zeitpunkt der Einladung oder Antragstellung an

102

bis zur Bekanntgabe des Wahlergebnisses unzulässig, es sei denn, dass Tatsachen vorliegen, die den Arbeitgeber zur Kündigung aus wichtigem Grund ohne Einhaltung einer Kündigungsfrist berechtigen; der Kündigungsschutz gilt für die ersten drei in der Einladung oder Antragstellung aufgeführten Arbeitnehmer. Wird ein Betriebsrat, eine Jugend- und Auszubildendenvertretung, eine Bordvertretung oder ein Seebetriebsrat nicht gewählt, besteht der Kündigungsschutz nach Satz 1 vom Zeitpunkt der Einladung oder Antragstellung an drei Monate.

(4) Wird der Betrieb stillgelegt, so ist die Kündigung der in den Absätzen 1 bis 3 genannten Personen frühestens zum Zeitpunkt der Stilllegung zulässig, es sei denn, daß ihre Kündigung zu einem früheren Zeitpunkt durch zwingende betriebliche Erfordernisse bedingt ist.

(5) Wird eine der in den Absätzen 1 bis 3 genannten Personen in einer Betriebsabteilung beschäftigt, die stillgelegt wird, so ist sie in eine andere Betriebsabteilung zu übernehmen. Ist dies aus betrieblichen Gründen nicht möglich, so findet auf ihre Kündigung die Vorschrift des Absatzes 4 über die Kündigung bei Stilllegung des Betriebs sinngemäß Anwendung.

-

§ 16 Neues Arbeitsverhältnis, Auflösung des alten Arbeitsverhältnisses

Stellt das Gericht die Unwirksamkeit der Kündigung einer der in § 15 Abs. 1 bis 3a genannten Personen fest, so kann diese Person, falls sie inzwischen ein neues Arbeitsverhältnis eingegangen ist, binnen einer Woche nach Rechtskraft des Urteils durch Erklärung gegenüber dem alten Arbeitgeber die Weiterbeschäftigung bei diesem verweigern. Im übrigen finden die Vorschriften des § 11 und des § 12 Satz 2 bis 4 entsprechende Anwendung.

Dritter Abschnitt
Anzeigepflichtige Entlassungen

§ 17 Anzeigepflicht

(1) Der Arbeitgeber ist verpflichtet, der Agentur für Arbeit Anzeige zu erstatten, bevor er

1.
   in Betrieben mit in der Regel mehr als 20 und weniger als 60 Arbeitnehmern mehr als 5 Arbeitnehmer,

2.
   in Betrieben mit in der Regel mindestens 60 und weniger als 500 Arbeitnehmern 10 vom Hundert der im Betrieb regelmäßig beschäftigten Arbeitnehmer oder aber mehr als 25 Arbeitnehmer,

3.
   in Betrieben mit in der Regel mindestens 500 Arbeitnehmern mindestens 30 Arbeitnehmer

innerhalb von 30 Kalendertagen entläßt. Den Entlassungen stehen andere Beendigungen des Arbeitsverhältnisses gleich, die vom Arbeitgeber veranlaßt werden.

(2) Beabsichtigt der Arbeitgeber, nach Absatz 1 anzeigepflichtige Entlassungen vorzunehmen, hat er dem Betriebsrat rechtzeitig die zweckdienlichen Auskünfte zu erteilen und ihn schriftlich insbesondere zu unterrichten über

1.
   die Gründe für die geplanten Entlassungen,

2.
   die Zahl und die Berufsgruppen der zu entlassenden Arbeitnehmer,

3.
   die Zahl und die Berufsgruppen der in der Regel beschäftigten Arbeitnehmer,

4.
   den Zeitraum, in dem die Entlassungen vorgenommen werden sollen,

5.
   die vorgesehenen Kriterien für die Auswahl der zu entlassenden Arbeitnehmer,

6.

die für die Berechnung etwaiger Abfindungen vorgesehenen Kriterien.

Arbeitgeber und Betriebsrat haben insbesondere die Möglichkeiten zu beraten, Entlassungen zu vermeiden oder einzuschränken und ihre Folgen zu mildern.

(3) Der Arbeitgeber hat gleichzeitig der Agentur für Arbeit eine Abschrift der Mitteilung an den Betriebsrat zuzuleiten; sie muß zumindest die in Absatz 2 Satz 1 Nr. 1 bis 5 vorgeschriebenen Angaben enthalten. Die Anzeige nach Absatz 1 ist schriftlich unter Beifügung der Stellungnahme des Betriebsrats zu den Entlassungen zu erstatten. Liegt eine Stellungnahme des Betriebsrats nicht vor, so ist die Anzeige wirksam, wenn der Arbeitgeber glaubhaft macht, daß er den Betriebsrat mindestens zwei Wochen vor Erstattung der Anzeige nach Absatz 2 Satz 1 unterrichtet hat, und er den Stand der Beratungen darlegt. Die Anzeige muß Angaben über den Namen des Arbeitgebers, den Sitz und die Art des Betriebes enthalten, ferner die Gründe für die geplanten Entlassungen, die Zahl und die Berufsgruppen der zu entlassenden und der in der Regel beschäftigten Arbeitnehmer, den Zeitraum, in dem die Entlassungen vorgenommen werden sollen und die vorgesehenen Kriteren für die Auswahl der zu entlassenden Arbeitnehmer. In der Anzeige sollen ferner im Einvernehmen mit dem Betriebsrat für die Arbeitsvermittlung Angaben über Geschlecht, Alter, Beruf und Staatsangehörigkeit der zu entlassenden Arbeitnehmer gemacht werden. Der Arbeitgeber hat dem Betriebsrat eine Abschrift der Anzeige zuzuleiten. Der Betriebsrat kann gegenüber der Agentur für Arbeit weitere Stellungnahmen abgeben. Er hat dem Arbeitgeber eine Abschrift der Stellungnahme zuzuleiten.

(3a) Die Auskunfts-, Beratungs- und Anzeigepflichten nach den Absätzen 1 bis 3 gelten auch dann, wenn die Entscheidung über die Entlassungen von einem den Arbeitgeber beherrschenden Unternehmen getroffen wurde. Der Arbeitgeber kann sich nicht darauf berufen, daß das für die Entlassungen verantwortliche Unternehmen die notwendigen Auskünfte nicht übermittelt hat.

(4) Das Recht zur fristlosen Entlassung bleibt unberührt. Fristlose Entlassungen werden bei Berechnung der Mindestzahl der Entlassungen nach Absatz 1 nicht mitgerechnet.

(5) Als Arbeitnehmer im Sinne dieser Vorschrift gelten nicht

1.

in Betrieben einer juristischen Person die Mitglieder des Organs, das zur gesetzlichen Vertretung der juristischen Person berufen ist,

2.

in Betrieben einer Personengesamtheit die durch Gesetz, Satzung oder Gesellschaftsvertrag zur Vertretung der Personengesamtheit berufenen Personen,

3.

Geschäftsführer, Betriebsleiter und ähnliche leitende Personen, soweit diese zur selbständigen Einstellung oder Entlassung von Arbeitnehmern berechtigt sind.

-

§ 18 Entlassungssperre

(1) Entlassungen, die nach § 17 anzuzeigen sind, werden vor Ablauf eines Monats nach Eingang der Anzeige bei der Agentur für Arbeit nur mit deren Zustimmung wirksam; die Zustimmung kann auch rückwirkend bis zum Tage der Antragstellung erteilt werden.

(2) Die Agentur für Arbeit kann im Einzelfall bestimmen, daß die Entlassungen nicht vor Ablauf von längstens zwei Monaten nach Eingang der Anzeige wirksam werden.

(3) (weggefallen)

(4) Soweit die Entlassungen nicht innerhalb von 90 Tagen nach dem Zeitpunkt, zu dem sie nach den Absätzen 1 und 2 zulässig sind, durchgeführt werden, bedarf es unter den Voraussetzungen des § 17 Abs. 1 einer erneuten Anzeige.

-

§ 19 Zulässigkeit von Kurzarbeit

(1) Ist der Arbeitgeber nicht in der Lage, die Arbeitnehmer bis zu dem in § 18 Abs. 1 und 2

bezeichneten Zeitpunkt voll zu beschäftigen, so kann die Bundesagentur für Arbeit zulassen, daß der Arbeitgeber für die Zwischenzeit Kurzarbeit einführt.

(2) Der Arbeitgeber ist im Falle der Kurzarbeit berechtigt, Lohn oder Gehalt der mit verkürzter Arbeitszeit beschäftigten Arbeitnehmer entsprechend zu kürzen; die Kürzung des Arbeitsentgelts wird jedoch erst von dem Zeitpunkt an wirksam, an dem das Arbeitsverhältnis nach den allgemeinen gesetzlichen oder den vereinbarten Bestimmungen enden würde.

(3) Tarifvertragliche Bestimmungen über die Einführung, das Ausmaß und die Bezahlung von Kurzarbeit werden durch die Absätze 1 und 2 nicht berührt.

-

§ 20 Entscheidungen der Agentur für Arbeit

(1) Die Entscheidungen der Agentur für Arbeit nach § 18 Abs. 1 und 2 trifft deren Geschäftsführung oder ein Ausschuß (Entscheidungsträger). Die Geschäftsführung darf nur dann entscheiden, wenn die Zahl der Entlassungen weniger als 50 beträgt.

(2) Der Ausschuß setzt sich aus dem Geschäftsführer, der Geschäftsführerin oder dem oder der Vorsitzenden der Geschäftsführung der Agentur für Arbeit oder einem von ihm oder ihr beauftragten Angehörigen der Agentur für Arbeit als Vorsitzenden und je zwei Vertretern der Arbeitnehmer, der Arbeitgeber und der öffentlichen Körperschaften zusammen, die von dem Verwaltungsausschuss der Agentur für Arbeit benannt werden. Er trifft seine Entscheidungen mit Stimmenmehrheit.

(3) Der Entscheidungsträger hat vor seiner Entscheidung von Arbeitgeber und den Betriebsrat anzuhören. Dem Entscheidungsträger sind, insbesondere vom Arbeitgeber und Betriebsrat, die von ihm für die Beurteilung des Falles erforderlich gehaltenen Auskünfte zu erteilen.

(4) Der Entscheidungsträger hat sowohl das Interesse des Arbeitgebers als auch das der zu entlassenden Arbeitnehmer, das öffentliche Interesse und die Lage des gesamten Arbeitsmarktes unter besonderer Beachtung des Wirtschaftszweiges, dem der Betrieb angehört, zu berücksichtigen.

-

§ 21 Entscheidungen der Zentrale der Bundesagentur für Arbeit

Für Betriebe, die zum Geschäftsbereich des Bundesministers für Verkehr oder des Bundesministers für Post und Telekommunikation gehören, trifft, wenn mehr als 500 Arbeitnehmer entlassen werden sollen, ein gemäß § 20 Abs. 1 bei der Zentrale der Bundesagentur für Arbeit zu bildender Ausschuß die Entscheidungen nach § 18 Abs. 1 und 2. Der zuständige Bundesminister kann zwei Vertreter mit beratender Stimme in den Ausschuß entsenden. Die Anzeigen nach § 17 sind in diesem Falle an die Zentrale der Bundesagentur für Arbeit zu erstatten. Im übrigen gilt § 20 Abs. 1 bis 3 entsprechend.

-

§ 22 Ausnahmebetriebe

(1) Auf Saisonbetriebe und Kampagne-Betriebe finden die Vorschriften dieses Abschnitts bei Entlassungen, die durch diese Eigenart der Betriebe bedingt sind, keine Anwendung.

(2) Keine Saisonbetriebe oder Kampagne-Betriebe sind Betriebe des Baugewerbes, in denen die ganzjährige Beschäftigung nach dem Dritten Buch Sozialgesetzbuch gefördert wird. Das Bundesministerium für Arbeit und Soziales wird ermächtigt, durch Rechtsverordnung Vorschriften zu erlassen, welche Betriebe als Saisonbetriebe oder Kampagne-Betriebe im Sinne des Absatzes 1 gelten.

Vierter Abschnitt
Schlußbestimmungen

§ 23 Geltungsbereich

(1) Die Vorschriften des Ersten und Zweiten Abschnitts gelten für Betriebe und Verwaltungen des privaten und des öffentlichen Rechts, vorbehaltlich der Vorschriften des § 24 für die Seeschiffahrts-, Binnenschiffahrts- und Luftverkehrsbetriebe. Die Vorschriften des Ersten Abschnitts gelten mit Ausnahme der §§ 4 bis 7 und des § 13 Abs. 1 Satz 1 und 2 nicht für Betriebe und Verwaltungen, in denen in der Regel fünf oder weniger Arbeitnehmer ausschließlich der zu ihrer Berufsbildung Beschäftigten beschäftigt werden. In Betrieben und Verwaltungen, in denen in der Regel zehn oder weniger Arbeitnehmer ausschließlich der zu ihrer Berufsbildung Beschäftigten beschäftigt werden, gelten die Vorschriften des Ersten Abschnitts mit Ausnahme der §§ 4 bis 7 und des § 13 Abs. 1 Satz 1 und 2 nicht für Arbeitnehmer, deren Arbeitsverhältnis nach dem 31. Dezember 2003 begonnen hat; diese Arbeitnehmer sind bei der Feststellung der Zahl der beschäftigten Arbeitnehmer nach Satz 2 bis zur Beschäftigung von in der Regel zehn Arbeitnehmern nicht zu berücksichtigen. Bei der Feststellung der Zahl der beschäftigten Arbeitnehmer nach den Sätzen 2 und 3 sind teilzeitbeschäftigte Arbeitnehmer mit einer regelmäßigen wöchentlichen Arbeitszeit von nicht mehr als 20 Stunden mit 0,5 und nicht mehr als 30 Stunden mit 0,75 zu berücksichtigen.
(2) Die Vorschriften des Dritten Abschnitts gelten für Betriebe und Verwaltungen des privaten Rechts sowie für Betriebe, die von einer öffentlichen Verwaltung geführt werden, soweit sie wirtschaftliche Zwecke verfolgen. Sie gelten nicht für Seeschiffe und ihre Besatzung.

§ 24 Anwendung des Gesetzes auf Betriebe der Schifffahrt und des Luftverkehrs

(1) Die Vorschriften des Ersten und Zweiten Abschnitts finden nach Maßgabe der Absätze 2 bis 4 auf Arbeitsverhältnisse der Besatzung von Seeschiffen, Binnenschiffen und Luftfahrzeugen Anwendung.
(2) Als Betrieb im Sinne dieses Gesetzes gilt jeweils die Gesamtheit der Seeschiffe oder der Binnenschiffe eines Schifffahrtsbetriebs oder der Luftfahrzeuge eines Luftverkehrsbetriebs.
(3) Dauert die erste Reise eines Besatzungsmitglieds eines Seeschiffes oder eines Binnenschiffes länger als sechs Monate, so verlängert sich die Sechsmonatsfrist des § 1 Absatz 1 bis drei Tage nach Beendigung dieser Reise.
(4) Die Klage nach § 4 ist binnen drei Wochen zu erheben, nachdem die Kündigung dem Besatzungsmitglied an Land zugegangen ist. Geht dem Besatzungsmitglied eines Seeschiffes oder eines Binnenschiffes die Kündigung während der Fahrt des Schiffes zu, ist die Klage innerhalb von sechs Wochen nach dem Dienstende an Bord zu erheben. An die Stelle der Dreiwochenfrist in § 5 Absatz 1 und § 6 treten die hier in den Sätzen 1 und 2 genannten Fristen.

§ 25 Kündigung in Arbeitskämpfen

Die Vorschriften dieses Gesetzes finden keine Anwendung auf Kündigungen und Entlassungen, die lediglich als Maßnahmen in wirtschaftlichen Kämpfen zwischen Arbeitgebern und Arbeitnehmern vorgenommen werden.

§ 25a Berlin-Klausel

§ 26 Inkrafttreten

Dieses Gesetz tritt am Tag nach seiner Verkündung in Kraft.

Allgemeines Gleichbehandlungsgesetz (AGG)

AGG

Ausfertigungsdatum: 14.08.2006

"Allgemeines Gleichbehandlungsgesetz vom 14. August 2006 (BGBl. I S. 1897), das zuletzt durch Artikel 8 des Gesetzes vom 3. April 2013 (BGBl. I S. 610) geändert worden ist". Zuletzt geändert durch Art. 8 G v. 3.4.2013 I 610.

Fußnote

(+++ Textnachweis ab: 18.8.2006 +++)

Das G wurde als Artikel 1 des G v. 14.8.2006 I 1897 vom Bundestag beschlossen. Es ist gem. Art. 4 Satz 1 dieses G am 18.8.2006 in Kraft getreten.

Abschnitt 1
Allgemeiner Teil

§ 1 Ziel des Gesetzes

Ziel des Gesetzes ist, Benachteiligungen aus Gründen der Rasse oder wegen der ethnischen Herkunft, des Geschlechts, der Religion oder Weltanschauung, einer Behinderung, des Alters oder der sexuellen Identität zu verhindern oder zu beseitigen.

§ 2 Anwendungsbereich

(1) Benachteiligungen aus einem in § 1 genannten Grund sind nach Maßgabe dieses Gesetzes unzulässig in Bezug auf:

1.
    die Bedingungen, einschließlich Auswahlkriterien und Einstellungsbedingungen, für den Zugang zu unselbstständiger und selbstständiger Erwerbstätigkeit, unabhängig von Tätigkeitsfeld und beruflicher Position, sowie für den beruflichen Aufstieg,

2.
    die Beschäftigungs- und Arbeitsbedingungen einschließlich Arbeitsentgelt und

Entlassungsbedingungen, insbesondere in individual- und kollektivrechtlichen Vereinbarungen und Maßnahmen bei der Durchführung und Beendigung eines Beschäftigungsverhältnisses sowie beim beruflichen Aufstieg,

3.

den Zugang zu allen Formen und allen Ebenen der Berufsberatung, der Berufsbildung einschließlich der Berufsausbildung, der beruflichen Weiterbildung und der Umschulung sowie der praktischen Berufserfahrung,

4.

die Mitgliedschaft und Mitwirkung in einer Beschäftigten- oder Arbeitgebervereinigung oder einer Vereinigung, deren Mitglieder einer bestimmten Berufsgruppe angehören, einschließlich der Inanspruchnahme der Leistungen solcher Vereinigungen,

5.

den Sozialschutz, einschließlich der sozialen Sicherheit und der Gesundheitsdienste,

6.

die sozialen Vergünstigungen,

7.

die Bildung,

8.

den Zugang zu und die Versorgung mit Gütern und Dienstleistungen, die der Öffentlichkeit zur Verfügung stehen, einschließlich von Wohnraum.

(2) Für Leistungen nach dem Sozialgesetzbuch gelten § 33c des Ersten Buches Sozialgesetzbuch und § 19a des Vierten Buches Sozialgesetzbuch. Für die betriebliche Altersvorsorge gilt das Betriebsrentengesetz.

(3) Die Geltung sonstiger Benachteiligungsverbote oder Gebote der Gleichbehandlung wird durch dieses Gesetz nicht berührt. Dies gilt auch für öffentlich-rechtliche Vorschriften, die dem Schutz bestimmter Personengruppen dienen.

(4) Für Kündigungen gelten ausschließlich die Bestimmungen zum allgemeinen und besonderen Kündigungsschutz.

-

§ 3 Begriffsbestimmungen

(1) Eine unmittelbare Benachteiligung liegt vor, wenn eine Person wegen eines in § 1 genannten Grundes eine weniger günstige Behandlung erfährt, als eine andere Person in einer vergleichbaren Situation erfährt, erfahren hat oder erfahren würde. Eine unmittelbare Benachteiligung wegen des Geschlechts liegt in Bezug auf § 2 Abs. 1 Nr. 1 bis 4 auch im Falle einer ungünstigeren Behandlung einer Frau wegen Schwangerschaft oder Mutterschaft vor.

(2) Eine mittelbare Benachteiligung liegt vor, wenn dem Anschein nach neutrale Vorschriften, Kriterien oder Verfahren Personen wegen eines in § 1 genannten Grundes gegenüber anderen Personen in besonderer Weise benachteiligen können, es sei denn, die betreffenden Vorschriften, Kriterien oder Verfahren sind durch ein rechtmäßiges Ziel sachlich gerechtfertigt und die Mittel sind zur Erreichung dieses Ziels angemessen und erforderlich.

(3) Eine Belästigung ist eine Benachteiligung, wenn unerwünschte Verhaltensweisen, die mit einem in § 1 genannten Grund in Zusammenhang stehen, bezwecken oder bewirken, dass die Würde der betreffenden Person verletzt und ein von Einschüchterungen, Anfeindungen, Erniedrigungen, Entwürdigungen oder Beleidigungen gekennzeichnetes Umfeld geschaffen wird.

(4) Eine sexuelle Belästigung ist eine Benachteiligung in Bezug auf § 2 Abs. 1 Nr. 1 bis 4, wenn ein unerwünschtes, sexuell bestimmtes Verhalten, wozu auch unerwünschte sexuelle Handlungen und Aufforderungen zu diesen, sexuell bestimmte körperliche Berührungen, Bemerkungen sexuellen Inhalts sowie unerwünschtes Zeigen und sichtbares Anbringen von pornographischen Darstellungen gehören, bezweckt oder bewirkt, dass die Würde der betreffenden Person verletzt wird, insbesondere wenn ein von Einschüchterungen, Anfeindungen, Erniedrigungen, Entwürdigungen oder Beleidigungen gekennzeichnetes Umfeld geschaffen wird.

(5) Die Anweisung zur Benachteiligung einer Person aus einem in § 1 genannten Grund gilt als

Benachteiligung. Eine solche Anweisung liegt in Bezug auf § 2 Abs. 1 Nr. 1 bis 4 insbesondere vor, wenn jemand eine Person zu einem Verhalten bestimmt, das einen Beschäftigten oder eine Beschäftigte wegen eines in § 1 genannten Grundes benachteiligt oder benachteiligen kann.

-

§ 4 Unterschiedliche Behandlung wegen mehrerer Gründe

Erfolgt eine unterschiedliche Behandlung wegen mehrerer der in § 1 genannten Gründe, so kann diese unterschiedliche Behandlung nach den §§ 8 bis 10 und 20 nur gerechtfertigt werden, wenn sich die Rechtfertigung auf alle diese Gründe erstreckt, derentwegen die unterschiedliche Behandlung erfolgt.

-

§ 5 Positive Maßnahmen

Ungeachtet der in den §§ 8 bis 10 sowie in § 20 benannten Gründe ist eine unterschiedliche Behandlung auch zulässig, wenn durch geeignete und angemessene Maßnahmen bestehende Nachteile wegen eines in § 1 genannten Grundes verhindert oder ausgeglichen werden sollen.

Abschnitt 2
Schutz der Beschäftigten vor Benachteiligung

Unterabschnitt 1
Verbot der Benachteiligung

-

§ 6 Persönlicher Anwendungsbereich

(1) Beschäftigte im Sinne dieses Gesetzes sind

1.
Arbeitnehmerinnen und Arbeitnehmer,
2.
die zu ihrer Berufsbildung Beschäftigten,
3.
Personen, die wegen ihrer wirtschaftlichen Unselbstständigkeit als arbeitnehmerähnliche Personen anzusehen sind; zu diesen gehören auch die in Heimarbeit Beschäftigten und die ihnen Gleichgestellten.
Als Beschäftigte gelten auch die Bewerberinnen und Bewerber für ein Beschäftigungsverhältnis sowie die Personen, deren Beschäftigungsverhältnis beendet ist.
(2) Arbeitgeber (Arbeitgeber und Arbeitgeberinnen) im Sinne dieses Abschnitts sind natürliche und juristische Personen sowie rechtsfähige Personengesellschaften, die Personen nach Absatz 1 beschäftigen. Werden Beschäftigte einem Dritten zur Arbeitsleistung überlassen, so gilt auch dieser als Arbeitgeber im Sinne dieses Abschnitts. Für die in Heimarbeit Beschäftigten und die ihnen Gleichgestellten tritt an die Stelle des Arbeitgebers der Auftraggeber oder Zwischenmeister.
(3) Soweit es die Bedingungen für den Zugang zur Erwerbstätigkeit sowie den beruflichen Aufstieg betrifft, gelten die Vorschriften dieses Abschnitts für Selbstständige und Organmitglieder, insbesondere Geschäftsführer oder Geschäftsführerinnen und Vorstände, entsprechend.

-

§ 7 Benachteiligungsverbot

(2) Bestimmungen in Vereinbarungen, die gegen das Benachteiligungsverbot des Absatzes 1 verstoßen, sind unwirksam.
(3) Eine Benachteiligung nach Absatz 1 durch Arbeitgeber oder Beschäftigte ist eine Verletzung vertraglicher Pflichten.

-

§ 8 Zulässige unterschiedliche Behandlung wegen beruflicher Anforderungen

(1) Eine unterschiedliche Behandlung wegen eines in § 1 genannten Grundes ist zulässig, wenn dieser Grund wegen der Art der auszuübenden Tätigkeit oder der Bedingungen ihrer Ausübung eine wesentliche und entscheidende berufliche Anforderung darstellt, sofern der Zweck rechtmäßig und die Anforderung angemessen ist.
(2) Die Vereinbarung einer geringeren Vergütung für gleiche oder gleichwertige Arbeit wegen eines in § 1 genannten Grundes wird nicht dadurch gerechtfertigt, dass wegen eines in § 1 genannten Grundes besondere Schutzvorschriften gelten.

-

§ 9 Zulässige unterschiedliche Behandlung wegen der Religion oder Weltanschauung

(1) Ungeachtet des § 8 ist eine unterschiedliche Behandlung wegen der Religion oder der Weltanschauung bei der Beschäftigung durch Religionsgemeinschaften, die ihnen zugeordneten Einrichtungen ohne Rücksicht auf ihre Rechtsform oder durch Vereinigungen, die sich die gemeinschaftliche Pflege einer Religion oder Weltanschauung zur Aufgabe machen, auch zulässig, wenn eine bestimmte Religion oder Weltanschauung unter Beachtung des Selbstverständnisses der jeweiligen Religionsgemeinschaft oder Vereinigung im Hinblick auf ihr Selbstbestimmungsrecht oder nach der Art der Tätigkeit eine gerechtfertigte berufliche Anforderung darstellt.
(2) Das Verbot unterschiedlicher Behandlung wegen der Religion oder der Weltanschauung berührt nicht das Recht der in Absatz 1 genannten Religionsgemeinschaften, der ihnen zugeordneten Einrichtungen ohne Rücksicht auf ihre Rechtsform oder der Vereinigungen, die sich die gemeinschaftliche Pflege einer Religion oder Weltanschauung zur Aufgabe machen, von ihren Beschäftigten ein loyales und aufrichtiges Verhalten im Sinne ihres jeweiligen Selbstverständnisses verlangen zu können.

-

§ 10 Zulässige unterschiedliche Behandlung wegen des Alters

Ungeachtet des § 8 ist eine unterschiedliche Behandlung wegen des Alters auch zulässig, wenn sie objektiv und angemessen und durch ein legitimes Ziel gerechtfertigt ist. Die Mittel zur Erreichung dieses Ziels müssen angemessen und erforderlich sein. Derartige unterschiedliche Behandlungen können insbesondere Folgendes einschließen:

1.

   die Festlegung besonderer Bedingungen für den Zugang zur Beschäftigung und zur beruflichen Bildung sowie besonderer Beschäftigungs- und Arbeitsbedingungen, einschließlich der Bedingungen für Entlohnung und Beendigung des Beschäftigungsverhältnisses, um die berufliche Eingliederung von Jugendlichen, älteren Beschäftigten und Personen mit Fürsorgepflichten zu fördern oder ihren Schutz sicherzustellen,

2.

die Festlegung von Mindestanforderungen an das Alter, die Berufserfahrung oder das Dienstalter für den Zugang zur Beschäftigung oder für bestimmte mit der Beschäftigung verbundene Vorteile,

3.

die Festsetzung eines Höchstalters für die Einstellung auf Grund der spezifischen Ausbildungsanforderungen eines bestimmten Arbeitsplatzes oder auf Grund der Notwendigkeit einer angemessenen Beschäftigungszeit vor dem Eintritt in den Ruhestand,

4.

die Festsetzung von Altersgrenzen bei den betrieblichen Systemen der sozialen Sicherheit als Voraussetzung für die Mitgliedschaft oder den Bezug von Altersrente oder von Leistungen bei Invalidität einschließlich der Festsetzung unterschiedlicher Altersgrenzen im Rahmen dieser Systeme für bestimmte Beschäftigte oder Gruppen von Beschäftigten und die Verwendung von Alterskriterien im Rahmen dieser Systeme für versicherungsmathematische Berechnungen,

5.

eine Vereinbarung, die die Beendigung des Beschäftigungsverhältnisses ohne Kündigung zu einem Zeitpunkt vorsieht, zu dem der oder die Beschäftigte eine Rente wegen Alters beantragen kann; § 41 des Sechsten Buches Sozialgesetzbuch bleibt unberührt,

6.

Differenzierungen von Leistungen in Sozialplänen im Sinne des Betriebsverfassungsgesetzes, wenn die Parteien eine nach Alter oder Betriebszugehörigkeit gestaffelte Abfindungsregelung geschaffen haben, in der die wesentlich vom Alter abhängenden Chancen auf dem Arbeitsmarkt durch eine verhältnismäßig starke Betonung des Lebensalters erkennbar berücksichtigt worden sind, oder Beschäftigte von den Leistungen des Sozialplans ausgeschlossen haben, die wirtschaftlich abgesichert sind, weil sie, gegebenenfalls nach Bezug von Arbeitslosengeld, rentenberechtigt sind.

Unterabschnitt 2
Organisationspflichten des Arbeitgebers

§ 11 Ausschreibung

Ein Arbeitsplatz darf nicht unter Verstoß gegen § 7 Abs. 1 ausgeschrieben werden.

§ 12 Maßnahmen und Pflichten des Arbeitgebers

(1) Der Arbeitgeber ist verpflichtet, die erforderlichen Maßnahmen zum Schutz vor Benachteiligungen wegen eines in § 1 genannten Grundes zu treffen. Dieser Schutz umfasst auch vorbeugende Maßnahmen.
(2) Der Arbeitgeber soll in geeigneter Art und Weise, insbesondere im Rahmen der beruflichen Aus- und Fortbildung, auf die Unzulässigkeit solcher Benachteiligungen hinweisen und darauf hinwirken, dass diese unterbleiben. Hat der Arbeitgeber seine Beschäftigten in geeigneter Weise zum Zwecke der Verhinderung von Benachteiligung geschult, gilt dies als Erfüllung seiner Pflichten nach Absatz 1.
(3) Verstoßen Beschäftigte gegen das Benachteiligungsverbot des § 7 Abs. 1, so hat der Arbeitgeber die im Einzelfall geeigneten, erforderlichen und angemessenen Maßnahmen zur Unterbindung der Benachteiligung wie Abmahnung, Umsetzung, Versetzung oder Kündigung zu ergreifen.
(4) Werden Beschäftigte bei der Ausübung ihrer Tätigkeit durch Dritte nach § 7 Abs. 1 benachteiligt, so hat der Arbeitgeber die im Einzelfall geeigneten, erforderlichen und angemessenen Maßnahmen zum Schutz der Beschäftigten zu ergreifen.
(5) Dieses Gesetz und § 61b des Arbeitsgerichtsgesetzes sowie Informationen über die für die Behandlung von Beschwerden nach § 13 zuständigen Stellen sind im Betrieb oder in der Dienststelle bekannt zu machen. Die Bekanntmachung kann durch Aushang oder Auslegung an geeigneter Stelle oder den Einsatz der im Betrieb oder der Dienststelle üblichen Informations- und

111

Kommunikationstechnik erfolgen.

Unterabschnitt 3
Rechte der Beschäftigten

-

§ 13 Beschwerderecht

(1) Die Beschäftigten haben das Recht, sich bei den zuständigen Stellen des Betriebs, des Unternehmens oder der Dienststelle zu beschweren, wenn sie sich im Zusammenhang mit ihrem Beschäftigungsverhältnis vom Arbeitgeber, von Vorgesetzten, anderen Beschäftigten oder Dritten wegen eines in § 1 genannten Grundes benachteiligt fühlen. Die Beschwerde ist zu prüfen und das Ergebnis der oder dem beschwerdeführenden Beschäftigten mitzuteilen.
(2) Die Rechte der Arbeitnehmervertretungen bleiben unberührt.

-

§ 14 Leistungsverweigerungsrecht

Ergreift der Arbeitgeber keine oder offensichtlich ungeeignete Maßnahmen zur Unterbindung einer Belästigung oder sexuellen Belästigung am Arbeitsplatz, sind die betroffenen Beschäftigten berechtigt, ihre Tätigkeit ohne Verlust des Arbeitsentgelts einzustellen, soweit dies zu ihrem Schutz erforderlich ist. § 273 des Bürgerlichen Gesetzbuchs bleibt unberührt.

-

§ 15 Entschädigung und Schadensersatz

(1) Bei einem Verstoß gegen das Benachteiligungsverbot ist der Arbeitgeber verpflichtet, den hierdurch entstandenen Schaden zu ersetzen. Dies gilt nicht, wenn der Arbeitgeber die Pflichtverletzung nicht zu vertreten hat.
(2) Wegen eines Schadens, der nicht Vermögensschaden ist, kann der oder die Beschäftigte eine angemessene Entschädigung in Geld verlangen. Die Entschädigung darf bei einer Nichteinstellung drei Monatsgehälter nicht übersteigen, wenn der oder die Beschäftigte auch bei benachteiligungsfreier Auswahl nicht eingestellt worden wäre.
(3) Der Arbeitgeber ist bei der Anwendung kollektivrechtlicher Vereinbarungen nur dann zur Entschädigung verpflichtet, wenn er vorsätzlich oder grob fahrlässig handelt.
(4) Ein Anspruch nach Absatz 1 oder 2 muss innerhalb einer Frist von zwei Monaten schriftlich geltend gemacht werden, es sei denn, die Tarifvertragsparteien haben etwas anderes vereinbart. Die Frist beginnt im Falle einer Bewerbung oder eines beruflichen Aufstiegs mit dem Zugang der Ablehnung und in den sonstigen Fällen einer Benachteiligung zu dem Zeitpunkt, in dem der oder die Beschäftigte von der Benachteiligung Kenntnis erlangt.
(5) Im Übrigen bleiben Ansprüche gegen den Arbeitgeber, die sich aus anderen Rechtsvorschriften ergeben, unberührt.
(6) Ein Verstoß des Arbeitgebers gegen das Benachteiligungsverbot des § 7 Abs. 1 begründet keinen Anspruch auf Begründung eines Beschäftigungsverhältnisses, Berufsausbildungsverhältnisses oder einen beruflichen Aufstieg, es sei denn, ein solcher ergibt sich aus einem anderen Rechtsgrund.

-

§ 16 Maßregelungsverbot

(1) Der Arbeitgeber darf Beschäftigte nicht wegen der Inanspruchnahme von Rechten nach diesem Abschnitt oder wegen der Weigerung, eine gegen diesen Abschnitt verstoßende Anweisung

112

auszuführen, benachteiligen. Gleiches gilt für Personen, die den Beschäftigten hierbei unterstützen oder als Zeuginnen oder Zeugen aussagen.

(2) Die Zurückweisung oder Duldung benachteiligender Verhaltensweisen durch betroffene Beschäftigte darf nicht als Grundlage für eine Entscheidung herangezogen werden, die diese Beschäftigten berührt. Absatz 1 Satz 2 gilt entsprechend.

(3) § 22 gilt entsprechend.

Unterabschnitt 4
Ergänzende Vorschriften

-

§ 17 Soziale Verantwortung der Beteiligten

(1) Tarifvertragsparteien, Arbeitgeber, Beschäftigte und deren Vertretungen sind aufgefordert, im Rahmen ihrer Aufgaben und Handlungsmöglichkeiten an der Verwirklichung des in § 1 genannten Ziels mitzuwirken.

(2) In Betrieben, in denen die Voraussetzungen des § 1 Abs. 1 Satz 1 des Betriebsverfassungsgesetzes vorliegen, können bei einem groben Verstoß des Arbeitgebers gegen Vorschriften aus diesem Abschnitt der Betriebsrat oder eine im Betrieb vertretene Gewerkschaft unter der Voraussetzung des § 23 Abs. 3 Satz 1 des Betriebsverfassungsgesetzes die dort genannten Rechte gerichtlich geltend machen; § 23 Abs. 3 Satz 2 bis 5 des Betriebsverfassungsgesetzes gilt entsprechend. Mit dem Antrag dürfen nicht Ansprüche des Benachteiligten geltend gemacht werden.

-

§ 18 Mitgliedschaft in Vereinigungen

(1) Die Vorschriften dieses Abschnitts gelten entsprechend für die Mitgliedschaft oder die Mitwirkung in einer

1. Tarifvertragspartei,

2. Vereinigung, deren Mitglieder einer bestimmten Berufsgruppe angehören oder die eine überragende Machtstellung im wirtschaftlichen oder sozialen Bereich innehat, wenn ein grundlegendes Interesse am Erwerb der Mitgliedschaft besteht,

sowie deren jeweiligen Zusammenschlüssen.

(2) Wenn die Ablehnung einen Verstoß gegen das Benachteiligungsverbot des § 7 Abs. 1 darstellt, besteht ein Anspruch auf Mitgliedschaft oder Mitwirkung in den in Absatz 1 genannten Vereinigungen.

Abschnitt 3
Schutz vor Benachteiligung im Zivilrechtsverkehr

-

§ 19 Zivilrechtliches Benachteiligungsverbot

(1) Eine Benachteiligung aus Gründen der Rasse oder wegen der ethnischen Herkunft, wegen des Geschlechts, der Religion, einer Behinderung, des Alters oder der sexuellen Identität bei der Begründung, Durchführung und Beendigung zivilrechtlicher Schuldverhältnisse, die

113

1.
  typischerweise ohne Ansehen der Person zu vergleichbaren Bedingungen in einer Vielzahl von Fällen zustande kommen (Massengeschäfte) oder bei denen das Ansehen der Person nach der Art des Schuldverhältnisses eine nachrangige Bedeutung hat und die zu vergleichbaren Bedingungen in einer Vielzahl von Fällen zustande kommen oder
2.
  eine privatrechtliche Versicherung zum Gegenstand haben,
ist unzulässig.

(2) Eine Benachteiligung aus Gründen der Rasse oder wegen der ethnischen Herkunft ist darüber hinaus auch bei der Begründung, Durchführung und Beendigung sonstiger zivilrechtlicher Schuldverhältnisse im Sinne des § 2 Abs. 1 Nr. 5 bis 8 unzulässig.

(3) Bei der Vermietung von Wohnraum ist eine unterschiedliche Behandlung im Hinblick auf die Schaffung und Erhaltung sozial stabiler Bewohnerstrukturen und ausgewogener Siedlungsstrukturen sowie ausgeglichener wirtschaftlicher, sozialer und kultureller Verhältnisse zulässig.

(4) Die Vorschriften dieses Abschnitts finden keine Anwendung auf familien- und erbrechtliche Schuldverhältnisse.

(5) Die Vorschriften dieses Abschnitts finden keine Anwendung auf zivilrechtliche Schuldverhältnisse, bei denen ein besonderes Nähe- oder Vertrauensverhältnis der Parteien oder ihrer Angehörigen begründet wird. Bei Mietverhältnissen kann dies insbesondere der Fall sein, wenn die Parteien oder ihre Angehörigen Wohnraum auf demselben Grundstück nutzen. Die Vermietung von Wohnraum zum nicht nur vorübergehenden Gebrauch ist in der Regel kein Geschäft im Sinne des Absatzes 1 Nr. 1, wenn der Vermieter insgesamt nicht mehr als 50 Wohnungen vermietet.

-

§ 20 Zulässige unterschiedliche Behandlung

(1) Eine Verletzung des Benachteiligungsverbots ist nicht gegeben, wenn für eine unterschiedliche Behandlung wegen der Religion, einer Behinderung, des Alters, der sexuellen Identität oder des Geschlechts ein sachlicher Grund vorliegt. Das kann insbesondere der Fall sein, wenn die unterschiedliche Behandlung

1.
  der Vermeidung von Gefahren, der Verhütung von Schäden oder anderen Zwecken vergleichbarer Art dient,
2.
  dem Bedürfnis nach Schutz der Intimsphäre oder der persönlichen Sicherheit Rechnung trägt,
3.
  besondere Vorteile gewährt und ein Interesse an der Durchsetzung der Gleichbehandlung fehlt,
4.
  an die Religion eines Menschen anknüpft und im Hinblick auf die Ausübung der Religionsfreiheit oder auf das Selbstbestimmungsrecht der Religionsgemeinschaften, der ihnen zugeordneten Einrichtungen ohne Rücksicht auf ihre Rechtsform sowie der Vereinigungen, die sich die gemeinschaftliche Pflege einer Religion zur Aufgabe machen, unter Beachtung des jeweiligen Selbstverständnisses gerechtfertigt ist.

(2) Kosten im Zusammenhang mit Schwangerschaft und Mutterschaft dürfen auf keinen Fall zu unterschiedlichen Prämien oder Leistungen führen. Eine unterschiedliche Behandlung wegen der Religion, einer Behinderung, des Alters oder der sexuellen Identität ist im Falle des § 19 Abs. 1 Nr. 2 nur zulässig, wenn diese auf anerkannten Prinzipien risikoadäquater Kalkulation beruht, insbesondere auf einer versicherungsmathematisch ermittelten Risikobewertung unter Heranziehung statistischer Erhebungen.

-

§ 21 Ansprüche

(1) Der Benachteiligte kann bei einem Verstoß gegen das Benachteiligungsverbot unbeschadet weiterer Ansprüche die Beseitigung der Beeinträchtigung verlangen. Sind weitere Beeinträchtigungen zu besorgen, so kann er auf Unterlassung klagen.

(2) Bei einer Verletzung des Benachteiligungsverbots ist der Benachteiligende verpflichtet, den hierdurch entstandenen Schaden zu ersetzen. Dies gilt nicht, wenn der Benachteiligende die Pflichtverletzung nicht zu vertreten hat. Wegen eines Schadens, der nicht Vermögensschaden ist, kann der Benachteiligte eine angemessene Entschädigung in Geld verlangen.

(3) Ansprüche aus unerlaubter Handlung bleiben unberührt.

(4) Auf eine Vereinbarung, die von dem Benachteiligungsverbot abweicht, kann sich der Benachteiligende nicht berufen.

(5) Ein Anspruch nach den Absätzen 1 und 2 muss innerhalb einer Frist von zwei Monaten geltend gemacht werden. Nach Ablauf der Frist kann der Anspruch nur geltend gemacht werden, wenn der Benachteiligte ohne Verschulden an der Einhaltung der Frist verhindert war.

Abschnitt 4
Rechtsschutz

-

§ 22 Beweislast

Wenn im Streitfall die eine Partei Indizien beweist, die eine Benachteiligung wegen eines in § 1 genannten Grundes vermuten lassen, trägt die andere Partei die Beweislast dafür, dass kein Verstoß gegen die Bestimmungen zum Schutz vor Benachteiligung vorgelegen hat.

-

§ 23 Unterstützung durch Antidiskriminierungsverbände

(1) Antidiskriminierungsverbände sind Personenzusammenschlüsse, die nicht gewerbsmäßig und nicht nur vorübergehend entsprechend ihrer Satzung die besonderen Interessen von benachteiligten Personen oder Personengruppen nach Maßgabe von § 1 wahrnehmen. Die Befugnisse nach den Absätzen 2 bis 4 stehen ihnen zu, wenn sie mindestens 75 Mitglieder haben oder einen Zusammenschluss aus mindestens sieben Verbänden bilden.

(2) Antidiskriminierungsverbände sind befugt, im Rahmen ihres Satzungszwecks in gerichtlichen Verfahren als Beistände Benachteiligter in der Verhandlung aufzutreten. Im Übrigen bleiben die Vorschriften der Verfahrensordnungen, insbesondere diejenigen, nach denen Beiständen weiterer Vortrag untersagt werden kann, unberührt.

(3) Antidiskriminierungsverbänden ist im Rahmen ihres Satzungszwecks die Besorgung von Rechtsangelegenheiten Benachteiligter gestattet.

(4) Besondere Klagerechte und Vertretungsbefugnisse von Verbänden zu Gunsten von behinderten Menschen bleiben unberührt.

Abschnitt 5
Sonderregelungen für öffentlich-rechtliche Dienstverhältnisse

-

§ 24 Sonderregelung für öffentlich-rechtliche Dienstverhältnisse

Die Vorschriften dieses Gesetzes gelten unter Berücksichtigung ihrer besonderen Rechtsstellung entsprechend für

1.

2.

Beamtinnen und Beamte des Bundes, der Länder, der Gemeinden, der Gemeindeverbände sowie der sonstigen der Aufsicht des Bundes oder eines Landes unterstehenden Körperschaften, Anstalten und Stiftungen des öffentlichen Rechts,

3.

Richterinnen und Richter des Bundes und der Länder,

Zivildienstleistende sowie anerkannte Kriegsdienstverweigerer, soweit ihre Heranziehung zum Zivildienst betroffen ist.

Abschnitt 6
Antidiskriminierungsstelle

-

§ 25 Antidiskriminierungsstelle des Bundes

(1) Beim Bundesministerium für Familie, Senioren, Frauen und Jugend wird unbeschadet der Zuständigkeit der Beauftragten des Deutschen Bundestages oder der Bundesregierung die Stelle des Bundes zum Schutz vor Benachteiligungen wegen eines in § 1 genannten Grundes (Antidiskriminierungsstelle des Bundes) errichtet.
(2) Der Antidiskriminierungsstelle des Bundes ist die für die Erfüllung ihrer Aufgaben notwendige Personal- und Sachausstattung zur Verfügung zu stellen. Sie ist im Einzelplan des Bundesministeriums für Familie, Senioren, Frauen und Jugend in einem eigenen Kapitel auszuweisen.

-

§ 26 Rechtsstellung der Leitung der Antidiskriminierungsstelle des Bundes

(1) Die Bundesministerin oder der Bundesminister für Familie, Senioren, Frauen und Jugend ernennt auf Vorschlag der Bundesregierung eine Person zur Leitung der Antidiskriminierungsstelle des Bundes. Sie steht nach Maßgabe dieses Gesetzes in einem öffentlich-rechtlichen Amtsverhältnis zum Bund. Sie ist in Ausübung ihres Amtes unabhängig und nur dem Gesetz unterworfen.
(2) Das Amtsverhältnis beginnt mit der Aushändigung der Urkunde über die Ernennung durch die Bundesministerin oder den Bundesminister für Familie, Senioren, Frauen und Jugend.
(3) Das Amtsverhältnis endet außer durch Tod

1.

mit dem Zusammentreten eines neuen Bundestages,

2.

durch Ablauf der Amtszeit mit Erreichen der Altersgrenze nach § 51 Abs. 1 und 2 des Bundesbeamtengesetzes,

3.

mit der Entlassung.
Die Bundesministerin oder der Bundesminister für Familie, Senioren, Frauen und Jugend entlässt die Leiterin oder den Leiter der Antidiskriminierungsstelle des Bundes auf deren Verlangen oder wenn Gründe vorliegen, die bei einer Richterin oder einem Richter auf Lebenszeit die Entlassung aus dem Dienst rechtfertigen. Im Falle der Beendigung des Amtsverhältnisses erhält die Leiterin oder der Leiter der Antidiskriminierungsstelle des Bundes eine von der Bundesministerin oder dem Bundesminister für Familie, Senioren, Frauen und Jugend vollzogene Urkunde. Die Entlassung wird mit der Aushändigung der Urkunde wirksam.
(4) Das Rechtsverhältnis der Leitung der Antidiskriminierungsstelle des Bundes gegenüber dem Bund wird durch Vertrag mit dem Bundesministerium für Familie, Senioren, Frauen und Jugend

geregelt. Der Vertrag bedarf der Zustimmung der Bundesregierung.

(5) Wird eine Bundesbeamtin oder ein Bundesbeamter zur Leitung der Antidiskriminierungsstelle des Bundes bestellt, scheidet er oder sie mit Beginn des Amtsverhältnisses aus dem bisherigen Amt aus. Für die Dauer des Amtsverhältnisses ruhen die aus dem Beamtenverhältnis begründeten Rechte und Pflichten mit Ausnahme der Pflicht zur Amtsverschwiegenheit und des Verbots der Annahme von Belohnungen oder Geschenken. Bei unfallverletzten Beamtinnen oder Beamten bleiben die gesetzlichen Ansprüche auf das Heilverfahren und einen Unfallausgleich unberührt.

-

§ 27 Aufgaben

(1) Wer der Ansicht ist, wegen eines in § 1 genannten Grundes benachteiligt worden zu sein, kann sich an die Antidiskriminierungsstelle des Bundes wenden.

(2) Die Antidiskriminierungsstelle des Bundes unterstützt auf unabhängige Weise Personen, die sich nach Absatz 1 an sie wenden, bei der Durchsetzung ihrer Rechte zum Schutz vor Benachteiligungen. Hierbei kann sie insbesondere

1.

über Ansprüche und die Möglichkeiten des rechtlichen Vorgehens im Rahmen gesetzlicher Regelungen zum Schutz vor Benachteiligungen informieren,

2.

Beratung durch andere Stellen vermitteln,

3.

eine gütliche Beilegung zwischen den Beteiligten anstreben.

Soweit Beauftragte des Deutschen Bundestages oder der Bundesregierung zuständig sind, leitet die Antidiskriminierungsstelle des Bundes die Anliegen der in Absatz 1 genannten Personen mit deren Einverständnis unverzüglich an diese weiter.

(3) Die Antidiskriminierungsstelle des Bundes nimmt auf unabhängige Weise folgende Aufgaben wahr, soweit nicht die Zuständigkeit der Beauftragten der Bundesregierung oder des Deutschen Bundestages berührt ist:

1.

Öffentlichkeitsarbeit,

2.

Maßnahmen zur Verhinderung von Benachteiligungen aus den in § 1 genannten Gründen,

3.

Durchführung wissenschaftlicher Untersuchungen zu diesen Benachteiligungen.

(4) Die Antidiskriminierungsstelle des Bundes und die in ihrem Zuständigkeitsbereich betroffenen Beauftragten der Bundesregierung und des Deutschen Bundestages legen gemeinsam dem Deutschen Bundestag alle vier Jahre Berichte über Benachteiligungen aus den in § 1 genannten Gründen vor und geben Empfehlungen zur Beseitigung und Vermeidung dieser Benachteiligungen. Sie können gemeinsam wissenschaftliche Untersuchungen zu Benachteiligungen durchführen.

(5) Die Antidiskriminierungsstelle des Bundes und die in ihrem Zuständigkeitsbereich betroffenen Beauftragten der Bundesregierung und des Deutschen Bundestages sollen bei Benachteiligungen aus mehreren der in § 1 genannten Gründe zusammenarbeiten.

-

§ 28 Befugnisse

(1) Die Antidiskriminierungsstelle des Bundes kann in Fällen des § 27 Abs. 2 Satz 2 Nr. 3 Beteiligte um Stellungnahmen ersuchen, soweit die Person, die sich nach § 27 Abs. 1 an sie gewandt hat, hierzu ihr Einverständnis erklärt.

(2) Alle Bundesbehörden und sonstigen öffentlichen Stellen im Bereich des Bundes sind verpflichtet, die Antidiskriminierungsstelle des Bundes bei der Erfüllung ihrer Aufgaben zu unterstützen, insbesondere die erforderlichen Auskünfte zu erteilen. Die Bestimmungen zum

Schutz personenbezogener Daten bleiben unberührt.

-

§ 29 Zusammenarbeit mit Nichtregierungsorganisationen und anderen Einrichtungen

Die Antidiskriminierungsstelle des Bundes soll bei ihrer Tätigkeit Nichtregierungsorganisationen sowie Einrichtungen, die auf europäischer, Bundes-, Landes- oder regionaler Ebene zum Schutz vor Benachteiligungen wegen eines in § 1 genannten Grundes tätig sind, in geeigneter Form einbeziehen.

-

§ 30 Beirat

(1) Zur Förderung des Dialogs mit gesellschaftlichen Gruppen und Organisationen, die sich den Schutz vor Benachteiligungen wegen eines in § 1 genannten Grundes zum Ziel gesetzt haben, wird der Antidiskriminierungsstelle des Bundes ein Beirat beigeordnet. Der Beirat berät die Antidiskriminierungsstelle des Bundes bei der Vorlage von Berichten und Empfehlungen an den Deutschen Bundestag nach § 27 Abs. 4 und kann hierzu sowie zu wissenschaftlichen Untersuchungen nach § 27 Abs. 3 Nr. 3 eigene Vorschläge unterbreiten.

(2) Das Bundesministerium für Familie, Senioren, Frauen und Jugend beruft im Einvernehmen mit der Leitung der Antidiskriminierungsstelle des Bundes sowie den entsprechend zuständigen Beauftragten der Bundesregierung oder des Deutschen Bundestages die Mitglieder dieses Beirats und für jedes Mitglied eine Stellvertretung. In den Beirat sollen Vertreterinnen und Vertreter gesellschaftlicher Gruppen und Organisationen sowie Expertinnen und Experten in Benachteiligungsfragen berufen werden. Die Gesamtzahl der Mitglieder des Beirats soll 16 Personen nicht überschreiten. Der Beirat soll zu gleichen Teilen mit Frauen und Männern besetzt sein.

(3) Der Beirat gibt sich eine Geschäftsordnung, die der Zustimmung des Bundesministeriums für Familie, Senioren, Frauen und Jugend bedarf.

(4) Die Mitglieder des Beirats üben die Tätigkeit nach diesem Gesetz ehrenamtlich aus. Sie haben Anspruch auf Aufwandsentschädigung sowie Reisekostenvergütung, Tagegelder und Übernachtungsgelder. Näheres regelt die Geschäftsordnung.

Abschnitt 7
Schlussvorschriften

-

§ 31 Unabdingbarkeit

Von den Vorschriften dieses Gesetzes kann nicht zu Ungunsten der geschützten Personen abgewichen werden.

-

§ 32 Schlussbestimmung

Soweit in diesem Gesetz nicht Abweichendes bestimmt ist, gelten die allgemeinen Bestimmungen.

-

§ 33 Übergangsbestimmungen

(1) Bei Benachteiligungen nach den §§ 611a, 611b und 612 Abs. 3 des Bürgerlichen Gesetzbuchs oder sexuellen Belästigungen nach dem Beschäftigtenschutzgesetz ist das vor dem 18. August

2006 maßgebliche Recht anzuwenden.

(2) Bei Benachteiligungen aus Gründen der Rasse oder wegen der ethnischen Herkunft sind die §§ 19 bis 21 nicht auf Schuldverhältnisse anzuwenden, die vor dem 18. August 2006 begründet worden sind. Satz 1 gilt nicht für spätere Änderungen von Dauerschuldverhältnissen.

(3) Bei Benachteiligungen wegen des Geschlechts, der Religion, einer Behinderung, des Alters oder der sexuellen Identität sind die §§ 19 bis 21 nicht auf Schuldverhältnisse anzuwenden, die vor dem 1. Dezember 2006 begründet worden sind. Satz 1 gilt nicht für spätere Änderungen von Dauerschuldverhältnissen.

(4) Auf Schuldverhältnisse, die eine privatrechtliche Versicherung zum Gegenstand haben, ist § 19 Abs. 1 nicht anzuwenden, wenn diese vor dem 22. Dezember 2007 begründet worden sind. Satz 1 gilt nicht für spätere Änderungen solcher Schuldverhältnisse.

(5) Bei Versicherungsverhältnissen, die vor dem 21. Dezember 2012 begründet werden, ist eine unterschiedliche Behandlung wegen des Geschlechts im Falle des § 19 Absatz 1 Nummer 2 bei den Prämien oder Leistungen nur zulässig, wenn dessen Berücksichtigung bei einer auf relevanten und genauen versicherungsmathematischen und statistischen Daten beruhenden Risikobewertung ein bestimmender Faktor ist. Kosten im Zusammenhang mit Schwangerschaft und Mutterschaft dürfen auf keinen Fall zu unterschiedlichen Prämien oder Leistungen führen.

Gesetz über die Zahlung des Arbeitsentgelts an Feiertagen und im Krankheitsfall

Entgeltfortzahlungsgesetz

-

EntgFG

Ausfertigungsdatum: 26.05.1994

"Entgeltfortzahlungsgesetz vom 26. Mai 1994 (BGBl. I S. 1014, 1065), das zuletzt durch Artikel 7 des Gesetzes vom 16. Juli 2015 (BGBl. I S. 1211) geändert worden ist". Zuletzt geändert durch Art. 7 G v. 16.7.2015 I 1211.

Fußnote

(+++ Textnachweis ab: 1.6.1994 +++)

Überschrift: Das G wurde als Artikel 53 G 860-11-1 V 26.5.1994 I 1014 (PflegeVG) vom Bundestag mit Zustimmung des Bundesrates beschlossen. Es ist gem. Art. 68 Abs. 4 dieses G am 1.6.1994 in Kraft getreten.

-

§ 1 Anwendungsbereich

(1) Dieses Gesetz regelt die Zahlung des Arbeitsentgelts an gesetzlichen Feiertagen und die Fortzahlung des Arbeitsentgelts im Krankheitsfall an Arbeitnehmer sowie die wirtschaftliche Sicherung im Bereich der Heimarbeit für gesetzliche Feiertage und im Krankheitsfall.

(2) Arbeitnehmer in Sinne dieses Gesetzes sind Arbeiter und Angestellte sowie die zu ihrer Berufsbildung Beschäftigten.

-

§ 2 Entgeltzahlung an Feiertagen

(1) Für Arbeitszeit, die infolge eines gesetzlichen Feiertages ausfällt, hat der Arbeitgeber dem Arbeitnehmer das Arbeitsentgelt zu zahlen, das er ohne den Arbeitsausfall erhalten hätte.
(2) Die Arbeitszeit, die an einem gesetzlichen Feiertag gleichzeitig infolge von Kurzarbeit ausfällt und für die an anderen Tagen als an gesetzlichen Feiertagen Kurzarbeitergeld geleistet wird, gilt als infolge eines gesetzlichen Feiertages nach Absatz 1 ausgefallen.
(3) Arbeitnehmer, die am letzten Arbeitstag vor oder am ersten Arbeitstag nach Feiertagen unentschuldigt der Arbeit fernbleiben, haben keinen Anspruch auf Bezahlung für diese Feiertage.

-

§ 3 Anspruch auf Entgeltfortzahlung im Krankheitsfall

(1) Wird ein Arbeitnehmer durch Arbeitsunfähigkeit infolge Krankheit an seiner Arbeitsleistung verhindert, ohne daß ihn ein Verschulden trifft, so hat er Anspruch auf Entgeltfortzahlung im Krankheitsfall durch den Arbeitgeber für die Zeit der Arbeitsunfähigkeit bis zur Dauer von sechs Wochen. Wird der Arbeitnehmer infolge derselben Krankheit erneut arbeitsunfähig, so verliert er wegen der erneuten Arbeitsunfähigkeit den Anspruch nach Satz 1 für einen weiteren Zeitraum von höchstens sechs Wochen nicht, wenn

1.
  er vor der erneuten Arbeitsunfähigkeit mindestens sechs Monate nicht infolge derselben Krankheit arbeitsunfähig war oder

2.
  seit Beginn der ersten Arbeitsunfähigkeit infolge derselben Krankheit eine Frist von zwölf Monaten abgelaufen ist.

(2) Als unverschuldete Arbeitsunfähigkeit im Sinne des Absatzes 1 gilt auch eine Arbeitsverhinderung, die infolge einer nicht rechtswidrigen Sterilisation oder eines nicht rechtswidrigen Abbruchs der Schwangerschaft eintritt. Dasselbe gilt für einen Abbruch der Schwangerschaft, wenn die Schwangerschaft innerhalb von zwölf Wochen nach der Empfängnis durch einen Arzt abgebrochen wird, die schwangere Frau den Abbruch verlangt und dem Arzt durch eine Bescheinigung nachgewiesen hat, daß sie sich mindestens drei Tage vor dem Eingriff von einer anerkannten Beratungsstelle hat beraten lassen.
(3) Der Anspruch nach Absatz 1 entsteht nach vierwöchiger ununterbrochener Dauer des Arbeitsverhältnisses.

-

§ 3a Anspruch auf Entgeltfortzahlung bei Spende von Organen, Geweben oder Blut zur Separation von Blutstammzellen oder anderen Blutbestandteilen

(1) Ist ein Arbeitnehmer durch Arbeitsunfähigkeit infolge der Spende von Organen oder Geweben, die nach den §§ 8 und 8a des Transplantationsgesetzes erfolgt, oder einer Blutspende zur Separation von Blutstammzellen oder anderen Blutbestandteilen im Sinne von § 9 des Transfusionsgesetzes an seiner Arbeitsleistung verhindert, hat er Anspruch auf Entgeltfortzahlung durch den Arbeitgeber für die Zeit der Arbeitsunfähigkeit bis zur Dauer von sechs Wochen. § 3 Absatz 1 Satz 2 gilt entsprechend.
(2) Dem Arbeitgeber sind von der gesetzlichen Krankenkasse des Empfängers von Organen, Geweben oder Blut zur Separation von Blutstammzellen oder anderen Blutbestandteilen das an den Arbeitnehmer nach Absatz 1 fortgezahlte Arbeitsentgelt sowie die hierauf entfallenden vom Arbeitgeber zu tragenden Beiträge zur Sozialversicherung und zur betrieblichen Alters- und Hinterbliebenenversorgung auf Antrag zu erstatten. Ist der Empfänger von Organen, Geweben oder Blut zur Separation von Blutstammzellen oder anderen Blutbestandteilen gemäß § 193 Absatz 3 des Versicherungsvertragsgesetzes bei einem privaten Krankenversicherungsunternehmen versichert, erstattet dieses dem Arbeitgeber auf Antrag die Kosten nach Satz 1 in Höhe des tariflichen Erstattungssatzes. Ist der Empfänger von Organen,

120

Geweben oder Blut zur Separation von Blutstammzellen oder anderen Blutbestandteilen bei einem Beihilfeträger des Bundes beihilfeberechtigt oder berücksichtigungsfähiger Angehöriger, erstattet der zuständige Beihilfeträger dem Arbeitgeber auf Antrag die Kosten nach Satz 1 zum jeweiligen Bemessungssatz des Empfängers von Organen, Geweben oder Blut zur Separation von Blutstammzellen oder anderen Blutbestandteilen; dies gilt entsprechend für sonstige öffentlich-rechtliche Träger von Kosten in Krankheitsfällen auf Bundesebene. Unterliegt der Empfänger von Organen, Geweben oder Blut zur Separation von Blutstammzellen oder anderen Blutbestandteilen der Heilfürsorge im Bereich des Bundes oder der truppenärztlichen Versorgung, erstatten die zuständigen Träger auf Antrag die Kosten nach Satz 1. Mehrere Erstattungspflichtige haben die Kosten nach Satz 1 anteilig zu tragen. Der Arbeitnehmer hat dem Arbeitgeber unverzüglich die zur Geltendmachung des Erstattungsanspruches erforderlichen Angaben zu machen.

-

§ 4 Höhe des fortzuzahlenden Arbeitsentgelts

(1) Für den in § 3 Abs. 1 oder in § 3a Absatz 1 bezeichneten Zeitraum ist dem Arbeitnehmer das ihm bei der für ihn maßgebenden regelmäßigen Arbeitszeit zustehende Arbeitsentgelt fortzuzahlen.
(1a) Zum Arbeitsentgelt nach Absatz 1 gehören nicht das zusätzlich für Überstunden gezahlte Arbeitsentgelt und Leistungen für Aufwendungen des Arbeitnehmers, soweit der Anspruch auf sie im Falle der Arbeitsfähigkeit davon abhängig ist, daß dem Arbeitnehmer entsprechende Aufwendungen tatsächlich entstanden sind, und dem Arbeitnehmer solche Aufwendungen während der Arbeitsunfähigkeit nicht entstehen. Erhält der Arbeitnehmer eine auf das Ergebnis der Arbeit abgestellte Vergütung, so ist der von dem Arbeitnehmer in der für ihn maßgebenden regelmäßigen Arbeitszeit erzielbare Durchschnittsverdienst der Berechnung zugrunde zu legen.
(2) Ist der Arbeitgeber für Arbeitszeit, die gleichzeitig infolge eines gesetzlichen Feiertages ausgefallen ist, zur Fortzahlung des Arbeitsentgelts nach § 3 oder nach § 3a verpflichtet, bemißt sich die Höhe des fortzuzahlenden Arbeitsentgelts für diesen Feiertag nach § 2.
(3) Wird in dem Betrieb verkürzt gearbeitet und würde deshalb das Arbeitsentgelt des Arbeitnehmers im Falle seiner Arbeitsfähigkeit gemindert, so ist die verkürzte Arbeitszeit für ihre Dauer als die für den Arbeitnehmer maßgebende regelmäßige Arbeitszeit im Sinne des Absatzes 1 anzusehen. Dies gilt nicht im Falle des § 2 Abs. 2.
(4) Durch Tarifvertrag kann eine von den Absätzen 1, 1a und 3 abweichende Bemessungsgrundlage des fortzuzahlenden Arbeitsentgelts festgelegt werden. Im Geltungsbereich eines solchen Tarifvertrages kann zwischen nichttarifgebundenen Arbeitgebern und Arbeitnehmern die Anwendung der tarifvertraglichen Regelung über die Fortzahlung des Arbeitsentgelts im Krankheitsfalle vereinbart werden.

-

§ 4a Kürzung von Sondervergütungen

Eine Vereinbarung über die Kürzung von Leistungen, die der Arbeitgeber zusätzlich zum laufenden Arbeitsentgelt erbringt (Sondervergütungen), ist auch für Zeiten der Arbeitsunfähigkeit infolge Krankheit zulässig. Die Kürzung darf für jeden Tag der Arbeitsunfähigkeit infolge Krankheit ein Viertel des Arbeitsentgelts, das im Jahresdurchschnitt auf einen Arbeitstag entfällt, nicht überschreiten.

-

§ 5 Anzeige- und Nachweispflichten

(1) Der Arbeitnehmer ist verpflichtet, dem Arbeitgeber die Arbeitsunfähigkeit und deren voraussichtliche Dauer unverzüglich mitzuteilen. Dauert die Arbeitsunfähigkeit länger als drei Kalendertage, hat der Arbeitnehmer eine ärztliche Bescheinigung über das Bestehen der Arbeitsunfähigkeit sowie deren voraussichtliche Dauer spätestens an dem darauffolgenden

Arbeitstag vorzulegen. Der Arbeitgeber ist berechtigt, die Vorlage der ärztlichen Bescheinigung früher zu verlangen. Dauert die Arbeitsunfähigkeit länger als in der Bescheinigung angegeben, ist der Arbeitnehmer verpflichtet, eine neue ärztliche Bescheinigung vorzulegen. Ist der Arbeitnehmer Mitglied einer gesetzlichen Krankenkasse, muß die ärztliche Bescheinigung einen Vermerk des behandelnden Arztes darüber enthalten, daß der Krankenkasse unverzüglich eine Bescheinigung über die Arbeitsunfähigkeit mit Angaben über den Befund und die voraussichtliche Dauer der Arbeitsunfähigkeit übersandt wird.

(2) Hält sich der Arbeitnehmer bei Beginn der Arbeitsunfähigkeit im Ausland auf, so ist er verpflichtet, dem Arbeitgeber die Arbeitsunfähigkeit, deren voraussichtliche Dauer und die Adresse am Aufenthaltsort in der schnellstmöglichen Art der Übermittlung mitzuteilen. Die durch die Mitteilung entstehenden Kosten hat der Arbeitgeber zu tragen. Darüber hinaus ist der Arbeitnehmer, wenn er Mitglied einer gesetzlichen Krankenkasse ist, verpflichtet, auch dieser die Arbeitsunfähigkeit und deren voraussichtliche Dauer unverzüglich anzuzeigen. Dauert die Arbeitsunfähigkeit länger als angezeigt, so ist der Arbeitnehmer verpflichtet, der gesetzlichen Krankenkasse die voraussichtliche Fortdauer der Arbeitsunfähigkeit mitzuteilen. Die gesetzlichen Krankenkassen können festlegen, daß der Arbeitnehmer Anzeige- und Mitteilungspflichten nach den Sätzen 3 und 4 auch gegenüber einem ausländischen Sozialversicherungsträger erfüllen kann. Absatz 1 Satz 5 gilt nicht. Kehrt ein arbeitsunfähig erkrankter Arbeitnehmer in das Inland zurück, so ist er verpflichtet, dem Arbeitgeber und der Krankenkasse seine Rückkehr unverzüglich anzuzeigen.

-

§ 6 Forderungsübergang bei Dritthaftung

(1) Kann der Arbeitnehmer auf Grund gesetzlicher Vorschriften von einem Dritten Schadensersatz wegen des Verdienstausfalls beanspruchen, der ihm durch die Arbeitsunfähigkeit entstanden ist, so geht dieser Anspruch insoweit auf den Arbeitgeber über, als dieser dem Arbeitnehmer nach diesem Gesetz Arbeitsentgelt fortgezahlt und darauf entfallende vom Arbeitgeber zu tragende Beiträge zur Bundesagentur für Arbeit, Arbeitgeberanteile an Beiträgen zur Sozialversicherung und zur Pflegeversicherung sowie zu Einrichtungen der zusätzlichen Alters- und Hinterbliebenenversorgung abgeführt hat.

(2) Der Arbeitnehmer hat dem Arbeitgeber unverzüglich die zur Geltendmachung des Schadensersatzanspruchs erforderlichen Angaben zu machen.

(3) Der Forderungsübergang nach Absatz 1 kann nicht zum Nachteil des Arbeitnehmers geltend gemacht werden.

-

§ 7 Leistungsverweigerungsrecht des Arbeitgebers

(1) Der Arbeitgeber ist berechtigt, die Fortzahlung des Arbeitsentgelts zu verweigern,

1.

   solange der Arbeitnehmer die von ihm nach § 5 Abs. 1 vorzulegende ärztliche Bescheinigung nicht vorlegt oder den ihm nach § 5 Abs. 2 obliegenden Verpflichtungen nicht nachkommt;

2.

   wenn der Arbeitnehmer den Übergang eines Schadensersatzanspruchs gegen einen Dritten auf den Arbeitgeber (§ 6) verhindert.

(2) Absatz 1 gilt nicht, wenn der Arbeitnehmer die Verletzung dieser ihm obliegenden Verpflichtungen nicht zu vertreten hat.

-

§ 8 Beendigung des Arbeitsverhältnisses

(1) Der Anspruch auf Fortzahlung des Arbeitsentgelts wird nicht dadurch berührt, daß der

Arbeitgeber das Arbeitsverhältnis aus Anlaß der Arbeitsunfähigkeit kündigt. Das gleiche gilt, wenn der Arbeitnehmer das Arbeitsverhältnis aus einem vom Arbeitgeber zu vertretenden Grunde kündigt, der den Arbeitnehmer zur Kündigung aus wichtigem Grund ohne Einhaltung einer Kündigungsfrist berechtigt.

(2) Endet das Arbeitsverhältnis vor Ablauf der in § 3 Abs. 1 oder in § 3a Absatz 1 bezeichneten Zeit nach dem Beginn der Arbeitsunfähigkeit, ohne daß es einer Kündigung bedarf, oder infolge einer Kündigung aus anderen als den in Absatz 1 bezeichneten Gründen, so endet der Anspruch mit dem Ende des Arbeitsverhältnisses.

-

§ 9 Maßnahmen der medizinischen Vorsorge und Rehabilitation

(1) Die Vorschriften der §§ 3 bis 4a und 6 bis 8 gelten entsprechend für die Arbeitsverhinderung infolge einer Maßnahme der medizinischen Vorsorge oder Rehabilitation, die ein Träger der gesetzlichen Renten-, Kranken- oder Unfallversicherung, eine Verwaltungsbehörde der Kriegsopferversorgung oder ein sonstiger Sozialleistungsträger bewilligt hat und die in einer Einrichtung der medizinischen Vorsorge oder Rehabilitation durchgeführt wird. Ist der Arbeitnehmer nicht Mitglied einer gesetzlichen Krankenkasse oder nicht in der gesetzlichen Rentenversicherung versichert, gelten die §§ 3 bis 4a und 6 bis 8 entsprechend, wenn eine Maßnahme der medizinischen Vorsorge oder Rehabilitation ärztlich verordnet worden ist und in einer Einrichtung der medizinischen Vorsorge oder Rehabilitation oder einer vergleichbaren Einrichtung durchgeführt wird.

(2) Der Arbeitnehmer ist verpflichtet, dem Arbeitgeber den Zeitpunkt des Antritts der Maßnahme, die voraussichtliche Dauer und die Verlängerung der Maßnahme im Sinne des Absatzes 1 unverzüglich mitzuteilen und ihm

a)
eine Bescheinigung über die Bewilligung der Maßnahme durch einen Sozialleistungsträger nach Absatz 1 Satz 1 oder

b)
eine ärztliche Bescheinigung über die Erforderlichkeit der Maßnahme im Sinne des Absatzes 1 Satz 2

unverzüglich vorzulegen.

-

§ 10 Wirtschaftliche Sicherung für den Krankheitsfall im Bereich der Heimarbeit

(1) In Heimarbeit Beschäftigte (§ 1 Abs. 1 des Heimarbeitsgesetzes) und ihnen nach § 1 Abs. 2 Buchstabe a bis c des Heimarbeitsgesetzes Gleichgestellte haben gegen ihren Auftraggeber oder, falls sie von einem Zwischenmeister beschäftigt werden, gegen diesen Anspruch auf Zahlung eines Zuschlags zum Arbeitsentgelt. Der Zuschlag beträgt

1.
für Heimarbeiter, für Hausgewerbetreibende ohne fremde Hilfskräfte und die nach § 1 Abs. 2 Buchstabe a des Heimarbeitsgesetzes Gleichgestellten 3,4 vom Hundert,

2.
für Hausgewerbetreibende mit nicht mehr als zwei fremden Hilfskräften und die nach § 1 Abs. 2 Buchstabe b und c des Heimarbeitsgesetzes Gleichgestellten 6,4 vom Hundert des Arbeitsentgelts vor Abzug der Steuern, des Beitrags zur Bundesagentur für Arbeit und der Sozialversicherungsbeiträge ohne Unkostenzuschlag und ohne die für den Lohnausfall an gesetzlichen Feiertagen, den Urlaub und den Arbeitsausfall infolge Krankheit zu leistenden Zahlungen. Der Zuschlag für die unter Nummer 2 aufgeführten Personen dient zugleich zur Sicherung der Ansprüche der von ihnen Beschäftigten.

(2) Zwischenmeister, die den in Heimarbeit Beschäftigten nach § 1 Abs. 2 Buchstabe d des

Heimarbeitsgesetzes gleichgestellt sind, haben gegen ihren Auftraggeber Anspruch auf Vergütung der von ihnen nach Absatz 1 nachweislich zu zahlenden Zuschläge.

(3) Die nach den Absätzen 1 und 2 in Betracht kommenden Zuschläge sind gesondert in den Entgeltbeleg einzutragen.

(4) Für Heimarbeiter (§ 1 Abs. 1 Buchstabe a des Heimarbeitsgesetzes) kann durch Tarifvertrag bestimmt werden, daß sie statt der in Absatz 1 Satz 2 Nr. 1 bezeichneten Leistungen die den Arbeitnehmern im Falle ihrer Arbeitsunfähigkeit nach diesem Gesetz zustehenden Leistungen erhalten. Bei der Bemessung des Anspruchs auf Arbeitsentgelt bleibt der Unkostenzuschlag außer Betracht.

(5) Auf die in den Absätzen 1 und 2 vorgesehenen Zuschläge sind die §§ 23 bis 25, 27 und 28 des Heimarbeitsgesetzes, auf die in Absatz 1 dem Zwischenmeister gegenüber vorgesehenen Zuschläge außerdem § 21 Abs. 2 des Heimarbeitsgesetzes entsprechend anzuwenden. Auf die Ansprüche der fremden Hilfskräfte der in Absatz 1 unter Nummer 2 genannten Personen auf Entgeltfortzahlung im Krankheitsfall ist § 26 des Heimarbeitsgesetzes entsprechend anzuwenden.

-

§ 11 Feiertagsbezahlung der in Heimarbeit Beschäftigten

(1) Die in Heimarbeit Beschäftigen (§ 1 Abs. 1 des Heimarbeitsgesetzes) haben gegen den Auftraggeber oder Zwischenmeister Anspruch auf Feiertagsbezahlung nach Maßgabe der Absätze 2 bis 5. Den gleichen Anspruch haben die in § 1 Abs. 2 Buchstabe a bis d des Heimarbeitsgesetzes bezeichneten Personen, wenn sie hinsichtlich der Feiertagsbezahlung gleichgestellt werden; die Vorschriften des § 1 Abs. 3 Satz 3 und Abs. 4 und 5 des Heimarbeitsgesetzes finden Anwendung. Eine Gleichstellung, die sich auf die Entgeltregelung erstreckt, gilt auch für die Feiertagsbezahlung, wenn diese nicht ausdrücklich von der Gleichstellung ausgenommen ist.

(2) Das Feiertagsgeld beträgt für jeden Feiertag im Sinne des § 2 Abs. 1 0,72 vom Hundert des in einem Zeitraum von sechs Monaten ausgezahlten reinen Arbeitsentgelts ohne Unkostenzuschläge. Bei der Berechnung des Feiertagsgeldes ist für die Feiertage, die in den Zeitraum vom 1. Mai bis 31. Oktober fallen, der vorhergehende Zeitraum vom 1. November bis 30. April und für die Feiertage, die in den Zeitraum vom 1. November bis 30. April fallen, der vorhergehende Zeitraum vom 1. Mai bis 31. Oktober zugrunde zu legen. Der Anspruch auf Feiertagsgeld ist unabhängig davon, ob im laufenden Halbjahreszeitraum noch eine Beschäftigung in Heimarbeit für den Auftraggeber stattfindet.

(3) Das Feiertagsgeld ist jeweils bei der Entgeltzahlung vor dem Feiertag zu zahlen. Ist die Beschäftigung vor dem Feiertag unterbrochen worden, so ist das Feiertagsgeld spätestens drei Tage vor dem Feiertag auszuzahlen. Besteht bei der Einstellung der Ausgabe von Heimarbeit zwischen den Beteiligten Einvernehmen, das Heimarbeitsverhältnis nicht wieder fortzusetzen, so ist dem Berechtigten bei der letzten Entgeltzahlung das Feiertagsgeld für die noch übrigen Feiertage des laufenden sowie für die Feiertage des folgenden Halbjahreszeitraumes zu zahlen. Das Feiertagsgeld ist jeweils bei der Auszahlung in die Entgeltbelege (§ 9 des Heimarbeitsgesetzes) einzutragen.

(4) Übersteigt das Feiertagsgeld, das der nach Absatz 1 anspruchsberechtigte Hausgewerbetreibende oder im Lohnauftrag arbeitende Gewerbetreibende (Anspruchsberechtigte) für einen Feiertag auf Grund des § 2 seinen fremden Hilfskräften (§ 2 Abs. 6 des Heimarbeitsgesetzes) gezahlt hat, den Betrag, den er auf Grund der Absätze 2 und 3 für diesen Feiertag erhalten hat, so haben ihm auf Verlangen seine Auftraggeber oder Zwischenmeister den Mehrbetrag anteilig zu erstatten. Ist der Anspruchsberechtigte gleichzeitig Zwischenmeister, so bleibt hierbei das für die Heimarbeiter oder Hausgewerbetreibenden empfangene und weiter gezahlte Feiertagsgeld außer Ansatz. Nimmt ein Anspruchsberechtigter eine Erstattung nach Satz 1 in Anspruch, so können ihm bei Einstellung der Ausgabe von Heimarbeit die erstatteten Beträge auf das Feiertagsgeld angerechnet werden, das ihm auf Grund des Absatzes 2 und des Absatzes 3 Satz 3 für die dann noch übrigen Feiertage des laufenden sowie für die Feiertage des folgenden Halbjahreszeitraumes zu zahlen ist.

(5) Das Feiertagsgeld gilt als Entgelt im Sinne der Vorschriften des Heimarbeitsgesetzes über Mithaftung des Auftraggebers (§ 21 Abs. 2), über Entgeltschutz (§§ 23 bis 27) und über Auskunftspflicht über Entgelte (§ 28); hierbei finden die §§ 24 bis 26 des Heimarbeitsgesetzes Anwendung, wenn ein Feiertagsgeld gezahlt ist, das niedriger ist als das in diesem Gesetz festgesetzte.

-

§ 12 Unabdingbarkeit

Abgesehen von § 4 Abs. 4 kann von den Vorschriften dieses Gesetzes nicht zuungunsten des Arbeitnehmers oder der nach § 10 berechtigten Personen abgewichen werden.

-

§ 13 Übergangsvorschrift

Ist der Arbeitnehmer von einem Tag nach dem 9. Dezember 1998 bis zum 1. Januar 1999 oder darüber hinaus durch Arbeitsunfähigkeit infolge Krankheit oder infolge einer Maßnahme der medizinischen Vorsorge oder Rehabilitation an seiner Arbeitsleistung verhindert, sind für diesen Zeitraum die seit dem 1. Januar 1999 geltenden Vorschriften maßgebend, es sei denn, daß diese für den Arbeitnehmer ungünstiger sind.

Gesetz zum Elterngeld und zur Elternzeit

Bundeselterngeld- und Elternzeitgesetz - BEEG

-

BEEG

Ausfertigungsdatum: 05.12.2006

"Bundeselterngeld- und Elternzeitgesetz vom 5. Dezember 2006 (BGBl. I S. 2748)". Neugefasst durch Bek. v. 27.01.2015 I 33.

Fußnote

(+++ Textnachweis ab: 01.01.2007 +++)
(+++ Zur Anwendung vgl. § 27 +++)

Das G wurde als Artikel 1 des G v. 5.12.2006 I 2748 vom Bundestag mit Zustimmung des Bundesrates erlassen. Es tritt gem. Art. 3 Abs. 1 dieses G am 1.1.2007 in Kraft.

Abschnitt 1
Elterngeld

-

§ 1 Berechtigte

(1) Anspruch auf Elterngeld hat, wer

1.

einen Wohnsitz oder seinen gewöhnlichen Aufenthalt in Deutschland hat,

2.

mit seinem Kind in einem Haushalt lebt,

3.

dieses Kind selbst betreut und erzieht und

4.

keine oder keine volle Erwerbstätigkeit ausübt.

Bei Mehrlingsgeburten besteht nur ein Anspruch auf Elterngeld.

(2) Anspruch auf Elterngeld hat auch, wer, ohne eine der Voraussetzungen des Absatzes 1 Satz 1 Nummer 1 zu erfüllen,

1.

nach § 4 des Vierten Buches Sozialgesetzbuch dem deutschen Sozialversicherungsrecht unterliegt oder im Rahmen seines in Deutschland bestehenden öffentlich-rechtlichen Dienst- oder Amtsverhältnisses vorübergehend ins Ausland abgeordnet, versetzt oder kommandiert ist,

2.

Entwicklungshelfer oder Entwicklungshelferin im Sinne des § 1 des Entwicklungshelfer-Gesetzes ist oder als Missionar oder Missionarin der Missionswerke und -gesellschaften, die Mitglieder oder Vereinbarungspartner des Evangelischen Missionswerkes Hamburg, der Arbeitsgemeinschaft Evangelikaler Missionen e. V., des Deutschen katholischen Missionsrates oder der Arbeitsgemeinschaft pfingstlich-charismatischer Missionen sind, tätig ist oder

3.

die deutsche Staatsangehörigkeit besitzt und nur vorübergehend bei einer zwischen- oder überstaatlichen Einrichtung tätig ist, insbesondere nach den Entsenderichtlinien des Bundes beurlaubte Beamte und Beamtinnen, oder wer vorübergehend eine nach § 123a des Beamtenrechtsrahmengesetzes oder § 29 des Bundesbeamtengesetzes zugewiesene Tätigkeit im Ausland wahrnimmt.

Dies gilt auch für mit der nach Satz 1 berechtigten Person in einem Haushalt lebende Ehegatten, Ehegattinnen, Lebenspartner oder Lebenspartnerinnen.

(3) Anspruch auf Elterngeld hat abweichend von Absatz 1 Satz 1 Nummer 2 auch, wer

1.

mit einem Kind in einem Haushalt lebt, das er mit dem Ziel der Annahme als Kind aufgenommen hat,

2.

ein Kind des Ehegatten, der Ehegattin, des Lebenspartners oder der Lebenspartnerin in seinen Haushalt aufgenommen hat oder

3.

mit einem Kind in einem Haushalt lebt und die von ihm erklärte Anerkennung der Vaterschaft nach § 1594 Absatz 2 des Bürgerlichen Gesetzbuchs noch nicht wirksam oder über die von ihm beantragte Vaterschaftsfeststellung nach § 1600d des Bürgerlichen Gesetzbuchs noch nicht entschieden ist.

Für angenommene Kinder und Kinder im Sinne des Satzes 1 Nummer 1 sind die Vorschriften dieses Gesetzes mit der Maßgabe anzuwenden, dass statt des Zeitpunktes der Geburt der Zeitpunkt der Aufnahme des Kindes bei der berechtigten Person maßgeblich ist.

(4) Können die Eltern wegen einer schweren Krankheit, Schwerbehinderung oder Tod der Eltern ihr Kind nicht betreuen, haben Verwandte bis zum dritten Grad und ihre Ehegatten, Ehegattinnen, Lebenspartner oder Lebenspartnerinnen Anspruch auf Elterngeld, wenn sie die übrigen Voraussetzungen nach Absatz 1 erfüllen und von anderen Berechtigten Elterngeld nicht in Anspruch genommen wird.

(5) Der Anspruch auf Elterngeld bleibt unberührt, wenn die Betreuung und Erziehung des Kindes aus einem wichtigen Grund nicht sofort aufgenommen werden kann oder wenn sie unterbrochen werden muss.

(6) Eine Person ist nicht voll erwerbstätig, wenn ihre Arbeitszeit 30 Wochenstunden im Durchschnitt des Monats nicht übersteigt, sie eine Beschäftigung zur Berufsbildung ausübt oder sie eine geeignete Tagespflegeperson im Sinne des § 23 des Achten Buches Sozialgesetzbuch ist und nicht mehr als fünf Kinder in Tagespflege betreut.

(7) Ein nicht freizügigkeitsberechtigter Ausländer oder eine nicht freizügigkeitsberechtigte Ausländerin ist nur anspruchsberechtigt, wenn diese Person

1.
    eine Niederlassungserlaubnis besitzt,

2.
    eine Aufenthaltserlaubnis besitzt, die zur Ausübung einer Erwerbstätigkeit berechtigt oder berechtigt hat, es sei denn, die Aufenthaltserlaubnis wurde

    a)
        nach § 16 oder § 17 des Aufenthaltsgesetzes erteilt,

    b)
        nach § 18 Absatz 2 des Aufenthaltsgesetzes erteilt und die Zustimmung der Bundesagentur für Arbeit darf nach der Beschäftigungsverordnung nur für einen bestimmten Höchstzeitraum erteilt werden,

    c)
        nach § 23 Absatz 1 des Aufenthaltsgesetzes wegen eines Krieges in ihrem Heimatland oder nach den §§ 23a, 24, 25 Absatz 3 bis 5 des Aufenthaltsgesetzes erteilt,

    d)
        nach § 104a des Aufenthaltsgesetzes erteilt oder

3.
    eine in Nummer 2 Buchstabe c genannte Aufenthaltserlaubnis besitzt und

    a)
        sich seit mindestens drei Jahren rechtmäßig, gestattet oder geduldet im Bundesgebiet aufhält und

    b)
        im Bundesgebiet berechtigt erwerbstätig ist, laufende Geldleistungen nach dem Dritten Buch Sozialgesetzbuch bezieht oder Elternzeit in Anspruch nimmt.

(8) Ein Anspruch entfällt, wenn die berechtigte Person im letzten abgeschlossenen Veranlagungszeitraum vor der Geburt des Kindes ein zu versteuerndes Einkommen nach § 2 Absatz 5 des Einkommensteuergesetzes in Höhe von mehr als 250 000 Euro erzielt hat. Erfüllt auch eine andere Person die Voraussetzungen des Absatzes 1 Satz 1 Nummer 2 oder der Absätze 3 oder 4, entfällt abweichend von Satz 1 der Anspruch, wenn die Summe des zu versteuernden Einkommens beider Personen mehr als 500 000 Euro beträgt.

Fußnote

§ 1 Abs. 7 Nr. 3 Buchst. b: IdF d. G v. 5.12.2006 I 2748 gem. BVerfGE v. 10.7.2012 I 1898 - 1 BvL 2/10, 1 BvL 3/10, 1 BvL 4/10, 1 BvL 3/11 - Verstoß gegen Art. 3 Abs. 1 und Art. 3 Abs. 3 Satz 1 GG und nichtig

-

§ 2 Höhe des Elterngeldes

(1) Elterngeld wird in Höhe von 67 Prozent des Einkommens aus Erwerbstätigkeit vor der Geburt des Kindes gewährt. Es wird bis zu einem Höchstbetrag von 1 800 Euro monatlich für volle Monate gezahlt, in denen die berechtigte Person kein Einkommen aus Erwerbstätigkeit hat. Das Einkommen aus Erwerbstätigkeit errechnet sich nach Maßgabe der §§ 2c bis 2f aus der um die Abzüge für Steuern und Sozialabgaben verminderten Summe der positiven Einkünfte aus

1.

nichtselbständiger Arbeit nach § 2 Absatz 1 Satz 1 Nummer 4 des Einkommensteuergesetzes sowie

2.

Land- und Forstwirtschaft, Gewerbebetrieb und selbständiger Arbeit nach § 2 Absatz 1 Satz 1 Nummer 1 bis 3 des Einkommensteuergesetzes,

die im Inland zu versteuern sind und die die berechtigte Person durchschnittlich monatlich im Bemessungszeitraum nach § 2b oder in Monaten der Bezugszeit nach § 2 Absatz 3 hat.

(2) In den Fällen, in denen das Einkommen aus Erwerbstätigkeit vor der Geburt geringer als 1 000 Euro war, erhöht sich der Prozentsatz von 67 Prozent um 0,1 Prozentpunkte für je 2 Euro, um die dieses Einkommen den Betrag von 1 000 Euro unterschreitet, auf bis zu 100 Prozent. In den Fällen, in denen das Einkommen aus Erwerbstätigkeit vor der Geburt höher als 1 200 Euro war, sinkt der Prozentsatz von 67 Prozent um 0,1 Prozentpunkte für je 2 Euro, um die dieses Einkommen den Betrag von 1 200 Euro überschreitet, auf bis zu 65 Prozent.

(3) Für Monate nach der Geburt des Kindes, in denen die berechtigte Person ein Einkommen aus Erwerbstätigkeit hat, das durchschnittlich geringer ist als das Einkommen aus Erwerbstätigkeit vor der Geburt, wird Elterngeld in Höhe des nach Absatz 1 oder 2 maßgeblichen Prozentsatzes des Unterschiedsbetrages dieser Einkommen aus Erwerbstätigkeit gezahlt. Als Einkommen aus Erwerbstätigkeit vor der Geburt ist dabei höchstens der Betrag von 2 770 Euro anzusetzen. Der Unterschiedsbetrag nach Satz 1 ist für das Einkommen aus Erwerbstätigkeit in Monaten, in denen die berechtigte Person Elterngeld im Sinne des § 4 Absatz 2 Satz 2 in Anspruch nimmt, und in Monaten, in denen sie Elterngeld Plus im Sinne des § 4 Absatz 3 Satz 1 in Anspruch nimmt, getrennt zu berechnen.

(4) Elterngeld wird mindestens in Höhe von 300 Euro gezahlt. Dies gilt auch, wenn die berechtigte Person vor der Geburt des Kindes kein Einkommen aus Erwerbstätigkeit hat.

-

§ 2a Geschwisterbonus und Mehrlingszuschlag

(1) Lebt die berechtigte Person in einem Haushalt mit

1.

zwei Kindern, die noch nicht drei Jahre alt sind, oder

2.

drei oder mehr Kindern, die noch nicht sechs Jahre alt sind,

wird das Elterngeld um 10 Prozent, mindestens jedoch um 75 Euro erhöht (Geschwisterbonus). Zu berücksichtigen sind alle Kinder, für die die berechtigte Person die Voraussetzungen des § 1 Absatz 1 und 3 erfüllt und für die sich das Elterngeld nicht nach Absatz 4 erhöht.

(2) Für angenommene Kinder, die noch nicht 14 Jahre alt sind, gilt als Alter des Kindes der Zeitraum seit der Aufnahme des Kindes in den Haushalt der berechtigten Person. Dies gilt auch für Kinder, die die berechtigte Person entsprechend § 1 Absatz 3 Satz 1 Nummer 1 mit dem Ziel der Annahme als Kind in ihren Haushalt aufgenommen hat. Für Kinder mit Behinderung im Sinne von § 2 Absatz 1 Satz 1 des Neunten Buches Sozialgesetzbuch liegt die Altersgrenze nach Absatz 1 Satz 1 bei 14 Jahren.

(3) Der Anspruch auf den Geschwisterbonus endet mit Ablauf des Monats, in dem eine der in Absatz 1 genannten Anspruchsvoraussetzungen entfällt.

(4) Bei Mehrlingsgeburten erhöht sich das Elterngeld um je 300 Euro für das zweite und jedes weitere Kind (Mehrlingszuschlag). Dies gilt auch, wenn ein Geschwisterbonus nach Absatz 1 gezahlt wird.

-

§ 2b Bemessungszeitraum

(1) Für die Ermittlung des Einkommens aus nichtselbstständiger Erwerbstätigkeit im Sinne von §

2c vor der Geburt sind die zwölf Kalendermonate vor dem Monat der Geburt des Kindes maßgeblich. Bei der Bestimmung des Bemessungszeitraums nach Satz 1 bleiben Kalendermonate unberücksichtigt, in denen die berechtigte Person

1.

   im Zeitraum nach § 4 Absatz 1 Satz 1 Elterngeld für ein älteres Kind bezogen hat,

2.

   während der Schutzfristen nach § 3 Absatz 2 oder § 6 Absatz 1 des Mutterschutzgesetzes nicht beschäftigt werden durfte oder Mutterschaftsgeld nach dem Fünften Buch Sozialgesetzbuch oder nach dem Zweiten Gesetz über die Krankenversicherung der Landwirte bezogen hat,

3.

   eine Krankheit hatte, die maßgeblich durch eine Schwangerschaft bedingt war, oder

4.

   Wehrdienst nach dem Wehrpflichtgesetz in der bis zum 31. Mai 2011 geltenden Fassung oder nach dem Vierten Abschnitt des Soldatengesetzes oder Zivildienst nach dem Zivildienstgesetz geleistet hat

und in den Fällen der Nummern 3 und 4 dadurch ein geringeres Einkommen aus Erwerbstätigkeit hatte.

(2) Für die Ermittlung des Einkommens aus selbstständiger Erwerbstätigkeit im Sinne von § 2d vor der Geburt sind die jeweiligen steuerlichen Gewinnermittlungszeiträume maßgeblich, die dem letzten abgeschlossenen steuerlichen Veranlagungszeitraum vor der Geburt des Kindes zugrunde liegen. Haben in einem Gewinnermittlungszeitraum die Voraussetzungen des Absatzes 1 Satz 2 vorgelegen, sind auf Antrag die Gewinnermittlungszeiträume maßgeblich, die dem diesen Ereignissen vorangegangenen abgeschlossenen steuerlichen Veranlagungszeitraum zugrunde liegen.

(3) Abweichend von Absatz 1 ist für die Ermittlung des Einkommens aus nichtselbstständiger Erwerbstätigkeit vor der Geburt der steuerliche Veranlagungszeitraum maßgeblich, der den Gewinnermittlungszeiträumen nach Absatz 2 zugrunde liegt, wenn die berechtigte Person in den Zeiträumen nach Absatz 1 oder Absatz 2 Einkommen aus selbstständiger Erwerbstätigkeit hatte. Haben im Bemessungszeitraum nach Satz 1 die Voraussetzungen des Absatzes 1 Satz 2 vorgelegen, ist Absatz 2 Satz 2 mit der zusätzlichen Maßgabe anzuwenden, dass für die Ermittlung des Einkommens aus nichtselbstständiger Erwerbstätigkeit vor der Geburt der vorangegangene steuerliche Veranlagungszeitraum maßgeblich ist.

\-

§ 2c Einkommen aus nichtselbstständiger Erwerbstätigkeit

(1) Der monatlich durchschnittlich zu berücksichtigende Überschuss der Einnahmen aus nichtselbstständiger Arbeit in Geld oder Geldeswert über ein Zwölftel des Arbeitnehmer-Pauschbetrags, vermindert um die Abzüge für Steuern und Sozialabgaben nach den §§ 2e und 2f, ergibt das Einkommen aus nichtselbstständiger Erwerbstätigkeit. Nicht berücksichtigt werden Einnahmen, die im Lohnsteuerabzugsverfahren nach den lohnsteuerlichen Vorgaben als sonstige Bezüge zu behandeln sind. Maßgeblich ist der Arbeitnehmer-Pauschbetrag nach § 9a Satz 1 Nummer 1 Buchstabe a des Einkommensteuergesetzes in der am 1. Januar des Kalenderjahres vor der Geburt des Kindes für dieses Jahr geltenden Fassung.

(2) Grundlage der Ermittlung der Einnahmen sind die Angaben in den für die maßgeblichen Monate erstellten Lohn- und Gehaltsbescheinigungen des Arbeitgebers. Die Richtigkeit und Vollständigkeit der Angaben in den maßgeblichen Lohn- und Gehaltsbescheinigungen wird vermutet.

(3) Grundlage der Ermittlung der nach den §§ 2e und 2f erforderlichen Abzugsmerkmale für Steuern und Sozialabgaben sind die Angaben in der Lohn- und Gehaltsbescheinigung, die für den letzten Monat im Bemessungszeitraum mit Einnahmen nach Absatz 1 erstellt wurde. Soweit sich in den Lohn- und Gehaltsbescheinigungen des Bemessungszeitraums eine Angabe zu einem Abzugsmerkmal geändert hat, ist die von der Angabe nach Satz 1 abweichende Angabe

maßgeblich, wenn sie in der überwiegenden Zahl der Monate des Bemessungszeitraums gegolten hat. § 2c Absatz 2 Satz 2 gilt entsprechend.
-

§ 2d Einkommen aus selbstständiger Erwerbstätigkeit

(1) Die monatlich durchschnittlich zu berücksichtigende Summe der positiven Einkünfte aus Land- und Forstwirtschaft, Gewerbebetrieb und selbstständiger Arbeit (Gewinneinkünfte), vermindert um die Abzüge für Steuern und Sozialabgaben nach den §§ 2e und 2f, ergibt das Einkommen aus selbstständiger Erwerbstätigkeit.

(2) Bei der Ermittlung der im Bemessungszeitraum zu berücksichtigenden Gewinneinkünfte sind die entsprechenden im Einkommensteuerbescheid ausgewiesenen Gewinne anzusetzen. Ist kein Einkommensteuerbescheid zu erstellen, werden die Gewinneinkünfte in entsprechender Anwendung des Absatzes 3 ermittelt.

(3) Grundlage der Ermittlung der in den Bezugsmonaten zu berücksichtigenden Gewinneinkünfte ist eine Gewinnermittlung, die mindestens den Anforderungen des § 4 Absatz 3 des Einkommensteuergesetzes entspricht. Als Betriebsausgaben sind 25 Prozent der zugrunde gelegten Einnahmen oder auf Antrag die damit zusammenhängenden tatsächlichen Betriebsausgaben anzusetzen.

(4) Soweit nicht in § 2c Absatz 3 etwas anderes bestimmt ist, sind bei der Ermittlung der nach § 2e erforderlichen Abzugsmerkmale für Steuern die Angaben im Einkommensteuerbescheid maßgeblich. § 2c Absatz 3 Satz 2 gilt entsprechend.
-

§ 2e Abzüge für Steuern

(1) Als Abzüge für Steuern sind Beträge für die Einkommensteuer, den Solidaritätszuschlag und, wenn die berechtigte Person kirchensteuerpflichtig ist, die Kirchensteuer zu berücksichtigen. Die Abzüge für Steuern werden einheitlich für Einkommen aus nichtselbstständiger und selbstständiger Erwerbstätigkeit auf Grundlage einer Berechnung anhand des am 1. Januar des Kalenderjahres vor der Geburt des Kindes für dieses Jahr geltenden Programmablaufplans für die maschinelle Berechnung der vom Arbeitslohn einzubehaltenden Lohnsteuer, des Solidaritätszuschlags und der Maßstabsteuer für die Kirchenlohnsteuer im Sinne von § 39b Absatz 6 des Einkommensteuergesetzes nach den Maßgaben der Absätze 2 bis 5 ermittelt.

(2) Bemessungsgrundlage für die Ermittlung der Abzüge für Steuern ist die monatlich durchschnittlich zu berücksichtigende Summe der Einnahmen nach § 2c, soweit sie von der berechtigten Person zu versteuern sind, und der Gewinneinkünfte nach § 2d. Bei der Ermittlung der Abzüge für Steuern nach Absatz 1 werden folgende Pauschalen berücksichtigt:

1.
    der Arbeitnehmer-Pauschbetrag nach § 9a Satz 1 Nummer 1 Buchstabe a des Einkommensteuergesetzes, wenn die berechtigte Person von ihr zu versteuernde Einnahmen hat, die unter § 2c fallen, und

2.
    eine Vorsorgepauschale
    a)
        mit den Teilbeträgen nach § 39b Absatz 2 Satz 5 Nummer 3 Buchstabe b und c des Einkommensteuergesetzes, falls die berechtigte Person von ihr zu versteuernde Einnahmen nach § 2c hat, ohne in der gesetzlichen Rentenversicherung oder einer vergleichbaren Einrichtung versicherungspflichtig gewesen zu sein, oder
    b)
        mit den Teilbeträgen nach § 39b Absatz 2 Satz 5 Nummer 3 Buchstabe a bis c des Einkommensteuergesetzes in allen übrigen Fällen,
    wobei die Höhe der Teilbeträge ohne Berücksichtigung der besonderen Regelungen zur

Berechnung der Beiträge nach § 55 Absatz 3 und § 58 Absatz 3 des Elften Buches Sozialgesetzbuch bestimmt wird.

(3) Als Abzug für die Einkommensteuer ist der Betrag anzusetzen, der sich unter Berücksichtigung der Steuerklasse und des Faktors nach § 39f des Einkommensteuergesetzes nach § 2c Absatz 3 ergibt; die Steuerklasse VI bleibt unberücksichtigt. War die berechtigte Person im Bemessungszeitraum nach § 2b in keine Steuerklasse eingereiht oder ist ihr nach § 2d zu berücksichtigender Gewinn höher als ihr nach § 2c zu berücksichtigender Überschuss der Einnahmen über ein Zwölftel des Arbeitnehmer-Pauschbetrags, ist als Abzug für die Einkommensteuer der Betrag anzusetzen, der sich unter Berücksichtigung der Steuerklasse IV ohne Berücksichtigung eines Faktors nach § 39f des Einkommensteuergesetzes ergibt.

(4) Als Abzug für den Solidaritätszuschlag ist der Betrag anzusetzen, der sich nach den Maßgaben des Solidaritätszuschlagsgesetzes 1995 für die Einkommensteuer nach Absatz 3 ergibt. Freibeträge für Kinder werden nach den Maßgaben des § 3 Absatz 2a des Solidaritätszuschlagsgesetzes 1995 berücksichtigt.

(5) Als Abzug für die Kirchensteuer ist der Betrag anzusetzen, der sich unter Anwendung eines Kirchensteuersatzes von 8 Prozent für die Einkommensteuer nach Absatz 3 ergibt. Freibeträge für Kinder werden nach den Maßgaben des § 51a Absatz 2a des Einkommensteuergesetzes berücksichtigt.

(6) Vorbehaltlich der Absätze 2 bis 5 werden Freibeträge und Pauschalen nur berücksichtigt, wenn sie ohne weitere Voraussetzung jeder berechtigten Person zustehen.

-

§ 2f Abzüge für Sozialabgaben

(1) Als Abzüge für Sozialabgaben sind Beträge für die gesetzliche Sozialversicherung oder für eine vergleichbare Einrichtung sowie für die Arbeitsförderung zu berücksichtigen. Die Abzüge für Sozialabgaben werden einheitlich für Einkommen aus nichtselbstständiger und selbstständiger Erwerbstätigkeit anhand folgender Beitragssatzpauschalen ermittelt:

1.
  9 Prozent für die Kranken- und Pflegeversicherung, falls die berechtigte Person in der gesetzlichen Krankenversicherung nach § 5 Absatz 1 Nummer 1 bis 12 des Fünften Buches Sozialgesetzbuch versicherungspflichtig gewesen ist,

2.
  10 Prozent für die Rentenversicherung, falls die berechtigte Person in der gesetzlichen Rentenversicherung oder einer vergleichbaren Einrichtung versicherungspflichtig gewesen ist, und

3.
  2 Prozent für die Arbeitsförderung, falls die berechtigte Person nach dem Dritten Buch Sozialgesetzbuch versicherungspflichtig gewesen ist.

(2) Bemessungsgrundlage für die Ermittlung der Abzüge für Sozialabgaben ist die monatlich durchschnittlich zu berücksichtigende Summe der Einnahmen nach § 2c und der Gewinneinkünfte nach § 2d. Einnahmen aus Beschäftigungen im Sinne des § 8, des § 8a oder des § 20 Absatz 3 Satz 1 des Vierten Buches Sozialgesetzbuch werden nicht berücksichtigt. Für Einnahmen aus Beschäftigungsverhältnissen im Sinne des § 20 Absatz 2 des Vierten Buches Sozialgesetzbuch ist der Betrag anzusetzen, der sich nach § 344 Absatz 4 des Dritten Buches Sozialgesetzbuch für diese Einnahmen ergibt, wobei der Faktor im Sinne des § 163 Absatz 10 Satz 2 des Sechsten Buches Sozialgesetzbuch unter Zugrundelegung der Beitragssatzpauschalen nach Absatz 1 bestimmt wird.

(3) Andere Maßgaben zur Bestimmung der sozialversicherungsrechtlichen Beitragsbemessungsgrundlagen werden nicht berücksichtigt.

-

§ 3 Anrechnung von anderen Einnahmen

(1) Auf das der berechtigten Person nach § 2 oder nach § 2 in Verbindung mit § 2a zustehende Elterngeld werden folgende Einnahmen angerechnet:

1.

Mutterschaftsleistungen

a)

in Form des Mutterschaftsgeldes nach dem Fünften Buch Sozialgesetzbuch oder nach dem Zweiten Gesetz über die Krankenversicherung der Landwirte mit Ausnahme des Mutterschaftsgeldes nach § 13 Absatz 2 des Mutterschutzgesetzes oder

b)

in Form des Zuschusses zum Mutterschaftsgeld nach § 14 des Mutterschutzgesetzes, die der berechtigten Person für die Zeit ab dem Tag der Geburt des Kindes zustehen,

2.

Dienst- und Anwärterbezüge sowie Zuschüsse, die der berechtigten Person nach beamten- oder soldatenrechtlichen Vorschriften für die Zeit eines Beschäftigungsverbots ab dem Tag der Geburt des Kindes zustehen,

3.

dem Elterngeld oder dem Betreuungsgeld vergleichbare Leistungen, auf die eine nach § 1 berechtigte Person außerhalb Deutschlands oder gegenüber einer über- oder zwischenstaatlichen Einrichtung Anspruch hat,

4.

Elterngeld, das der berechtigten Person für ein älteres Kind zusteht, sowie

5.

Einnahmen, die der berechtigten Person als Ersatz für Erwerbseinkommen zustehen und

a)

die nicht bereits für die Berechnung des Elterngeldes nach § 2 berücksichtigt werden oder

b)

bei deren Berechnung das Elterngeld nicht berücksichtigt wird.

Stehen der berechtigten Person die Einnahmen nur für einen Teil des Lebensmonats des Kindes zu, sind sie nur auf den entsprechenden Teil des Elterngeldes anzurechnen. Für jeden Kalendermonat, in dem Einnahmen nach Satz 1 Nummer 4 oder Nummer 5 im Bemessungszeitraum bezogen worden sind, wird der Anrechnungsbetrag um ein Zwölftel gemindert.

(2) Bis zu einem Betrag von 300 Euro ist das Elterngeld von der Anrechnung nach Absatz 1 frei, soweit nicht Einnahmen nach Absatz 1 Satz 1 Nummer 1 bis 3 auf das Elterngeld anzurechnen sind. Dieser Betrag erhöht sich bei Mehrlingsgeburten um je 300 Euro für das zweite und jedes weitere Kind.

(3) Solange kein Antrag auf die in Absatz 1 Satz 1 Nummer 3 genannten vergleichbaren Leistungen gestellt wird, ruht der Anspruch auf Elterngeld bis zur möglichen Höhe der vergleichbaren Leistung.

-

§ 4 Art und Dauer des Bezugs

(1) Elterngeld kann in der Zeit vom Tag der Geburt bis zur Vollendung des 14. Lebensmonats des Kindes bezogen werden. Abweichend von Satz 1 kann Elterngeld Plus nach Absatz 3 auch nach dem 14. Lebensmonat bezogen werden, solange es ab dem 15. Lebensmonat in aufeinander folgenden Lebensmonaten von zumindest einem Elternteil in Anspruch genommen wird. Für angenommene Kinder und Kinder im Sinne des § 1 Absatz 3 Satz 1 Nummer 1 kann Elterngeld ab Aufnahme bei der berechtigten Person längstens bis zur Vollendung des achten Lebensjahres des Kindes bezogen werden.

(2) Elterngeld wird in Monatsbeträgen für Lebensmonate des Kindes gezahlt. Es wird allein nach

den Vorgaben der §§ 2 bis 3 ermittelt (Basiselterngeld), soweit nicht Elterngeld nach Absatz 3 in Anspruch genommen wird. Der Anspruch endet mit dem Ablauf des Monats, in dem eine Anspruchsvoraussetzung entfallen ist. Die Eltern können die jeweiligen Monatsbeträge abwechselnd oder gleichzeitig beziehen.

(3) Statt für einen Monat Elterngeld im Sinne des Absatzes 2 Satz 2 zu beanspruchen, kann die berechtigte Person jeweils zwei Monate lang ein Elterngeld beziehen, das nach den §§ 2 bis 3 und den zusätzlichen Vorgaben der Sätze 2 und 3 ermittelt wird (Elterngeld Plus). Das Elterngeld Plus beträgt monatlich höchstens die Hälfte des Elterngeldes nach Absatz 2 Satz 2, das der berechtigten Person zustünde, wenn sie während des Elterngeldbezugs keine Einnahmen im Sinne des § 2 oder des § 3 hätte oder hat. Für die Berechnung des Elterngeld Plus halbieren sich:

1.
 der Mindestbetrag für das Elterngeld nach § 2 Absatz 4 Satz 1,

2.
 der Mindestgeschwisterbonus nach § 2a Absatz 1 Satz 1,

3.
 der Mehrlingszuschlag nach § 2a Absatz 4 sowie

4.
 die von der Anrechnung freigestellten Elterngeldbeträge nach § 3 Absatz 2.

(4) Die Eltern haben gemeinsam Anspruch auf zwölf Monatsbeträge Elterngeld im Sinne des Absatzes 2 Satz 2. Erfolgt für zwei Monate eine Minderung des Einkommens aus Erwerbstätigkeit, können sie für zwei weitere Monate Elterngeld im Sinne des Absatzes 2 Satz 2 beanspruchen (Partnermonate). Wenn beide Elternteile in vier aufeinander folgenden Lebensmonaten gleichzeitig

1.
 nicht weniger als 25 und nicht mehr als 30 Wochenstunden im Durchschnitt des Monats erwerbstätig sind und

2.
 die Voraussetzungen des § 1 erfüllen,

hat jeder Elternteil für diese Monate Anspruch auf vier weitere Monatsbeträge Elterngeld Plus (Partnerschaftsbonus).

(5) Ein Elternteil kann höchstens zwölf Monatsbeträge Elterngeld im Sinne des Absatzes 2 Satz 2 zuzüglich der vier nach Absatz 4 Satz 3 zustehenden Monatsbeträge Elterngeld Plus beziehen. Er kann Elterngeld nur beziehen, wenn er es mindestens für zwei Monate in Anspruch nimmt. Lebensmonate des Kindes, in denen einem Elternteil nach § 3 Absatz 1 Satz 1 Nummer 1 bis 3 anzurechnende Leistungen zustehen, gelten als Monate, für die dieser Elternteil Elterngeld im Sinne des Absatzes 2 Satz 2 bezieht.

(6) Ein Elternteil kann abweichend von Absatz 5 Satz 1 zusätzlich auch die weiteren Monatsbeträge Elterngeld nach Absatz 4 Satz 2 beziehen, wenn für zwei Monate eine Minderung des Einkommens aus Erwerbstätigkeit erfolgt und wenn

1.
 bei ihm die Voraussetzungen für den Entlastungsbetrag für Alleinerziehende nach § 24b Absatz 1 und 2 des Einkommensteuergesetzes vorliegen und der andere Elternteil weder mit ihm noch mit dem Kind in einer Wohnung lebt,

2.
 mit der Betreuung durch den anderen Elternteil eine Gefährdung des Kindeswohls im Sinne von § 1666 Absatz 1 und 2 des Bürgerlichen Gesetzbuchs verbunden wäre oder

3.
 die Betreuung durch den anderen Elternteil unmöglich ist, insbesondere weil er wegen einer schweren Krankheit oder Schwerbehinderung sein Kind nicht betreuen kann; für die Feststellung der Unmöglichkeit der Betreuung bleiben wirtschaftliche Gründe und Gründe einer Verhinderung wegen anderweitiger Tätigkeiten außer Betracht.

Ist ein Elternteil im Sinne des Satzes 1 Nummer 1 bis 3 in vier aufeinander folgenden Lebensmonaten nicht weniger als 25 und nicht mehr als 30 Wochenstunden im Durchschnitt des Monats erwerbstätig, kann er für diese Monate abweichend von Absatz 5 Satz 1 vier weitere

Monatsbeträge Elterngeld Plus beziehen.

(7) Die Absätze 1 bis 6 gelten in den Fällen des § 1 Absatz 3 und 4 entsprechend. Nicht sorgeberechtigte Elternteile und Personen, die nach § 1 Absatz 3 Satz 1 Nummer 2 und 3 Elterngeld beziehen können, bedürfen der Zustimmung des sorgeberechtigten Elternteils.

Abschnitt 2
Betreuungsgeld

§ 4a Berechtigte

(1) Anspruch auf Betreuungsgeld hat, wer

1.

  die Voraussetzungen des § 1 Absatz 1 Nummer 1 bis 3, Absatz 2 bis 5, 7 und 8 erfüllt und

2.

  für das Kind keine Leistungen nach § 24 Absatz 2 in Verbindung mit den §§ 22 bis 23 des Achten Buches Sozialgesetzbuch in Anspruch nimmt.

(2) Können die Eltern ihr Kind wegen einer schweren Krankheit, Schwerbehinderung oder Tod der Eltern nicht betreuen, haben Berechtigte im Sinne von Absatz 1 Nummer 1 in Verbindung mit § 1 Absatz 4 einen Anspruch auf Betreuungsgeld abweichend von Absatz 1 Nummer 2, wenn für das Kind nicht mehr als 20 Wochenstunden im Durchschnitt des Monats Leistungen nach § 24 Absatz 2 in Verbindung mit den §§ 22 bis 23 des Achten Buches Sozialgesetzbuch in Anspruch genommen werden.

Fußnote

§ 4a: Nach Maßgabe der Urteilsgründe mit Art. 72 Abs. 2 GG (100-1) unvereinbar und nichtig gem. BVerfGE v. 21.7.2015 I 1565 - 1 BvF 2/13

§ 4b Höhe des Betreuungsgeldes

Das Betreuungsgeld beträgt für jedes Kind 150 Euro pro Monat.

Fußnote

§ 4b: Nach Maßgabe der Urteilsgründe mit Art. 72 Abs. 2 GG (100-1) unvereinbar und nichtig gem. BVerfGE v. 21.7.2015 I 1565 - 1 BvF 2/13

§ 4c Anrechnung von anderen Leistungen

Dem Betreuungsgeld oder dem Elterngeld vergleichbare Leistungen, auf die eine nach § 4a berechtigte Person außerhalb Deutschlands oder gegenüber einer über- oder zwischenstaatlichen Einrichtung Anspruch hat, werden auf das Betreuungsgeld angerechnet, soweit sie den Betrag übersteigen, der für denselben Zeitraum nach § 3 Absatz 1 Satz 1 Nummer 3 auf das Elterngeld anzurechnen ist. Stehen der berechtigten Person die Leistungen nur für einen Teil des Lebensmonats des Kindes zu, sind sie nur auf den entsprechenden Teil des Betreuungsgeldes anzurechnen. Solange kein Antrag auf die in Satz 1 genannten vergleichbaren Leistungen gestellt wird, ruht der Anspruch auf Betreuungsgeld bis zur möglichen Höhe der vergleichbaren Leistung.

Fußnote

§ 4c: Nach Maßgabe der Urteilsgründe mit Art. 72 Abs. 2 GG (100-1) unvereinbar und nichtig gem. BVerfGE v. 21.7.2015 I 1565 - 1 BvF 2/13

-

§ 4d Bezugszeitraum

(1) Betreuungsgeld kann in der Zeit vom ersten Tag des 15. Lebensmonats bis zur Vollendung des 36. Lebensmonats des Kindes bezogen werden. Vor dem 15. Lebensmonat wird Betreuungsgeld nur gewährt, wenn die Eltern die Monatsbeträge des Elterngeldes, die ihnen für ihr Kind nach § 4 Absatz 4 Satz 1 und 2 und nach § 4 Absatz 6 Satz 1 zustehen, bereits bezogen haben. Für jedes Kind wird höchstens für 22 Lebensmonate Betreuungsgeld gezahlt.
(2) Für angenommene Kinder und Kinder im Sinne des § 1 Absatz 3 Satz 1 Nummer 1 kann Betreuungsgeld ab dem ersten Tag des 15. Monats nach Aufnahme bei der berechtigten Person längstens bis zur Vollendung des dritten Lebensjahres des Kindes bezogen werden. Absatz 1 Satz 2 und 3 ist entsprechend anzuwenden.
(3) Für einen Lebensmonat eines Kindes kann nur ein Elternteil Betreuungsgeld beziehen. Lebensmonate des Kindes, in denen einem Elternteil nach § 4c anzurechnende Leistungen zustehen, gelten als Monate, für die dieser Elternteil Betreuungsgeld bezieht.
(4) Der Anspruch endet mit dem Ablauf des Monats, in dem eine Anspruchsvoraussetzung entfallen ist.
(5) Absatz 1 Satz 2 und Absatz 3 gelten in den Fällen des § 4a Absatz 1 Nummer 1 in Verbindung mit § 1 Absatz 3 und 4 entsprechend. Nicht sorgeberechtigte Elternteile und Personen, die nach § 4a Absatz 1 Nummer 1 in Verbindung mit § 1 Absatz 3 Satz 1 Nummer 2 und 3 Betreuungsgeld beziehen können, bedürfen der Zustimmung des sorgeberechtigten Elternteils.

Fußnote

§ 4d: Nach Maßgabe der Urteilsgründe mit Art. 72 Abs. 2 GG (100-1) unvereinbar und nichtig gem. BVerfGE v. 21.7.2015 I 1565 - 1 BvF 2/13

Abschnitt 3
Verfahren und Organisation

-

§ 5 Zusammentreffen von Ansprüchen

(1) Erfüllen beide Elternteile die Anspruchsvoraussetzungen für Elterngeld oder Betreuungsgeld, bestimmen sie, wer von ihnen welche Monatsbeträge der jeweiligen Leistung in Anspruch nimmt.
(2) Beanspruchen beide Elternteile zusammen mehr als die ihnen nach § 4 Absatz 4 oder nach § 4 Absatz 4 in Verbindung mit § 4 Absatz 7 zustehenden Monatsbeträge Elterngeld oder mehr als die ihnen zustehenden 22 Monatsbeträge Betreuungsgeld, besteht der Anspruch eines Elternteils auf die jeweilige Leistung, der nicht über die Hälfte der Monatsbeträge hinausgeht, ungekürzt; der Anspruch des anderen Elternteils wird gekürzt auf die verbleibenden Monatsbeträge.
Beanspruchen beide Elternteile mehr als die Hälfte der Monatsbeträge Elterngeld oder Betreuungsgeld, steht ihnen jeweils die Hälfte der Monatsbeträge der jeweiligen Leistung zu.
(3) Die Absätze 1 und 2 gelten in den Fällen des § 1 Absatz 3 und 4 oder des § 4a Absatz 1 Nummer 1 in Verbindung mit § 1 Absatz 3 und 4 entsprechend. Wird eine Einigung mit einem nicht sorgeberechtigten Elternteil oder einer Person, die nach § 1 Absatz 3 Satz 1 Nummer 2 und 3 Elterngeld oder nach § 4a Absatz 1 Nummer 1 in Verbindung mit § 1 Absatz 3 Satz 1 Nummer 2 und 3 Betreuungsgeld beziehen kann, nicht erzielt, kommt es abweichend von Absatz 2 allein auf die Entscheidung des sorgeberechtigten Elternteils an.

-

§ 6 Auszahlung

Elterngeld und Betreuungsgeld werden im Laufe des Monats gezahlt, für den sie bestimmt sind.

-

§ 7 Antragstellung

(1) Elterngeld oder Betreuungsgeld ist schriftlich zu beantragen. Sie werden rückwirkend nur für die letzten drei Monate vor Beginn des Monats geleistet, in dem der Antrag auf die jeweilige Leistung eingegangen ist. In dem Antrag auf Elterngeld oder Betreuungsgeld ist anzugeben, für welche Monate Elterngeld im Sinne des § 4 Absatz 2 Satz 2, für welche Monate Elterngeld Plus oder für welche Monate Betreuungsgeld beantragt wird.

(2) Die im Antrag getroffenen Entscheidungen können bis zum Ende des Bezugszeitraums geändert werden. Eine Änderung kann rückwirkend nur für die letzten drei Monate vor Beginn des Monats verlangt werden, in dem der Änderungsantrag eingegangen ist. Sie ist außer in den Fällen besonderer Härte unzulässig, soweit Monatsbeträge bereits ausgezahlt sind. Abweichend von den Sätzen 2 und 3 kann für einen Monat, in dem bereits Elterngeld Plus bezogen wurde, nachträglich Elterngeld nach § 4 Absatz 2 Satz 2 beantragt werden. Im Übrigen finden die für die Antragstellung geltenden Vorschriften auch auf den Änderungsantrag Anwendung.

(3) Der Antrag ist außer in den Fällen des § 4 Absatz 6 und der Antragstellung durch eine allein sorgeberechtigte Person von der Person, die ihn stellt, und zur Bestätigung der Kenntnisnahme auch von der anderen berechtigten Person zu unterschreiben. Die andere berechtigte Person kann gleichzeitig einen Antrag auf das von ihr beanspruchte Elterngeld oder Betreuungsgeld stellen oder der Behörde anzeigen, wie viele Monatsbeträge sie für die jeweilige Leistung beansprucht, wenn mit ihrem Anspruch die Höchstgrenzen nach § 4 Absatz 4 überschritten würden. Liegt der Behörde weder ein Antrag auf Elterngeld oder Betreuungsgeld noch eine Anzeige der anderen berechtigten Person nach Satz 2 vor, erhält der Antragsteller oder die Antragstellerin die Monatsbeträge der jeweiligen Leistung ausgezahlt; die andere berechtigte Person kann bei einem späteren Antrag abweichend von § 5 Absatz 2 nur die unter Berücksichtigung von § 4 Absatz 4 oder § 4d Absatz 1 Satz 3 verbleibenden Monatsbeträge der jeweiligen Leistung erhalten.

-

§ 8 Auskunftspflicht, Nebenbestimmungen

(1) Soweit im Antrag auf Elterngeld Angaben zum voraussichtlichen Einkommen aus Erwerbstätigkeit gemacht wurden, sind nach Ablauf des Bezugszeitraums für diese Zeit das tatsächliche Einkommen aus Erwerbstätigkeit und die Arbeitszeit nachzuweisen.

(1a) Die Mitwirkungspflichten nach § 60 des Ersten Buches Sozialgesetzbuch gelten

1.

   im Falle des § 1 Absatz 8 Satz 2 auch für die andere Person im Sinne des § 1 Absatz 8 Satz 2 und

2.

   im Falle des § 4 Absatz 4 Satz 3 oder des § 4 Absatz 4 Satz 3 in Verbindung mit § 4 Absatz 7 Satz 1 für beide Personen, die den Partnerschaftsbonus beantragt haben.

§ 65 Absatz 1 und 3 des Ersten Buches Sozialgesetzbuch gilt entsprechend.

(2) Elterngeld wird in den Fällen, in denen die berechtigte Person nach ihren Angaben im Antrag im Bezugszeitraum voraussichtlich kein Einkommen aus Erwerbstätigkeit haben wird, unter dem Vorbehalt des Widerrufs für den Fall gezahlt, dass sie entgegen ihren Angaben im Antrag Einkommen aus Erwerbstätigkeit hat. In den Fällen, in denen zum Zeitpunkt der Antragstellung der Steuerbescheid für den letzten abgeschlossenen Veranlagungszeitraum vor der Geburt des Kindes nicht vorliegt und nach den Angaben im Antrag auf Elterngeld oder Betreuungsgeld die Beträge nach § 1 Absatz 8 oder nach § 4a Absatz 1 Nummer 1 in Verbindung mit § 1 Absatz 8 voraussichtlich nicht überschritten werden, wird die jeweilige Leistung unter dem Vorbehalt des Widerrufs für den Fall gezahlt, dass entgegen den Angaben im Antrag auf die jeweilige Leistung

die Beträge nach § 1 Absatz 8 oder nach § 4a Absatz 1 Nummer 1 in Verbindung mit § 1 Absatz 8 überschritten werden.

(3) Das Elterngeld wird bis zum Nachweis der jeweils erforderlichen Angaben vorläufig unter Berücksichtigung der glaubhaft gemachten Angaben gezahlt, wenn

1.
    zum Zeitpunkt der Antragstellung der Steuerbescheid für den letzten abgeschlossenen Veranlagungszeitraum vor der Geburt des Kindes nicht vorliegt und noch nicht angegeben werden kann, ob die Beträge nach § 1 Absatz 8 oder nach § 4a Absatz 1 Nummer 1 in Verbindung mit § 1 Absatz 8 überschritten werden,

2.
    das Einkommen aus Erwerbstätigkeit vor der Geburt nicht ermittelt werden kann,

3.
    die berechtigte Person nach den Angaben im Antrag auf Elterngeld im Bezugszeitraum voraussichtlich Einkommen aus Erwerbstätigkeit hat oder

4.
    die berechtigte Person weitere Monatsbeträge Elterngeld Plus nach § 4 Absatz 4 Satz 3 oder nach § 4 Absatz 6 Satz 2 beantragt.

Satz 1 Nummer 1 gilt entsprechend bei der Beantragung von Betreuungsgeld.

-

§ 9 Einkommens- und Arbeitszeitnachweis, Auskunftspflicht des Arbeitgebers

Soweit es zum Nachweis des Einkommens aus Erwerbstätigkeit oder der wöchentlichen Arbeitszeit erforderlich ist, hat der Arbeitgeber der nach § 12 zuständigen Behörde für bei ihm Beschäftigte das Arbeitsentgelt, die für die Ermittlung der nach den §§ 2e und 2f erforderlichen Abzugsmerkmale für Steuern und Sozialabgaben sowie die Arbeitszeit auf Verlangen zu bescheinigen; das Gleiche gilt für ehemalige Arbeitgeber. Für die in Heimarbeit Beschäftigten und die ihnen Gleichgestellten (§ 1 Absatz 1 und 2 des Heimarbeitsgesetzes) tritt an die Stelle des Arbeitgebers der Auftraggeber oder Zwischenmeister.

-

§ 10 Verhältnis zu anderen Sozialleistungen

(1) Das Elterngeld, das Betreuungsgeld und jeweils vergleichbare Leistungen der Länder sowie die nach § 3 oder § 4c auf die jeweilige Leistung angerechneten Einnahmen oder Leistungen bleiben bei Sozialleistungen, deren Zahlung von anderen Einkommen abhängig ist, bis zu einer Höhe von insgesamt 300 Euro im Monat als Einkommen unberücksichtigt.

(2) Das Elterngeld, das Betreuungsgeld und jeweils vergleichbare Leistungen der Länder sowie die nach § 3 oder § 4c auf die jeweilige Leistung angerechneten Einnahmen oder Leistungen dürfen bis zu einer Höhe von insgesamt 300 Euro nicht dafür herangezogen werden, um auf Rechtsvorschriften beruhende Leistungen anderer, auf die kein Anspruch besteht, zu versagen.

(3) Soweit die berechtigte Person Elterngeld Plus bezieht, bleibt das Elterngeld nur bis zur Hälfte des Anrechnungsfreibetrags, der nach Abzug der anderen nach Absatz 1 nicht zu berücksichtigenden Einnahmen für das Elterngeld verbleibt, als Einkommen unberücksichtigt und darf nur bis zu dieser Höhe nicht dafür herangezogen werden, um auf Rechtsvorschriften beruhende Leistungen anderer, auf die kein Anspruch besteht, zu versagen.

(4) Die nach den Absätzen 1 bis 3 nicht zu berücksichtigenden oder nicht heranzuziehenden Beträge vervielfachen sich bei Mehrlingsgeburten mit der Zahl der geborenen Kinder.

(5) Die Absätze 1 bis 4 gelten nicht bei Leistungen nach dem Zweiten Buch Sozialgesetzbuch, dem Zwölften Buch Sozialgesetzbuch und § 6a des Bundeskindergeldgesetzes. Bei den in Satz 1 bezeichneten Leistungen bleiben das Elterngeld und vergleichbare Leistungen der Länder sowie die nach § 3 auf das Elterngeld angerechneten Einnahmen in Höhe des nach § 2 Absatz 1 berücksichtigten Einkommens aus Erwerbstätigkeit vor der Geburt bis zu 300 Euro im Monat als

Einkommen unberücksichtigt. Soweit die berechtigte Person Elterngeld Plus bezieht, verringern sich die Beträge nach Satz 2 um die Hälfte.

(6) Die Absätze 1 bis 4 gelten entsprechend, soweit für eine Sozialleistung ein Kostenbeitrag erhoben werden kann, der einkommensabhängig ist.

-

§ 11 Unterhaltspflichten

Unterhaltsverpflichtungen werden durch die Zahlung des Elterngeldes, des Betreuungsgeldes und jeweils vergleichbarer Leistungen der Länder nur insoweit berührt, als die Zahlung 300 Euro monatlich übersteigt. Soweit die berechtigte Person Elterngeld Plus bezieht, werden die Unterhaltspflichten insoweit berührt, als die Zahlung 150 Euro übersteigt. Die in den Sätzen 1 und 2 genannten Beträge vervielfachen sich bei Mehrlingsgeburten mit der Zahl der geborenen Kinder. Die Sätze 1 bis 3 gelten nicht in den Fällen des § 1361 Absatz 3, der §§ 1579, 1603 Absatz 2 und des § 1611 Absatz 1 des Bürgerlichen Gesetzbuchs.

-

§ 12 Zuständigkeit; Aufbringung der Mittel

(1) Die Landesregierungen oder die von ihnen beauftragten Stellen bestimmen die für die Ausführung dieses Gesetzes zuständigen Behörden. Diesen Behörden obliegt auch die Beratung zur Elternzeit. In den Fällen des § 1 Absatz 2 oder des § 4a Absatz 1 Nummer 1 in Verbindung mit § 1 Absatz 2 ist die von den Ländern für die Durchführung dieses Gesetzes bestimmte Behörde des Bezirks zuständig, in dem die berechtigte Person ihren letzten inländischen Wohnsitz hatte; hilfsweise ist die Behörde des Bezirks zuständig, in dem der entsendende Dienstherr oder Arbeitgeber der berechtigten Person oder der Arbeitgeber des Ehegatten, der Ehegattin, des Lebenspartners oder der Lebenspartnerin der berechtigten Person den inländischen Sitz hat.

(2) Der Bund trägt die Ausgaben für das Elterngeld und das Betreuungsgeld.

-

§ 13 Rechtsweg

(1) Über öffentlich-rechtliche Streitigkeiten in Angelegenheiten der §§ 1 bis 12 entscheiden die Gerichte der Sozialgerichtsbarkeit. § 85 Absatz 2 Nummer 2 des Sozialgerichtsgesetzes gilt mit der Maßgabe, dass die zuständige Stelle nach § 12 bestimmt wird.

(2) Widerspruch und Anfechtungsklage haben keine aufschiebende Wirkung.

-

§ 14 Bußgeldvorschriften

(1) Ordnungswidrig handelt, wer vorsätzlich oder fahrlässig

1.

entgegen § 8 Absatz 1 einen Nachweis nicht, nicht richtig, nicht vollständig oder nicht rechtzeitig erbringt,

2.

entgegen § 9 eine dort genannte Angabe nicht, nicht richtig, nicht vollständig oder nicht rechtzeitig bescheinigt,

3.

entgegen § 60 Absatz 1 Satz 1 Nummer 1 des Ersten Buches Sozialgesetzbuch, auch in Verbindung mit § 8 Absatz 1a Satz 1, eine Angabe nicht, nicht richtig, nicht vollständig oder nicht rechtzeitig macht,

4.

entgegen § 60 Absatz 1 Satz 1 Nummer 2 des Ersten Buches Sozialgesetzbuch, auch in Verbindung mit § 8 Absatz 1a Satz 1, eine Mitteilung nicht, nicht richtig, nicht vollständig oder nicht rechtzeitig macht oder

5.

entgegen § 60 Absatz 1 Satz 1 Nummer 3 des Ersten Buches Sozialgesetzbuch, auch in Verbindung mit § 8 Absatz 1a Satz 1, eine Beweisurkunde nicht, nicht richtig, nicht vollständig oder nicht rechtzeitig vorlegt.

(2) Die Ordnungswidrigkeit kann mit einer Geldbuße von bis zu zweitausend Euro geahndet werden.

(3) Verwaltungsbehörden im Sinne des § 36 Absatz 1 Nummer 1 des Gesetzes über Ordnungswidrigkeiten sind die in § 12 Absatz 1 Satz 1 und 3 genannten Behörden.

Abschnitt 4
Elternzeit für Arbeitnehmerinnen und Arbeitnehmer

-

§ 15 Anspruch auf Elternzeit

(1) Arbeitnehmerinnen und Arbeitnehmer haben Anspruch auf Elternzeit, wenn sie

1.

a)

mit ihrem Kind,

b)

mit einem Kind, für das sie die Anspruchsvoraussetzungen nach § 1 Absatz 3 oder 4 erfüllen, oder

c)

mit einem Kind, das sie in Vollzeitpflege nach § 33 des Achten Buches Sozialgesetzbuch aufgenommen haben,

in einem Haushalt leben und

2.

dieses Kind selbst betreuen und erziehen.

Nicht sorgeberechtigte Elternteile und Personen, die nach Satz 1 Nummer 1 Buchstabe b und c Elternzeit nehmen können, bedürfen der Zustimmung des sorgeberechtigten Elternteils.

(1a) Anspruch auf Elternzeit haben Arbeitnehmerinnen und Arbeitnehmer auch, wenn sie mit ihrem Enkelkind in einem Haushalt leben und dieses Kind selbst betreuen und erziehen und

1.

ein Elternteil des Kindes minderjährig ist oder

2.

ein Elternteil des Kindes sich in einer Ausbildung befindet, die vor Vollendung des 18. Lebensjahres begonnen wurde und die Arbeitskraft des Elternteils im Allgemeinen voll in Anspruch nimmt.

Der Anspruch besteht nur für Zeiten, in denen keiner der Elternteile des Kindes selbst Elternzeit beansprucht.

(2) Der Anspruch auf Elternzeit besteht bis zur Vollendung des dritten Lebensjahres eines Kindes. Ein Anteil von bis zu 24 Monaten kann zwischen dem dritten Geburtstag und dem vollendeten achten Lebensjahr des Kindes in Anspruch genommen werden. Die Zeit der Mutterschutzfrist nach § 6 Absatz 1 des Mutterschutzgesetzes wird für die Elternzeit der Mutter auf die Begrenzung nach den Sätzen 1 und 2 angerechnet. Bei mehreren Kindern besteht der Anspruch auf Elternzeit für jedes Kind, auch wenn sich die Zeiträume im Sinne der Sätze 1 und 2 überschneiden. Bei einem angenommenen Kind und bei einem Kind in Vollzeit- oder Adoptionspflege kann Elternzeit von insgesamt bis zu drei Jahren ab der Aufnahme bei der berechtigten Person, längstens bis zur Vollendung des achten Lebensjahres des Kindes genommen werden; die Sätze 2 und 4 sind entsprechend anwendbar, soweit sie die zeitliche Aufteilung regeln. Der Anspruch kann nicht durch

Vertrag ausgeschlossen oder beschränkt werden.

(3) Die Elternzeit kann, auch anteilig, von jedem Elternteil allein oder von beiden Elternteilen gemeinsam genommen werden. Satz 1 gilt in den Fällen des Absatzes 1 Satz 1 Nummer 1 Buchstabe b und c entsprechend.

(4) Der Arbeitnehmer oder die Arbeitnehmerin darf während der Elternzeit nicht mehr als 30 Wochenstunden im Durchschnitt des Monats erwerbstätig sein. Eine im Sinne des § 23 des Achten Buches Sozialgesetzbuch geeignete Tagespflegeperson kann bis zu fünf Kinder in Tagespflege betreuen, auch wenn die wöchentliche Betreuungszeit 30 Stunden übersteigt. Teilzeitarbeit bei einem anderen Arbeitgeber oder selbstständige Tätigkeit nach Satz 1 bedürfen der Zustimmung des Arbeitgebers. Dieser kann sie nur innerhalb von vier Wochen aus dringenden betrieblichen Gründen schriftlich ablehnen.

(5) Der Arbeitnehmer oder die Arbeitnehmerin kann eine Verringerung der Arbeitszeit und ihre Verteilung beantragen. Über den Antrag sollen sich der Arbeitgeber und der Arbeitnehmer oder die Arbeitnehmerin innerhalb von vier Wochen einigen. Der Antrag kann mit der schriftlichen Mitteilung nach Absatz 7 Satz 1 Nummer 5 verbunden werden. Unberührt bleibt das Recht, sowohl die vor der Elternzeit bestehende Teilzeitarbeit unverändert während der Elternzeit fortzusetzen, soweit Absatz 4 beachtet ist, als auch nach der Elternzeit zu der Arbeitszeit zurückzukehren, die vor Beginn der Elternzeit vereinbart war.

(6) Der Arbeitnehmer oder die Arbeitnehmerin kann gegenüber dem Arbeitgeber, soweit eine Einigung nach Absatz 5 nicht möglich ist, unter den Voraussetzungen des Absatzes 7 während der Gesamtdauer der Elternzeit zweimal eine Verringerung seiner oder ihrer Arbeitszeit beanspruchen.

(7) Für den Anspruch auf Verringerung der Arbeitszeit gelten folgende Voraussetzungen:

1.

Der Arbeitgeber beschäftigt, unabhängig von der Anzahl der Personen in Berufsbildung, in der Regel mehr als 15 Arbeitnehmer und Arbeitnehmerinnen,

2.

das Arbeitsverhältnis in demselben Betrieb oder Unternehmen besteht ohne Unterbrechung länger als sechs Monate,

3.

die vertraglich vereinbarte regelmäßige Arbeitszeit soll für mindestens zwei Monate auf einen Umfang von nicht weniger als 15 und nicht mehr als 30 Wochenstunden im Durchschnitt des Monats verringert werden,

4.

dem Anspruch stehen keine dringenden betrieblichen Gründe entgegen und

5.

der Anspruch auf Teilzeit wurde dem Arbeitgeber

a)

für den Zeitraum bis zum vollendeten dritten Lebensjahr des Kindes sieben Wochen und

b)

für den Zeitraum zwischen dem dritten Geburtstag und dem vollendeten achten Lebensjahr des Kindes 13 Wochen

vor Beginn der Teilzeittätigkeit schriftlich mitgeteilt.

Der Antrag muss den Beginn und den Umfang der verringerten Arbeitszeit enthalten. Die gewünschte Verteilung der verringerten Arbeitszeit soll im Antrag angegeben werden. Falls der Arbeitgeber die beanspruchte Verringerung oder Verteilung der Arbeitszeit ablehnen will, muss er dies innerhalb von vier Wochen mit schriftlicher Begründung tun. Hat ein Arbeitgeber die Verringerung der Arbeitszeit

1.

in einer Elternzeit zwischen der Geburt und dem vollendeten dritten Lebensjahr des Kindes nicht spätestens vier Wochen nach Zugang des Antrags oder

2.

in einer Elternzeit zwischen dem dritten Geburtstag und dem vollendeten achten Lebensjahr des Kindes nicht spätestens acht Wochen nach Zugang des Antrags schriftlich abgelehnt, gilt die Zustimmung als erteilt und die Verringerung der Arbeitszeit entsprechend den Wünschen der Arbeitnehmerin oder des Arbeitnehmers als festgelegt. Haben Arbeitgeber und Arbeitnehmerin oder Arbeitnehmer über die Verteilung der Arbeitszeit kein Einvernehmen nach Absatz 5 Satz 2 erzielt und hat der Arbeitgeber nicht innerhalb der in Satz 5 genannten Fristen die gewünschte Verteilung schriftlich abgelehnt, gilt die Verteilung der Arbeitszeit entsprechend den Wünschen der Arbeitnehmerin oder des Arbeitnehmers als festgelegt. Soweit der Arbeitgeber den Antrag auf Verringerung oder Verteilung der Arbeitszeit rechtzeitig ablehnt, kann die Arbeitnehmerin oder der Arbeitnehmer Klage vor dem Gericht für Arbeitssachen erheben.

§ 16 Inanspruchnahme der Elternzeit

(1) Wer Elternzeit beanspruchen will, muss sie

1.
   für den Zeitraum bis zum vollendeten dritten Lebensjahr des Kindes spätestens sieben Wochen und

2.
   für den Zeitraum zwischen dem dritten Geburtstag und dem vollendeten achten Lebensjahr des Kindes spätestens 13 Wochen

vor Beginn der Elternzeit schriftlich vom Arbeitgeber verlangen. Verlangt die Arbeitnehmerin oder der Arbeitnehmer Elternzeit nach Satz 1 Nummer 1, muss sie oder er gleichzeitig erklären, für welche Zeiten innerhalb von zwei Jahren Elternzeit genommen werden soll. Bei dringenden Gründen ist ausnahmsweise eine angemessene kürzere Frist möglich. Nimmt die Mutter die Elternzeit im Anschluss an die Mutterschutzfrist, wird die Zeit der Mutterschutzfrist nach § 6 Absatz 1 des Mutterschutzgesetzes auf den Zeitraum nach Satz 2 angerechnet. Nimmt die Mutter die Elternzeit im Anschluss an einen auf die Mutterschutzfrist folgenden Erholungsurlaub, werden die Zeit der Mutterschutzfrist nach § 6 Absatz 1 des Mutterschutzgesetzes und die Zeit des Erholungsurlaubs auf den Zweijahreszeitraum nach Satz 2 angerechnet. Jeder Elternteil kann seine Elternzeit auf drei Zeitabschnitte verteilen; eine Verteilung auf weitere Zeitabschnitte ist nur mit der Zustimmung des Arbeitgebers möglich. Der Arbeitgeber kann die Inanspruchnahme eines dritten Abschnitts einer Elternzeit innerhalb von acht Wochen nach Zugang des Antrags aus dringenden betrieblichen Gründen ablehnen, wenn dieser Abschnitt im Zeitraum zwischen dem dritten Geburtstag und dem vollendeten achten Lebensjahr des Kindes liegen soll. Der Arbeitgeber hat dem Arbeitnehmer oder der Arbeitnehmerin die Elternzeit zu bescheinigen. Bei einem Arbeitgeberwechsel ist bei der Anmeldung der Elternzeit auf Verlangen des neuen Arbeitgebers eine Bescheinigung des früheren Arbeitgebers über bereits genommene Elternzeit durch die Arbeitnehmerin oder den Arbeitnehmer vorzulegen.

(2) Können Arbeitnehmerinnen aus einem von ihnen nicht zu vertretenden Grund eine sich unmittelbar an die Mutterschutzfrist des § 6 Absatz 1 des Mutterschutzgesetzes anschließende Elternzeit nicht rechtzeitig verlangen, können sie dies innerhalb einer Woche nach Wegfall des Grundes nachholen.

(3) Die Elternzeit kann vorzeitig beendet oder im Rahmen des § 15 Absatz 2 verlängert werden, wenn der Arbeitgeber zustimmt. Die vorzeitige Beendigung wegen der Geburt eines weiteren Kindes oder in Fällen besonderer Härte, insbesondere bei Eintritt einer schweren Krankheit, Schwerbehinderung oder Tod eines Elternteils oder eines Kindes der berechtigten Person oder bei erheblich gefährdeter wirtschaftlicher Existenz der Eltern nach Inanspruchnahme der Elternzeit, kann der Arbeitgeber unbeschadet von Satz 3 nur innerhalb von vier Wochen aus dringenden betrieblichen Gründen schriftlich ablehnen. Die Elternzeit kann zur Inanspruchnahme der Schutzfristen des § 3 Absatz 2 und des § 6 Absatz 1 des Mutterschutzgesetzes auch ohne Zustimmung des Arbeitgebers vorzeitig beendet werden; in diesen Fällen soll die Arbeitnehmerin dem Arbeitgeber die Beendigung der Elternzeit rechtzeitig mitteilen. Eine Verlängerung der Elternzeit kann verlangt werden, wenn ein vorgesehener Wechsel der Anspruchsberechtigten aus einem wichtigen Grund nicht erfolgen kann.

(4) Stirbt das Kind während der Elternzeit, endet diese spätestens drei Wochen nach dem Tod des Kindes.

(5) Eine Änderung in der Anspruchsberechtigung hat der Arbeitnehmer oder die Arbeitnehmerin dem Arbeitgeber unverzüglich mitzuteilen.

-

§ 17 Urlaub

(1) Der Arbeitgeber kann den Erholungsurlaub, der dem Arbeitnehmer oder der Arbeitnehmerin für das Urlaubsjahr zusteht, für jeden vollen Kalendermonat der Elternzeit um ein Zwölftel kürzen. Dies gilt nicht, wenn der Arbeitnehmer oder die Arbeitnehmerin während der Elternzeit bei seinem oder ihrem Arbeitgeber Teilzeitarbeit leistet.

(2) Hat der Arbeitnehmer oder die Arbeitnehmerin den ihm oder ihr zustehenden Urlaub vor dem Beginn der Elternzeit nicht oder nicht vollständig erhalten, hat der Arbeitgeber den Resturlaub nach der Elternzeit im laufenden oder im nächsten Urlaubsjahr zu gewähren.

(3) Endet das Arbeitsverhältnis während der Elternzeit oder wird es im Anschluss an die Elternzeit nicht fortgesetzt, so hat der Arbeitgeber den noch nicht gewährten Urlaub abzugelten.

(4) Hat der Arbeitnehmer oder die Arbeitnehmerin vor Beginn der Elternzeit mehr Urlaub erhalten, als ihm oder ihr nach Absatz 1 zusteht, kann der Arbeitgeber den Urlaub, der dem Arbeitnehmer oder der Arbeitnehmerin nach dem Ende der Elternzeit zusteht, um die zu viel gewährten Urlaubstage kürzen.

-

§ 18 Kündigungsschutz

(1) Der Arbeitgeber darf das Arbeitsverhältnis ab dem Zeitpunkt, von dem an Elternzeit verlangt worden ist, nicht kündigen. Der Kündigungsschutz nach Satz 1 beginnt

1.

frühestens acht Wochen vor Beginn einer Elternzeit bis zum vollendeten dritten Lebensjahr des Kindes und

2.

frühestens 14 Wochen vor Beginn einer Elternzeit zwischen dem dritten Geburtstag und dem vollendeten achten Lebensjahr des Kindes.

Während der Elternzeit darf der Arbeitgeber das Arbeitsverhältnis nicht kündigen. In besonderen Fällen kann ausnahmsweise eine Kündigung für zulässig erklärt werden. Die Zulässigkeitserklärung erfolgt durch die für den Arbeitsschutz zuständige oberste Landesbehörde oder die von ihr bestimmte Stelle. Die Bundesregierung kann mit Zustimmung des Bundesrates allgemeine Verwaltungsvorschriften zur Durchführung des Satzes 4 erlassen.

(2) Absatz 1 gilt entsprechend, wenn Arbeitnehmer oder Arbeitnehmerinnen

1.

während der Elternzeit bei demselben Arbeitgeber Teilzeitarbeit leisten oder

2.

ohne Elternzeit in Anspruch zu nehmen, Teilzeitarbeit leisten und Anspruch auf Elterngeld nach § 1 während des Zeitraums nach § 4 Absatz 1 Satz 1 und 3 haben.

-

§ 19 Kündigung zum Ende der Elternzeit

Der Arbeitnehmer oder die Arbeitnehmerin kann das Arbeitsverhältnis zum Ende der Elternzeit nur unter Einhaltung einer Kündigungsfrist von drei Monaten kündigen.

-

§ 20 Zur Berufsbildung Beschäftigte, in Heimarbeit Beschäftigte

(1) Die zu ihrer Berufsbildung Beschäftigten gelten als Arbeitnehmer oder Arbeitnehmerinnen im Sinne dieses Gesetzes. Die Elternzeit wird auf Berufsbildungszeiten nicht angerechnet.

(2) Anspruch auf Elternzeit haben auch die in Heimarbeit Beschäftigten und die ihnen Gleichgestellten (§ 1 Absatz 1 und 2 des Heimarbeitsgesetzes), soweit sie am Stück mitarbeiten. Für sie tritt an die Stelle des Arbeitgebers der Auftraggeber oder Zwischenmeister und an die Stelle des Arbeitsverhältnisses das Beschäftigungsverhältnis.

-

§ 21 Befristete Arbeitsverträge

(1) Ein sachlicher Grund, der die Befristung eines Arbeitsverhältnisses rechtfertigt, liegt vor, wenn ein Arbeitnehmer oder eine Arbeitnehmerin zur Vertretung eines anderen Arbeitnehmers oder einer anderen Arbeitnehmerin für die Dauer eines Beschäftigungsverbotes nach dem Mutterschutzgesetz, einer Elternzeit, einer auf Tarifvertrag, Betriebsvereinbarung oder einzelvertraglicher Vereinbarung beruhenden Arbeitsfreistellung zur Betreuung eines Kindes oder für diese Zeiten zusammen oder für Teile davon eingestellt wird.

(2) Über die Dauer der Vertretung nach Absatz 1 hinaus ist die Befristung für notwendige Zeiten einer Einarbeitung zulässig.

(3) Die Dauer der Befristung des Arbeitsvertrags muss kalendermäßig bestimmt oder bestimmbar oder den in den Absätzen 1 und 2 genannten Zwecken zu entnehmen sein.

(4) Der Arbeitgeber kann den befristeten Arbeitsvertrag unter Einhaltung einer Frist von mindestens drei Wochen, jedoch frühestens zum Ende der Elternzeit, kündigen, wenn die Elternzeit ohne Zustimmung des Arbeitgebers vorzeitig endet und der Arbeitnehmer oder die Arbeitnehmerin die vorzeitige Beendigung der Elternzeit mitgeteilt hat. Satz 1 gilt entsprechend, wenn der Arbeitgeber die vorzeitige Beendigung der Elternzeit in den Fällen des § 16 Absatz 3 Satz 2 nicht ablehnen darf.

(5) Das Kündigungsschutzgesetz ist im Falle des Absatzes 4 nicht anzuwenden.

(6) Absatz 4 gilt nicht, soweit seine Anwendung vertraglich ausgeschlossen ist.

(7) Wird im Rahmen arbeitsrechtlicher Gesetze oder Verordnungen auf die Zahl der beschäftigten Arbeitnehmer und Arbeitnehmerinnen abgestellt, so sind bei der Ermittlung dieser Zahl Arbeitnehmer und Arbeitnehmerinnen, die sich in der Elternzeit befinden oder zur Betreuung eines Kindes freigestellt sind, nicht mitzuzählen, solange für sie aufgrund von Absatz 1 ein Vertreter oder eine Vertreterin eingestellt ist. Dies gilt nicht, wenn der Vertreter oder die Vertreterin nicht mitzuzählen ist. Die Sätze 1 und 2 gelten entsprechend, wenn im Rahmen arbeitsrechtlicher Gesetze oder Verordnungen auf die Zahl der Arbeitsplätze abgestellt wird.

Abschnitt 5
Statistik und Schlussvorschriften

-

§ 22 Bundesstatistik

(1) Zur Beurteilung der Auswirkungen dieses Gesetzes sowie zu seiner Fortentwicklung sind laufende Erhebungen zum Bezug von Elterngeld und Betreuungsgeld als Bundesstatistiken durchzuführen. Die Erhebungen erfolgen zentral beim Statistischen Bundesamt.

(2) Die Statistik zum Bezug von Elterngeld erfasst vierteljährlich zum jeweils letzten Tag des aktuellen und der vorangegangenen zwei Kalendermonate für Personen, die in einem dieser Kalendermonate Elterngeld bezogen haben, für jedes den Anspruch auslösende Kind folgende Erhebungsmerkmale:

1.
   Art der Berechtigung nach § 1,

2.

Grundlagen der Berechnung des zustehenden Monatsbetrags nach Art und Höhe (§ 2 Absatz 1, 2, 3 oder 4, § 2a Absatz 1 oder 4, § 2c, die §§ 2d, 2e oder § 2f),

3.

Höhe und Art des zustehenden Monatsbetrags (§ 4 Absatz 2 Satz 2 und Absatz 3 Satz 1) ohne die Berücksichtigung der Einnahmen nach § 3,

4.

Art und Höhe der Einnahmen nach § 3,

5.

Inanspruchnahme der als Partnerschaftsbonus gewährten Monatsbeträge nach § 4 Absatz 4 Satz 3 und der weiteren Monatsbeträge Elterngeld Plus nach § 4 Absatz 6 Satz 2,

6.

Höhe des monatlichen Auszahlungsbetrags,

7.

Geburtstag des Kindes,

8.

für die Elterngeld beziehende Person:

a)

Geschlecht, Geburtsjahr und -monat,

b)

Staatsangehörigkeit,

c)

Wohnsitz oder gewöhnlicher Aufenthalt,

d)

Familienstand und unverheiratetes Zusammenleben mit dem anderen Elternteil und

e)

Anzahl der im Haushalt lebenden Kinder.

Die Angaben nach den Nummern 2, 3, 5 und 6 sind für jeden Lebensmonat des Kindes bezogen auf den nach § 4 Absatz 1 möglichen Zeitraum des Leistungsbezugs zu melden.

(3) Die Statistik zum Bezug von Betreuungsgeld erfasst vierteljährlich zum jeweils letzten Tag des aktuellen und der vorangegangenen zwei Kalendermonate erstmalig zum 30. September 2013 für Personen, die in einem dieser Kalendermonate Betreuungsgeld bezogen haben, für jedes den Anspruch auslösende Kind folgende Erhebungsmerkmale:

1.

Art der Berechtigung nach § 4a,

2.

Höhe des monatlichen Auszahlungsbetrags,

3.

Geburtstag des Kindes,

4.

für die Betreuungsgeld beziehende Person:

a)

Geschlecht, Geburtsjahr und -monat,

b)

Staatsangehörigkeit,

c)

Wohnsitz oder gewöhnlicher Aufenthalt,

d)

Familienstand und unverheiratetes Zusammenleben mit dem anderen Elternteil und

e)

Anzahl der im Haushalt lebenden Kinder.

Die Angaben nach Nummer 2 sind für jeden Lebensmonat des Kindes bezogen auf den nach § 4d Absatz 1 möglichen Zeitraum des Leistungsbezugs zu melden.

(4) Hilfsmerkmale sind:

144

1.
   Name und Anschrift der zuständigen Behörde,
2.
   Name und Telefonnummer sowie Adresse für elektronische Post der für eventuelle
   Rückfragen zur Verfügung stehenden Person und
3.
   Kennnummer des Antragstellers oder der Antragstellerin.
-

§ 23 Auskunftspflicht; Datenübermittlung an das Statistische Bundesamt

(1) Für die Erhebung nach § 22 besteht Auskunftspflicht. Die Angaben nach § 22 Absatz 4
Nummer 2 sind freiwillig. Auskunftspflichtig sind die nach § 12 Absatz 1 zuständigen Stellen.
(2) Der Antragsteller oder die Antragstellerin ist gegenüber den nach § 12 Absatz 1 zuständigen
Stellen zu den Erhebungsmerkmalen nach § 22 Absatz 2 und 3 auskunftspflichtig. Die zuständigen
Stellen nach § 12 Absatz 1 dürfen die Angaben nach § 22 Absatz 2 Satz 1 Nummer 8 und Absatz 3
Satz 1 Nummer 4, soweit sie für den Vollzug dieses Gesetzes nicht erforderlich sind, nur durch
technische und organisatorische Maßnahmen getrennt von den übrigen Daten nach § 22 Absatz 2
und 3 und nur für die Übermittlung an das Statistische Bundesamt verwenden und haben diese
unverzüglich nach Übermittlung an das Statistische Bundesamt zu löschen.
(3) Die in sich schlüssigen Angaben sind als Einzeldatensätze elektronisch bis zum Ablauf von 30
Arbeitstagen nach Ablauf des Berichtszeitraums an das Statistische Bundesamt zu übermitteln.
-

§ 24 Übermittlung von Tabellen mit statistischen Ergebnissen durch das Statistische Bundesamt

Zur Verwendung gegenüber den gesetzgebenden Körperschaften und zu Zwecken der Planung,
jedoch nicht zur Regelung von Einzelfällen, übermittelt das Statistische Bundesamt Tabellen mit
statistischen Ergebnissen, auch soweit Tabellenfelder nur einen einzigen Fall ausweisen, an die
fachlich zuständigen obersten Bundes- oder Landesbehörden. Tabellen, deren Tabellenfelder nur
einen einzigen Fall ausweisen, dürfen nur dann übermittelt werden, wenn sie nicht differenzierter
als auf Regierungsbezirksebene, im Falle der Stadtstaaten auf Bezirksebene, aufbereitet sind.
-

§ 24a Übermittlung von Einzelangaben durch das Statistische Bundesamt

(1) Zur Abschätzung von Auswirkungen der Änderungen dieses Gesetzes im Rahmen der Zwecke
nach § 24 übermittelt das Statistische Bundesamt auf Anforderung des fachlich zuständigen
Bundesministeriums diesem oder von ihm beauftragten Forschungseinrichtungen Einzelangaben
ab dem Jahr 2007 ohne Hilfsmerkmale mit Ausnahme des Merkmals nach § 22 Absatz 4 Nummer
3 für die Entwicklung und den Betrieb von Mikrosimulationsmodellen. Die Einzelangaben dürfen
nur im hierfür erforderlichen Umfang und mittels eines sicheren Datentransfers übermittelt werden.
(2) Bei der Verarbeitung und Nutzung der Daten nach Absatz 1 ist das Statistikgeheimnis nach §
16 des Bundesstatistikgesetzes zu wahren. Dafür ist die Trennung von statistischen und
nichtstatistischen Aufgaben durch Organisation und Verfahren zu gewährleisten. Die nach Absatz 1
übermittelten Daten dürfen nur für die Zwecke verwendet werden, für die sie übermittelt wurden.
Die übermittelten Einzeldaten sind nach dem Erreichen des Zweckes zu löschen, zu dem sie
übermittelt wurden.
(3) Personen, die Empfängerinnen und Empfänger von Einzelangaben nach Absatz 1 Satz 1 sind,
unterliegen der Pflicht zur Geheimhaltung nach § 16 Absatz 1 und 10 des Bundesstatistikgesetzes.
Personen, die Einzelangaben nach Absatz 1 Satz 1 erhalten sollen, müssen Amtsträger oder für
den öffentlichen Dienst besonders Verpflichtete sein. Personen, die Einzelangaben erhalten sollen
und die nicht Amtsträger oder für den öffentlichen Dienst besonders Verpflichtete sind, sind vor der

Übermittlung zur Geheimhaltung zu verpflichten. § 1 Absatz 2, 3 und 4 Nummer 2 des Verpflichtungsgesetzes vom 2. März 1974 (BGBl. I S. 469, 547), das durch § 1 Nummer 4 des Gesetzes vom 15. August 1974 (BGBl. I S. 1942) geändert worden ist, gilt in der jeweils geltenden Fassung entsprechend. Die Empfängerinnen und Empfänger von Einzelangaben dürfen aus ihrer Tätigkeit gewonnene Erkenntnisse nur für die in Absatz 1 genannten Zwecke verwenden.

§ 25 Bericht

Die Bundesregierung legt dem Deutschen Bundestag bis zum 31. Dezember 2015 einen Bericht über die Auswirkungen des Betreuungsgeldes vor. Bis zum 31. Dezember 2017 legt sie einen Bericht über die Auswirkungen der Regelungen zum Elterngeld Plus und zum Partnerschaftsbonus sowie zur Elternzeit vor. Die Berichte dürfen keine personenbezogenen Daten enthalten.

§ 26 Anwendung der Bücher des Sozialgesetzbuches

(1) Soweit dieses Gesetz zum Elterngeld oder Betreuungsgeld keine ausdrückliche Regelung trifft, ist bei der Ausführung des Ersten, Zweiten und Dritten Abschnitts das Erste Kapitel des Zehnten Buches Sozialgesetzbuch anzuwenden.
(2) § 328 Absatz 3 und § 331 des Dritten Buches Sozialgesetzbuch gelten entsprechend.

§ 27 Übergangsvorschrift

(1) Für die vor dem 1. Januar 2015 geborenen oder mit dem Ziel der Adoption aufgenommenen Kinder ist § 1 in der bis zum 31. Dezember 2014 geltenden Fassung weiter anzuwenden. Für die vor dem 1. Juli 2015 geborenen oder mit dem Ziel der Adoption aufgenommenen Kinder sind die §§ 2 bis 22 in der bis zum 31. Dezember 2014 geltenden Fassung weiter anzuwenden. Satz 2 gilt nicht für § 2c Absatz 1 Satz 2 und § 22 Absatz 2 Satz 1 Nummer 2.
(1a) Soweit dieses Gesetz Mutterschaftsgeld nach dem Fünften Buch Sozialgesetzbuch oder nach dem Zweiten Gesetz über die Krankenversicherung der Landwirte in Bezug nimmt, gelten die betreffenden Regelungen für Mutterschaftsgeld nach der Reichsversicherungsordnung oder nach dem Gesetz über die Krankenversicherung der Landwirte entsprechend.
(2) Für die dem Erziehungsgeld vergleichbaren Leistungen der Länder sind § 8 Absatz 1 und § 9 des Bundeserziehungsgeldgesetzes in der bis zum 31. Dezember 2006 geltenden Fassung weiter anzuwenden.
(3) Betreuungsgeld wird nicht für vor dem 1. August 2012 geborene Kinder gezahlt. Bis zum 31. Juli 2014 beträgt das Betreuungsgeld abweichend von § 4b 100 Euro pro Monat.

Gesetz über Teilzeitarbeit und befristete Arbeitsverträge

Teilzeit- und Befristungsgesetz - TzBfG

TzBfG

Ausfertigungsdatum: 21.12.2000

"Teilzeit- und Befristungsgesetz vom 21. Dezember 2000 (BGBl. I S. 1966), das zuletzt durch Artikel 23 des Gesetzes vom 20. Dezember 2011 (BGBl. I S. 2854) geändert worden ist". Zuletzt geändert durch Art. 23 G v. 20.12.2011 I 2854.

Dieses Gesetz dient der Umsetzung - der Richtlinie 97/81/EG des Rates vom 15. Dezember 1997 zu der von UNICE, CEEP und EGB geschlossenen Rahmenvereinbarung über Teilzeitarbeit (ABl. EG 1998 Nr. L 14 S. 9) und - der Richtlinie 1999/70/EG des Rates vom 28. Juni 1999 zu der EGB-UNICE-CEEP-Rahmenvereinbarung über befristete Arbeitsverträge (ABl. EG 1999 Nr. L 175 S. 43).

Fußnote

(+++ Textnachweis ab: 1.1.2001 +++)
(+++ Amtliche Hinweise des Normgebers auf EG-Recht:
Umsetzung der
EGRL 81/97   (CELEX Nr: 397L0081)
EGRL 70/99   (CELEX Nr: 399L0070) +++)

Das G wurde als Artikel 1 des G v. 21.12.2000 I 1966 vom Bundestag beschlossen. Es ist gem. Art. 4 dieses G mWv 1.1.2001 in Kraft getreten.

Erster Abschnitt
Allgemeine Vorschriften

-

§ 1 Zielsetzung

Ziel des Gesetzes ist, Teilzeitarbeit zu fördern, die Voraussetzungen für die Zulässigkeit befristeter Arbeitsverträge festzulegen und die Diskriminierung von teilzeitbeschäftigten und befristet beschäftigten Arbeitnehmern zu verhindern.

-

§ 2 Begriff des teilzeitbeschäftigten Arbeitnehmers

(1) Teilzeitbeschäftigt ist ein Arbeitnehmer, dessen regelmäßige Wochenarbeitszeit kürzer ist als die eines vergleichbaren vollzeitbeschäftigten Arbeitnehmers. Ist eine regelmäßige Wochenarbeitszeit nicht vereinbart, so ist ein Arbeitnehmer teilzeitbeschäftigt, wenn seine regelmäßige Arbeitszeit im Durchschnitt eines bis zu einem Jahr reichenden Beschäftigungszeitraums unter der eines vergleichbaren vollzeitbeschäftigten Arbeitnehmers liegt. Vergleichbar ist ein vollzeitbeschäftigter Arbeitnehmer des Betriebes mit derselben Art des Arbeitsverhältnisses und der gleichen oder einer ähnlichen Tätigkeit. Gibt es im Betrieb keinen vergleichbaren vollzeitbeschäftigten Arbeitnehmer, so ist der vergleichbare vollzeitbeschäftigte Arbeitnehmer auf Grund des anwendbaren Tarifvertrages zu bestimmen; in allen anderen Fällen ist darauf abzustellen, wer im jeweiligen Wirtschaftszweig üblicherweise als vergleichbarer vollzeitbeschäftigter Arbeitnehmer anzusehen ist.
(2) Teilzeitbeschäftigt ist auch ein Arbeitnehmer, der eine geringfügige Beschäftigung nach § 8 Abs. 1 Nr. 1 des Vierten Buches Sozialgesetzbuch ausübt.

-

§ 3 Begriff des befristet beschäftigten Arbeitnehmers

(2) Vergleichbar ist ein unbefristet beschäftigter Arbeitnehmer des Betriebes mit der gleichen oder einer ähnlichen Tätigkeit. Gibt es im Betrieb keinen vergleichbaren unbefristet beschäftigten Arbeitnehmer, so ist der vergleichbare unbefristet beschäftigte Arbeitnehmer auf Grund des anwendbaren Tarifvertrages zu bestimmen; in allen anderen Fällen ist darauf abzustellen, wer im jeweiligen Wirtschaftszweig üblicherweise als vergleichbarer unbefristet beschäftigter Arbeitnehmer anzusehen ist.

-

§ 4 Verbot der Diskriminierung

(1) Ein teilzeitbeschäftigter Arbeitnehmer darf wegen der Teilzeitarbeit nicht schlechter behandelt werden als ein vergleichbarer vollzeitbeschäftigter Arbeitnehmer, es sei denn, dass sachliche Gründe eine unterschiedliche Behandlung rechtfertigen. Einem teilzeitbeschäftigten Arbeitnehmer ist Arbeitsentgelt oder eine andere teilbare geldwerte Leistung mindestens in dem Umfang zu gewähren, der dem Anteil seiner Arbeitszeit an der Arbeitszeit eines vergleichbaren vollzeitbeschäftigten Arbeitnehmers entspricht.

(2) Ein befristet beschäftigter Arbeitnehmer darf wegen der Befristung des Arbeitsvertrages nicht schlechter behandelt werden, als ein vergleichbarer unbefristet beschäftigter Arbeitnehmer, es sei denn, dass sachliche Gründe eine unterschiedliche Behandlung rechtfertigen. Einem befristet beschäftigten Arbeitnehmer ist Arbeitsentgelt oder eine andere teilbare geldwerte Leistung, die für einen bestimmten Bemessungszeitraum gewährt wird, mindestens in dem Umfang zu gewähren, der dem Anteil seiner Beschäftigungsdauer am Bemessungszeitraum entspricht. Sind bestimmte Beschäftigungsbedingungen von der Dauer des Bestehens des Arbeitsverhältnisses in demselben Betrieb oder Unternehmen abhängig, so sind für befristet beschäftigte Arbeitnehmer dieselben Zeiten zu berücksichtigen wie für unbefristet beschäftigte Arbeitnehmer, es sei denn, dass eine unterschiedliche Berücksichtigung aus sachlichen Gründen gerechtfertigt ist.

-

§ 5 Benachteiligungsverbot

Der Arbeitgeber darf einen Arbeitnehmer nicht wegen der Inanspruchnahme von Rechten nach diesem Gesetz benachteiligen.

Zweiter Abschnitt
Teilzeitarbeit

-

§ 6 Förderung von Teilzeitarbeit

Der Arbeitgeber hat den Arbeitnehmern, auch in leitenden Positionen, Teilzeitarbeit nach Maßgabe dieses Gesetzes zu ermöglichen.

-

§ 7 Ausschreibung; Information über freie Arbeitsplätze

(1) Der Arbeitgeber hat einen Arbeitsplatz, den er öffentlich oder innerhalb des Betriebes

ausschreibt, auch als Teilzeitarbeitsplatz auszuschreiben, wenn sich der Arbeitsplatz hierfür eignet.

(2) Der Arbeitgeber hat einen Arbeitnehmer, der ihm den Wunsch nach einer Veränderung von Dauer und Lage seiner vertraglich vereinbarten Arbeitszeit angezeigt hat, über entsprechende Arbeitsplätze zu informieren, die im Betrieb oder Unternehmen besetzt werden sollen.

(3) Der Arbeitgeber hat die Arbeitnehmervertretung über Teilzeitarbeit im Betrieb und Unternehmen zu informieren, insbesondere über vorhandene oder geplante Teilzeitarbeitsplätze und über die Umwandlung von Teilzeitarbeitsplätzen in Vollzeitarbeitsplätze oder umgekehrt. Der Arbeitnehmervertretung sind auf Verlangen die erforderlichen Unterlagen zur Verfügung zu stellen; § 92 des Betriebsverfassungsgesetzes bleibt unberührt.

-

§ 8 Verringerung der Arbeitszeit

(1) Ein Arbeitnehmer, dessen Arbeitsverhältnis länger als sechs Monate bestanden hat, kann verlangen, dass seine vertraglich vereinbarte Arbeitszeit verringert wird.

(2) Der Arbeitnehmer muss die Verringerung seiner Arbeitszeit und den Umfang der Verringerung spätestens drei Monate vor deren Beginn geltend machen. Er soll dabei die gewünschte Verteilung der Arbeitszeit angeben.

(3) Der Arbeitgeber hat mit dem Arbeitnehmer die gewünschte Verringerung der Arbeitszeit mit dem Ziel zu erörtern, zu einer Vereinbarung zu gelangen. Er hat mit dem Arbeitnehmer Einvernehmen über die von ihm festzulegende Verteilung der Arbeitszeit zu erzielen.

(4) Der Arbeitgeber hat der Verringerung der Arbeitszeit zuzustimmen und ihre Verteilung entsprechend den Wünschen des Arbeitnehmers festzulegen, soweit betriebliche Gründe nicht entgegenstehen. Ein betrieblicher Grund liegt insbesondere vor, wenn die Verringerung der Arbeitszeit die Organisation, den Arbeitsablauf oder die Sicherheit im Betrieb wesentlich beeinträchtigt oder unverhältnismäßige Kosten verursacht. Die Ablehnungsgründe können durch Tarifvertrag festgelegt werden. Im Geltungsbereich eines solchen Tarifvertrages können nicht tarifgebundene Arbeitgeber und Arbeitnehmer die Anwendung der tariflichen Regelungen über die Ablehnungsgründe vereinbaren.

(5) Die Entscheidung über die Verringerung der Arbeitszeit und ihre Verteilung hat der Arbeitgeber dem Arbeitnehmer spätestens einen Monat vor dem gewünschten Beginn der Verringerung schriftlich mitzuteilen. Haben sich Arbeitgeber und Arbeitnehmer nicht nach Absatz 3 Satz 1 über die Verringerung der Arbeitszeit geeinigt und hat der Arbeitgeber die Arbeitszeitverringerung nicht spätestens einen Monat vor deren gewünschtem Beginn schriftlich abgelehnt, verringert sich die Arbeitszeit in dem vom Arbeitnehmer gewünschten Umfang. Haben Arbeitgeber und Arbeitnehmer über die Verteilung der Arbeitszeit kein Einvernehmen nach Absatz 3 Satz 2 erzielt und hat der Arbeitgeber nicht spätestens einen Monat vor dem gewünschten Beginn der Arbeitszeitverringerung die gewünschte Verteilung der Arbeitszeit schriftlich abgelehnt, gilt die Verteilung der Arbeitszeit entsprechend den Wünschen des Arbeitnehmers als festgelegt. Der Arbeitgeber kann die nach Satz 3 oder Absatz 3 Satz 2 festgelegte Verteilung der Arbeitszeit wieder ändern, wenn das betriebliche Interesse daran das Interesse des Arbeitnehmers an der Beibehaltung erheblich überwiegt und der Arbeitgeber die Änderung spätestens einen Monat vorher angekündigt hat.

(6) Der Arbeitnehmer kann eine erneute Verringerung der Arbeitszeit frühestens nach Ablauf von zwei Jahren verlangen, nachdem der Arbeitgeber einer Verringerung zugestimmt oder sie berechtigt abgelehnt hat.

(7) Für den Anspruch auf Verringerung der Arbeitszeit gilt die Voraussetzung, dass der Arbeitgeber, unabhängig von der Anzahl der Personen in Berufsbildung, in der Regel mehr als 15 Arbeitnehmer beschäftigt.

-

§ 9 Verlängerung der Arbeitszeit

—

§ 10 Aus- und Weiterbildung

Der Arbeitgeber hat Sorge zu tragen, dass auch teilzeitbeschäftigte Arbeitnehmer an Aus- und Weiterbildungsmaßnahmen zur Förderung der beruflichen Entwicklung und Mobilität teilnehmen können, es sei denn, dass dringende betriebliche Gründe oder Aus- und Weiterbildungswünsche anderer teilzeit- oder vollzeitbeschäftigter Arbeitnehmer entgegenstehen.

—

§ 11 Kündigungsverbot

Die Kündigung eines Arbeitsverhältnisses wegen der Weigerung eines Arbeitnehmers, von einem Vollzeit- in ein Teilzeitarbeitsverhältnis oder umgekehrt zu wechseln, ist unwirksam. Das Recht zur Kündigung des Arbeitsverhältnisses aus anderen Gründen bleibt unberührt.

—

§ 12 Arbeit auf Abruf

(1) Arbeitgeber und Arbeitnehmer können vereinbaren, dass der Arbeitnehmer seine Arbeitsleistung entsprechend dem Arbeitsanfall zu erbringen hat (Arbeit auf Abruf). Die Vereinbarung muss eine bestimmte Dauer der wöchentlichen und täglichen Arbeitszeit festlegen. Wenn die Dauer der wöchentlichen Arbeitszeit nicht festgelegt ist, gilt eine Arbeitszeit von zehn Stunden als vereinbart. Wenn die Dauer der täglichen Arbeitszeit nicht festgelegt ist, hat der Arbeitgeber die Arbeitsleistung des Arbeitnehmers jeweils für mindestens drei aufeinander folgende Stunden in Anspruch zu nehmen.
(2) Der Arbeitnehmer ist nur zur Arbeitsleistung verpflichtet, wenn der Arbeitgeber ihm die Lage seiner Arbeitszeit jeweils mindestens vier Tage im Voraus mitteilt.
(3) Durch Tarifvertrag kann von den Absätzen 1 und 2 auch zuungunsten des Arbeitnehmers abgewichen werden, wenn der Tarifvertrag Regelungen über die tägliche und wöchentliche Arbeitszeit und die Vorankündigungsfrist vorsieht. Im Geltungsbereich eines solchen Tarifvertrages können nicht tarifgebundene Arbeitgeber und Arbeitnehmer die Anwendung der tariflichen Regelungen über die Arbeit auf Abruf vereinbaren.

—

§ 13 Arbeitsplatzteilung

(1) Arbeitgeber und Arbeitnehmer können vereinbaren, dass mehrere Arbeitnehmer sich die Arbeitszeit an einem Arbeitsplatz teilen (Arbeitsplatzteilung). Ist einer dieser Arbeitnehmer an der Arbeitsleistung verhindert, sind die anderen Arbeitnehmer zur Vertretung verpflichtet, wenn sie der Vertretung im Einzelfall zugestimmt haben. Eine Pflicht zur Vertretung besteht auch, wenn der Arbeitsvertrag bei Vorliegen dringender betrieblicher Gründe eine Vertretung vorsieht und diese im Einzelfall zumutbar ist.
(2) Scheidet ein Arbeitnehmer aus der Arbeitsplatzteilung aus, so ist die darauf gestützte Kündigung des Arbeitsverhältnisses eines anderen in die Arbeitsplatzteilung einbezogenen Arbeitnehmers durch den Arbeitgeber unwirksam. Das Recht zur Änderungskündigung aus diesem

Anlass und zur Kündigung des Arbeitsverhältnisses aus anderen Gründen bleibt unberührt.
(3) Die Absätze 1 und 2 sind entsprechend anzuwenden, wenn sich Gruppen von Arbeitnehmern auf bestimmten Arbeitsplätzen in festgelegten Zeitabschnitten abwechseln, ohne dass eine Arbeitsplatzteilung im Sinne des Absatzes 1 vorliegt.
(4) Durch Tarifvertrag kann von den Absätzen 1 und 3 auch zuungunsten des Arbeitnehmers abgewichen werden, wenn der Tarifvertrag Regelungen über die Vertretung der Arbeitnehmer enthält. Im Geltungsbereich eines solchen Tarifvertrages können nicht tarifgebundene Arbeitgeber und Arbeitnehmer die Anwendung der tariflichen Regelungen über die Arbeitsplatzteilung vereinbaren.

Dritter Abschnitt
Befristete Arbeitsverträge

-

§ 14 Zulässigkeit der Befristung

(1) Die Befristung eines Arbeitsvertrages ist zulässig, wenn sie durch einen sachlichen Grund gerechtfertigt ist. Ein sachlicher Grund liegt insbesondere vor, wenn

1.
    der betriebliche Bedarf an der Arbeitsleistung nur vorübergehend besteht,

2.
    die Befristung im Anschluss an eine Ausbildung oder ein Studium erfolgt, um den Übergang des Arbeitnehmers in eine Anschlussbeschäftigung zu erleichtern,

3.
    der Arbeitnehmer zur Vertretung eines anderen Arbeitnehmers beschäftigt wird,

4.
    die Eigenart der Arbeitsleistung die Befristung rechtfertigt,

5.
    die Befristung zur Erprobung erfolgt,

6.
    in der Person des Arbeitnehmers liegende Gründe die Befristung rechtfertigen,

7.
    der Arbeitnehmer aus Haushaltsmitteln vergütet wird, die haushaltsrechtlich für eine befristete Beschäftigung bestimmt sind, und er entsprechend beschäftigt wird oder

8.
    die Befristung auf einem gerichtlichen Vergleich beruht.

(2) Die kalendermäßige Befristung eines Arbeitsvertrages ohne Vorliegen eines sachlichen Grundes ist bis zur Dauer von zwei Jahren zulässig; bis zu dieser Gesamtdauer von zwei Jahren ist auch die höchstens dreimalige Verlängerung eines kalendermäßig befristeten Arbeitsvertrages zulässig. Eine Befristung nach Satz 1 ist nicht zulässig, wenn mit demselben Arbeitgeber bereits zuvor ein befristetes oder unbefristetes Arbeitsverhältnis bestanden hat. Durch Tarifvertrag kann die Anzahl der Verlängerungen oder die Höchstdauer der Befristung abweichend von Satz 1 festgelegt werden. Im Geltungsbereich eines solchen Tarifvertrages können nicht tarifgebundene Arbeitgeber und Arbeitnehmer die Anwendung der tariflichen Regelungen vereinbaren.
(2a) In den ersten vier Jahren nach der Gründung eines Unternehmens ist die kalendermäßige Befristung eines Arbeitsvertrages ohne Vorliegen eines sachlichen Grundes bis zur Dauer von vier Jahren zulässig; bis zu dieser Gesamtdauer von vier Jahren ist auch die mehrfache Verlängerung eines kalendermäßig befristeten Arbeitsvertrages zulässig. Dies gilt nicht für Neugründungen im Zusammenhang mit der rechtlichen Umstrukturierung von Unternehmen und Konzernen. Maßgebend für den Zeitpunkt der Gründung des Unternehmens ist die Aufnahme einer Erwerbstätigkeit, die nach § 138 der Abgabenordnung der Gemeinde oder dem Finanzamt

mitzuteilen ist. Auf die Befristung eines Arbeitsvertrages nach Satz 1 findet Absatz 2 Satz 2 bis 4 entsprechende Anwendung.

(3) Die kalendermäßige Befristung eines Arbeitsvertrages ohne Vorliegen eines sachlichen Grundes ist bis zu einer Dauer von fünf Jahren zulässig, wenn der Arbeitnehmer bei Beginn des befristeten Arbeitsverhältnisses das 52. Lebensjahr vollendet hat und unmittelbar vor Beginn des befristeten Arbeitsverhältnisses mindestens vier Monate beschäftigungslos im Sinne des § 138 Absatz 1 Nummer 1 des Dritten Buches Sozialgesetzbuch gewesen ist, Transferkurzarbeitergeld bezogen oder an einer öffentlich geförderten Beschäftigungsmaßnahme nach dem Zweiten oder Dritten Buch Sozialgesetzbuch teilgenommen hat. Bis zu der Gesamtdauer von fünf Jahren ist auch die mehrfache Verlängerung des Arbeitsvertrages zulässig.

(4) Die Befristung eines Arbeitsvertrages bedarf zu ihrer Wirksamkeit der Schriftform.

-

§ 15 Ende des befristeten Arbeitsvertrages

(1) Ein kalendermäßig befristeter Arbeitsvertrag endet mit Ablauf der vereinbarten Zeit.

(2) Ein zweckbefristeter Arbeitsvertrag endet mit Erreichen des Zwecks, frühestens jedoch zwei Wochen nach Zugang der schriftlichen Unterrichtung des Arbeitnehmers durch den Arbeitgeber über den Zeitpunkt der Zweckerreichung.

(3) Ein befristetes Arbeitsverhältnis unterliegt nur dann der ordentlichen Kündigung, wenn dies einzelvertraglich oder im anwendbaren Tarifvertrag vereinbart ist.

(4) Ist das Arbeitsverhältnis für die Lebenszeit einer Person oder für längere Zeit als fünf Jahre eingegangen, so kann es von dem Arbeitnehmer nach Ablauf von fünf Jahren gekündigt werden. Die Kündigungsfrist beträgt sechs Monate.

(5) Wird das Arbeitsverhältnis nach Ablauf der Zeit, für die es eingegangen ist, oder nach Zweckerreichung mit Wissen des Arbeitgebers fortgesetzt, so gilt es als auf unbestimmte Zeit verlängert, wenn der Arbeitgeber nicht unverzüglich widerspricht oder dem Arbeitnehmer die Zweckerreichung nicht unverzüglich mitteilt.

-

§ 16 Folgen unwirksamer Befristung

Ist die Befristung rechtsunwirksam, so gilt der befristete Arbeitsvertrag als auf unbestimmte Zeit geschlossen; er kann vom Arbeitgeber frühestens zum vereinbarten Ende ordentlich gekündigt werden, sofern nicht nach § 15 Abs. 3 die ordentliche Kündigung zu einem früheren Zeitpunkt möglich ist. Ist die Befristung nur wegen des Mangels der Schriftform unwirksam, kann der Arbeitsvertrag auch vor dem vereinbarten Ende ordentlich gekündigt werden.

-

§ 17 Anrufung des Arbeitsgerichts

Will der Arbeitnehmer geltend machen, dass die Befristung eines Arbeitsvertrages rechtsunwirksam ist, so muss er innerhalb von drei Wochen nach dem vereinbarten Ende des befristeten Arbeitsvertrages Klage beim Arbeitsgericht auf Feststellung erheben, dass das Arbeitsverhältnis auf Grund der Befristung nicht beendet ist. Die §§ 5 bis 7 des Kündigungsschutzgesetzes gelten entsprechend. Wird das Arbeitsverhältnis nach dem vereinbarten Ende fortgesetzt, so beginnt die Frist nach Satz 1 mit dem Zugang der schriftlichen Erklärung des Arbeitgebers, dass das Arbeitsverhältnis auf Grund der Befristung beendet sei.

-

§ 18 Information über unbefristete Arbeitsplätze

Der Arbeitgeber hat die befristet beschäftigten Arbeitnehmer über entsprechende unbefristete

Arbeitsplätze zu informieren, die besetzt werden sollen. Die Information kann durch allgemeine Bekanntgabe an geeigneter, den Arbeitnehmern zugänglicher Stelle im Betrieb und Unternehmen erfolgen.

-

§ 19 Aus- und Weiterbildung

Der Arbeitgeber hat Sorge zu tragen, dass auch befristet beschäftigte Arbeitnehmer an angemessenen Aus- und Weiterbildungsmaßnahmen zur Förderung der beruflichen Entwicklung und Mobilität teilnehmen können, es sei denn, dass dringende betriebliche Gründe oder Aus- und Weiterbildungswünsche anderer Arbeitnehmer entgegenstehen.

-

§ 20 Information der Arbeitnehmervertretung

Der Arbeitgeber hat die Arbeitnehmervertretung über die Anzahl der befristet beschäftigten Arbeitnehmer und ihren Anteil an der Gesamtbelegschaft des Betriebes und des Unternehmens zu informieren.

-

§ 21 Auflösend bedingte Arbeitsverträge

Wird der Arbeitsvertrag unter einer auflösenden Bedingung geschlossen, gelten § 4 Abs. 2, § 5, § 14 Abs. 1 und 4, § 15 Abs. 2, 3 und 5 sowie die §§ 16 bis 20 entsprechend.

Vierter Abschnitt
Gemeinsame Vorschriften

-

§ 22 Abweichende Vereinbarungen

(1) Außer in den Fällen des § 12 Abs. 3, § 13 Abs. 4 und § 14 Abs. 2 Satz 3 und 4 kann von den Vorschriften dieses Gesetzes nicht zuungunsten des Arbeitnehmers abgewichen werden.
(2) Enthält ein Tarifvertrag für den öffentlichen Dienst Bestimmungen im Sinne des § 8 Abs. 4 Satz 3 und 4, § 12 Abs. 3, § 13 Abs. 4, § 14 Abs. 2 Satz 3 und 4 oder § 15 Abs. 3, so gelten diese Bestimmungen auch zwischen nicht tarifgebundenen Arbeitgebern und Arbeitnehmern außerhalb des öffentlichen Dienstes, wenn die Anwendung der für den öffentlichen Dienst geltenden tarifvertraglichen Bestimmungen zwischen ihnen vereinbart ist und die Arbeitgeber die Kosten des Betriebes überwiegend mit Zuwendungen im Sinne des Haushaltsrechts decken.

-

§ 23 Besondere gesetzliche Regelungen

Besondere Regelungen über Teilzeitarbeit und über die Befristung von Arbeitsverträgen nach anderen gesetzlichen Vorschriften bleiben unberührt.

Gesetz über Betriebsärzte, Sicherheitsingenieure und andere Fachkräfte für Arbeitssicherheit

ASiG

Ausfertigungsdatum: 12.12.1973

"Gesetz über Betriebsärzte, Sicherheitsingenieure und andere Fachkräfte für Arbeitssicherheit vom 12. Dezember 1973 (BGBl. I S. 1885), das zuletzt durch Artikel 3 Absatz 5 des Gesetzes vom 20. April 2013 (BGBl. I S. 868) geändert worden ist".Zuletzt geändert durch Art. 3 Abs. 5 G v. 20.4.2013 I 868.

Fußnote

(+++ Textnachweis Geltung ab: 1.5.1976 +++)
(+++ Maßgaben aufgrund EinigVtr vgl. ASiG Anhang EV +++)

-

Eingangsformel

Der Bundestag hat mit Zustimmung des Bundesrates das folgende Gesetz beschlossen:

Erster Abschnitt

-

§ 1 Grundsatz

Der Arbeitgeber hat nach Maßgabe dieses Gesetzes Betriebsärzte und Fachkräfte für Arbeitssicherheit zu bestellen. Diese sollen ihn beim Arbeitsschutz und bei der Unfallverhütung unterstützen. Damit soll erreicht werden, daß

1.
   die dem Arbeitsschutz und der Unfallverhütung dienenden Vorschriften den besonderen Betriebsverhältnissen entsprechend angewandt werden,
2.
   gesicherte arbeitsmedizinische und sicherheitstechnische Erkenntnisse zur Verbesserung des Arbeitsschutzes und der Unfallverhütung verwirklicht werden können,
3.
   die dem Arbeitsschutz und der Unfallverhütung dienenden Maßnahmen einen möglichst hohen Wirkungsgrad erreichen.

Zweiter Abschnitt
Betriebsärzte

-

§ 2 Bestellung von Betriebsärzten

(1) Der Arbeitgeber hat Betriebsärzte schriftlich zu bestellen und ihnen die in § 3 genannten Aufgaben zu übertragen, soweit dies erforderlich ist im Hinblick auf

1.

die Betriebsart und die damit für die Arbeitnehmer verbundenen Unfall- und Gesundheitsgefahren,

2.

die Zahl der beschäftigten Arbeitnehmer und die Zusammensetzung der Arbeitnehmerschaft und

3.

die Betriebsorganisation, insbesondere im Hinblick auf die Zahl und die Art der für den Arbeitsschutz und die Unfallverhütung verantwortlichen Personen.

(2) Der Arbeitgeber hat dafür zu sorgen, daß die von ihm bestellten Betriebsärzte ihre Aufgaben erfüllen. Er hat sie bei der Erfüllung ihrer Aufgaben zu unterstützen; insbesondere ist er verpflichtet, ihnen, soweit dies zur Erfüllung ihrer Aufgaben erforderlich ist, Hilfspersonal sowie Räume, Einrichtungen, Geräte und Mittel zur Verfügung zu stellen. Er hat sie über den Einsatz von Personen zu unterrichten, die mit einem befristeten Arbeitsvertrag beschäftigt oder ihm zur Arbeitsleistung überlassen sind.

(3) Der Arbeitgeber hat den Betriebsärzten die zur Erfüllung ihrer Aufgaben erforderliche Fortbildung unter Berücksichtigung der betrieblichen Belange zu ermöglichen. Ist der Betriebsarzt als Arbeitnehmer eingestellt, so ist er für die Zeit der Fortbildung unter Fortentrichtung der Arbeitsvergütung von der Arbeit freizustellen. Die Kosten der Fortbildung trägt der Arbeitgeber. Ist der Betriebsarzt nicht als Arbeitnehmer eingestellt, so ist er für die Zeit der Fortbildung von der Erfüllung der ihm übertragenen Aufgaben freizustellen.

-

§ 3 Aufgaben der Betriebsärzte

(1) Die Betriebsärzte haben die Aufgabe, den Arbeitgeber beim Arbeitsschutz und bei der Unfallverhütung in allen Fragen des Gesundheitsschutzes zu unterstützen. Sie haben insbesondere

1.

den Arbeitgeber und die sonst für den Arbeitsschutz und die Unfallverhütung verantwortlichen Personen zu beraten, insbesondere bei

a)

der Planung, Ausführung und Unterhaltung von Betriebsanlagen und von sozialen und sanitären Einrichtungen,

b)

der Beschaffung von technischen Arbeitsmitteln und der Einführung von Arbeitsverfahren und Arbeitsstoffen,

c)

der Auswahl und Erprobung von Körperschutzmitteln,

d)

arbeitsphysiologischen, arbeitspsychologischen und sonstigen ergonomischen sowie arbeitshygienischen Fragen, insbesondere
des Arbeitsrhythmus, der Arbeitszeit und der Pausenregelung,
der Gestaltung der Arbeitsplätze, des Arbeitsablaufs und der Arbeitsumgebung,

e)

der Organisation der "Ersten Hilfe" im Betrieb,

f)

Fragen des Arbeitsplatzwechsels sowie der Eingliederung und Wiedereingliederung Behinderter in den Arbeitsprozeß,

g)

der Beurteilung der Arbeitsbedingungen,

2.

die Arbeitnehmer zu untersuchen, arbeitsmedizinisch zu beurteilen und zu beraten sowie die Untersuchungsergebnisse zu erfassen und auszuwerten,

3.

die Durchführung des Arbeitsschutzes und der Unfallverhütung zu beobachten und im Zusammenhang damit

a)

die Arbeitsstätten in regelmäßigen Abständen zu begehen und festgestellte Mängel dem Arbeitgeber oder der sonst für den Arbeitsschutz und die Unfallverhütung verantwortlichen Person mitzuteilen, Maßnahmen zur Beseitigung dieser Mängel vorzuschlagen und auf deren Durchführung hinzuwirken,

b)

auf die Benutzung der Körperschutzmittel zu achten,

c)

Ursachen von arbeitsbedingten Erkrankungen zu untersuchen, die Untersuchungsergebnisse zu erfassen und auszuwerten und dem Arbeitgeber Maßnahmen zur Verhütung dieser Erkrankungen vorzuschlagen,

4.

darauf hinzuwirken, daß sich alle im Betrieb Beschäftigten den Anforderungen des Arbeitsschutzes und der Unfallverhütung entsprechend verhalten, insbesondere sie über die Unfall- und Gesundheitsgefahren, denen sie bei der Arbeit ausgesetzt sind, sowie über die Einrichtungen und Maßnahmen zur Abwendung dieser Gefahren zu belehren und bei der Einsatzplanung und Schulung der Helfer in "Erster Hilfe" und des medizinischen Hilfspersonals mitzuwirken.

(2) Die Betriebsärzte haben auf Wunsch des Arbeitnehmers diesem das Ergebnis arbeitsmedizinischer Untersuchungen mitzuteilen; § 8 Abs. 1 Satz 3 bleibt unberührt.

(3) Zu den Aufgaben der Betriebsärzte gehört es nicht, Krankmeldungen der Arbeitnehmer auf ihre Berechtigung zu überprüfen.

-

§ 4 Anforderungen an Betriebsärzte

Der Arbeitgeber darf als Betriebsärzte nur Personen bestellen, die berechtigt sind, den ärztlichen Beruf auszuüben, und die über die zur Erfüllung der ihnen übertragenen Aufgaben erforderliche arbeitsmedizinische Fachkunde verfügen.

Dritter Abschnitt
Fachkräfte für Arbeitssicherheit

-

§ 5 Bestellung von Fachkräften für Arbeitssicherheit

(1) Der Arbeitgeber hat Fachkräfte für Arbeitssicherheit (Sicherheitsingenieure, -techniker, -meister) schriftlich zu bestellen und ihnen die in § 6 genannten Aufgaben zu übertragen, soweit dies erforderlich ist im Hinblick auf

1.

die Betriebsart und die damit für die Arbeitnehmer verbundenen Unfall- und Gesundheitsgefahren,

2.

die Zahl der beschäftigten Arbeitnehmer und die Zusammensetzung der Arbeitnehmerschaft,

3.

die Betriebsorganisation, insbesondere im Hinblick auf die Zahl und Art der für den

Arbeitsschutz und die Unfallverhütung verantwortlichen Personen,

4.

die Kenntnisse und die Schulung des Arbeitgebers oder der nach § 13 Abs. 1 Nr. 1, 2 oder 3 des Arbeitsschutzgesetzes verantwortlichen Personen in Fragen des Arbeitsschutzes.

(2) Der Arbeitgeber hat dafür zu sorgen, daß die von ihm bestellten Fachkräfte für Arbeitssicherheit ihre Aufgaben erfüllen. Er hat sie bei der Erfüllung ihrer Aufgaben zu unterstützen; insbesondere ist er verpflichtet, ihnen, soweit dies zur Erfüllung ihrer Aufgaben erforderlich ist, Hilfspersonal sowie Räume, Einrichtungen, Geräte und Mittel zur Verfügung zu stellen. Er hat sie über den Einsatz von Personen zu unterrichten, die mit einem befristeten Arbeitsvertrag beschäftigt oder ihm zur Arbeitsleistung überlassen sind.

(3) Der Arbeitgeber hat den Fachkräften für Arbeitssicherheit die zur Erfüllung ihrer Aufgaben erforderliche Fortbildung unter Berücksichtigung der betrieblichen Belange zu ermöglichen. Ist die Fachkraft für Arbeitssicherheit als Arbeitnehmer eingestellt, so ist sie für die Zeit der Fortbildung unter Fortentrichtung der Arbeitsvergütung von der Arbeit freizustellen. Die Kosten der Fortbildung trägt der Arbeitgeber. Ist die Fachkraft für Arbeitssicherheit nicht als Arbeitnehmer eingestellt, so ist sie für die Zeit der Fortbildung von der Erfüllung der ihr übertragenen Aufgaben freizustellen.

-

§ 6 Aufgaben der Fachkräfte für Arbeitssicherheit

Die Fachkräfte für Arbeitssicherheit haben die Aufgabe, den Arbeitgeber beim Arbeitsschutz und bei der Unfallverhütung in allen Fragen der Arbeitssicherheit einschließlich der menschengerechten Gestaltung der Arbeit zu unterstützen. Sie haben insbesondere

1.

den Arbeitgeber und die sonst für den Arbeitsschutz und die Unfallverhütung verantwortlichen Personen zu beraten, insbesondere bei

a)

der Planung, Ausführung und Unterhaltung von Betriebsanlagen und von sozialen und sanitären Einrichtungen,

b)

der Beschaffung von technischen Arbeitsmitteln und der Einführung von Arbeitsverfahren und Arbeitsstoffen,

c)

der Auswahl und Erprobung von Körperschutzmitteln,

d)

der Gestaltung der Arbeitsplätze, des Arbeitsablaufs, der Arbeitsumgebung und in sonstigen Fragen der Ergonomie,

e)

der Beurteilung der Arbeitsbedingungen,

2.

die Betriebsanlagen und die technischen Arbeitsmittel insbesondere vor der Inbetriebnahme und Arbeitsverfahren insbesondere vor ihrer Einführung sicherheitstechnisch zu überprüfen,

3.

die Durchführung des Arbeitsschutzes und der Unfallverhütung zu beobachten und im Zusammenhang damit

a)

die Arbeitsstätten in regelmäßigen Abständen zu begehen und festgestellte Mängel dem Arbeitgeber oder der sonst für den Arbeitsschutz und die Unfallverhütung verantwortlichen Person mitzuteilen, Maßnahmen zur Beseitigung dieser Mängel vorzuschlagen und auf deren Durchführung hinzuwirken,

b)

auf die Benutzung der Körperschutzmittel zu achten,

c)

Ursachen von Arbeitsunfällen zu untersuchen, die Untersuchungsergebnisse zu erfassen und auszuwerten und dem Arbeitgeber Maßnahmen zur Verhütung dieser Arbeitsunfälle vorzuschlagen,

4.

darauf hinzuwirken, daß sich alle im Betrieb Beschäftigten den Anforderungen des Arbeitsschutzes und der Unfallverhütung entsprechend verhalten, insbesondere sie über die Unfall- und Gesundheitsgefahren, denen sie bei der Arbeit ausgesetzt sind, sowie über die Einrichtungen und Maßnahmen zur Abwendung dieser Gefahren zu belehren und bei der Schulung der Sicherheitsbeauftragten mitzuwirken.

-

§ 7 Anforderungen an Fachkräfte für Arbeitssicherheit

(1) Der Arbeitgeber darf als Fachkräfte für Arbeitssicherheit nur Personen bestellen, die den nachstehenden Anforderungen genügen: Der Sicherheitsingenieur muß berechtigt sein, die Berufsbezeichnung Ingenieur zu führen und über die zur Erfüllung der ihm übertragenen Aufgaben erforderliche sicherheitstechnische Fachkunde verfügen. Der Sicherheitstechniker oder -meister muß über die zur Erfüllung der ihm übertragenen Aufgaben erforderliche sicherheitstechnische Fachkunde verfügen.

(2) Die zuständige Behörde kann es im Einzelfall zulassen, daß an Stelle eines Sicherheitsingenieurs, der berechtigt ist, die Berufsbezeichnung Ingenieur zu führen, jemand bestellt werden darf, der zur Erfüllung der sich aus § 6 ergebenden Aufgaben über entsprechende Fachkenntnisse verfügt.

Vierter Abschnitt
Gemeinsame Vorschriften

-

§ 8 Unabhängigkeit bei der Anwendung der Fachkunde

(1) Betriebsärzte und Fachkräfte für Arbeitssicherheit sind bei der Anwendung ihrer arbeitsmedizinischen und sicherheitstechnischen Fachkunde weisungsfrei. Sie dürfen wegen der Erfüllung der ihnen übertragenen Aufgaben nicht benachteiligt werden. Betriebsärzte sind nur ihrem ärztlichen Gewissen unterworfen und haben die Regeln der ärztlichen Schweigepflicht zu beachten.

(2) Betriebsärzte und Fachkräfte für Arbeitssicherheit oder, wenn für einen Betrieb mehrere Betriebsärzte oder Fachkräfte für Arbeitssicherheit bestellt sind, der leitende Betriebsarzt und die leitende Fachkraft für Arbeitssicherheit, unterstehen unmittelbar dem Leiter des Betriebs.

(3) Können sich Betriebsärzte oder Fachkräfte für Arbeitssicherheit über eine von ihnen vorgeschlagene arbeitsmedizinische oder sicherheitstechnische Maßnahme mit dem Leiter des Betriebs nicht verständigen, so können sie ihren Vorschlag unmittelbar dem Arbeitgeber und, wenn dieser eine juristische Person ist, dem zuständigen Mitglied des zur gesetzlichen Vertretung berufenen Organs unterbreiten. Ist für einen Betrieb oder ein Unternehmen ein leitender Betriebsarzt oder eine leitende Fachkraft für Arbeitssicherheit bestellt, steht diesen das Vorschlagsrecht nach Satz 1 zu. Lehnt der Arbeitgeber oder das zuständige Mitglied des zur gesetzlichen Vertretung berufenen Organs den Vorschlag ab, so ist dies den Vorschlagenden schriftlich mitzuteilen und zu begründen; der Betriebsrat erhält eine Abschrift.

-

§ 9 Zusammenarbeit mit dem Betriebsrat

(1) Die Betriebsärzte und die Fachkräfte für Arbeitssicherheit haben bei der Erfüllung ihrer Aufgaben mit dem Betriebsrat zusammenzuarbeiten.

(2) Die Betriebsärzte und die Fachkräfte für Arbeitssicherheit haben den Betriebsrat über wichtige

Angelegenheiten des Arbeitsschutzes und der Unfallverhütung zu unterrichten; sie haben ihm den Inhalt eines Vorschlags mitzuteilen, den sie nach § 8 Abs. 3 dem Arbeitgeber machen. Sie haben den Betriebsrat auf sein Verlangen in Angelegenheiten des Arbeitsschutzes und der Unfallverhütung zu beraten.

(3) Die Betriebsärzte und Fachkräfte für Arbeitssicherheit sind mit Zustimmung des Betriebsrats zu bestellen und abzuberufen. Das gleiche gilt, wenn deren Aufgaben erweitert oder eingeschränkt werden sollen; im übrigen gilt § 87 in Verbindung mit § 76 des Betriebsverfassungsgesetzes. Vor der Verpflichtung oder Entpflichtung eines freiberuflich tätigen Arztes, einer freiberuflich tätigen Fachkraft für Arbeitssicherheit oder eines überbetrieblichen Dienstes ist der Betriebsrat zu hören.

-

§ 10 Zusammenarbeit der Betriebsärzte und der Fachkräfte für Arbeitssicherheit

Die Betriebsärzte und die Fachkräfte für Arbeitssicherheit haben bei der Erfüllung ihrer Aufgaben zusammenzuarbeiten. Dazu gehört es insbesondere, gemeinsame Betriebsbegehungen vorzunehmen. Die Betriebsärzte und die Fachkräfte für Arbeitssicherheit arbeiten bei der Erfüllung ihrer Aufgaben mit den anderen im Betrieb für Angelegenheiten der technischen Sicherheit, des Gesundheits- und des Umweltschutzes beauftragten Personen zusammen.

-

§ 11 Arbeitsschutzausschuß

Soweit in einer sonstigen Rechtsvorschrift nichts anderes bestimmt ist, hat der Arbeitgeber in Betrieben mit mehr als zwanzig Beschäftigten einen Arbeitsschutzausschuß zu bilden; bei der Feststellung der Zahl der Beschäftigen sind Teilzeitbeschäftigte mit einer regelmäßigen wöchentlichen Arbeitszeit von nicht mehr als 20 Stunden mit 0,5 und nicht mehr als 30 Stunden mit 0,75 zu berücksichtigen. Dieser Ausschuß setzt sich zusammen aus:

dem Arbeitgeber oder einem von ihm Beauftragten,
zwei vom Betriebsrat bestimmten Betriebsratsmitgliedern,
Betriebsärzten,
Fachkräften für Arbeitssicherheit und
Sicherheitsbeauftragten nach § 22 des Siebten Buches Sozialgesetzbuch.
Der Arbeitsschutzausschuß hat die Aufgabe, Anliegen des Arbeitsschutzes und der Unfallverhütung zu beraten. Der Arbeitsschutzausschuß tritt mindestens einmal vierteljährlich zusammen.

-

§ 12 Behördliche Anordnungen

(1) Die zuständige Behörde kann im Einzelfall anordnen, welche Maßnahmen der Arbeitgeber zur Erfüllung der sich aus diesem Gesetz und den die gesetzlichen Pflichten näher bestimmenden Rechtsverordnungen und Unfallverhütungsvorschriften ergebenden Pflichten, insbesondere hinsichtlich der Bestellung von Betriebsärzten und Fachkräften für Arbeitssicherheit, zu treffen hat.

(2) Die zuständige Behörde hat, bevor sie eine Anordnung trifft,

1.

den Arbeitgeber und den Betriebsrat zu hören und mit ihnen zu erörtern, welche Maßnahmen angebracht erscheinen und

2.

dem zuständigen Träger der gesetzlichen Unfallversicherung Gelegenheit zu geben, an der Erörterung mit dem Arbeitgeber teilzunehmen und zu der von der Behörde in Aussicht genommenen Anordnung Stellung zu nehmen.

(3) Die zuständige Behörde hat dem Arbeitgeber zur Ausführung der Anordnung eine

angemessene Frist zu setzen.

(4) Die zuständige Behörde hat den Betriebsrat über eine gegenüber dem Arbeitgeber getroffene Anordnung schriftlich in Kenntnis zu setzen.

-

§ 13 Auskunfts- und Besichtigungsrechte

(1) Der Arbeitgeber hat der zuständigen Behörde auf deren Verlangen die zur Durchführung des Gesetzes erforderlichen Auskünfte zu erteilen. Er kann die Auskunft auf solche Fragen verweigern, deren Beantwortung ihn selbst oder einen der in § 383 Abs. 1 Nr. 1 bis 3 der Zivilprozeßordnung bezeichneten Angehörigen der Gefahr strafgerichtlicher Verfolgung oder eines Verfahrens nach dem Gesetz über Ordnungswidrigkeiten aussetzen würde.

(2) Die Beauftragten der zuständigen Behörde sind berechtigt, die Arbeitsstätten während der üblichen Betriebs- und Arbeitszeit zu betreten und zu besichtigen; außerhalb dieser Zeit oder wenn sich die Arbeitsstätten in einer Wohnung befinden, dürfen sie nur zur Verhütung von dringenden Gefahren für die öffentliche Sicherheit und Ordnung betreten und besichtigt werden. Das Grundrecht der Unverletzlichkeit der Wohnung (Artikel 13 des Grundgesetzes) wird insoweit eingeschränkt.

-

§ 14 Ermächtigung zum Erlaß von Rechtsverordnungen

(1) Das Bundesministerium für Arbeit und Soziales kann mit Zustimmung des Bundesrates durch Rechtsverordnung bestimmen, welche Maßnahmen der Arbeitgeber zur Erfüllung der sich aus diesem Gesetz ergebenden Pflichten zu treffen hat. Soweit die Träger der gesetzlichen Unfallversicherung ermächtigt sind, die gesetzlichen Pflichten durch Unfallverhütungsvorschriften näher zu bestimmen, macht das Bundesministerium für Arbeit und Soziales von der Ermächtigung erst Gebrauch, nachdem innerhalb einer von ihm gesetzten angemessenen Frist der Träger der gesetzlichen Unfallversicherung eine entsprechende Unfallverhütungsvorschrift nicht erlassen hat oder eine unzureichend gewordene Unfallverhütungsvorschrift nicht ändert.

(2) (weggefallen)

-

§ 15 Ermächtigung zum Erlaß von allgemeinen Verwaltungsvorschriften

Das Bundesministerium für Arbeit und Soziales erläßt mit Zustimmung des Bundesrates allgemeine Verwaltungsvorschriften zu diesem Gesetz und den auf Grund des Gesetzes erlassenen Rechtsverordnungen.

-

§ 16 Öffentliche Verwaltung

In Verwaltungen und Betrieben des Bundes, der Länder, der Gemeinden und der sonstigen Körperschaften, Anstalten und Stiftungen des öffentlichen Rechts ist ein den Grundsätzen dieses Gesetzes gleichwertiger arbeitsmedizinischer und sicherheitstechnischer Arbeitsschutz zu gewährleisten.

-

§ 17 Nichtanwendung des Gesetzes

(1) Dieses Gesetz ist nicht anzuwenden, soweit Arbeitnehmer im Haushalt beschäftigt werden.

(2) Soweit im Seearbeitsgesetz und in anderen Vorschriften im Bereich der Seeschifffahrt

gleichwertige Regelungen enthalten sind, gelten diese Regelungen für die Besatzungsmitglieder auf Kauffahrteischiffen unter deutscher Flagge. Soweit dieses Gesetz auf die Seeschiffahrt nicht anwendbar ist, wird das Nähere durch Rechtsverordnung geregelt.
(3) Soweit das Bergrecht diesem Gesetz gleichwertige Regelungen enthält, gelten diese Regelungen. Im übrigen gilt dieses Gesetz.

-

§ 18 Ausnahmen

Die zuständige Behörde kann dem Arbeitgeber gestatten, auch solche Betriebsärzte und Fachkräfte für Arbeitssicherheit zu bestellen, die noch nicht über die erforderliche Fachkunde im Sinne des § 4 oder § 7 verfügen, wenn der Arbeitgeber sich verpflichtet, in einer festzulegenden Frist den Betriebsarzt oder die Fachkraft für Arbeitssicherheit entsprechend fortbilden zu lassen.

-

§ 19 Überbetriebliche Dienste

Die Verpflichtung des Arbeitgebers, Betriebsärzte und Fachkräfte für Arbeitssicherheit zu bestellen, kann auch dadurch erfüllt werden, daß der Arbeitgeber einen überbetrieblichen Dienst von Betriebsärzten oder Fachkräften für Arbeitssicherheit zur Wahrnehmung der Aufgaben nach § 3 oder § 6 verpflichtet.

-

§ 20 Ordnungswidrigkeiten

(1) Ordnungswidrig handelt, wer vorsätzlich oder fahrlässig

1.
    einer vollziehbaren Anordnung nach § 12 Abs. 1 zuwiderhandelt,
2.
    entgegen § 13 Abs. 1 Satz 1 eine Auskunft nicht, nicht richtig oder nicht vollständig erteilt oder
3.
    entgegen § 13 Abs. 2 Satz 1 eine Besichtigung nicht duldet.
(2) Eine Ordnungswidrigkeit nach Absatz 1 Nr. 1 kann mit einer Geldbuße bis zu fünfundzwanzigtausend Euro, eine Ordnungswidrigkeit nach Absatz 1 Nr. 2 und 3 mit einer Geldbuße bis zu fünfhundert Euro geahndet werden.

-

§ 21

-

-

§ 22 Berlin-Klausel

Dieses Gesetz gilt nach Maßgabe des § 13 Abs. 1 des Dritten Überleitungsgesetzes vom 4. Januar 1952 (Bundesgesetzbl. I S. 1) auch im Land Berlin. Rechtsverordnungen, die auf Grund dieses Gesetzes erlassen werden, gelten im Land Berlin nach § 14 des Dritten Überleitungsgesetzes.

-

§ 23 Inkrafttreten

(2)

Fußnote

§ 23 Abs. 1 Satz 1 u. 2: IdF d. § 70 Nr. 3 G v. 12.4.1976 I 965 mWv 1.5.1976, Kursivdruck gegenstandslos

-

Anhang EV Auszug aus EinigVtr Anlage I Kapitel VIII Sachgebiet B Abschnitt III
(BGBl. II 1990, 889, 1029)
- Maßgaben für das beigetretene Gebiet (Art. 3 EinigVtr) -

Abschnitt III
Bundesrecht tritt in dem in Artikel 3 des Vertrages genannten Gebiet mit folgenden Maßgaben in Kraft:
...

12.
Gesetz über Betriebsärzte, Sicherheitsingenieure und andere Fachkräfte für Arbeitssicherheit vom 12. Dezember 1973 (BGBl. I S. 1885), geändert durch § 70 des Gesetzes vom 12. April 1976 (BGBl. I S. 965),
mit folgenden Maßgaben:

a)
Die Verpflichtung der Arbeitgeber nach § 2 gilt als erfüllt, wenn die betriebsärztlichen Aufgaben durch eine Einrichtung des betrieblichen Gesundheitswesens wahrgenommen werden. Die Buchstaben b) und d) sind anzuwenden.

b)
Der Arbeitgeber kann die Fachkunde als Betriebsarzt nach § 4 als nachgewiesen ansehen bei Fachärzten für Arbeitsmedizin oder Arbeitshygiene und Fachärzten mit staatlicher Anerkennung als Betriebsarzt.

c)
Der Arbeitgeber kann die Fachkunde als Fachkraft für Arbeitssicherheit nach § 7 als nachgewiesen ansehen bei Fachkräften, die eine Hochschul-, Fachschul- oder Meisterqualifikation besitzen und eine der Ausbildung entsprechende praktische Tätigkeit mindestens zwei Jahre lang ausgeübt haben und eine Ausbildung als Fachingenieur oder Fachökonom für Arbeitsschutz oder Arbeitsschutzinspektor oder Sicherheitsingenieur oder Fachingenieur für Brandschutz oder den Erwerb der anerkannten Zusatzqualifikation im Gesundheits- und Arbeitsschutz für Sicherheitsinspektoren oder eine entsprechende Ausbildung auf dem Gebiet der Arbeitshygiene nachweisen können. Fachkräfte für Arbeitssicherheit erfüllen die Anforderungen auch, wenn sie vor dem Inkrafttreten dieses Gesetzes mindestens zwei Jahre lang auf dem Gebiet der Arbeitssicherheit tätig waren.

d)
Für die Ermittlung der Einsatzzeit der Betriebsärzte sind folgende Mindestwerte zugrunde zu legen:

aa)
0,25 Stunden/Beschäftigten x Jahr für Betriebe mit geringfügigen Gefährdungen,

bb)
0,6 Stunden/Beschäftigten x Jahr für Betriebe, in denen eine arbeitsmedizinische Betreuung durchzuführen ist, weil besondere Arbeitserschwernisse vorliegen oder besonderen Berufskrankheiten vorzubeugen ist oder besondere

arbeitsbedingte Gefährdungen für die Arbeitnehmer oder Dritte vorliegen,

cc)

1,2 Stunden/Beschäftigten x Jahr für Betriebe, in denen diese arbeitsmedizinischen Untersuchungen in jährlichen oder kürzeren Zeitabständen durchzuführen sind.

Die auf der Grundlage der Mindestwerte ermittelte Einsatzzeit ist zu erhöhen, wenn der Umfang der vom Betriebsarzt durchzuführenden arbeitsmedizinischen Untersuchungen überdurchschnittlich hoch ist oder in Durchsetzung von Rechtsvorschriften zusätzliche Aufgaben im Betrieb zu lösen sind.

e)

Für die Ermittlung der Einsatzzeit der Fachkräfte für Arbeitssicherheit sind folgende Mindestwerte zugrunde zu legen:

aa)

0,2 Stunden/Beschäftigten x Jahr für Betriebe mit geringfügigen Gefährdungen,

bb)

1,5 Stunden/Beschäftigten x Jahr für Betriebe mit mittleren Gefährdungen,

cc)

3,0 Stunden/Beschäftigten x Jahr für Betriebe mit hohen Gefährdungen,

dd)

4,0 Stunden/Beschäftigten x Jahr für Betriebe mit sehr hohen Gefährdungen.

Die auf der Grundlage der Mindestwerte ermittelte Einsatzzeit ist zu erhöhen, wenn der Schwierigkeitsgrad der arbeitssicherheitlichen Aufgabe oder der Umfang der Aufgaben der technischen Arbeitshygiene überdurchschnittlich hoch ist oder zusätzliche Aufgaben, z.B. für die Bereiche des Brand- oder Strahlenschutzes, zu lösen sind.

f)

Wird der Arbeitgeber Mitglied eines Unfallversicherungsträgers und hat dieser Unfallverhütungsvorschriften gemäß § 14 Abs. 1 erlassen, so treten an die Stelle der Bestimmungen in den Buchstaben b) bis e) die entsprechenden Bestimmungen der Unfallverhütungsvorschriften. Die erforderliche Fachkunde kann auch weiterhin als nachgewiesen angesehen werden, wenn die Voraussetzungen der Buchstaben b) und c) erfüllt sind.

g)

Für den öffentlichen Dienst der in Artikel 1 des Vertrages genannten Länder und des Landes Berlin für den Teil, in dem das Grundgesetz bisher nicht galt, ist bis zum Erlaß entsprechender Vorschriften durch die für den öffentlichen Dienst zuständigen Minister der Länder die Richtlinie des Bundesministers des Innern für den betriebsärztlichen und sicherheitstechnischen Dienst in den Verwaltungen und Betrieben des Bundes vom 28. Januar 1978 (GMBl. S. 114 ff.) anzuwenden.

Verordnung zum Schutz vor Gefahrstoffen

Gefahrstoffverordnung - GefStoffV

GefStoffV

Ausfertigungsdatum: 26.11.2010

"Gefahrstoffverordnung vom 26. November 2010 (BGBl. I S. 1643, 1644), die zuletzt durch Artikel 2 der Verordnung vom 3. Februar 2015 (BGBl. I S. 49) geändert worden ist".Zuletzt geändert durch Art. 2 V v. 3.2.2015 I 49.

*)

Artikel 1 dieser Verordnung dient der Umsetzung folgender Richtlinien:

Richtlinie 98/24/EG des Rates vom 7. April 1998 zum Schutz von Gesundheit und Sicherheit der Arbeitnehmer vor der

Gefährdung durch chemische Arbeitsstoffe bei der Arbeit (ABl. L 131 vom 5.5.1998, S. 11), die durch die Richtlinie 2007/30/EG (ABl. L 165 vom 27.6.2007, S. 21) geändert worden ist,

–

Richtlinie 2000/39/EG der Kommission vom 8. Juni 2000 zur Festlegung einer ersten Liste von Arbeitsplatz-Richtgrenzwerten in Durchführung der Richtlinie 98/24/EG des Rates zum Schutz von Gesundheit und Sicherheit der Arbeitnehmer vor der Gefährdung durch chemische Arbeitsstoffe bei der Arbeit (ABl. L 142 vom 16.6.2000, S. 47), die zuletzt durch die Richtlinie 2009/161/EU (ABl. L 338 vom 19.12.2009, S. 87) geändert worden ist,

–

Richtlinie 2006/15/EG der Kommission vom 7. Februar 2006 zur Festlegung einer zweiten Liste von Arbeitsplatz-Richtgrenzwerten in Durchführung der Richtlinie 98/24/EG des Rates und zur Änderung der Richtlinien 91/322/EWG und 2000/39/EG (ABl. L 38 vom 9.2.2006, S. 36),

–

Richtlinie 2009/161/EU der Kommission vom 17. Dezember 2009 zur Festlegung einer dritten Liste von Arbeitsplatz-Richtgrenzwerten in Durchführung der Richtlinie 98/24/EG des Rates und zur Änderung der Richtlinie 2000/39/EG (ABl. L 338 vom 19.12.2009, S. 87),

–

Richtlinie 2004/37/EG des Europäischen Parlaments und des Rates vom 29. April 2004 über den Schutz der Arbeitnehmer gegen Gefährdung durch Karzinogene oder Mutagene bei der Arbeit (ABl. L 158 vom 30.4.2004, S. 50, L 229 vom 29.6.2004, S. 23, L 204 vom 4.8.2007, S. 28),

–

Richtlinie 2009/148/EG des Europäischen Parlaments und des Rates vom 30. November 2009 über den Schutz der Arbeitnehmer gegen Gefährdung durch Asbest am Arbeitsplatz (ABl. L 330 vom 16.12.2009, S. 28),

–

Richtlinie 67/548/EWG des Rates vom 27. Juni 1967 zur Angleichung der Rechts- und Verwaltungsvorschriften für die Einstufung, Verpackung und Kennzeichnung gefährlicher Stoffe (ABl. L 196 vom 16.8.1967, S. 1), die zuletzt durch die Richtlinie 2009/2/EG (ABl. L 11 vom 16.1.2009, S. 6) geändert worden ist,

–

Richtlinie 1999/45/EG des Europäischen Parlaments und des Rates vom 31. Mai 1999 zur Angleichung der Rechts- und Verwaltungsvorschriften der Mitgliedstaaten für die Einstufung, Verpackung und Kennzeichnung gefährlicher Zubereitungen (ABl. L 200 vom 30.7.1999, S. 1, L 6 vom 10.1.2002, S. 71), die zuletzt durch die Verordnung (EG) Nr. 1272/2008 (ABl. L 353 vom 31.12.2008, S. 1) geändert worden ist,

–

Richtlinie 98/8/EG des Europäischen Parlaments und des Rates vom 16. Februar 1998 über das Inverkehrbringen von Biozid-Produkten (ABl. L 123 vom 24.4.1998, S. 1, L 150 vom 8.6.2002, S. 71), die zuletzt durch die Richtlinien 2010/7/EU, 2010/8/EU, 2010/9/EU, 2010/10/EU und 2010/11/EU (ABl. L 37 vom 10.2.2010, S. 33, 37, 40, 44, 47) geändert worden ist,

–

Richtlinie 96/59/EG des Rates vom 16. September 1996 über die Beseitigung polychlorierter Biphenyle und polychlorierter Terphenyle (PCB/PCT) (ABl. L 243 vom 24.9.1996, S. 31), die durch die Verordnung (EG) Nr. 596/2009 (ABl. L 188 vom 18.7.2009, S. 14) geändert worden ist,

–

Richtlinie 1999/92/EG des Europäischen Parlaments und des Rates vom 16. Dezember 1992 über Mindestvorschriften zur Verbesserung des Gesundheitsschutzes und der Sicherheit der Arbeitnehmer, die durch explosionsfähige Atmosphären gefährdet werden können (ABl. L 23 vom 28.1.2000, S. 57), die durch die Richtlinie 2007/30/EG (ABl. L 165 vom 27.6.2007, S. 21) geändert worden ist.

Fußnote

(+++ Textnachweis ab: 1.12.2010 +++)
(+++ Amtlicher Hinweis des Normgebers auf EG-Recht:
    Umsetzung der

EGRL	24/98	(CELEX Nr: 31998L0024)
EGRL	39/2000	(CELEX Nr: 32000L0039)
EGRL	15/2006	(CELEX Nr: 32006L0015)
EURL	161/2009	(CELEX Nr: 32009L0161)
EGRL	37/2004	(CELEX Nr: 32004L0037)
EGRL	148/2009	(CELEX Nr: 32009L0148)
EWGRL	548/67	(CELEX Nr: 31967L0548)
EGRL	45/99	(CELEX Nr: 31999L0045)
EGRL	8/98	(CELEX Nr: 31998L0008)
EGRL	59/96	(CELEX Nr: 31996L0059)
EGRL	92/99	(CELEX Nr: 31999L0092) +++)

Die V wurde als Artikel 1 der V v. 26.11.2010 I 1643 von der Bundesregierung, dem Bundesministerium des Innern, dem Bundesministerium für Arbeit und Soziales, dem Bundesministerium für Wirtschaft und Technologie, nach Anhörung der beteiligten Kreise und mit Zustimmung des Bundesrates erlassen. Sie ist gem. Artikel 6 Satz 1 dieser V am 1.12.2010 in Kraft getreten.

–

Abschnitt 1
Zielsetzung, Anwendungsbereich und Begriffsbestimmungen

§ 1 Zielsetzung und Anwendungsbereich

(1) Ziel dieser Verordnung ist es, den Menschen und die Umwelt vor stoffbedingten Schädigungen zu schützen durch

1.
   Regelungen zur Einstufung, Kennzeichnung und Verpackung gefährlicher Stoffe und Zubereitungen,
2.
   Maßnahmen zum Schutz der Beschäftigten und anderer Personen bei Tätigkeiten mit Gefahrstoffen und
3.
   Beschränkungen für das Herstellen und Verwenden bestimmter gefährlicher Stoffe, Zubereitungen und Erzeugnisse.

(2) Abschnitt 2 gilt für das Inverkehrbringen von

1.
   gefährlichen Stoffen und Zubereitungen,
2.
   bestimmten Stoffen, Zubereitungen und Erzeugnissen, die mit zusätzlichen Kennzeichnungen zu versehen sind, nach Maßgabe
   a)
      der Richtlinie 96/59/EG des Rates vom 16. September 1996 über die Beseitigung polychlorierter Biphenyle und polychlorierter Terphenyle (PCB/PCT) (ABl. L 243 vom 24.9.1996, S. 31), die durch die Verordnung (EG) Nr. 596/2009 (ABl. L 188 vom 18.7.2009, S. 14) geändert worden ist, oder
   b)
      der Richtlinie 1999/45/EG des Europäischen Parlaments und des Rates vom 31. Mai 1999 zur Angleichung der Rechts- und Verwaltungsvorschriften der Mitgliedstaaten für die Einstufung, Verpackung und Kennzeichnung gefährlicher Zubereitungen (ABl. L 200 vom 30.7.1999, S. 1, L 6 vom 10.1.2002, S. 71), die zuletzt durch die Verordnung (EG) Nr. 1272/2008 (ABl. L 353 vom 31.12.2008, S. 1) geändert worden ist,
3.
   Biozid-Produkten im Sinne des § 3b Absatz 1 Nummer 1 des Chemikaliengesetzes, die keine gefährlichen Stoffe oder Zubereitungen sind, sowie
4.
   Biozid-Wirkstoffen im Sinne des § 3b Absatz 1 Nummer 2 des Chemikaliengesetzes, die biologische Arbeitsstoffe im Sinne der Biostoffverordnung sind, und Biozid-Produkten im Sinne des § 3b Absatz 1 Nummer 1 des Chemikaliengesetzes, die als Wirkstoffe solche biologischen Arbeitsstoffe enthalten.

Abschnitt 2 gilt nicht für Lebensmittel oder Futtermittel in Form von Fertigerzeugnissen, die für den Endverbrauch bestimmt sind.

(3) Die Abschnitte 3 bis 6 gelten für Tätigkeiten, bei denen Beschäftigte Gefährdungen ihrer Gesundheit und Sicherheit durch Stoffe, Zubereitungen oder Erzeugnisse ausgesetzt sein können. Sie gelten auch, wenn die Sicherheit und Gesundheit anderer Personen aufgrund von Tätigkeiten im Sinne von § 2 Absatz 5 gefährdet sein können, die durch Beschäftigte oder Unternehmer ohne Beschäftigte ausgeübt werden. Die Sätze 1 und 2 finden auch Anwendung auf Tätigkeiten, die im Zusammenhang mit der Beförderung von Stoffen, Zubereitungen und Erzeugnissen ausgeübt werden. Die Vorschriften des Gefahrgutbeförderungsgesetzes und der darauf gestützten Rechtsverordnungen bleiben unberührt.

(4) Sofern nicht ausdrücklich etwas anderes bestimmt ist, gilt diese Verordnung nicht für

1.
   biologische Arbeitsstoffe im Sinne der Biostoffverordnung und

2.

    private Haushalte.

Diese Verordnung gilt ferner nicht für Betriebe, die dem Bundesberggesetz unterliegen, soweit dort oder in Rechtsverordnungen, die auf Grund dieses Gesetzes erlassen worden sind, entsprechende Rechtsvorschriften bestehen.

–

§ 2 Begriffsbestimmungen

(1) Gefahrstoffe im Sinne dieser Verordnung sind

1.

    gefährliche Stoffe und Zubereitungen nach § 3,

2.

    Stoffe, Zubereitungen und Erzeugnisse, die explosionsfähig sind,

3.

    Stoffe, Zubereitungen und Erzeugnisse, aus denen bei der Herstellung oder Verwendung Stoffe nach Nummer 1 oder Nummer 2 entstehen oder freigesetzt werden,

4.

    Stoffe und Zubereitungen, die die Kriterien nach den Nummern 1 bis 3 nicht erfüllen, aber auf Grund ihrer physikalisch-chemischen, chemischen oder toxischen Eigenschaften und der Art und Weise, wie sie am Arbeitsplatz vorhanden sind oder verwendet werden, die Gesundheit und die Sicherheit der Beschäftigten gefährden können,

5.

    alle Stoffe, denen ein Arbeitsplatzgrenzwert zugewiesen worden ist.

(2) Für den Begriff Zubereitung gilt die Begriffsbestimmung nach Artikel 2 Absatz 1 Buchstabe b der Richtlinie 1999/45/EG.

(3) Krebserzeugend, erbgutverändernd oder fruchtbarkeitsgefährdend im Sinne des Abschnitts 4 sind

1.

    Stoffe, die die Kriterien für die Einstufung als krebserzeugend, erbgutverändernd oder fruchtbarkeitsgefährdend erfüllen nach Anhang VI der Richtlinie 67/548/EWG des Rates vom 27. Juni 1967 zur Angleichung der Rechts- und Verwaltungsvorschriften für die Einstufung, Verpackung und Kennzeichnung gefährlicher Stoffe (ABl. L 196 vom 16.8.1967, S. 1), die zuletzt durch die Richtlinie 2009/2/EG (ABl. L 11 vom 16.1.2009, S. 6) geändert worden ist,

2.

    Zubereitungen, die einen oder mehrere der in Nummer 1 genannten Stoffe enthalten, wenn die Konzentration eines oder mehrerer dieser Stoffe die Konzentrationsgrenzen für die Einstufung einer Zubereitung als krebserzeugend, erbgutverändernd oder fruchtbarkeitsgefährdend übersteigt,

3.

    Stoffe, Zubereitungen oder Verfahren, die in den nach § 20 Absatz 4 bekannt gegebenen Regeln und Erkenntnissen als krebserzeugend, erbgutverändernd oder fruchtbarkeitsgefährdend bezeichnet werden.

Die Konzentrationsgrenzen im Sinne des Satzes 1 Nummer 2 sind festgelegt

1.

    in Tabelle 3.2 des Anhangs VI Teil 3 der Verordnung (EG) Nr. 1272/2008 des Europäischen Parlaments und des Rates vom 16. Dezember 2008 über die Einstufung, Kennzeichnung und Verpackung von Stoffen und Gemischen, zur Änderung und Aufhebung der Richtlinien 67/548/EWG und 1999/45/EG und zur Änderung der Verordnung (EG) Nr. 1907/2006 (ABl. L 353 vom 31.12.2008, S. 1), die durch die Verordnung (EG) Nr. 790/2009 (ABl. L 235 vom 5.9.2009, S. 1) geändert worden ist, in ihrer jeweils geltenden Fassung oder

2.

    in Anhang II Teil B der Richtlinie 1999/45/EG, wenn der Stoff oder die Stoffe nicht oder ohne

Konzentrationsgrenzen in Anhang VI Teil 3 Tabelle 3.2 der Verordnung (EG) Nr. 1272/2008 aufgeführt sind.

(4) Organische Peroxide im Sinne des § 11 Absatz 4 und des Anhangs III sind Stoffe, die sich vom Wasserstoffperoxid dadurch ableiten, dass ein oder beide Wasserstoffatome durch organische Gruppen ersetzt sind, sowie Zubereitungen, die diese Stoffe enthalten.

(5) Eine Tätigkeit ist jede Arbeit mit Stoffen, Zubereitungen oder Erzeugnissen, einschließlich Herstellung, Mischung, Ge- und Verbrauch, Lagerung, Aufbewahrung, Be- und Verarbeitung, Ab- und Umfüllung, Entfernung, Entsorgung und Vernichtung. Zu den Tätigkeiten zählen auch das innerbetriebliche Befördern sowie Bedien- und Überwachungsarbeiten.

(6) Lagern ist das Aufbewahren zur späteren Verwendung sowie zur Abgabe an andere. Es schließt die Bereitstellung zur Beförderung ein, wenn die Beförderung nicht innerhalb von 24 Stunden nach der Bereitstellung oder am darauffolgenden Werktag erfolgt. Ist dieser Werktag ein Samstag, so endet die Frist mit Ablauf des nächsten Werktags.

(7) Es stehen gleich

1.
den Beschäftigten die in Heimarbeit beschäftigten Personen sowie Schülerinnen und Schüler, Studierende und sonstige, insbesondere an wissenschaftlichen Einrichtungen tätige Personen, die Tätigkeiten mit Gefahrstoffen ausüben; für Schülerinnen und Schüler und Studierende gelten jedoch nicht die Regelungen dieser Verordnung über die Beteiligung der Personalvertretungen,

2.
dem Arbeitgeber der Unternehmer ohne Beschäftigte sowie der Auftraggeber und der Zwischenmeister im Sinne des Heimarbeitsgesetzes in der im Bundesgesetzblatt Teil III, Gliederungsnummer 804-1, veröffentlichten bereinigten Fassung, das zuletzt durch Artikel 225 der Verordnung vom 31. Oktober 2006 (BGBl. I S. 2407) geändert worden ist.

(8) Der Arbeitsplatzgrenzwert ist der Grenzwert für die zeitlich gewichtete durchschnittliche Konzentration eines Stoffs in der Luft am Arbeitsplatz in Bezug auf einen gegebenen Referenzzeitraum. Er gibt an, bis zu welcher Konzentration eines Stoffs akute oder chronische schädliche Auswirkungen auf die Gesundheit von Beschäftigten im Allgemeinen nicht zu erwarten sind.

(9) Der biologische Grenzwert ist der Grenzwert für die toxikologisch-arbeitsmedizinisch abgeleitete Konzentration eines Stoffs, seines Metaboliten oder eines Beanspruchungsindikators im entsprechenden biologischen Material. Er gibt an, bis zu welcher Konzentration die Gesundheit von Beschäftigten im Allgemeinen nicht beeinträchtigt wird.

(10) Ein explosionsfähiges Gemisch ist ein Gemisch aus brennbaren Gasen, Dämpfen, Nebeln oder aufgewirbelten Stäuben und Luft oder einem anderen Oxidationsmittel, das nach Wirksamwerden einer Zündquelle in einer sich selbsttätig fortpflanzenden Flammenausbreitung reagiert, sodass im Allgemeinen ein sprunghafter Temperatur- und Druckanstieg hervorgerufen wird.

(11) Chemisch instabile Gase, die auch ohne ein Oxidationsmittel nach Wirksamwerden einer Zündquelle in einer sich selbsttätig fortpflanzenden Flammenausbreitung reagieren können, sodass ein sprunghafter Temperatur- und Druckanstieg hervorgerufen wird, stehen explosionsfähigen Gemischen nach Absatz 10 gleich.

(12) Ein gefährliches explosionsfähiges Gemisch ist ein explosionsfähiges Gemisch, das in solcher Menge auftritt, dass besondere Schutzmaßnahmen für die Aufrechterhaltung der Gesundheit und Sicherheit der Beschäftigten oder anderer Personen erforderlich werden.

(13) Gefährliche explosionsfähige Atmosphäre ist ein gefährliches explosionsfähiges Gemisch mit Luft als Oxidationsmittel unter atmosphärischen Bedingungen (Umgebungstemperatur von –20 °C bis +60 °C und Druck von 0,8 Bar bis 1,1 Bar).

(14) Explosionsgefährdeter Bereich ist der Gefahrenbereich, in dem gefährliche explosionsfähige Atmosphäre auftreten kann.

(15) Der Stand der Technik ist der Entwicklungsstand fortschrittlicher Verfahren, Einrichtungen oder Betriebsweisen, der die praktische Eignung einer Maßnahme zum Schutz der Gesundheit und zur Sicherheit der Beschäftigten gesichert erscheinen lässt. Bei der Bestimmung des Stands

der Technik sind insbesondere vergleichbare Verfahren, Einrichtungen oder Betriebsweisen heranzuziehen, die mit Erfolg in der Praxis erprobt worden sind. Gleiches gilt für die Anforderungen an die Arbeitsmedizin und die Arbeitsplatzhygiene.

(16) Fachkundig ist, wer zur Ausübung einer in dieser Verordnung bestimmten Aufgabe über die erforderlichen Fachkenntnisse verfügt. Die Anforderungen an die Fachkunde sind abhängig von der jeweiligen Art der Aufgabe. Zu den Anforderungen zählen eine entsprechende Berufsausbildung, Berufserfahrung oder eine zeitnah ausgeübte entsprechende berufliche Tätigkeit sowie die Teilnahme an spezifischen Fortbildungsmaßnahmen.

(17) Sachkundig ist, wer seine bestehende Fachkunde durch Teilnahme an einem behördlich anerkannten Sachkundelehrgang erweitert hat. In Abhängigkeit vom Aufgabengebiet kann es zum Erwerb der Sachkunde auch erforderlich sein, den Lehrgang mit einer erfolgreichen Prüfung abzuschließen. Sachkundig ist ferner, wer über eine von der zuständigen Behörde als gleichwertig anerkannte oder in dieser Verordnung als gleichwertig bestimmte Qualifikation verfügt.

Abschnitt 2
Gefahrstoffinformation

-

§ 3 Gefährlichkeitsmerkmale

Gefährlich im Sinne dieser Verordnung sind Stoffe und Zubereitungen, die eine oder mehrere der in Satz 2 genannten Eigenschaften aufweisen. Stoffe und Zubereitungen sind

1.

explosionsgefährlich, wenn sie in festem, flüssigem, pastenförmigem oder gelatinösem Zustand auch ohne Beteiligung von Luftsauerstoff exotherm und unter schneller Entwicklung von Gasen reagieren können und unter festgelegten Prüfbedingungen detonieren, schnell deflagrieren oder beim Erhitzen unter teilweisem Einschluss explodieren,

2.

brandfördernd, wenn sie in der Regel selbst nicht brennbar sind, aber bei Kontakt mit brennbaren Stoffen oder Zubereitungen, überwiegend durch Sauerstoffabgabe, die Brandgefahr und die Heftigkeit eines Brands beträchtlich erhöhen,

3.

hochentzündlich, wenn sie

a)

in flüssigem Zustand einen extrem niedrigen Flammpunkt und einen niedrigen Siedepunkt haben,

b)

als Gase bei gewöhnlicher Temperatur und Normaldruck in Mischung mit Luft einen Explosionsbereich haben,

4.

leichtentzündlich, wenn sie

a)

sich bei gewöhnlicher Temperatur an der Luft ohne Energiezufuhr erhitzen und schließlich entzünden können,

b)

in festem Zustand durch kurzzeitige Einwirkung einer Zündquelle leicht entzündet werden können und nach deren Entfernen in gefährlicher Weise weiterbrennen oder weiterglimmen,

c)

in flüssigem Zustand einen sehr niedrigen Flammpunkt haben,

d)

bei Kontakt mit Wasser oder mit feuchter Luft hochentzündliche Gase in gefährlicher Menge entwickeln,

5.
entzündlich, wenn sie in flüssigem Zustand einen niedrigen Flammpunkt haben,

6.
sehr giftig, wenn sie in sehr geringer Menge bei Einatmen, Verschlucken oder Aufnahme über die Haut zum Tod führen oder akute oder chronische Gesundheitsschäden verursachen können,

7.
giftig, wenn sie in geringer Menge bei Einatmen, Verschlucken oder Aufnahme über die Haut zum Tod führen oder akute oder chronische Gesundheitsschäden verursachen können,

8.
gesundheitsschädlich, wenn sie bei Einatmen, Verschlucken oder Aufnahme über die Haut zum Tod führen oder akute oder chronische Gesundheitsschäden verursachen können,

9.
ätzend, wenn sie lebende Gewebe bei Kontakt zerstören können,

10.
reizend, wenn sie ohne ätzend zu sein bei kurzzeitigem, länger andauerndem oder wiederholtem Kontakt mit Haut oder Schleimhaut eine Entzündung hervorrufen können,

11.
sensibilisierend, wenn sie bei Einatmen oder Aufnahme über die Haut Überempfindlichkeitsreaktionen hervorrufen können, so dass bei künftiger Exposition gegenüber dem Stoff oder der Zubereitung charakteristische Störungen auftreten,

12.
krebserzeugend (kanzerogen), wenn sie bei Einatmen, Verschlucken oder Aufnahme über die Haut Krebs hervorrufen oder die Krebshäufigkeit erhöhen können,

13.
fortpflanzungsgefährdend (reproduktionstoxisch), wenn sie bei Einatmen, Verschlucken oder Aufnahme über die Haut
a)
nicht vererbbare Schäden der Nachkommenschaft hervorrufen oder die Häufigkeit solcher Schäden erhöhen (fruchtschädigend) oder
b)
eine Beeinträchtigung der männlichen oder weiblichen Fortpflanzungsfunktionen oder der Fortpflanzungsfähigkeit zur Folge haben können (fruchtbarkeitsgefährdend),

14.
erbgutverändernd (mutagen), wenn sie bei Einatmen, Verschlucken oder Aufnahme über die Haut vererbbare genetische Schäden zur Folge haben oder deren Häufigkeit erhöhen können,

15.
umweltgefährlich, wenn sie selbst oder ihre Umwandlungsprodukte geeignet sind, die Beschaffenheit des Naturhaushalts, von Wasser, Boden oder Luft, Klima, Tieren, Pflanzen oder Mikroorganismen derart zu verändern, dass dadurch sofort oder später Gefahren für die Umwelt herbeigeführt werden können.

-

§ 4 Einstufung, Kennzeichnung und Verpackung

(1) Die Einstufung, Kennzeichnung und Verpackung von Stoffen und Gemischen sowie von Erzeugnissen mit Explosivstoff richten sich nach den Bestimmungen der Verordnung (EG) Nr. 1272/2008.
(2) Sofern nach Artikel 61 der Verordnung (EG) Nr. 1272/2008 die Einstufung, Kennzeichnung oder Verpackung von Stoffen und Zubereitungen nach der Richtlinie 67/548/EWG oder der Richtlinie 1999/45/EG erfolgt, sind unbeschadet des § 19 Absatz 3 die Bestimmungen dieser Richtlinien sowie die Absätze 3 bis 6 und § 5 Absatz 3 anzuwenden.
(3) Bei der Einstufung von Stoffen und Zubereitungen sind die nach § 20 Absatz 4 bekannt

gegebenen Regeln und Erkenntnisse zu berücksichtigen.

(4) Die Kennzeichnung von Stoffen und Zubereitungen, die in Deutschland in Verkehr gebracht werden, muss in deutscher Sprache erfolgen.

(5) Werden gefährliche Stoffe oder gefährliche Zubereitungen unverpackt in Verkehr gebracht, sind jeder Liefereinheit geeignete Sicherheitsinformationen oder ein Sicherheitsdatenblatt in deutscher Sprache beizufügen.

(6) Beabsichtigt ein Hersteller oder Einführer, der nach der Richtlinie 1999/45/EG kennzeichnet, von der in Artikel 15 dieser Richtlinie festgelegten Möglichkeit zur abweichenden Bezeichnung von gefährlichen Stoffen bei der Kennzeichnung von Zubereitungen Gebrauch zu machen, hat er die erforderlichen Informationen und Nachweise der Bundesstelle für Chemikalien (§ 4 Absatz 1 Nummer 1 des Chemikaliengesetzes) rechtzeitig vorzulegen. Von der Möglichkeit zur abweichenden Bezeichnung kann für Wirkstoffe in Biozid-Produkten nicht Gebrauch gemacht werden.

(7) Der Hersteller oder Einführer hat Biozid-Wirkstoffe, die als solche in Verkehr gebracht werden und zugleich biologische Arbeitsstoffe sind, zusätzlich nach den §§ 3 und 4 der Biostoffverordnung einzustufen.

(8) Für die Verpackung und Kennzeichnung von Biozid-Produkten gilt zusätzlich Artikel 20 Absatz 2 Satz 2 Buchstabe a und Absatz 3 Satz 2 und 3 Buchstabe a, c, f bis j, l und m sowie im Fall zugelassener oder registrierter Biozid-Produkte zusätzlich Artikel 20 Absatz 3 Satz 3 Buchstabe b, d, e und k der Richtlinie 98/8/EG des Europäischen Parlaments und des Rates vom 16. Februar 1998 über das Inverkehrbringen von Biozid-Produkten (ABl. L 123 vom 24.4.1998, S. 1, L 150 vom 8.6.2002, S. 71), die zuletzt durch die Richtlinien 2010/7/EU, 2010/8/EU, 2010/9/EU, 2010/10/EU und 2010/11/EU (ABl. L 37 vom 10.2.2010, S. 33, 37, 40, 44, 47) geändert worden ist. Bei der Kennzeichnung von Biozid-Produkten, bei denen der Wirkstoff ein biologischer Arbeitsstoff ist, sind darüber hinaus anzugeben

1.

    die Identität des Organismus nach Anhang IVA Abschnitt II Nummer 2.1 und 2.2 der Richtlinie 98/8/EG,

2.

    die Einstufung der Mikroorganismen in Risikogruppen nach den §§ 3 und 4 der Biostoffverordnung und

3.

    bei einer Einstufung in die Risikogruppe 2 und höher nach den §§ 3 und 4 der Biostoffverordnung das Symbol für Biogefährdung nach Anhang I der Biostoffverordnung. Die nach Satz 2 und nach Artikel 20 Absatz 3 Satz 3 Buchstabe a, b, d, g und k der Richtlinie 98/8/EG erforderlichen Angaben müssen auf dem Kennzeichnungsschild stehen. Die Angaben nach Artikel 20 Absatz 3 Satz 3 Buchstabe c, e, f, h, i, j und l der Richtlinie 98/8/EG können auf dem Kennzeichnungsschild oder an anderer Stelle der Verpackung oder auf einem der Verpackung beigefügten, integrierten Merkblatt stehen.

(9) Dekontaminierte PCB-haltige Geräte im Sinne der Richtlinie 96/59/EG müssen nach dem Anhang dieser Richtlinie gekennzeichnet werden.

(10) Die Kennzeichnung bestimmter, beschränkter Stoffe, Zubereitungen und Erzeugnisse richtet sich zusätzlich nach Artikel 67 in Verbindung mit Anhang XVII der Verordnung (EG) Nr. 1907/2006 des Europäischen Parlaments und des Rates vom 18. Dezember 2006 zur Registrierung, Bewertung, Zulassung und Beschränkung chemischer Stoffe (REACH), zur Schaffung einer Europäischen Chemikalienagentur, zur Änderung der Richtlinie 1999/45/EG und zur Aufhebung der Verordnung (EWG) Nr. 793/93 des Rates, der Verordnung (EG) Nr. 1488/94 der Kommission, der Richtlinie 76/769/EWG des Rates sowie der Richtlinien 91/155/EWG, 93/67/EWG, 93/105/EG und 2000/21/EG der Kommission (ABl. L 396 vom 30.12.2006, S. 1, L 136 vom 29.5.2007, S. 3, L 141 vom 31.5.2008, S. 22, L 36 vom 5.2.2009, S. 84), die zuletzt durch die Verordnung (EU) Nr. 453/2010 (ABl. L 133 vom 31.5.2010, S. 1) geändert worden ist, in ihrer jeweils geltenden Fassung.

(11) Ist

1.

der Informationsgehalt der Kennzeichnung oder des Sicherheitsdatenblatts einer Zubereitung oder

2.

die Information über eine Verunreinigung oder Beimengung auf dem Kennzeichnungsschild oder im Sicherheitsdatenblatt eines Stoffs

nicht ausreichend, um neue Zubereitungen bei der Herstellung ordnungsgemäß einstufen zu können, hat der Inverkehrbringer der Zubereitung oder des Stoffs den anderen Herstellern auf Anfrage unverzüglich alle Informationen zur Verfügung zu stellen, die für eine ordnungsgemäße Einstufung neuer Zubereitungen erforderlich sind.

-

§ 5 Sicherheitsdatenblatt und sonstige Informationspflichten

(1) Die vom Hersteller, Einführer und erneuten Inverkehrbringer hinsichtlich des Sicherheitsdatenblatts beim Inverkehrbringen von Stoffen und Zubereitungen zu beachtenden Anforderungen ergeben sich aus Artikel 31 in Verbindung mit Anhang II der Verordnung (EG) Nr. 1907/2006. Ist nach diesen Vorschriften die Übermittlung eines Sicherheitsdatenblatts nicht erforderlich, richten sich die Informationspflichten nach Artikel 32 der Verordnung (EG) Nr. 1907/2006.

(2) Bei den Angaben, die nach den Nummern 15 und 16 des Anhangs II der Verordnung (EG) Nr. 1907/2006 zu machen sind, sind insbesondere die nach § 20 Absatz 4 bekannt gegebenen Regeln und Erkenntnisse zu berücksichtigen, nach denen Stoffe oder Tätigkeiten als krebserzeugend, erbgutverändernd oder fortpflanzungsgefährdend bezeichnet werden.

(3) Werden Zubereitungen nach der Richtlinie 1999/45/EG gekennzeichnet, muss auf der Verpackung von Zubereitungen, die im Einzelhandel angeboten oder für jedermann erhältlich sind und die als sehr giftig, giftig oder ätzend eingestuft sind, nach Maßgabe des Anhangs V Buchstabe A Nummer 1.2 der Richtlinie 1999/45/EG eine genaue und allgemein verständliche Gebrauchsanweisung angebracht werden. Falls dies technisch nicht möglich ist, muss die Gebrauchsanweisung der Verpackung beigefügt werden.

Abschnitt 3
Gefährdungsbeurteilung und Grundpflichten

-

§ 6 Informationsermittlung und Gefährdungsbeurteilung

(1) Im Rahmen einer Gefährdungsbeurteilung als Bestandteil der Beurteilung der Arbeitsbedingungen nach § 5 des Arbeitsschutzgesetzes hat der Arbeitgeber festzustellen, ob die Beschäftigten Tätigkeiten mit Gefahrstoffen ausüben oder ob bei Tätigkeiten Gefahrstoffe entstehen oder freigesetzt werden können. Ist dies der Fall, so hat er alle hiervon ausgehenden Gefährdungen der Gesundheit und Sicherheit der Beschäftigten unter folgenden Gesichtspunkten zu beurteilen:

1.

gefährliche Eigenschaften der Stoffe oder Zubereitungen, einschließlich ihrer physikalisch-chemischen Wirkungen,

2.

Informationen des Herstellers oder Inverkehrbringers zum Gesundheitsschutz und zur Sicherheit insbesondere im Sicherheitsdatenblatt,

3.

Art und Ausmaß der Exposition unter Berücksichtigung aller Expositionswege; dabei sind die Ergebnisse der Messungen und Ermittlungen nach § 7 Absatz 8 zu berücksichtigen,

4.

Möglichkeiten einer Substitution,

171

5.

Arbeitsbedingungen und Verfahren, einschließlich der Arbeitsmittel und der Gefahrstoffmenge,

6.

Arbeitsplatzgrenzwerte und biologische Grenzwerte,

7.

Wirksamkeit der ergriffenen oder zu ergreifenden Schutzmaßnahmen,

8.

Erkenntnisse aus arbeitsmedizinischen Vorsorgeuntersuchungen nach der Verordnung zur arbeitsmedizinischen Vorsorge.

(2) Der Arbeitgeber hat sich die für die Gefährdungsbeurteilung notwendigen Informationen beim Inverkehrbringer oder aus anderen, ihm mit zumutbarem Aufwand zugänglichen Quellen zu beschaffen. Insbesondere hat der Arbeitgeber die Informationen zu beachten, die ihm nach Titel IV der Verordnung (EG) Nr. 1907/2006 zur Verfügung gestellt werden; dazu gehören Sicherheitsdatenblätter und die Informationen zu Stoffen oder Zubereitungen, für die kein Sicherheitsdatenblatt zu erstellen ist. Sofern die Verordnung (EG) Nr. 1907/2006 keine Informationspflicht vorsieht, hat der Inverkehrbringer dem Arbeitgeber auf Anfrage die für die Gefährdungsbeurteilung notwendigen Informationen über die Gefahrstoffe zur Verfügung zu stellen.

(3) Stoffe und Zubereitungen, die nicht von einem Inverkehrbringer nach § 4 Absatz 1 oder Absatz 2 eingestuft und gekennzeichnet worden sind, beispielsweise innerbetrieblich hergestellte Stoffe oder Zubereitungen, hat der Arbeitgeber selbst einzustufen. Zumindest aber hat er die von den Stoffen oder Zubereitungen ausgehenden Gefährdungen der Beschäftigten zu ermitteln; dies gilt auch für Gefahrstoffe nach § 2 Absatz 1 Nummer 4.

(4) Der Arbeitgeber hat festzustellen, ob die verwendeten Stoffe, Gemische und Erzeugnisse bei Tätigkeiten, auch unter Berücksichtigung verwendeter Arbeitsmittel, Verfahren und der Arbeitsumgebung sowie ihrer möglichen Wechselwirkungen, zu Brand- oder Explosionsgefährdungen führen können. Dabei hat er zu beurteilen,

1.

ob gefährliche Mengen oder Konzentrationen von Gefahrstoffen, die zu Brand- und Explosionsgefährdungen führen können, auftreten; dabei sind sowohl Stoffe und Gemische mit physikalischen Gefährdungen nach der Verordnung (EG) Nr. 1272/2008 wie auch andere Gefahrstoffe, die zu Brand- und Explosionsgefährdungen führen können, sowie Stoffe, die in gefährlicher Weise miteinander reagieren können, zu berücksichtigen,

2.

ob Zündquellen oder Bedingungen, die Brände oder Explosionen auslösen können, vorhanden sind und

3.

ob schädliche Auswirkungen von Bränden oder Explosionen auf die Gesundheit und Sicherheit der Beschäftigten möglich sind.

Insbesondere hat er zu ermitteln, ob die Stoffe, Zubereitungen und Erzeugnisse auf Grund ihrer Eigenschaften und der Art und Weise, wie sie am Arbeitsplatz vorhanden sind oder verwendet werden, explosionsfähige Gemische bilden können. Im Fall von nicht atmosphärischen Bedingungen sind auch die möglichen Veränderungen der für den Explosionsschutz relevanten sicherheitstechnischen Kenngrößen zu ermitteln und zu berücksichtigen.

(5) Bei der Gefährdungsbeurteilung sind ferner Tätigkeiten zu berücksichtigen, bei denen auch nach Ausschöpfung sämtlicher technischer Schutzmaßnahmen die Möglichkeit einer Gefährdung besteht. Dies gilt insbesondere für Instandhaltungsarbeiten, einschließlich Wartungsarbeiten. Darüber hinaus sind auch andere Tätigkeiten wie Bedien- und Überwachungsarbeiten zu berücksichtigen, wenn diese zu einer Gefährdung von Beschäftigten durch Gefahrstoffe führen können.

(6) Die mit den Tätigkeiten verbundenen inhalativen, dermalen und physikalisch-chemischen Gefährdungen sind unabhängig voneinander zu beurteilen und in der Gefährdungsbeurteilung zusammenzuführen. Treten bei einer Tätigkeit mehrere Gefahrstoffe gleichzeitig auf, sind Wechsel-

oder Kombinationswirkungen der Gefahrstoffe, die Einfluss auf die Gesundheit und Sicherheit der Beschäftigten haben, bei der Gefährdungsbeurteilung zu berücksichtigen, soweit solche Wirkungen bekannt sind.

(7) Der Arbeitgeber kann bei der Festlegung der Schutzmaßnahmen eine Gefährdungsbeurteilung übernehmen, die ihm der Hersteller oder Inverkehrbringer mitgeliefert hat, sofern die Angaben und Festlegungen in dieser Gefährdungsbeurteilung den Arbeitsbedingungen und Verfahren, einschließlich der Arbeitsmittel und der Gefahrstoffmenge, im eigenen Betrieb entsprechen.

(8) Der Arbeitgeber hat die Gefährdungsbeurteilung unabhängig von der Zahl der Beschäftigten erstmals vor Aufnahme der Tätigkeit zu dokumentieren. Dabei ist Folgendes anzugeben:

1.
   die Gefährdungen bei Tätigkeiten mit Gefahrstoffen,

2.
   das Ergebnis der Prüfung auf Möglichkeiten einer Substitution nach Absatz 1 Satz 2 Nummer 4,

3.
   eine Begründung für einen Verzicht auf eine technisch mögliche Substitution, sofern Schutzmaßnahmen nach § 9 oder § 10 zu ergreifen sind,

4.
   die durchzuführenden Schutzmaßnahmen einschließlich derer,
   a)
      die wegen der Überschreitung eines Arbeitsplatzgrenzwerts zusätzlich ergriffen wurden sowie der geplanten Schutzmaßnahmen, die zukünftig ergriffen werden sollen, um den Arbeitsplatzgrenzwert einzuhalten, oder
   b)
      die unter Berücksichtigung eines Beurteilungsmaßstabs für krebserzeugende Gefahrstoffe, der nach § 20 Absatz 4 bekannt gegeben worden ist, zusätzlich getroffen worden sind oder zukünftig getroffen werden sollen (Maßnahmenplan),

5.
   eine Begründung, wenn von den nach § 20 Absatz 4 bekannt gegebenen Regeln und Erkenntnissen abgewichen wird, und

6.
   die Ermittlungsergebnisse, die belegen, dass der Arbeitsplatzgrenzwert eingehalten wird oder, bei Stoffen ohne Arbeitsplatzgrenzwert, die ergriffenen technischen Schutzmaßnahmen wirksam sind.

Im Rahmen der Dokumentation der Gefährdungsbeurteilung können auch vorhandene Gefährdungsbeurteilungen, Dokumente oder andere gleichwertige Berichte verwendet werden, die auf Grund von Verpflichtungen nach anderen Rechtsvorschriften erstellt worden sind.

(9) Bei der Dokumentation nach Absatz 8 hat der Arbeitgeber in Abhängigkeit der Feststellungen nach Absatz 4 die Gefährdungen durch gefährliche explosionsfähige Gemische besonders auszuweisen (Explosionsschutzdokument). Daraus muss insbesondere hervorgehen,

1.
   dass die Explosionsgefährdungen ermittelt und einer Bewertung unterzogen worden sind,

2.
   dass angemessene Vorkehrungen getroffen werden, um die Ziele des Explosionsschutzes zu erreichen (Darlegung eines Explosionsschutzkonzeptes),

3.
   ob und welche Bereiche entsprechend Anhang I Nummer 1.7 in Zonen eingeteilt wurden,

4.
   für welche Bereiche Explosionsschutzmaßnahmen nach § 11 und Anhang I Nummer 1 getroffen wurden,

5.
   wie die Vorgaben nach § 15 umgesetzt werden und

6.
   welche Überprüfungen nach § 7 Absatz 7 und welche Prüfungen zum Explosionsschutz nach

Anhang 2 Abschnitt 3 der Betriebssicherheitsverordnung durchzuführen sind.
(10) Bei Tätigkeiten mit geringer Gefährdung nach Absatz 13 kann auf eine detaillierte Dokumentation verzichtet werden. Falls in anderen Fällen auf eine detaillierte Dokumentation verzichtet wird, ist dies nachvollziehbar zu begründen. Die Gefährdungsbeurteilung ist regelmäßig zu überprüfen und bei Bedarf zu aktualisieren. Sie ist umgehend zu aktualisieren, wenn maßgebliche Veränderungen oder neue Informationen dies erfordern oder wenn sich eine Aktualisierung auf Grund der Ergebnisse der arbeitsmedizinischen Vorsorge nach der Verordnung zur arbeitsmedizinischen Vorsorge als notwendig erweist.
(11) Die Gefährdungsbeurteilung darf nur von fachkundigen Personen durchgeführt werden. Verfügt der Arbeitgeber nicht selbst über die entsprechenden Kenntnisse, so hat er sich fachkundig beraten zu lassen. Fachkundig können insbesondere die Fachkraft für Arbeitssicherheit und die Betriebsärztin oder der Betriebsarzt sein.
(12) Der Arbeitgeber hat ein Verzeichnis der im Betrieb verwendeten Gefahrstoffe zu führen, in dem auf die entsprechenden Sicherheitsdatenblätter verwiesen wird. Das Verzeichnis muss mindestens folgende Angaben enthalten:

1.

Bezeichnung des Gefahrstoffs,

2.

Einstufung des Gefahrstoffs oder Angaben zu den gefährlichen Eigenschaften,

3.

Angaben zu den im Betrieb verwendeten Mengenbereichen,

4.

Bezeichnung der Arbeitsbereiche, in denen Beschäftigte dem Gefahrstoff ausgesetzt sein können.

Die Sätze 1 und 2 gelten nicht, wenn nur Tätigkeiten mit geringer Gefährdung nach Absatz 13 ausgeübt werden. Die Angaben nach Satz 2 Nummer 1, 2 und 4 müssen allen betroffenen Beschäftigten und ihrer Vertretung zugänglich sein.
(13) Ergibt sich aus der Gefährdungsbeurteilung für bestimmte Tätigkeiten auf Grund

1.

der dem Gefahrstoff zugeordneten Gefährlichkeitsmerkmale,

2.

einer geringen verwendeten Stoffmenge,

3.

einer nach Höhe und Dauer niedrigen Exposition und

4.

der Arbeitsbedingungen

insgesamt eine nur geringe Gefährdung der Beschäftigten und reichen die nach § 8 zu ergreifenden Maßnahmen zum Schutz der Beschäftigten aus, so müssen keine weiteren Maßnahmen des Abschnitts 4 ergriffen werden.
(14) Wenn für Stoffe oder Zubereitungen keine Prüfdaten oder entsprechende aussagekräftige Informationen zur akut toxischen, reizenden, hautsensibilisierenden oder erbgutverändernden Wirkung oder zur Wirkung bei wiederholter Exposition vorliegen, sind die Stoffe oder Zubereitungen bei der Gefährdungsbeurteilung wie Gefahrstoffe mit entsprechenden Wirkungen zu behandeln.
-

§ 7 Grundpflichten

(1) Der Arbeitgeber darf eine Tätigkeit mit Gefahrstoffen erst aufnehmen lassen, nachdem eine Gefährdungsbeurteilung nach § 6 durchgeführt und die erforderlichen Schutzmaßnahmen nach Abschnitt 4 ergriffen worden sind.
(2) Um die Gesundheit und die Sicherheit der Beschäftigten bei allen Tätigkeiten mit Gefahrstoffen zu gewährleisten, hat der Arbeitgeber die erforderlichen Maßnahmen nach dem

Arbeitsschutzgesetz und zusätzlich die nach dieser Verordnung erforderlichen Maßnahmen zu ergreifen. Dabei hat er die nach § 20 Absatz 4 bekannt gegebenen Regeln und Erkenntnisse zu berücksichtigen. Bei Einhaltung dieser Regeln und Erkenntnisse ist in der Regel davon auszugehen, dass die Anforderungen dieser Verordnung erfüllt sind. Von diesen Regeln und Erkenntnissen kann abgewichen werden, wenn durch andere Maßnahmen zumindest in vergleichbarer Weise der Schutz der Gesundheit und die Sicherheit der Beschäftigten gewährleistet werden.

(3) Der Arbeitgeber hat auf der Grundlage des Ergebnisses der Substitutionsprüfung nach § 6 Absatz 1 Satz 2 Nummer 4 vorrangig eine Substitution durchzuführen. Er hat Gefahrstoffe oder Verfahren durch Stoffe, Zubereitungen oder Erzeugnisse oder Verfahren zu ersetzen, die unter den jeweiligen Verwendungsbedingungen für die Gesundheit und Sicherheit der Beschäftigten nicht oder weniger gefährlich sind.

(4) Der Arbeitgeber hat Gefährdungen der Gesundheit und der Sicherheit der Beschäftigten bei Tätigkeiten mit Gefahrstoffen auszuschließen. Ist dies nicht möglich, hat er sie auf ein Minimum zu reduzieren. Diesen Geboten hat der Arbeitgeber durch die Festlegung und Anwendung geeigneter Schutzmaßnahmen Rechnung zu tragen. Dabei hat er folgende Rangfolge zu beachten:

1.
    Gestaltung geeigneter Verfahren und technischer Steuerungseinrichtungen von Verfahren, den Einsatz emissionsfreier oder emissionsarmer Verwendungsformen sowie Verwendung geeigneter Arbeitsmittel und Materialien nach dem Stand der Technik,
2.
    Anwendung kollektiver Schutzmaßnahmen technischer Art an der Gefahrenquelle, wie angemessene Be- und Entlüftung, und Anwendung geeigneter organisatorischer Maßnahmen,
3.
    sofern eine Gefährdung nicht durch Maßnahmen nach den Nummern 1 und 2 verhütet werden kann, Anwendung von individuellen Schutzmaßnahmen, die auch die Bereitstellung und Verwendung von persönlicher Schutzausrüstung umfassen.

(5) Beschäftigte müssen die bereitgestellte persönliche Schutzausrüstung verwenden, solange eine Gefährdung besteht. Die Verwendung von belastender persönlicher Schutzausrüstung darf keine Dauermaßnahme sein. Sie ist für jeden Beschäftigten auf das unbedingt erforderliche Minimum zu beschränken.

(6) Der Arbeitgeber stellt sicher, dass

1.
    die persönliche Schutzausrüstung an einem dafür vorgesehenen Ort sachgerecht aufbewahrt wird,
2.
    die persönliche Schutzausrüstung vor Gebrauch geprüft und nach Gebrauch gereinigt wird und
3.
    schadhafte persönliche Schutzausrüstung vor erneutem Gebrauch ausgebessert oder ausgetauscht wird.

(7) Der Arbeitgeber hat die Funktion und die Wirksamkeit der technischen Schutzmaßnahmen regelmäßig, mindestens jedoch jedes dritte Jahr, zu überprüfen. Das Ergebnis der Prüfungen ist aufzuzeichnen und vorzugsweise zusammen mit der Dokumentation nach § 6 Absatz 8 aufzubewahren.

(8) Der Arbeitgeber stellt sicher, dass die Arbeitsplatzgrenzwerte eingehalten werden. Er hat die Einhaltung durch Arbeitsplatzmessungen oder durch andere geeignete Methoden zur Ermittlung der Exposition zu überprüfen. Ermittlungen sind auch durchzuführen, wenn sich die Bedingungen ändern, welche die Exposition der Beschäftigten beeinflussen können. Die Ermittlungsergebnisse sind aufzuzeichnen, aufzubewahren und den Beschäftigten und ihrer Vertretung zugänglich zu machen. Werden Tätigkeiten entsprechend einem verfahrens- und stoffspezifischen Kriterium ausgeübt, das nach § 20 Absatz 4 bekannt gegeben worden ist, kann der Arbeitgeber in der Regel davon ausgehen, dass die Arbeitsplatzgrenzwerte eingehalten werden; in diesem Fall findet

Satz 2 keine Anwendung.

(9) Sofern Tätigkeiten mit Gefahrstoffen ausgeübt werden, für die kein Arbeitsplatzgrenzwert vorliegt, hat der Arbeitgeber regelmäßig die Wirksamkeit der ergriffenen technischen Schutzmaßnahmen durch geeignete Ermittlungsmethoden zu überprüfen, zu denen auch Arbeitsplatzmessungen gehören können.

(10) Wer Arbeitsplatzmessungen von Gefahrstoffen durchführt, muss fachkundig sein und über die erforderlichen Einrichtungen verfügen. Wenn ein Arbeitgeber eine für Messungen von Gefahrstoffen an Arbeitsplätzen akkreditierte Messstelle beauftragt, kann der Arbeitgeber in der Regel davon ausgehen, dass die von dieser Messstelle gewonnenen Erkenntnisse zutreffend sind.

(11) Der Arbeitgeber hat bei allen Ermittlungen und Messungen die nach § 20 Absatz 4 bekannt gegebenen Verfahren, Messregeln und Grenzwerte zu berücksichtigen, bei denen die entsprechenden Bestimmungen der folgenden Richtlinien berücksichtigt worden sind:

1.

der Richtlinie 98/24/EG des Rates vom 7. April 1998 zum Schutz von Gesundheit und Sicherheit der Arbeitnehmer vor der Gefährdung durch chemische Arbeitsstoffe bei der Arbeit (ABl. L 131 vom 5.5.1998, S. 11), die durch die Richtlinie 2007/30/EG (ABl. L 165 vom 27.6.2007, S. 21) geändert worden ist, und insbesondere der Richtlinien nach Artikel 3 Absatz 2 dieser Richtlinie zu Arbeitsplatzgrenzwerten,

2.

der Richtlinie 2004/37/EG des Europäischen Parlaments und des Rates vom 29. April 2004 über den Schutz der Arbeitnehmer gegen Gefährdung durch Karzinogene oder Mutagene bei der Arbeit (ABl. L 158 vom 30.4.2004, S. 50, L 229 vom 29.6.2004, S. 23, L 204 vom 4.8.2007, S. 28) sowie

3.

der Richtlinie 2009/148/EG des Europäischen Parlaments und des Rates vom 30. November 2009 über den Schutz der Arbeitnehmer gegen Gefährdung durch Asbest am Arbeitsplatz (ABl. L 330 vom 16.12.2009, S. 28).

Abschnitt 4
Schutzmaßnahmen

-

§ 8 Allgemeine Schutzmaßnahmen

(1) Der Arbeitgeber hat bei Tätigkeiten mit Gefahrstoffen die folgenden Schutzmaßnahmen zu ergreifen:

1.

geeignete Gestaltung des Arbeitsplatzes und geeignete Arbeitsorganisation,

2.

Bereitstellung geeigneter Arbeitsmittel für Tätigkeiten mit Gefahrstoffen und geeignete Wartungsverfahren zur Gewährleistung der Gesundheit und Sicherheit der Beschäftigten bei der Arbeit,

3.

Begrenzung der Anzahl der Beschäftigten, die Gefahrstoffen ausgesetzt sind oder ausgesetzt sein können,

4.

Begrenzung der Dauer und der Höhe der Exposition,

5.

angemessene Hygienemaßnahmen, insbesondere zur Vermeidung von Kontaminationen, und die regelmäßige Reinigung des Arbeitsplatzes,

6

Begrenzung der am Arbeitsplatz vorhandenen Gefahrstoffe auf die Menge, die für den Fortgang der Tätigkeiten erforderlich ist,

176

7.

geeignete Arbeitsmethoden und Verfahren, welche die Gesundheit und Sicherheit der Beschäftigten nicht beeinträchtigen oder die Gefährdung so gering wie möglich halten, einschließlich Vorkehrungen für die sichere Handhabung, Lagerung und Beförderung von Gefahrstoffen und von Abfällen, die Gefahrstoffe enthalten, am Arbeitsplatz.

(2) Der Arbeitgeber hat sicherzustellen, dass

1.

alle verwendeten Stoffe und Zubereitungen identifizierbar sind,

2.

gefährliche Stoffe und Zubereitungen innerbetrieblich mit einer Kennzeichnung versehen sind, die ausreichende Informationen über die Einstufung, über die Gefahren bei der Handhabung und über die zu beachtenden Sicherheitsmaßnahmen enthält; vorzugsweise ist eine Kennzeichnung zu wählen, die der Verordnung (EG) Nr. 1272/2008 oder nach den Übergangsvorschriften dieser Verordnung der Richtlinie 67/548/EWG oder der Richtlinie 1999/45/EG entspricht,

3.

Apparaturen und Rohrleitungen so gekennzeichnet sind, dass mindestens die enthaltenen Gefahrstoffe sowie die davon ausgehenden Gefahren eindeutig identifizierbar sind. Kennzeichnungspflichten nach anderen Rechtsvorschriften bleiben unberührt. Solange der Arbeitgeber den Verpflichtungen nach Satz 1 nicht nachgekommen ist, darf er Tätigkeiten mit den dort genannten Stoffen und Zubereitungen nicht ausüben lassen. Satz 1 Nummer 2 gilt nicht für Stoffe, die für Forschungs- und Entwicklungszwecke oder für wissenschaftliche Lehrzwecke neu hergestellt worden sind und noch nicht geprüft werden konnten. Eine Exposition der Beschäftigten bei Tätigkeiten mit diesen Stoffen ist zu vermeiden.

(3) Der Arbeitgeber hat gemäß den Ergebnissen der Gefährdungsbeurteilung nach § 6 sicherzustellen, dass die Beschäftigten in Arbeitsbereichen, in denen sie Gefahrstoffen ausgesetzt sein können, keine Nahrungs- oder Genussmittel zu sich nehmen. Der Arbeitgeber hat hierfür vor Aufnahme der Tätigkeiten geeignete Bereiche einzurichten.

(4) Der Arbeitgeber hat sicherzustellen, dass durch Verwendung verschließbarer Behälter eine sichere Lagerung, Handhabung und Beförderung von Gefahrstoffen auch bei der Abfallentsorgung gewährleistet ist.

(5) Der Arbeitgeber hat sicherzustellen, dass Gefahrstoffe so aufbewahrt oder gelagert werden, dass sie weder die menschliche Gesundheit noch die Umwelt gefährden. Er hat dabei wirksame Vorkehrungen zu treffen, um Missbrauch oder Fehlgebrauch zu verhindern. Insbesondere dürfen Gefahrstoffe nicht in solchen Behältern aufbewahrt oder gelagert werden, durch deren Form oder Bezeichnung der Inhalt mit Lebensmitteln verwechselt werden kann. Sie dürfen nur übersichtlich geordnet und nicht in unmittelbarer Nähe von Arznei-, Lebens- oder Futtermitteln, einschließlich deren Zusatzstoffe, aufbewahrt oder gelagert werden. Bei der Aufbewahrung zur Abgabe oder zur sofortigen Verwendung muss eine Kennzeichnung nach Absatz 2 deutlich sichtbar und lesbar angebracht sein.

(6) Der Arbeitgeber hat sicherzustellen, dass Gefahrstoffe, die nicht mehr benötigt werden, und entleerte Behälter, die noch Reste von Gefahrstoffen enthalten können, sicher gehandhabt, vom Arbeitsplatz entfernt und sachgerecht gelagert oder entsorgt werden.

(7) Der Arbeitgeber hat sicherzustellen, dass als giftig, sehr giftig, krebserzeugend Kategorie 1 oder 2, erbgutverändernd Kategorie 1 oder 2 oder fortpflanzungsgefährdend Kategorie 1 oder 2 eingestufte Stoffe und Zubereitungen unter Verschluss oder so aufbewahrt oder gelagert werden, dass nur fachkundige und zuverlässige Personen Zugang haben. Tätigkeiten mit diesen Stoffen und Zubereitungen sowie mit atemwegssensibilisierenden Stoffen und Zubereitungen dürfen nur von fachkundigen oder besonders unterwiesenen Personen ausgeführt werden. Die Sätze 1 und 2 gelten nicht für Kraftstoffe an Tankstellen.

(8) Der Arbeitgeber hat bei Tätigkeiten mit Gefahrstoffen nach Anhang I Nummer 2 bis 5 sowohl die §§ 6 bis 18 als auch die betreffenden Vorschriften des Anhangs I Nummer 2 bis 5 zu beachten.

-

§ 9 Zusätzliche Schutzmaßnahmen

(1) Sind die allgemeinen Schutzmaßnahmen nach § 8 nicht ausreichend, um Gefährdungen durch Einatmen, Aufnahme über die Haut oder Verschlucken entgegenzuwirken, hat der Arbeitgeber zusätzlich diejenigen Maßnahmen nach den Absätzen 2 bis 7 zu ergreifen, die auf Grund der Gefährdungsbeurteilung nach § 6 erforderlich sind. Dies gilt insbesondere, wenn

1.
   Arbeitsplatzgrenzwerte oder biologische Grenzwerte überschritten werden,
2.
   bei hautresorptiven oder haut- oder augenschädigenden Gefahrstoffen eine Gefährdung durch Haut- oder Augenkontakt besteht oder
3.
   bei Gefahrstoffen ohne Arbeitsplatzgrenzwert und ohne biologischen Grenzwert eine Gefährdung auf Grund der ihnen zugeordneten Gefährlichkeitsmerkmale nach § 3 und der inhalativen Exposition angenommen werden kann.

(2) Der Arbeitgeber hat sicherzustellen, dass Gefahrstoffe in einem geschlossenen System hergestellt und verwendet werden, wenn

1.
   die Substitution der Gefahrstoffe nach § 7 Absatz 3 durch solche Stoffe, Zubereitungen, Erzeugnisse oder Verfahren, die bei ihrer Verwendung nicht oder weniger gefährlich für die Gesundheit und Sicherheit sind, technisch nicht möglich ist und
2.
   eine erhöhte Gefährdung der Beschäftigten durch inhalative Exposition gegenüber diesen Gefahrstoffen besteht.

Ist die Anwendung eines geschlossenen Systems technisch nicht möglich, so hat der Arbeitgeber dafür zu sorgen, dass die Exposition der Beschäftigten nach dem Stand der Technik und unter Beachtung von § 7 Absatz 4 so weit wie möglich verringert wird.

(3) Bei Überschreitung eines Arbeitsplatzgrenzwerts muss der Arbeitgeber unverzüglich die Gefährdungsbeurteilung nach § 6 erneut durchführen und geeignete zusätzliche Schutzmaßnahmen ergreifen, um den Arbeitsplatzgrenzwert einzuhalten. Wird trotz Ausschöpfung aller technischen und organisatorischen Schutzmaßnahmen der Arbeitsplatzgrenzwert nicht eingehalten, hat der Arbeitgeber unverzüglich persönliche Schutzausrüstung bereitzustellen. Dies gilt insbesondere für Abbruch-, Sanierungs- und Instandhaltungsarbeiten.

(4) Besteht trotz Ausschöpfung aller technischen und organisatorischen Schutzmaßnahmen bei hautresorptiven, haut- oder augenschädigenden Gefahrstoffen eine Gefährdung durch Haut- oder Augenkontakt, hat der Arbeitgeber unverzüglich persönliche Schutzausrüstung bereitzustellen.

(5) Der Arbeitgeber hat getrennte Aufbewahrungsmöglichkeiten für die Arbeits- oder Schutzkleidung einerseits und die Straßenkleidung andererseits zur Verfügung zu stellen. Der Arbeitgeber hat die durch Gefahrstoffe verunreinigte Arbeitskleidung zu reinigen.

(6) Der Arbeitgeber hat geeignete Maßnahmen zu ergreifen, die gewährleisten, dass Arbeitsbereiche, in denen eine erhöhte Gefährdung der Beschäftigten besteht, nur den Beschäftigten zugänglich sind, die sie zur Ausübung ihrer Arbeit oder zur Durchführung bestimmter Aufgaben betreten müssen.

(7) Wenn Tätigkeiten mit Gefahrstoffen von einer oder einem Beschäftigten allein ausgeübt werden, hat der Arbeitgeber zusätzliche Schutzmaßnahmen zu ergreifen oder eine angemessene Aufsicht zu gewährleisten. Dies kann auch durch den Einsatz technischer Mittel sichergestellt werden.

-

§ 10 Besondere Schutzmaßnahmen bei Tätigkeiten mit krebserzeugenden, erbgutverändernden und fruchtbarkeitsgefährdenden Gefahrstoffen

(1) Bei Tätigkeiten mit krebserzeugenden Gefahrstoffen der Kategorie 1 oder 2, für die kein Arbeitsplatzgrenzwert nach § 20 Absatz 4 bekannt gegeben worden ist, hat der Arbeitgeber ein

geeignetes, risikobezogenes Maßnahmenkonzept anzuwenden, um das Minimierungsgebot nach § 7 Absatz 4 umzusetzen. Hierbei sind die nach § 20 Absatz 4 bekannt gegebenen Regeln, Erkenntnisse und Beurteilungsmaßstäbe zu berücksichtigen. Bei Tätigkeiten mit krebserzeugenden, erbgutverändernden und fruchtbarkeitsgefährdenden Gefahrstoffen der Kategorie 1 oder 2 hat der Arbeitgeber, unbeschadet des Absatzes 2, zusätzlich die Bestimmungen nach den Absätzen 3 bis 5 zu erfüllen. Die besonderen Bestimmungen des Anhangs II Nummer 6 sind zu beachten.

(2) Die Absätze 3 bis 5 gelten nicht, wenn

1.

ein Arbeitsplatzgrenzwert nach § 20 Absatz 4 bekannt gegeben worden ist, dieser eingehalten und dies durch Arbeitsplatzmessung oder durch andere geeignete Methoden zur Ermittlung der Exposition belegt wird oder

2.

Tätigkeiten entsprechend einem nach § 20 Absatz 4 bekannt gegebenen verfahrens- und stoffspezifischen Kriterium ausgeübt werden.

(3) Wenn Tätigkeiten mit krebserzeugenden, erbgutverändernden oder fruchtbarkeitsgefährdenden Gefahrstoffen der Kategorie 1 oder 2 ausgeübt werden, hat der Arbeitgeber

1.

die Exposition der Beschäftigten durch Arbeitsplatzmessungen oder durch andere geeignete Ermittlungsmethoden zu bestimmen, auch um erhöhte Expositionen infolge eines unvorhersehbaren Ereignisses oder eines Unfalls schnell erkennen zu können,

2.

Gefahrenbereiche abzugrenzen, in denen Beschäftigte diesen Gefahrstoffen ausgesetzt sind oder ausgesetzt sein können, und Warn- und Sicherheitszeichen anzubringen, einschließlich der Verbotszeichen „Zutritt für Unbefugte verboten" und „Rauchen verboten" nach Anhang II Nummer 3.1 der Richtlinie 92/58/EWG des Rates vom 24. Juni 1992 über Mindestvorschriften für die Sicherheits- und/oder Gesundheitsschutzkennzeichnung am Arbeitsplatz (ABl. L 245 vom 26.8.1992, S. 23), die durch die Richtlinie 2007/30/EG (ABl. L 165 vom 27.6.2007, S. 21) geändert worden ist.

(4) Bei Tätigkeiten, bei denen eine beträchtliche Erhöhung der Exposition der Beschäftigten durch krebserzeugende, erbgutverändernde oder fruchtbarkeitsgefährdende Gefahrstoffe der Kategorie 1 oder 2 zu erwarten ist und bei denen jede Möglichkeit weiterer technischer Schutzmaßnahmen zur Begrenzung dieser Exposition bereits ausgeschöpft wurde, hat der Arbeitgeber nach Beratung mit den Beschäftigten oder mit ihrer Vertretung Maßnahmen zu ergreifen, um die Dauer der Exposition der Beschäftigten so weit wie möglich zu verkürzen und den Schutz der Beschäftigten während dieser Tätigkeiten zu gewährleisten. Er hat den betreffenden Beschäftigten persönliche Schutzausrüstung zur Verfügung zu stellen, die sie während der gesamten Dauer der erhöhten Exposition tragen müssen.

(5) Werden in einem Arbeitsbereich Tätigkeiten mit krebserzeugenden, erbgutverändernden oder fruchtbarkeitsgefährdenden Gefahrstoffen der Kategorie 1 oder 2 ausgeübt, darf die dort abgesaugte Luft nicht in den Arbeitsbereich zurückgeführt werden. Dies gilt nicht, wenn die Luft unter Anwendung von behördlich oder von den Trägern der gesetzlichen Unfallversicherung anerkannten Verfahren oder Geräte ausreichend von solchen Stoffen gereinigt ist. Die Luft muss dann so geführt oder gereinigt werden, dass krebserzeugende, erbgutverändernde oder fruchtbarkeitsgefährdende Stoffe nicht in die Atemluft anderer Beschäftigter gelangen.

-

§ 11 Besondere Schutzmaßnahmen gegen physikalisch-chemische Einwirkungen, insbesondere gegen Brand- und Explosionsgefährdungen

(1) Der Arbeitgeber hat auf der Grundlage der Gefährdungsbeurteilung Maßnahmen zum Schutz der Beschäftigten und anderer Personen vor physikalisch-chemischen Einwirkungen bei Tätigkeiten mit Gefahrstoffen zu ergreifen, um Gefährdungen zu vermeiden oder diese so weit wie

möglich zu verringern. Dies gilt insbesondere bei Tätigkeiten mit Gefahrstoffen, die zu Brand- und Explosionsgefährdungen führen können, mit explosionsgefährlichen, brandfördernden, hochentzündlichen, leichtentzündlichen und entzündlichen Stoffen und Zubereitungen, einschließlich ihrer Lagerung, sowie mit Stoffen, die in gefährlicher Weise chemisch miteinander reagieren können. Dabei hat der Arbeitgeber Anhang I Nummer 1 und 5 zu beachten. Die Vorschriften des Sprengstoffgesetzes und der darauf gestützten Rechtsvorschriften bleiben unberührt.

(2) Zur Vermeidung von Brand- und Explosionsgefährdungen hat der Arbeitgeber Maßnahmen nach folgender Rangfolge zu ergreifen:

1.

gefährliche Mengen oder Konzentrationen von Gefahrstoffen, die zu Brand- oder Explosionsgefährdungen führen können, sind zu vermeiden,

2.

Zündquellen oder Bedingungen, die Brände oder Explosionen auslösen können, sind zu vermeiden,

3.

schädliche Auswirkungen von Bränden oder Explosionen auf die Gesundheit und Sicherheit der Beschäftigten und anderer Personen sind so weit wie möglich zu verringern.

(3) Arbeitsbereiche, Arbeitsplätze, Arbeitsmittel und deren Verbindungen untereinander müssen so konstruiert, errichtet, zusammengebaut, installiert, verwendet und instand gehalten werden, dass keine Brand- und Explosionsgefährdungen auftreten.

(4) Bei Tätigkeiten mit organischen Peroxiden hat der Arbeitgeber über die Bestimmungen der Absätze 1 und 2 sowie des Anhangs I Nummer 1 hinaus insbesondere Maßnahmen zu treffen, die die

1.

Gefahr einer unbeabsichtigten Explosion minimieren und

2.

Auswirkungen von Bränden und Explosionen beschränken.

Dabei hat der Arbeitgeber Anhang III zu beachten.

-

§ 12 (weggefallen)

-

§ 13 Betriebsstörungen, Unfälle und Notfälle

(1) Um die Gesundheit und die Sicherheit der Beschäftigten bei Betriebsstörungen, Unfällen oder Notfällen zu schützen, hat der Arbeitgeber rechtzeitig die Notfallmaßnahmen festzulegen, die beim Eintreten eines derartigen Ereignisses zu ergreifen sind. Dies schließt die Bereitstellung angemessener Erste-Hilfe-Einrichtungen und die Durchführung von Sicherheitsübungen in regelmäßigen Abständen ein.

(2) Tritt eines der in Absatz 1 Satz 1 genannten Ereignisse ein, so hat der Arbeitgeber unverzüglich die gemäß Absatz 1 festgelegten Maßnahmen zu ergreifen, um

1.

betroffene Beschäftigte über die durch das Ereignis hervorgerufene Gefahrensituation im Betrieb zu informieren,

2.

die Auswirkungen des Ereignisses zu mindern und

3.

wieder einen normalen Betriebsablauf herbeizuführen.

Neben den Rettungskräften dürfen nur die Beschäftigten im Gefahrenbereich verbleiben, die

Tätigkeiten zur Erreichung der Ziele nach Satz 1 Nummer 2 und 3 ausüben.

(3) Der Arbeitgeber hat Beschäftigten, die im Gefahrenbereich tätig werden, vor Aufnahme ihrer Tätigkeit geeignete Schutzkleidung und persönliche Schutzausrüstung sowie gegebenenfalls erforderliche spezielle Sicherheitseinrichtungen und besondere Arbeitsmittel zur Verfügung zu stellen. Im Gefahrenbereich müssen die Beschäftigten die Schutzkleidung und die persönliche Schutzausrüstung für die Dauer des nicht bestimmungsgemäßen Betriebsablaufs verwenden. Die Verwendung belastender persönlicher Schutzausrüstung muss für die einzelnen Beschäftigten zeitlich begrenzt sein. Ungeschützte und unbefugte Personen dürfen sich nicht im festzulegenden Gefahrenbereich aufhalten.

(4) Der Arbeitgeber hat Warn- und sonstige Kommunikationssysteme, die eine erhöhte Gefährdung der Gesundheit und Sicherheit anzeigen, zur Verfügung zu stellen, so dass eine angemessene Reaktion möglich ist und unverzüglich Abhilfemaßnahmen sowie Hilfs-, Evakuierungs- und Rettungsmaßnahmen eingeleitet werden können.

(5) Der Arbeitgeber hat sicherzustellen, dass Informationen über Maßnahmen bei Notfällen mit Gefahrstoffen zur Verfügung stehen. Die zuständigen innerbetrieblichen und betriebsfremden Unfall- und Notfalldienste müssen Zugang zu diesen Informationen erhalten. Zu diesen Informationen zählen:

1.

eine Vorabmitteilung über einschlägige Gefahren bei der Arbeit, über Maßnahmen zur Feststellung von Gefahren sowie über Vorsichtsmaßregeln und Verfahren, damit die Notfalldienste ihre eigenen Abhilfe- und Sicherheitsmaßnahmen vorbereiten können,

2.

alle verfügbaren Informationen über spezifische Gefahren, die bei einem Unfall oder Notfall auftreten oder auftreten können, einschließlich der Informationen über die Verfahren nach den Absätzen 1 bis 4.

-

§ 14 Unterrichtung und Unterweisung der Beschäftigten

(1) Der Arbeitgeber hat sicherzustellen, dass den Beschäftigten eine schriftliche Betriebsanweisung, die der Gefährdungsbeurteilung nach § 6 Rechnung trägt, in einer für die Beschäftigten verständlichen Form und Sprache zugänglich gemacht wird. Die Betriebsanweisung muss mindestens Folgendes enthalten:

1.

Informationen über die am Arbeitsplatz vorhandenen oder entstehenden Gefahrstoffe, wie beispielsweise die Bezeichnung der Gefahrstoffe, ihre Kennzeichnung sowie mögliche Gefährdungen der Gesundheit und der Sicherheit,

2.

Informationen über angemessene Vorsichtsmaßregeln und Maßnahmen, die die Beschäftigten zu ihrem eigenen Schutz und zum Schutz der anderen Beschäftigten am Arbeitsplatz durchzuführen haben; dazu gehören insbesondere

a)

Hygienevorschriften,

b)

Informationen über Maßnahmen, die zur Verhütung einer Exposition zu ergreifen sind,

c)

Informationen zum Tragen und Verwenden von persönlicher Schutzausrüstung und Schutzkleidung,

3.

Informationen über Maßnahmen, die bei Betriebsstörungen, Unfällen und Notfällen und zur Verhütung dieser von den Beschäftigten, insbesondere von Rettungsmannschaften, durchzuführen sind.

Die Betriebsanweisung muss bei jeder maßgeblichen Veränderung der Arbeitsbedingungen

181

aktualisiert werden. Der Arbeitgeber hat ferner sicherzustellen, dass die Beschäftigten

1.

Zugang haben zu allen Informationen nach Artikel 35 der Verordnung (EG) Nr. 1907/2006 über die Stoffe und Zubereitungen, mit denen sie Tätigkeiten ausüben, insbesondere zu Sicherheitsdatenblättern, und

2.

über Methoden und Verfahren unterrichtet werden, die bei der Verwendung von Gefahrstoffen zum Schutz der Beschäftigten angewendet werden müssen.

(2) Der Arbeitgeber hat sicherzustellen, dass die Beschäftigten anhand der Betriebsanweisung nach Absatz 1 über alle auftretenden Gefährdungen und entsprechende Schutzmaßnahmen mündlich unterwiesen werden. Teil dieser Unterweisung ist ferner eine allgemeine arbeitsmedizinisch-toxikologische Beratung. Diese dient auch zur Information der Beschäftigten über die Voraussetzungen, unter denen sie Anspruch auf arbeitsmedizinische Vorsorgeuntersuchungen nach der Verordnung zur arbeitsmedizinischen Vorsorge haben, und über den Zweck dieser Vorsorgeuntersuchungen. Die Beratung ist unter Beteiligung der Ärztin oder des Arztes nach § 7 Absatz 1 der Verordnung zur arbeitsmedizinischen Vorsorge durchzuführen, falls dies erforderlich sein sollte. Die Unterweisung muss vor Aufnahme der Beschäftigung und danach mindestens jährlich arbeitsplatzbezogen durchgeführt werden. Sie muss in für die Beschäftigten verständlicher Form und Sprache erfolgen. Inhalt und Zeitpunkt der Unterweisung sind schriftlich festzuhalten und von den Unterwiesenen durch Unterschrift zu bestätigen.

(3) Der Arbeitgeber hat bei Tätigkeiten mit krebserzeugenden, erbgutverändernden oder fruchtbarkeitsgefährdenden Gefahrstoffen der Kategorie 1 oder 2 sicherzustellen, dass

1.

die Beschäftigten und ihre Vertretung nachprüfen können, ob die Bestimmungen dieser Verordnung eingehalten werden, und zwar insbesondere in Bezug auf

a)

die Auswahl und Verwendung der persönlichen Schutzausrüstung und die damit verbundenen Belastungen der Beschäftigten,

b)

durchzuführende Maßnahmen im Sinne des § 10 Absatz 4 Satz 1,

2.

die Beschäftigten und ihre Vertretung bei einer erhöhten Exposition, einschließlich der in § 10 Absatz 4 Satz 1 genannten Fälle, unverzüglich unterrichtet und über die Ursachen sowie über die bereits ergriffenen oder noch zu ergreifenden Gegenmaßnahmen informiert werden,

3.

ein aktualisiertes Verzeichnis über die Beschäftigten geführt wird, die Tätigkeiten ausüben, bei denen die Gefährdungsbeurteilung nach § 6 eine Gefährdung der Gesundheit oder der Sicherheit der Beschäftigten ergibt; in dem Verzeichnis ist auch die Höhe und die Dauer der Exposition anzugeben, der die Beschäftigten ausgesetzt waren,

4.

das Verzeichnis nach Nummer 3 mit allen Aktualisierungen 40 Jahre nach Ende der Exposition aufbewahrt wird; bei Beendigung von Beschäftigungsverhältnissen hat der Arbeitgeber den Beschäftigten einen Auszug über die sie betreffenden Angaben des Verzeichnisses auszuhändigen und einen Nachweis hierüber wie Personalunterlagen aufzubewahren,

5.

die Ärztin oder der Arzt nach § 7 Absatz 1 der Verordnung zur arbeitsmedizinischen Vorsorge, die zuständige Behörde sowie jede für die Gesundheit und die Sicherheit am Arbeitsplatz verantwortliche Person Zugang zu dem Verzeichnis nach Nummer 3 haben,

6.

alle Beschäftigten Zugang zu den sie persönlich betreffenden Angaben in dem Verzeichnis haben,

7.

die Beschäftigten und ihre Vertretung Zugang zu den nicht personenbezogenen Informationen allgemeiner Art in dem Verzeichnis haben.

(4) Der Arbeitgeber kann mit Einwilligung des betroffenen Beschäftigten die Aufbewahrungs-einschließlich der Aushändigungspflicht nach Absatz 3 Nummer 4 auf den zuständigen gesetzlichen Unfallversicherungsträger übertragen. Dafür übergibt der Arbeitgeber dem Unfallversicherungsträger die erforderlichen Unterlagen in einer für die elektronische Datenverarbeitung geeigneten Form. Der Unfallversicherungsträger händigt der betroffenen Person auf Anforderung einen Auszug des Verzeichnisses mit den sie betreffenden Angaben aus.

-

§ 15 Zusammenarbeit verschiedener Firmen

(1) Sollen in einem Betrieb Fremdfirmen Tätigkeiten mit Gefahrstoffen ausüben, hat der Arbeitgeber als Auftraggeber sicherzustellen, dass nur solche Fremdfirmen herangezogen werden, die über die Fachkenntnisse und Erfahrungen verfügen, die für diese Tätigkeiten erforderlich sind. Der Arbeitgeber als Auftraggeber hat die Fremdfirmen über Gefahrenquellen und spezifische Verhaltensregeln zu informieren.

(2) Kann bei Tätigkeiten von Beschäftigten eines Arbeitgebers eine Gefährdung von Beschäftigten anderer Arbeitgeber durch Gefahrstoffe nicht ausgeschlossen werden, so haben alle betroffenen Arbeitgeber bei der Durchführung ihrer Gefährdungsbeurteilungen nach § 6 zusammenzuwirken und die Schutzmaßnahmen abzustimmen. Dies ist zu dokumentieren. Die Arbeitgeber haben dabei sicherzustellen, dass Gefährdungen der Beschäftigten aller beteiligten Unternehmen durch Gefahrstoffe wirksam begegnet wird.

(3) Jeder Arbeitgeber ist dafür verantwortlich, dass seine Beschäftigten die gemeinsam festgelegten Schutzmaßnahmen anwenden.

(4) Besteht bei Tätigkeiten von Beschäftigten eines Arbeitgebers eine erhöhte Gefährdung von Beschäftigten anderer Arbeitgeber durch Gefahrstoffe, ist durch die beteiligten Arbeitgeber ein Koordinator zu bestellen. Wurde ein Koordinator nach den Bestimmungen der Baustellenverordnung vom 10. Juni 1998 (BGBl. I S. 1283), die durch Artikel 15 der Verordnung vom 23. Dezember 2004 (BGBl. I S. 3758) geändert worden ist, bestellt, gilt die Pflicht nach Satz 1 als erfüllt. Dem Koordinator sind von den beteiligten Arbeitgebern alle erforderlichen sicherheitsrelevanten Informationen sowie Informationen zu den festgelegten Schutzmaßnahmen zur Verfügung zu stellen. Die Bestellung eines Koordinators entbindet die Arbeitgeber nicht von ihrer Verantwortung nach dieser Verordnung.

(5) Vor dem Beginn von Abbruch-, Sanierungs- und Instandhaltungsarbeiten oder Bauarbeiten muss der Arbeitgeber für die Gefährdungsbeurteilung nach § 6 Informationen, insbesondere vom Auftraggeber oder Bauherrn, darüber einholen, ob entsprechend der Nutzungs- oder Baugeschichte des Objekts Gefahrstoffe, insbesondere Asbest, vorhanden oder zu erwarten sind. Weiter reichende Informations-, Schutz- und Überwachungspflichten, die sich für den Auftraggeber oder Bauherrn nach anderen Rechtsvorschriften ergeben, bleiben unberührt.

Abschnitt 5
Verbote und Beschränkungen

-

§ 16 Herstellungs- und Verwendungsbeschränkungen

(1) Herstellungs- und Verwendungsbeschränkungen für bestimmte Stoffe, Zubereitungen und Erzeugnisse ergeben sich aus Artikel 67 in Verbindung mit Anhang XVII der Verordnung (EG) Nr. 1907/2006.

(2) Nach Maßgabe des Anhangs II bestehen weitere Herstellungs- und Verwendungsbeschränkungen für dort genannte Stoffe, Zubereitungen und Erzeugnisse.

(3) Biozid-Produkte dürfen nicht verwendet werden, soweit damit zu rechnen ist, dass ihre

Verwendung im einzelnen Anwendungsfall schädliche Auswirkungen auf die Gesundheit von Menschen, Nicht-Zielorganismen oder auf die Umwelt hat. Wer Biozid-Produkte verwendet, hat dies ordnungsgemäß zu tun. Zur ordnungsgemäßen Verwendung gehört es insbesondere, dass

1.

    ein Biozid-Produkt nur für die in der Kennzeichnung ausgewiesenen Verwendungszwecke eingesetzt wird,

2.

    die sich aus der Kennzeichnung und der Zulassung ergebenden Verwendungsbedingungen eingehalten werden und

3.

    der Einsatz von Biozid-Produkten durch eine sachgerechte Berücksichtigung physikalischer, biologischer, chemischer und sonstiger Alternativen auf das Minimum begrenzt wird.
Die Sätze 1 bis 3 gelten auch für private Haushalte.
(4) Der Arbeitgeber darf in Heimarbeit beschäftigte Personen nur Tätigkeiten mit geringer Gefährdung im Sinne des § 6 Absatz 11 ausüben lassen.

-

§ 17 Nationale Ausnahmen von Beschränkungsregelungen nach der Verordnung (EG) Nr. 1907/2006

(1) Die Beschränkungen nach Artikel 67 in Verbindung mit Anhang XVII Nummer 6 der Verordnung (EG) Nr. 1907/2006 gelten nicht für die Herstellung und für das Verwenden chrysotilhaltiger Diaphragmen für die Chloralkalielektrolyse, einschließlich der zu ihrer Herstellung benötigten asbesthaltigen Rohstoffe, in am 1. Dezember 2010 bestehenden Anlagen bis zum Ende ihrer Nutzung, wenn

1.

    keine asbestfreien Ersatzstoffe, Zubereitungen oder Erzeugnisse auf dem Markt angeboten werden oder

2.

    die Verwendung der asbestfreien Ersatzstoffe, Zubereitungen oder Erzeugnisse zu einer unzumutbaren Härte führen würde
und die Konzentration der Asbestfasern in der Luft am Arbeitsplatz unterhalb von 1 000 Fasern pro Kubikmeter liegt.
(2) Das Verwendungsverbot nach Artikel 67 in Verbindung mit Anhang XVII Nummer 16 und 17 der Verordnung (EG) Nr. 1907/2006 gilt nicht für die Verwendung der dort genannten Bleiverbindungen in Farben, die zur Erhaltung oder originalgetreuen Wiederherstellung von Kunstwerken und historischen Bestandteilen oder von Einrichtungen denkmalgeschützter Gebäude bestimmt sind, wenn die Verwendung von Ersatzstoffen nicht möglich ist.

Abschnitt 6
Vollzugsregelungen und Ausschuss für Gefahrstoffe

-

§ 18 Unterrichtung der Behörde

(1) Der Arbeitgeber hat der zuständigen Behörde unverzüglich anzuzeigen

1.

    jeden Unfall und jede Betriebsstörung, die bei Tätigkeiten mit Gefahrstoffen zu einer ernsten Gesundheitsschädigung von Beschäftigten geführt haben,

2.

    Krankheits- und Todesfälle, bei denen konkrete Anhaltspunkte dafür bestehen, dass sie durch die Tätigkeit mit Gefahrstoffen verursacht worden sind, mit der genauen Angabe der

184

Tätigkeit und der Gefährdungsbeurteilung nach § 6.
Lassen sich die für die Anzeige nach Satz 1 erforderlichen Angaben gleichwertig aus Anzeigen nach anderen Rechtsvorschriften entnehmen, kann die Anzeigepflicht auch durch Übermittlung von Kopien dieser Anzeigen an die zuständige Behörde erfüllt werden. Der Arbeitgeber hat den betroffenen Beschäftigten oder ihrer Vertretung Kopien der Anzeigen nach Satz 1 oder Satz 2 zur Kenntnis zu geben.

(2) Unbeschadet des § 22 des Arbeitsschutzgesetzes hat der Arbeitgeber der zuständigen Behörde auf Verlangen Folgendes mitzuteilen:

1.

das Ergebnis der Gefährdungsbeurteilung nach § 6 und die ihr zugrunde liegenden Informationen, einschließlich der Dokumentation der Gefährdungsbeurteilung,

2.

die Tätigkeiten, bei denen Beschäftigte tatsächlich oder möglicherweise gegenüber Gefahrstoffen exponiert worden sind, und die Anzahl dieser Beschäftigten,

3.

die nach § 13 des Arbeitsschutzgesetzes verantwortlichen Personen,

4.

die durchgeführten Schutz- und Vorsorgemaßnahmen, einschließlich der Betriebsanweisungen.

(3) Der Arbeitgeber hat der zuständigen Behörde bei Tätigkeiten mit krebserzeugenden, erbgutverändernden oder fruchtbarkeitsgefährdenden Gefahrstoffen der Kategorie 1 oder 2 zusätzlich auf Verlangen Folgendes mitzuteilen:

1.

das Ergebnis der Substitutionsprüfung,

2.

Informationen über

a)

ausgeübte Tätigkeiten und angewandte industrielle Verfahren und die Gründe für die Verwendung dieser Gefahrstoffe,

b)

die Menge der hergestellten oder verwendeten Gefahrstoffe,

c)

die Art der zu verwendenden Schutzausrüstung,

d)

Art und Ausmaß der Exposition,

e)

durchgeführte Substitutionen.

(4) Auf Verlangen der zuständigen Behörde ist die nach Anhang II der Verordnung (EG) Nr. 1907/2006 geforderte Fachkunde für die Erstellung von Sicherheitsdatenblättern nachzuweisen.
-

§ 19 Behördliche Ausnahmen, Anordnungen und Befugnisse

(1) Die zuständige Behörde kann auf schriftlichen oder elektronischen Antrag des Arbeitgebers Ausnahmen von den §§ 6 bis 15 zulassen, wenn die Anwendung dieser Vorschriften im Einzelfall zu einer unverhältnismäßigen Härte führen würde und die Abweichung mit dem Schutz der Beschäftigten vereinbar ist. Der Arbeitgeber hat der zuständigen Behörde im Antrag darzulegen:

1.

den Grund für die Beantragung der Ausnahme,

2.

die jährlich zu verwendende Menge des Gefahrstoffs,

3.

die betroffenen Tätigkeiten und Verfahren,

4.

    die Zahl der voraussichtlich betroffenen Beschäftigten,

5.

    die geplanten Maßnahmen zur Gewährleistung des Gesundheitsschutzes und der Sicherheit der betroffenen Beschäftigten,

6.

    die technischen und organisatorischen Maßnahmen, die zur Verringerung oder Vermeidung einer Exposition der Beschäftigten ergriffen werden sollen.

(2) Eine Ausnahme nach Absatz 1 kann auch im Zusammenhang mit Verwaltungsverfahren nach anderen Rechtsvorschriften beantragt werden.

(3) Im Fall des § 4 Absatz 2 kann die zuständige Behörde auf Antrag im Einzelfall zulassen, dass die Kennzeichnungsvorschriften der Richtlinie 67/548/EWG bei Stoffen und der Richtlinie 1999/45/EG bei Zubereitungen ganz oder teilweise nicht angewendet werden, wenn es sich um brandfördernde, entzündliche, leichtentzündliche, gesundheitsschädliche, reizende oder umweltgefährliche Stoffe oder Zubereitungen in so geringen Mengen handelt, dass eine Gefährdung nicht zu befürchten ist. Satz 1 gilt nicht für Biozid-Produkte.

(4) Die zuständige Behörde kann unbeschadet des § 23 des Chemikaliengesetzes im Einzelfall Maßnahmen anordnen, die der Hersteller, Inverkehrbringer oder Arbeitgeber zu ergreifen hat, um die Pflichten nach den Abschnitten 2 bis 5 dieser Verordnung zu erfüllen; dabei kann sie insbesondere anordnen, dass der Arbeitgeber

1.

    die zur Bekämpfung besonderer Gefahren notwendigen Maßnahmen ergreifen muss,

2.

    festzustellen hat, ob und in welchem Umfang eine vermutete Gefahr tatsächlich besteht und welche Maßnahmen zur Bekämpfung der Gefahr ergriffen werden müssen,

3.

    die Arbeit, bei der die Beschäftigten gefährdet sind, einstellen zu lassen hat, wenn der Arbeitgeber die zur Bekämpfung der Gefahr angeordneten notwendigen Maßnahmen nicht unverzüglich oder nicht innerhalb der gesetzten Frist ergreift.

Bei Gefahr im Verzug können die Anordnungen auch gegenüber weisungsberechtigten Personen im Betrieb erlassen werden.

(5) Der zuständigen Behörde ist auf Verlangen ein Nachweis vorzulegen, dass die Gefährdungsbeurteilung fachkundig nach § 6 Absatz 9 erstellt wurde.

(6) Die zuständige Behörde kann dem Arbeitgeber untersagen, Tätigkeiten mit Gefahrstoffen auszuüben oder ausüben zu lassen, und insbesondere eine Stilllegung der betroffenen Arbeitsbereiche anordnen, wenn der Arbeitgeber der Mitteilungspflicht nach § 18 Absatz 2 Nummer 1 nicht nachkommt.

-

§ 20 Ausschuss für Gefahrstoffe

(1) Beim Bundesministerium für Arbeit und Soziales wird ein Ausschuss für Gefahrstoffe (AGS) gebildet, in dem geeignete Personen vonseiten der Arbeitgeber, der Gewerkschaften, der Landesbehörden, der gesetzlichen Unfallversicherung und weitere geeignete Personen, insbesondere aus der Wissenschaft, vertreten sein sollen. Die Gesamtzahl der Mitglieder soll 21 Personen nicht überschreiten. Für jedes Mitglied ist ein stellvertretendes Mitglied zu benennen. Die Mitgliedschaft im Ausschuss für Gefahrstoffe ist ehrenamtlich.

(2) Das Bundesministerium für Arbeit und Soziales beruft die Mitglieder des Ausschusses und die stellvertretenden Mitglieder. Der Ausschuss gibt sich eine Geschäftsordnung und wählt die Vorsitzende oder den Vorsitzenden aus seiner Mitte. Die Geschäftsordnung und die Wahl der oder des Vorsitzenden bedürfen der Zustimmung des Bundesministeriums für Arbeit und Soziales.

(3) Zu den Aufgaben des Ausschusses gehört es:

1.

den Stand der Wissenschaft, Technik, Arbeitsmedizin und Arbeitshygiene sowie sonstige gesicherte Erkenntnisse für Tätigkeiten mit Gefahrstoffen einschließlich deren Einstufung und Kennzeichnung zu ermitteln und entsprechende Empfehlungen auszusprechen,

2.

zu ermitteln, wie die in dieser Verordnung gestellten Anforderungen erfüllt werden können und dazu die dem jeweiligen Stand von Technik und Medizin entsprechenden Regeln und Erkenntnisse zu erarbeiten,

3.

das Bundesministerium für Arbeit und Soziales in allen Fragen zu Gefahrstoffen und zur Chemikaliensicherheit zu beraten und

4.

Arbeitsplatzgrenzwerte, biologische Grenzwerte und andere Beurteilungsmaßstäbe für Gefahrstoffe vorzuschlagen und regelmäßig zu überprüfen, wobei Folgendes zu berücksichtigen ist:

a)

bei der Festlegung der Grenzwerte und Beurteilungsmaßstäbe ist sicherzustellen, dass der Schutz der Gesundheit der Beschäftigten gewahrt ist,

b)

für jeden Stoff, für den ein Arbeitsplatzgrenzwert oder ein biologischer Grenzwert in Rechtsakten der Europäischen Union festgelegt worden ist, ist unter Berücksichtigung dieses Grenzwerts ein nationaler Grenzwert vorzuschlagen.

Das Arbeitsprogramm des Ausschusses für Gefahrstoffe wird mit dem Bundesministerium für Arbeit und Soziales abgestimmt, wobei die Letztentscheidungsbefugnis beim Bundesministerium für Arbeit und Soziales liegt. Der Ausschuss arbeitet eng mit den anderen Ausschüssen beim Bundesministerium für Arbeit und Soziales zusammen.

(4) Nach Prüfung kann das Bundesministerium für Arbeit und Soziales

1.

die vom Ausschuss für Gefahrstoffe ermittelten Regeln und Erkenntnisse nach Absatz 3 Satz 1 Nummer 2 sowie die Arbeitsplatzgrenzwerte und Beurteilungsmaßstäbe nach Absatz 3 Satz 1 Nummer 4 im Gemeinsamen Ministerialblatt bekannt geben und

2.

die Empfehlungen nach Absatz 3 Satz 1 Nummer 1 sowie die Beratungsergebnisse nach Absatz 3 Satz 1 Nummer 3 in geeigneter Weise veröffentlichen.

(5) Die Bundesministerien sowie die obersten Landesbehörden können zu den Sitzungen des Ausschusses Vertreterinnen oder Vertreter entsenden. Auf Verlangen ist diesen in der Sitzung das Wort zu erteilen.

(6) Die Bundesanstalt für Arbeitsschutz und Arbeitsmedizin führt die Geschäfte des Ausschusses.

Abschnitt 7
Ordnungswidrigkeiten und Straftaten

-

§ 21 Chemikaliengesetz – Anzeigen

Ordnungswidrig im Sinne des § 26 Absatz 1 Nummer 8 Buchstabe b des Chemikaliengesetzes handelt, wer vorsätzlich oder fahrlässig

1.

entgegen § 8 Absatz 8 in Verbindung mit Anhang I Nummer 2.4.2 Absatz 1 Satz 1 oder Absatz 2 eine Anzeige nicht, nicht richtig, nicht vollständig oder nicht rechtzeitig erstattet,

2.

entgegen § 8 Absatz 8 in Verbindung mit Anhang I Nummer 3.4 Absatz 1 oder Absatz 2 eine Anzeige nicht, nicht richtig, nicht vollständig oder nicht rechtzeitig erstattet,

3.

187

entgegen § 8 Absatz 8 in Verbindung mit Anhang I Nummer 3.4 Absatz 3 eine Änderung nicht oder nicht rechtzeitig anzeigt,

4.

entgegen § 8 Absatz 8 in Verbindung mit Anhang I Nummer 3.6 eine Anzeige nicht, nicht richtig, nicht vollständig oder nicht rechtzeitig erstattet,

5.

entgegen § 8 Absatz 8 in Verbindung mit Anhang I Nummer 4.3.2 Absatz 1 Satz 1 oder Absatz 2 in Verbindung mit Absatz 3 eine Anzeige nicht, nicht richtig, nicht vollständig oder nicht rechtzeitig erstattet,

6.

entgegen § 8 Absatz 8 in Verbindung mit Anhang I Nummer 4.3.2 Absatz 4 eine Anzeige nicht oder nicht rechtzeitig erstattet,

7.

entgegen § 8 Absatz 8 in Verbindung mit Anhang I Nummer 5.4.2.3 Absatz 1 oder Absatz 2 eine Anzeige nicht, nicht richtig, nicht vollständig oder nicht rechtzeitig erstattet,

8.

entgegen § 8 Absatz 8 in Verbindung mit Anhang I Nummer 5.4.2.3 Absatz 3 eine Änderung nicht oder nicht rechtzeitig anzeigt,

9.

entgegen § 18 Absatz 1 eine Anzeige nicht, nicht richtig, nicht vollständig oder nicht rechtzeitig erstattet oder

10.

entgegen § 18 Absatz 2 eine Mitteilung nicht, nicht richtig, nicht vollständig oder nicht rechtzeitig macht.

-

§ 22 Chemikaliengesetz – Tätigkeiten

(1) Ordnungswidrig im Sinne des § 26 Absatz 1 Nummer 8 Buchstabe b des Chemikaliengesetzes handelt, wer vorsätzlich oder fahrlässig

1.

entgegen § 6 Absatz 8 Satz 1 eine Gefährdungsbeurteilung nicht, nicht richtig, nicht vollständig oder nicht rechtzeitig dokumentiert,

2.

entgegen § 6 Absatz 10 Satz 1 oder Satz 2 ein Gefahrstoffverzeichnis nicht, nicht richtig oder nicht vollständig führt,

3.

entgegen § 7 Absatz 1 eine Tätigkeit aufnehmen lässt,

3a.

entgegen § 7 Absatz 5 Satz 2 das Verwenden von belastender persönlicher Schutzausrüstung als Dauermaßnahme anwendet,

4.

entgegen § 7 Absatz 7 Satz 1 die Funktion und die Wirksamkeit der technischen Schutzmaßnahmen nicht oder nicht rechtzeitig überprüft,

5.

entgegen § 8 Absatz 2 Satz 3 eine Tätigkeit ausüben lässt,

6.

entgegen § 8 Absatz 3 Satz 2 einen Bereich nicht oder nicht rechtzeitig einrichtet,

7.

entgegen § 8 Absatz 5 Satz 3 Gefahrstoffe aufbewahrt oder lagert,

8.

entgegen § 8 Absatz 8 in Verbindung mit Anhang I Nummer 2.4.2 Absatz 3 Satz 2 nicht dafür sorgt, dass eine weisungsbefugte sachkundige Person vor Ort tätig ist,

9.

10. entgegen § 8 Absatz 8 in Verbindung mit Anhang I Nummer 2.4.4 Satz 1 einen Arbeitsplan nicht oder nicht rechtzeitig aufstellt,

11. entgegen § 8 Absatz 8 in Verbindung mit Anhang I Nummer 3.3 Satz 2 eine Schädlingsbekämpfung durchführt,

12. entgegen § 8 Absatz 8 in Verbindung mit Anhang I Nummer 5.4.2.1 Absatz 2 Stoffe und Zubereitungen der Gruppe A lagert oder befördert,

13. entgegen § 8 Absatz 8 in Verbindung mit Anhang I Nummer 5.4.2.1 Absatz 3 brennbare Materialien lagert,

14. entgegen § 8 Absatz 8 in Verbindung mit Anhang I Nummer 5.4.2.2 Absatz 3 Stoffe oder Zubereitungen nicht oder nicht rechtzeitig in Teilmengen unterteilt,

15. entgegen § 8 Absatz 8 in Verbindung mit Anhang I Nummer 5.4.2.3 Absatz 5 Stoffe oder Zubereitungen lagert,

15a. entgegen § 9 Absatz 3 Satz 2 oder § 9 Absatz 4 eine persönliche Schutzausrüstung nicht oder nicht rechtzeitig bereitstellt,

16. entgegen § 9 Absatz 5 nicht gewährleistet, dass getrennte Aufbewahrungsmöglichkeiten zur Verfügung stehen,

17. entgegen § 10 Absatz 4 Satz 2 Schutzkleidung oder ein Atemschutzgerät nicht zur Verfügung stellt,

18. entgegen § 10 Absatz 5 Satz 1 abgesaugte Luft in einen Arbeitsbereich zurückführt,

19. entgegen § 11 Absatz 1 Satz 3 in Verbindung mit Anhang I Nummer 1.3 Absatz 2 Satz 1 das Rauchen oder die Verwendung von offenem Feuer oder offenem Licht nicht verbietet,

19a. entgegen § 11 Absatz 1 Satz 3 in Verbindung mit Anhang I Nummer 1.5 Absatz 4 oder Nummer 1.6 Absatz 5 einen dort genannten Bereich nicht oder nicht richtig kennzeichnet,

19b. entgegen § 11 Absatz 4 Satz 2 in Verbindung mit Anhang III Nummer 2.3 Absatz 1 Satz 1 eine Tätigkeit mit einem organischen Peroxid ausüben lässt,

19c. entgegen § 11 Absatz 4 Satz 2 in Verbindung mit Anhang III Nummer 2.6 Satz 2 Buchstabe a nicht sicherstellt, dass ein dort genanntes Gebäude oder ein dort genannter Raum in Sicherheitsbauweise errichtet wird,

20. entgegen § 11 Absatz 4 Satz 2 in Verbindung mit Anhang III Nummer 2.7 einen dort genannten Bereich nicht oder nicht rechtzeitig festlegt,

21. entgegen § 13 Absatz 2 Satz 1 eine dort genannte Maßnahme nicht oder nicht rechtzeitig ergreift,

22. entgegen § 13 Absatz 3 Satz 1 einen Beschäftigten nicht oder nicht rechtzeitig ausstattet,

23. entgegen § 13 Absatz 4 Warn- und sonstige Kommunikationseinrichtungen nicht zur Verfügung stellt,

entgegen § 13 Absatz 5 Satz 1 nicht sicherstellt, dass Informationen über Notfallmaßnahmen zur Verfügung stehen,

24.

entgegen § 14 Absatz 1 Satz 1 nicht sicherstellt, dass den Beschäftigten eine schriftliche Betriebsanweisung in der vorgeschriebenen Weise zugänglich gemacht wird,

25.

entgegen § 14 Absatz 2 Satz 1 nicht sicherstellt, dass die Beschäftigten über auftretende Gefährdungen und entsprechende Schutzmaßnahmen mündlich unterwiesen werden,

26.

entgegen § 14 Absatz 3 Nummer 2 nicht oder nicht rechtzeitig sicherstellt, dass die Beschäftigten und ihre Vertretung unterrichtet und informiert werden,

27.

entgegen § 14 Absatz 3 Nummer 3 nicht sicherstellt, dass ein aktualisiertes Verzeichnis geführt wird, oder

28.

entgegen § 14 Absatz 3 Nummer 4 nicht sicherstellt, dass ein aktualisiertes Verzeichnis 40 Jahre nach Ende der Exposition aufbewahrt wird.

(2) Wer durch eine in Absatz 1 bezeichnete Handlung das Leben oder die Gesundheit eines anderen oder fremde Sachen von bedeutendem Wert gefährdet, ist nach § 27 Absatz 2 bis 4 des Chemikaliengesetzes strafbar.

-

§ 23 (weggefallen)

-

§ 24 Chemikaliengesetz – Herstellungs- und Verwendungsbeschränkungen

(1) Ordnungswidrig im Sinne des § 26 Absatz 1 Nummer 7 Buchstabe a des Chemikaliengesetzes handelt, wer vorsätzlich oder fahrlässig

1.

entgegen § 16 Absatz 2 in Verbindung mit Anhang II Nummer 6 Absatz 1 einen dort aufgeführten Stoff verwendet,

2.

entgegen § 16 Absatz 3 Satz 2 in Verbindung mit Satz 3 Nummer 1, auch in Verbindung mit Satz 4, ein Biozid-Produkt für einen nicht in der Kennzeichnung ausgewiesenen Verwendungszweck einsetzt oder

3.

entgegen § 16 Absatz 3 Satz 2 in Verbindung mit Satz 3 Nummer 2, auch in Verbindung mit Satz 4, eine sich aus der Kennzeichnung oder der Zulassung ergebende Verwendungsbedingung nicht einhält.

(2) Nach § 27 Absatz 1 Nummer 1, Absatz 2 bis 4 des Chemikaliengesetzes wird bestraft, wer vorsätzlich oder fahrlässig

1.

entgegen § 8 Absatz 8 in Verbindung mit Anhang I Nummer 2.4.2 Absatz 3 Satz 1 oder Absatz 4 Satz 1 Abbruch-, Sanierungs- oder Instandhaltungsarbeiten durchführt,

2.

entgegen § 8 Absatz 8 in Verbindung mit Anhang I Nummer 3.5 Satz 1 Schädlingsbekämpfungen durchführt,

3.

ohne Erlaubnis nach § 8 Absatz 8 in Verbindung mit Anhang I Nummer 4.2 Absatz 1 Begasungen durchführt,

4.

entgegen § 8 Absatz 8 in Verbindung mit Anhang I Nummer 4.2 Absatz 7 Satz 1 Begasungen durchführt,

5.

entgegen § 16 Absatz 2 in Verbindung mit Anhang II Nummer 1 Absatz 1 Satz 1 auch in Verbindung mit Satz 3 Arbeiten durchführt,

6.

entgegen § 16 Absatz 2 in Verbindung mit Anhang II Nummer 1 Absatz 1 Satz 4 Überdeckungs-, Überbauungs-, Aufständerungs-, Reinigungs- oder Beschichtungsarbeiten durchführt,

7.

entgegen § 16 Absatz 2 in Verbindung mit Anhang II Nummer 1 Absatz 1 Satz 5 asbesthaltige Gegenstände oder Materialien zu anderen Zwecken weiterverwendet,

8.

entgegen § 16 Absatz 2 in Verbindung mit Anhang II Nummer 2 Absatz 1 die dort aufgeführten Stoffe oder Zubereitungen herstellt,

9.

entgegen § 16 Absatz 2 in Verbindung mit Anhang II Nummer 3 Absatz 1 die dort aufgeführten Erzeugnisse verwendet,

10.

entgegen § 16 Absatz 2 in Verbindung mit Anhang II Nummer 4 Absatz 1, Absatz 3 Satz 1 oder Absatz 4 die dort aufgeführten Kühlschmierstoffe oder Korrosionsschutzmittel verwendet oder

11.

entgegen § 16 Absatz 2 in Verbindung mit Anhang II Nummer 5 Absatz 1 die dort aufgeführten Stoffe, Zubereitungen oder Erzeugnisse herstellt oder verwendet.

-

Anhang I (zu § 8 Absatz 8, § 11 Absatz 3)
Besondere Vorschriften für bestimmte Gefahrstoffe und Tätigkeiten

(Fundstelle: BGBl. I 2010, 1660 - 1673;
bzgl. der einzelnen Änderungen vgl. Fußnote)

Nummer 1
Brand- und Explosionsgefährdungen

1.1 Anwendungsbereich
Nummer 1 gilt für Maßnahmen nach § 11 bei Tätigkeiten mit Gefahrstoffen, die zu Brand- und Explosionsgefährdungen führen können.

1.2 Grundlegende Anforderungen zum Schutz vor Brand- und Explosionsgefährdungen
(1) Der Arbeitgeber hat auf der Grundlage der Gefährdungsbeurteilung nach § 6 die organisatorischen und technischen Schutzmaßnahmen nach dem Stand der Technik festzulegen, die zum Schutz von Gesundheit und Sicherheit der Beschäftigten oder anderer Personen vor Brand- und Explosionsgefährdungen erforderlich sind.
(2) Die Mengen an Gefahrstoffen sind im Hinblick auf die Brandbelastung, die Brandausbreitung und Explosionsgefährdungen so zu begrenzen, dass die Gefährdung durch Brände und Explosionen so gering wie möglich ist.
(3) Zum Schutz gegen das unbeabsichtigte Freisetzen von Gefahrstoffen, die zu Brand- oder Explosionsgefährdungen führen können, sind geeignete Maßnahmen zu ergreifen. Insbesondere müssen

1.

Gefahrstoffe in Arbeitsmitteln und Anlagen sicher zurückgehalten werden und Zustände wie gefährliche Temperaturen, Über- und Unterdrücke, Überfüllungen, Korrosionen sowie andere gefährliche Zustände vermieden werden,

2.

Gefahrstoffströme von einem schnell und ungehindert erreichbaren Ort aus durch Stillsetzen

3. der Förderung unterbrochen werden können,

3. gefährliche Vermischungen von Gefahrstoffen vermieden werden.

Soweit nach der Gefährdungsbeurteilung erforderlich, müssen Gefahrstoffströme automatisch begrenzt oder unterbrochen werden können.

(4) Frei werdende Gefahrstoffe, die zu Brand- oder Explosionsgefährdungen führen können, sind an ihrer Austritts- oder Entstehungsstelle gefahrlos zu beseitigen, soweit dies nach dem Stand der Technik möglich ist. Ausgetretene flüssige Gefahrstoffe sind aufzufangen. Flüssigkeitslachen und Staubablagerungen sind gefahrlos zu beseitigen.

1.3 Schutzmaßnahmen in Arbeitsbereichen mit Brand- und Explosionsgefährdungen

(1) Arbeitsbereiche mit Brand- oder Explosionsgefährdungen sind

1. mit Flucht- und Rettungswegen sowie Ausgängen in ausreichender Zahl so auszustatten, dass die Beschäftigten die Arbeitsbereiche im Gefahrenfall schnell, ungehindert und sicher verlassen und Verunglückte jederzeit gerettet werden können,

2. so zu gestalten und auszulegen, dass die Übertragung von Bränden und Explosionen sowie die Auswirkungen von Bränden und Explosionen auf benachbarte Bereiche vermieden werden,

3. mit ausreichenden Feuerlöscheinrichtungen auszustatten; die Feuerlöscheinrichtungen müssen, sofern sie nicht selbsttätig wirken, gekennzeichnet, leicht zugänglich und leicht zu handhaben sein,

4. mit Angriffswegen zur Brandbekämpfung zu versehen, die so angelegt und gekennzeichnet sind, dass sie mit Lösch- und Arbeitsgeräten schnell und ungehindert zu erreichen sind.

(2) In Arbeitsbereichen mit Brand- oder Explosionsgefährdungen sind das Rauchen und das Verwenden von offenem Feuer und offenem Licht zu verbieten. Unbefugten ist das Betreten von Bereichen mit Brand- oder Explosionsgefährdungen zu verbieten. Auf die Verbote muss deutlich erkennbar und dauerhaft hingewiesen werden.

(3) Durch geeignete Maßnahmen ist zu gewährleisten, dass Personen im Gefahrenfall rechtzeitig, angemessen, leicht wahrnehmbar und unmissverständlich gewarnt werden können.

(4) Soweit nach der Gefährdungsbeurteilung erforderlich,

1. muss es bei Energieausfall möglich sein, die Geräte und Schutzsysteme unabhängig vom übrigen Betriebssystem in einem sicheren Betriebszustand zu halten,

2. müssen im Automatikbetrieb laufende Geräte und Schutzsysteme, die vom bestimmungsgemäßen Betrieb abweichen, unter sicheren Bedingungen von Hand abgeschaltet werden können und

3. müssen gespeicherte Energien beim Betätigen der Notabschalteinrichtungen so schnell und sicher wie möglich abgebaut oder isoliert werden.

1.4 Organisatorische Maßnahmen

(1) Der Arbeitgeber darf Tätigkeiten mit Gefahrstoffen, die zu Brand- oder Explosionsgefährdungen führen können, nur zuverlässigen, mit den Tätigkeiten, den dabei auftretenden Gefährdungen und den erforderlichen Schutzmaßnahmen vertrauten und entsprechend unterwiesenen Beschäftigten übertragen.

(2) In Arbeitsbereichen mit Gefahrstoffen, die zu Brand- oder Explosionsgefährdungen führen können, ist bei besonders gefährlichen Tätigkeiten und bei Tätigkeiten, die durch eine Wechselwirkung mit anderen Tätigkeiten Gefährdungen verursachen können, ein Arbeitsfreigabesystem mit besonderen schriftlichen Anweisungen des Arbeitgebers anzuwenden. Die Arbeitsfreigabe ist vor Beginn der Tätigkeiten von einer hierfür verantwortlichen Person zu erteilen.

(3) Werden in Arbeitsbereichen, in denen Tätigkeiten mit Gefahrstoffen ausgeübt werden, die zu Brand- oder Explosionsgefährdungen führen können, Beschäftigte tätig und kommt es dabei zu einer besonderen Gefährdung, sind zuverlässige, mit den Tätigkeiten, den dabei auftretenden Gefährdungen und den erforderlichen Schutzmaßnahmen vertraute Personen mit der Aufsichtsführung zu beauftragen. Die Aufsicht führende Person hat insbesondere dafür zu sorgen, dass

1.

mit den Tätigkeiten erst begonnen wird, wenn die in der Gefährdungsbeurteilung nach § 6 festgelegten Maßnahmen ergriffen sind und ihre Wirksamkeit nachgewiesen ist, und

2.

ein schnelles Verlassen des Arbeitsbereichs jederzeit möglich ist.

1.5 Schutzmaßnahmen für die Lagerung

(1) Gefahrstoffe dürfen nur an dafür geeigneten Orten und in geeigneten Einrichtungen gelagert werden. Sie dürfen nicht an oder in der Nähe von Orten gelagert werden, an denen dies zu einer Gefährdung der Beschäftigten oder anderer Personen führen kann.

(2) In Arbeitsräumen dürfen Gefahrstoffe nur gelagert werden, wenn die Lagerung mit dem Schutz der Beschäftigten vereinbar ist und in besonderen Einrichtungen erfolgt, die dem Stand der Technik entsprechen.

(3) Gefahrstoffe dürfen nicht zusammen gelagert werden, wenn dies zu einer Erhöhung der Brand- oder Explosionsgefährdung führen kann, insbesondere durch gefährliche Vermischungen, oder wenn die gelagerten Gefahrstoffe in gefährlicher Weise miteinander reagieren können. Gefahrstoffe dürfen ferner nicht zusammen gelagert werden, wenn dies bei einem Brand oder einer Explosion zu zusätzlichen Gefährdungen von Beschäftigten oder von anderen Personen führen kann.

(4) Bereiche, in denen brennbare Gefahrstoffe in solchen Mengen gelagert werden, dass eine erhöhte Brandgefährdung besteht, sind mit dem Warnzeichen „Warnung vor feuergefährlichen Stoffen oder hoher Temperatur" nach Anhang II Nummer 3.2 der Richtlinie 92/58/EWG des Rates vom 24. Juni 1992 über Mindestvorschriften für die Sicherheits- und/oder Gesundheitsschutzkennzeichnung am Arbeitsplatz (Neunte Einzelrichtlinie im Sinne von Artikel 16 Absatz 1 der Richtlinie 89/391/EWG) (ABl. L 245 vom 26.8.1992, S. 23) zu kennzeichnen.

(5) Soweit nach der Gefährdungsbeurteilung erforderlich, sind zu Lagerorten von Gefahrstoffen Schutz- und Sicherheitsabstände einzuhalten. Dabei ist ein Sicherheitsabstand der erforderliche Abstand zwischen Lagerorten und zu schützenden Personen, ein Schutzabstand ist der erforderliche Abstand zum Schutz des Lagers gegen gefährliche Einwirkungen von außen.

1.6 Mindestvorschriften für den Explosionsschutz bei Tätigkeiten in Bereichen mit gefährlichen explosionsfähigen Gemischen

(1) Bei der Festlegung von Schutzmaßnahmen nach § 11 Absatz 2 Nummer 1 sind insbesondere Maßnahmen nach folgender Rangfolge zu ergreifen:

1.

es sind Stoffe und Zubereitungen einzusetzen, die keine explosionsfähigen Gemische bilden können, soweit dies nach dem Stand der Technik möglich ist,

2.

ist dies nicht möglich, ist die Bildung von gefährlichen explosionsfähigen Gemischen zu verhindern oder einzuschränken, soweit dies nach dem Stand der Technik möglich ist,

3.

gefährliche explosionsfähige Gemische sind gefahrlos nach dem Stand der Technik zu beseitigen.

Soweit nach der Gefährdungsbeurteilung erforderlich, sind die Maßnahmen zur Vermeidung gefährlicher explosionsfähiger Gemische durch geeignete technische Einrichtungen zu überwachen.

(2) Kann nach Durchführung der Maßnahmen nach Absatz 1 die Bildung gefährlicher explosionsfähiger Gemische nicht sicher verhindert werden, hat der Arbeitgeber zu beurteilen

1.

die Wahrscheinlichkeit und die Dauer des Auftretens gefährlicher explosionsfähiger Gemische,

2.

die Wahrscheinlichkeit des Vorhandenseins, der Entstehung und des Wirksamwerdens von Zündquellen einschließlich elektrostatischer Entladungen und

3.

das Ausmaß der zu erwartenden Auswirkungen von Explosionen.

Treten bei explosionsfähigen Gemischen mehrere Arten von brennbaren Gasen, Dämpfen, Nebeln oder Stäuben gleichzeitig auf, so müssen die Schutzmaßnahmen auf die größte Gefährdung ausgerichtet sein.

(3) Kann das Auftreten gefährlicher explosionsfähiger Gemische nicht sicher verhindert werden, sind Schutzmaßnahmen zu ergreifen, um eine Zündung zu vermeiden. Für die Festlegung von Maßnahmen und die Auswahl der Arbeitsmittel kann der Arbeitgeber explosionsgefährdete Bereiche nach Nummer 1.7 in Zonen einteilen und entsprechende Zuordnungen nach Nummer 1.8 vornehmen.

(4) Kann eine Explosion nicht sicher verhindert werden, sind Maßnahmen des konstruktiven Explosionsschutzes zu ergreifen, um die Ausbreitung der Explosion zu begrenzen und die Auswirkungen der Explosion auf die Beschäftigten so gering wie möglich zu halten.

(5) Arbeitsbereiche, in denen gefährliche explosionsfähige Atmosphäre auftreten kann, sind an ihren Zugängen zu kennzeichnen mit dem Warnzeichen nach Anhang III der Richtlinie 1999/92/EG des Europäischen Parlaments und des Rates vom 16. Dezember 1999 über Mindestvorschriften zur Verbesserung des Gesundheitsschutzes und der Sicherheit der Arbeitnehmer, die durch explosionsfähige Atmosphären gefährdet werden können (Fünfzehnte Einzelrichtlinie im Sinne von Artikel 16 Absatz 1 der Richtlinie 89/391/EWG) (ABl. L 23 vom 28.1.2000, S. 57, L 134 vom 7.6.2000, S. 36), die durch die Richtlinie 2007/30/EG (ABl. L 165 vom 27.6.2007, S. 21) geändert worden ist.

1.7 Zoneneinteilung explosionsgefährdeter Bereiche

Zone 0

ist ein Bereich, in dem gefährliche explosionsfähige Atmosphäre als Gemisch aus Luft und brennbaren Gasen, Dämpfen oder Nebeln ständig, über lange Zeiträume oder häufig vorhanden ist.

Zone 1

ist ein Bereich, in dem sich im Normalbetrieb gelegentlich eine gefährliche explosionsfähige Atmosphäre als Gemisch aus Luft und brennbaren Gasen, Dämpfen oder Nebeln bilden kann.

Zone 2

ist ein Bereich, in dem im Normalbetrieb eine gefährliche explosionsfähige Atmosphäre als Gemisch aus Luft und brennbaren Gasen, Dämpfen oder Nebeln normalerweise nicht auftritt, und wenn doch, dann nur selten und für kurze Zeit.

Zone 20

ist ein Bereich, in dem gefährliche explosionsfähige Atmosphäre in Form einer Wolke aus brennbarem Staub, der in der Luft enthalten ist, ständig, über lange Zeiträume oder häufig vorhanden ist.

Zone 21

ist ein Bereich, in dem sich im Normalbetrieb gelegentlich eine gefährliche explosionsfähige Atmosphäre in Form einer Wolke aus in der Luft enthaltenem brennbaren Staub bilden kann.

Zone 22

ist ein Bereich, in dem im Normalbetrieb eine gefährliche explosionsfähige Atmosphäre in Form einer Wolke aus in der Luft enthaltenem brennbaren Staub normalerweise nicht auftritt, und wenn doch, dann nur selten und für kurze Zeit.

Als Normalbetrieb gilt der Zustand, in dem Anlagen innerhalb ihrer Auslegungsparameter verwendet werden. Im Zweifelsfall ist die strengere Zone zu wählen. Schichten, Ablagerungen und Aufhäufungen von brennbarem Staub sind wie jede andere Ursache, die zur Bildung einer gefährlichen explosionsfähigen Atmosphäre führen kann, zu berücksichtigen. Die Zoneneinteilung ist in der Dokumentation der Gefährdungsbeurteilung (Explosionsschutzdokument) zu dokumentieren.

1.8 Mindestvorschriften für Einrichtungen in explosionsgefährdeten Bereichen sowie für Einrichtungen in nichtexplosionsgefährdeten Bereichen, die für den Explosionsschutz in explosionsgefährdeten Bereichen von Bedeutung sind

(1) Arbeitsmittel einschließlich Anlagen und Geräte, Schutzsysteme und den dazugehörigen Verbindungsvorrichtungen dürfen nur in Betrieb genommen werden, wenn aus der Dokumentation der Gefährdungsbeurteilung hervorgeht, dass sie in explosionsgefährdeten Bereichen sicher verwendet werden können. Dies gilt auch für Arbeitsmittel und die dazugehörigen Verbindungsvorrichtungen, die nicht Geräte oder Schutzsysteme im Sinne der Richtlinie 2014/34/EU des Europäischen Parlaments und des Rates vom 26. Februar 2014 zur Harmonisierung der Rechtsvorschriften der Mitgliedstaaten für Geräte und Schutzsysteme zur bestimmungsgemäßen Verwendung in explosionsgefährdeten Bereichen (ABl. L 96 vom 29.3.2014, S. 309) sind, wenn ihre Verwendung in einer Einrichtung an sich eine potenzielle Zündquelle darstellt. Verbindungsvorrichtungen dürfen nicht verwechselt werden können; hierfür sind die erforderlichen Maßnahmen zu ergreifen.

(2) Sofern in der Gefährdungsbeurteilung nichts anderes vorgesehen ist, sind in explosionsgefährdeten Bereichen Geräte und Schutzsysteme entsprechend den Kategorien der Richtlinie 2014/34/EU auszuwählen.

(3) Insbesondere sind in explosionsgefährdeten Bereichen, die in Zonen eingeteilt sind, folgende Kategorien von Geräten zu verwenden:

–
  in Zone 0 oder Zone 20: Geräte der Kategorie 1,

–
  in Zone 1 oder Zone 21: Geräte der Kategorie 1 oder der Kategorie 2,

–
  in Zone 2 oder Zone 22: Geräte der Kategorie 1, der Kategorie 2 oder der Kategorie 3.

(4) Für explosionsgefährdete Bereiche, die nicht nach Nummer 1.7 in Zonen eingeteilt sind, sind die Maßnahmen auf der Grundlage der Gefährdungsbeurteilung festzulegen und durchzuführen. Dies gilt insbesondere für

1.
  zeitlich und örtlich begrenzte Tätigkeiten, bei denen nur für die Dauer dieser Tätigkeiten mit dem Auftreten gefährlicher explosionsfähiger Atmosphäre gerechnet werden muss,

2.
  An- und Abfahrprozesse in Anlagen, die nur sehr selten oder ausnahmsweise durchgeführt werden müssen und

3.
  Errichtungs- oder Instandhaltungsarbeiten.

Nummer 2
Partikelförmige Gefahrstoffe

2.1

Anwendungsbereich

Nummer 2 gilt für Tätigkeiten mit Exposition gegenüber allen alveolengängigen und einatembaren Stäuben. Nummer 2.4 gilt ergänzend für Tätigkeiten, bei denen Asbeststaub oder Staub von asbesthaltigen Materialien freigesetzt wird oder freigesetzt werden kann. Abweichungen von den Nummern 2.4.2 bis 2.4.5 sind möglich, sofern es sich um Tätigkeiten handelt, die nur zu einer geringen Exposition führen.

2.2

Begriffsbestimmungen

(1) Stäube, einschließlich Rauche, sind disperse Verteilungen fester Stoffe in der Luft, die insbesondere durch mechanische, thermische oder chemische Prozesse oder durch Aufwirbelung entstehen.

(2) Einatembar ist derjenige Anteil von Stäuben im Atembereich von Beschäftigten, der über die Atemwege aufgenommen werden kann. Alveolengängig ist derjenige Anteil von einatembaren

Stäuben, der die Alveolen und Bronchiolen erreichen kann.

(3) Asbest im Sinne von Nummer 2 und Anhang II Nummer 1 sind folgende Silikate mit Faserstruktur:

1.

Aktinolith, CAS-Nummer[*)] 77536-66-4,

2.

Amosit, CAS-Nummer 12172-73-5,

3.

Anthophyllit, CAS-Nummer 77536-67-5,

4.

Chrysotil, CAS-Nummer 12001-29-5 und CAS-Nummer 132207-32-0,

5.

Krokydolith, CAS-Nummer 12001-28-4,

6.

Tremolit, CAS-Nummer 77536-68-6.

2.3

Ergänzende Schutzmaßnahmen für Tätigkeiten mit Exposition gegenüber einatembaren Stäuben

(1) Die Gefährdungsbeurteilung nach § 6 bei Tätigkeiten mit Stoffen, Zubereitungen und Erzeugnissen, die Stäube freisetzen können, ist unter Beachtung ihres Staubungsverhaltens vorzunehmen.

(2) Bei Tätigkeiten mit Exposition gegenüber einatembaren Stäuben, für die kein stoffbezogener Arbeitsplatzgrenzwert festgelegt ist, sind die Schutzmaßnahmen entsprechend der Gefährdungsbeurteilung nach § 6 so festzulegen, dass mindestens die Arbeitsplatzgrenzwerte für den einatembaren Staubanteil und für den alveolengängigen Staubanteil eingehalten werden.

(3) Maschinen und Geräte sind so auszuwählen und zu betreiben, dass möglichst wenig Staub freigesetzt wird. Staub emittierende Anlagen, Maschinen und Geräte müssen mit einer wirksamen Absaugung versehen sein, soweit dies nach dem Stand der Technik möglich ist und die Staubfreisetzung nicht durch andere Maßnahmen verhindert wird.

(4) Bei Tätigkeiten mit Staubexposition ist eine Ausbreitung des Staubs auf unbelastete Arbeitsbereiche zu verhindern, soweit dies nach dem Stand der Technik möglich ist.

(5) Stäube sind an der Austritts- oder Entstehungsstelle möglichst vollständig zu erfassen und gefahrlos zu entsorgen. Die abgesaugte Luft ist so zu führen, dass so wenig Staub wie möglich in die Atemluft der Beschäftigten gelangt. Die abgesaugte Luft darf nur in den Arbeitsbereich zurückgeführt werden, wenn sie ausreichend gereinigt worden ist.

(6) Ablagerungen von Stäuben sind zu vermeiden. Ist dies nicht möglich, so sind die Staubablagerungen durch Feucht- oder Nassverfahren nach dem Stand der Technik oder durch saugende Verfahren unter Verwendung geeigneter Staubsauger oder Entstauber zu beseitigen. Das Reinigen des Arbeitsbereichs durch Kehren ohne Staub bindende Maßnahmen oder Abblasen von Staubablagerungen mit Druckluft ist grundsätzlich nicht zulässig.

(7) Einrichtungen zum Abscheiden, Erfassen und Niederschlagen von Stäuben müssen dem Stand der Technik entsprechen. Bei der ersten Inbetriebnahme dieser Einrichtungen ist deren ausreichende Wirksamkeit zu überprüfen. Die Einrichtungen sind mindestens jährlich auf ihre Funktionsfähigkeit zu prüfen, zu warten und gegebenenfalls in Stand zu setzen. Die niedergelegten Ergebnisse der Prüfungen nach den Sätzen 2 und 3 sind aufzubewahren.

(8) Für staubintensive Tätigkeiten sind geeignete organisatorische Maßnahmen zu ergreifen, um die Dauer der Exposition so weit wie möglich zu verkürzen. Ergibt die Gefährdungsbeurteilung nach § 6, dass die in Absatz 2 in Bezug genommenen Arbeitsplatzgrenzwerte nicht eingehalten werden können, hat der Arbeitgeber geeignete persönliche Schutzausrüstung, insbesondere zum Atemschutz, zur Verfügung zu stellen. Diese ist von den Beschäftigten zu tragen. Den Beschäftigten sind getrennte Aufbewahrungsmöglichkeiten für die Arbeitskleidung und für die Straßenkleidung sowie Waschräume zur Verfügung zu stellen.

2.4

Ergänzende Vorschriften zum Schutz gegen Gefährdung durch Asbest

2.4.1

Ermittlung und Beurteilung der Gefährdung durch Asbest

Der Arbeitgeber hat bei der Gefährdungsbeurteilung nach § 6 festzustellen, ob Beschäftigte bei Tätigkeiten Asbeststaub oder Staub von asbesthaltigen Materialien ausgesetzt sind oder ausgesetzt sein können. Dies gilt insbesondere für Abbruch-, Sanierungs- und Instandhaltungsarbeiten mit asbesthaltigen Erzeugnissen oder Materialien. Vor allem hat der Arbeitgeber zu ermitteln, ob Asbest in schwach gebundener Form vorliegt.

2.4.2

Anzeige an die Behörde

(1) Tätigkeiten nach Nummer 2.1 Satz 2 müssen der zuständigen Behörde angezeigt werden. Der Arbeitgeber hat den Beschäftigten und ihrer Vertretung Einsicht in die Anzeige zu gewähren.

(2) Die Anzeige muss spätestens sieben Tage vor Beginn der Tätigkeiten durch den Arbeitgeber erfolgen und mindestens folgende Angaben enthalten:

1.
   Lage der Arbeitsstätte,
2.
   verwendete oder gehandhabte Asbestarten und -mengen,
3.
   ausgeübte Tätigkeiten und angewendete Verfahren,
4.
   Anzahl der beteiligten Beschäftigten,
5.
   Beginn und Dauer der Tätigkeiten,
6.
   Maßnahmen zur Begrenzung der Asbestfreisetzung und zur Begrenzung der Asbestexposition der Beschäftigten.

(3) Abbruch-, Sanierungs- und Instandhaltungsarbeiten mit Asbest dürfen nur von Fachbetrieben durchgeführt werden, deren personelle und sicherheitstechnische Ausstattung für diese Tätigkeiten geeignet ist. Bei den Arbeiten ist dafür zu sorgen, dass mindestens eine weisungsbefugte sachkundige Person vor Ort tätig ist. Die Sachkunde wird durch die erfolgreiche Teilnahme an einem von der zuständigen Behörde anerkannten Sachkundelehrgang nachgewiesen. Sachkundenachweise gelten für den Zeitraum von sechs Jahren. Abweichend von Satz 4 behalten Sachkundenachweise, die vor dem 1. Juli 2010 erworben wurden, bis zum 30. Juni 2016 ihre Gültigkeit. Wird während der Geltungsdauer des Sachkundenachweises ein behördlich anerkannter Fortbildungslehrgang besucht, verlängert sich die Geltungsdauer um sechs Jahre, gerechnet ab dem Datum des Nachweises über den Abschluss des Fortbildungslehrgangs.

(4) Abbruch- und Sanierungsarbeiten bei Vorhandensein von Asbest in schwach gebundener Form dürfen nur von Fachbetrieben durchgeführt werden, die von der zuständigen Behörde zur Ausführung dieser Tätigkeiten zugelassen worden sind. Die Zulassung ist auf schriftlichen oder elektronischen Antrag des Arbeitgebers zu erteilen, wenn dieser nachgewiesen hat, dass die für diese Tätigkeiten notwendige personelle und sicherheitstechnische Ausstattung im notwendigen Umfang gegeben ist.

2.4.3

Ergänzende Schutzmaßnahmen bei Tätigkeiten mit Asbestexposition

(1) Die Ausbreitung von Asbeststaub ist durch eine staubdichte Abtrennung des Arbeitsbereichs oder durch geeignete Schutzmaßnahmen, die einen gleichartigen Sicherheitsstandard gewährleisten, zu verhindern.

(2) Durch eine ausreichend dimensionierte raumlufttechnische Anlage ist sicherzustellen, dass der Arbeitsbereich durchlüftet und ein ausreichender Unterdruck gehalten wird.

(3) Der Arbeitsbereich ist mit einer Personenschleuse mit Dusche und einer Materialschleuse auszustatten.

(4) Den Beschäftigten sind geeignete Atemschutzgeräte, Schutzanzüge und, soweit erforderlich, weitere persönliche Schutzausrüstung zur Verfügung zu stellen. Der Arbeitgeber hat

sicherzustellen, dass die Beschäftigten die persönliche Schutzausrüstung verwenden.
(5) Kontaminierte persönliche Schutzausrüstung und die Arbeitskleidung müssen entweder gereinigt oder entsorgt werden. Sie können auch in geeigneten Einrichtungen außerhalb des Betriebs gereinigt werden. Die Reinigung ist so durchzuführen, dass Beschäftigte Asbeststaub nicht ausgesetzt werden. Das Reinigungsgut ist in geschlossenen, gekennzeichneten Behältnissen aufzubewahren und zu transportieren.
(6) Den Beschäftigten müssen geeignete Waschräume mit Duschen zur Verfügung gestellt werden.
(7) Vor Anwendung von Abbruchtechniken sind asbesthaltige Materialien zu entfernen, soweit dies möglich ist.

2.4.4
Arbeitsplan
Vor Aufnahme von Tätigkeiten mit Asbest, insbesondere von Abbruch-, Sanierungs- und Instandhaltungsarbeiten, hat der Arbeitgeber einen Arbeitsplan aufzustellen. Der Arbeitsplan muss Folgendes vorsehen:

1.
eine Beschreibung des Arbeitsverfahrens und der verwendeten Arbeitsmittel zum Entfernen und Beseitigen von Asbest und asbesthaltigen Materialien,
2.
Angaben zur persönlichen Schutzausrüstung,
3.
eine Beschreibung, wie überprüft wird, dass im Arbeitsbereich nach Abschluss der Abbruch- oder Sanierungsarbeiten keine Gefährdung durch Asbest mehr besteht.

2.4.5
Ergänzende Bestimmungen zur Unterweisung der Beschäftigten
(1) Die Beschäftigten sind regelmäßig bezogen auf die konkrete Tätigkeit zu unterweisen. Hierbei ist der Arbeitsplan nach Nummer 2.4.4 zu berücksichtigen.
(2) Gegenstand der Unterweisung sind insbesondere folgende Punkte:

1.
Eigenschaften von Asbest und seine Wirkungen auf die Gesundheit, einschließlich der verstärkenden Wirkung durch das Rauchen,
2.
Arten von Erzeugnissen und Materialien, die Asbest enthalten können,
3.
Tätigkeiten, bei denen eine Asbestexposition auftreten kann, und die Bedeutung von Maßnahmen zur Expositionsminderung,
4.
sachgerechte Anwendung sicherer Verfahren und der persönlichen Schutzausrüstung,
5.
Maßnahmen bei Störungen des Betriebsablaufs,
6.
sachgerechte Abfallbeseitigung,
7.
arbeitsmedizinische Vorsorgeuntersuchungen nach der Verordnung zur arbeitsmedizinischen Vorsorge.

Nummer 3
Schädlingsbekämpfung

3.1
Anwendungsbereich
Nummer 3 gilt für die Schädlingsbekämpfung mit sehr giftigen, giftigen und gesundheitsschädlichen Stoffen und Zubereitungen sowie Zubereitungen, bei denen die genannten Stoffe freigesetzt werden, soweit die Bekämpfung nicht bereits durch andere

Rechtsvorschriften geregelt ist. Nummer 3 gilt für jeden, der Schädlingsbekämpfung

1.

   berufsmäßig bei anderen durchführt oder

2.

   nicht nur gelegentlich und nicht nur in geringem Umfang im eigenen Betrieb, in dem Lebensmittel hergestellt, behandelt oder in Verkehr gebracht werden, oder in einer Einrichtung durchführt, die in § 23 Absatz 5 oder § 36 des Infektionsschutzgesetzes genannt ist.

Von einer Freisetzung ist auch auszugehen, wenn Wirkstoffe nach Satz 1 erst beim bestimmungsgemäßen Gebrauch entstehen. Nummer 3 gilt nicht, wenn eine Schädlingsbekämpfung in deutschen Flugzeugen oder auf deutschen Schiffen außerhalb des Staatsgebiets der Bundesrepublik Deutschland auf der Grundlage internationaler Gesundheitsvorschriften durchgeführt wird.

3.2
Begriffsbestimmung
Schädlingsbekämpfungsmittel sind Stoffe und Zubereitungen, die dazu bestimmt sind, Schädlinge und Schadorganismen oder lästige Organismen unschädlich zu machen oder zu vernichten.

3.3
Allgemeine Anforderungen
Die Schädlingsbekämpfung ist so durchzuführen, dass Mensch und Umwelt nicht gefährdet werden. Sie darf nur mit Schädlingsbekämpfungsmitteln durchgeführt werden, die verkehrsfähig sind

1.

   als Biozid-Produkte nach Abschnitt IIa des Chemikaliengesetzes oder

2.

   als Pflanzenschutzmittel nach dem Pflanzenschutzgesetz.

3.4
Anzeigepflicht
(1) Wer Schädlingsbekämpfungen nach Nummer 3.1 erstmals durchführen oder nach mehr als einjähriger Unterbrechung wieder aufnehmen will, hat dies mindestens sechs Wochen vor Aufnahme der ersten Tätigkeit der zuständigen Behörde anzuzeigen.
(2) Die Anzeige muss insbesondere folgende Angaben enthalten:

1.

   den Nachweis, dass die personelle, räumliche und sicherheitstechnische Ausstattung des Unternehmens für diese Arbeiten ausreichend geeignet ist,

2.

   die Zahl der Beschäftigten, die mit den Schädlingsbekämpfungsmitteln umgehen,

3.

   zu den zur Schädlingsbekämpfung vorgesehenen Schädlingsbekämpfungsmitteln die
   a)
      Bezeichnungen,
   b)
      Eigenschaften,
   c)
      Wirkungsmechanismen,
   d)
      Anwendungsverfahren und
   e)
      Dekontaminationsverfahren,

4.

   die Bereiche der vorgesehenen Schädlingsbekämpfung sowie Zielorganismen, gegen die die Schädlingsbekämpfung durchgeführt werden soll, und

5.

das Ergebnis der Substitutionsprüfung nach § 6 Absatz 1 Satz 2 Nummer 4.

(3) Änderungen bezüglich der Angaben nach Absatz 2 Ziffer 1 bis 5 sind vom Arbeitgeber der zuständigen Behörde unverzüglich anzuzeigen.

(4) Eine ausreichend geeignete personelle Ausstattung ist gegeben, wenn geeignete und sachkundige Personen beschäftigt werden.

(5) Geeignet im Sinne von Absatz 4 ist, wer

1.
   mindestens 18 Jahre alt ist,

2.
   die für den Umgang mit Schädlingsbekämpfungsmitteln erforderliche Zuverlässigkeit besitzt und

3.
   durch das Zeugnis einer Ärztin oder eines Arztes nach § 7 Absatz 1 der Verordnung zur arbeitsmedizinischen Vorsorge nachweist, dass keine Anhaltspunkte vorliegen, die ihn für den Umgang mit Schädlingsbekämpfungsmitteln körperlich oder geistig ungeeignet erscheinen lassen; das Zeugnis darf nicht älter als fünf Jahre sein.

(6) Sachkundig im Sinne von Absatz 4 ist, wer sich regelmäßig fortbildet und

1.
   die Prüfung nach der Verordnung über die Berufsausbildung zum Schädlingsbekämpfer/zur Schädlingsbekämpferin vom 15. Juli 2004 (BGBl. I S. 1638) abgelegt hat,

2.
   die Prüfung nach der Verordnung über die Prüfung zum anerkannten Abschluss Geprüfter Schädlingsbekämpfer/Geprüfte Schädlingsbekämpferin vom 19. März 1984 (BGBl. I S. 468) abgelegt hat oder

3.
   die Prüfung zum Gehilfen oder Meister für Schädlingsbekämpfung nach nicht mehr geltendem Recht in der Bundesrepublik Deutschland oder nach dem Recht der Deutschen Demokratischen Republik abgelegt hat.

Sachkundig ist auch, wer eine Prüfung abgelegt oder eine Ausbildung erfolgreich abgeschlossen hat, die von der zuständigen Behörde als den Prüfungen nach Satz 1 gleichwertig anerkannt worden ist. Beschränkt sich die vorgesehene Schädlingsbekämpfung auf bestimmte Anwendungsbereiche, ist sachkundig auch, wer eine Prüfung abgelegt oder eine Ausbildung erfolgreich abgeschlossen hat, die von der zuständigen Behörde für diese Tätigkeiten als geeignet anerkannt worden ist.

3.5
Einsatz von Hilfskräften

Schädlingsbekämpfungen nach Nummer 3.1 dürfen nur solche Personen durchführen, die die Anforderungen nach Nummer 3.4 Absatz 5 und 6 erfüllen. Hilfskräfte dürfen nur unter der unmittelbaren und ständigen Aufsicht einer sachkundigen Person eingesetzt werden und müssen entsprechend ihrer Tätigkeit nachweislich regelmäßig unterwiesen werden.

3.6
Schädlingsbekämpfung in Gemeinschaftseinrichtungen

Die Anwendung von Schädlingsbekämpfungsmitteln in Gemeinschaftseinrichtungen, insbesondere in Schulen, Kindertagesstätten und Krankenhäusern, ist der zuständigen Behörde schriftlich, in der Regel mindestens 14 Tage im Voraus, anzuzeigen. Dabei sind der Umfang, die Anwendung, die verwendeten Mittel, das Ausbringungsverfahren und die vorgesehenen Schutzmaßnahmen anzugeben.

3.7
Dokumentation

Die Anwendung von Schädlingsbekämpfungsmitteln ist ausreichend zu dokumentieren. Die Aufzeichnungen sind mindestens fünf Jahre aufzubewahren und der zuständigen Behörde auf Verlangen vorzulegen.

4.1

Anwendungsbereich

(1) Nummer 4 gilt für Tätigkeiten mit folgenden Stoffen und Zubereitungen, sofern sie als Begasungsmittel zugelassen sind und als solche eingesetzt werden:

1.

Hydrogencyanid (Cyanwasserstoff, Blausäure) sowie Stoffe und Zubereitungen, die zum Entwickeln oder Verdampfen von Hydrogencyanid oder leicht flüchtigen Hydrogencyanidverbindungen dienen,

2.

Phosphorwasserstoff sowie Stoffe und Zubereitungen, die Phosphorwasserstoff entwickeln,

3.

Ethylenoxid und Zubereitungen, die Ethylenoxid enthalten,

4.

Sulfuryldifluorid (Sulfurylfluorid).

(2) Nummer 4 gilt auch für Tätigkeiten bei Raumdesinfektionen mit Formaldehydlösungen, einschließlich Stoffen und Zubereitungen, aus denen sich Formaldehyd entwickelt oder verdampft, oder bei denen Formaldehyd sich gasförmig oder in Form schwebfähiger Flüssigkeitströpfchen verteilt, um die Desinfektion sämtlicher Flächen eines Raumes zu erreichen.

(3) Nummer 4 gilt auch für Begasungstätigkeiten mit anderen sehr giftigen und giftigen Stoffen und Zubereitungen, die für Begasungen zugelassen sind

1.

als Biozid-Produkt nach Abschnitt IIa des Chemikaliengesetzes oder

2.

als Pflanzenschutzmittel nach dem Pflanzenschutzgesetz.

Dies gilt auch für Biozid-Produkte, auf die die Übergangsbestimmungen des § 28 Absatz 8 des Chemikaliengesetzes anzuwenden sind.

(4) Auf Tätigkeiten an begasten Transporteinheiten jeder Art wie Fahrzeugen, Waggons, Schiffen, Tanks und Containern, die mit giftigen oder sehr giftigen Begasungsmitteln behandelt worden sind, ist Nummer 4 anzuwenden. Satz 1 gilt auch für Tätigkeiten an Transporteinheiten, die im Ausland begast worden sind und in den Geltungsbereich dieser Verordnung gelangen.

(5) Nummer 4 gilt nicht für Tätigkeiten mit Begasungsmitteln in vollautomatisch programmgesteuerten Sterilisatoren im medizinischen Bereich, soweit die Tätigkeiten entsprechend einem verfahrens- und stoffspezifischen Kriterium ausgeübt werden, das nach § 20 Absatz 4 bekannt gegeben worden ist.

4.2

Verwendungsbeschränkung

(1) Wer Tätigkeiten mit Begasungsmitteln nach Nummer 4.1 Absatz 1 bis 3 ausüben will, bedarf der Erlaubnis der zuständigen Behörde.

(2) Absatz 1 gilt nicht

1.

für Tätigkeiten, die ausschließlich der Forschung und Entwicklung oder der institutionellen Eignungsprüfung von Begasungsmitteln oder -verfahren dienen,

2.

für gelegentliche Tätigkeiten mit portionsweise verpackten Stoffen und Zubereitungen, die bei bestimmungsgemäßer Verwendung nicht mehr als 15 Gramm Phosphorwasserstoff entwickeln und zur Schädlingsbekämpfung im Erdreich eingesetzt werden.

(3) Abweichend von Absatz 1 bedarf es keiner Erlaubnis jedoch eines Befähigungsscheins nach Nummer 4.3.1 Absatz 2

1.

bei nicht nur gelegentlichen Tätigkeiten mit portionsweise verpackten Stoffen und

Zubereitungen, die bei bestimmungsgemäßer Verwendung nicht mehr als 15 Gramm Phosphorwasserstoff entwickeln und zur Schädlingsbekämpfung im Erdreich eingesetzt werden, sowie

2.

für das Öffnen, Lüften und die Freigabe begaster Transporteinheiten.

(4) Während der Beförderung dürfen Schiffe und Transportbehälter nur mit Phosphorwasserstoff oder einem anderen Mittel begast werden, das nach Nummer 4.1 Absatz 3 für diesen Zweck zugelassen ist.

(5) Ethylenoxid und Zubereitungen, die Ethylenoxid enthalten, dürfen nur in vollautomatisch programmgesteuerten Sterilisatoren und in vollautomatischen Sterilisationskammern verwendet werden.

(6) Genehmigungs- und Zulassungserfordernisse sowie Verwendungsbeschränkungen nach anderen Rechtsvorschriften bleiben unberührt.

(7) Begasungen mit anderen sehr giftigen oder giftigen Stoffen und Zubereitungen als den in Nummer 4.1 Absatz 1 bis 3 bezeichneten, dürfen nicht durchgeführt werden. In den Fällen der Nummer 4.1 Absatz 3 ist mit der Anzeige nach Nummer 4.3.2 ein Nachweis für die Zulässigkeit der Verwendung als Begasungsmittel vorzulegen.

4.3
Allgemeine Vorschriften für Begasungstätigkeiten

4.3.1

Erlaubnis und Befähigungsschein

(1) Die Erlaubnis nach Nummer 4.2 Absatz 1 wird erteilt, wenn der Antragsteller

1.

die erforderliche Zuverlässigkeit und, soweit er Tätigkeiten mit den in der Erlaubnis benannten Begasungsmitteln selbst zu leiten beabsichtigt, einen Befähigungsschein nach Absatz 2 besitzt sowie

2.

in ausreichender Zahl über Befähigungsschein-Inhaber nach Absatz 2 verfügt; diese Befähigungsschein-Inhaber sind der zuständigen Behörde zu benennen.

(2) Einen Befähigungsschein erhält von der zuständigen Behörde, wer

1.

die erforderliche Zuverlässigkeit für Tätigkeiten mit Begasungsmitteln besitzt, die von Nummer 4.1 erfasst werden,

2.

durch das Zeugnis einer Ärztin oder eines Arztes nach § 7 Absatz 1 der Verordnung zur arbeitsmedizinischen Vorsorge nachweist, dass keine Anhaltspunkte vorliegen, die ihn für Tätigkeiten mit Begasungsmitteln körperlich oder geistig ungeeignet erscheinen lassen,

3.

die erforderliche Sachkunde und ausreichende Erfahrung für Begasungen nachweist sowie

4.

mindestens 18 Jahre alt ist.

Den Nachweis der Sachkunde nach Satz 1 Ziffer 3 hat erbracht, wer ein Zeugnis über die Teilnahme an einem von der zuständigen Behörde anerkannten Lehrgang für die beabsichtigte Tätigkeit und über die bestandene Prüfung vorlegt. Die Prüfung ist vor einer Vertreterin oder einem Vertreter der zuständigen Behörde abzulegen. Der Befähigungsschein ist entsprechend dem geführten Nachweis der Sachkunde zu beschränken.

(3) Die Erlaubnis nach Absatz 1 und der Befähigungsschein nach Absatz 2 können befristet und unter Auflagen sowie beschränkt auf bestimmte Begasungstätigkeiten erteilt werden. Auflagen können auch nachträglich angeordnet werden. Die Erlaubnis nach Absatz 1 und der Befähigungsschein nach Absatz 2 können widerrufen werden, wenn auf Grund wiederholter oder besonders schwerwiegender Verstöße gegen diese Verordnung begründete Zweifel an der Zuverlässigkeit des Inhabers bestehen.

(4) Ein Befähigungsschein erlischt, wenn der zuständigen Behörde nicht spätestens sechs Jahre

nach der Ausstellung des Zeugnisses nach Absatz 2 Satz 1 Ziffer 2 ein neues Zeugnis vorgelegt wird.

4.3.2
Anzeigen
(1) Wer außerhalb einer ortsfesten Sterilisationskammer Begasungen mit Begasungsmitteln nach Nummer 4.1 durchführen will, hat dies der zuständigen Behörde spätestens eine Woche vorher schriftlich anzuzeigen. Die zuständige Behörde kann in begründeten Fällen Ausnahmen hiervon zulassen. Die Anzeigefrist verkürzt sich auf 24 Stunden bei Schiffs- und Containerbegasungen in Häfen sowie bei infektionshygienischen Desinfektionen. Bei Begasungen im medizinischen Bereich ist eine Anzeige nicht erforderlich.
(2) In der Anzeige sind anzugeben:

1.
die verantwortliche Person,
2.
der Tag der Begasung,
3.
ein Lageplan zum Ort der Begasung und das zu begasende Objekt mit Angabe der zu begasenden Güter,
4.
das für den Einsatz vorgesehene Begasungsmittel und die vorgesehenen Mengen,
5.
der voraussichtliche Beginn der Begasung,
6.
das voraussichtliche Ende der Begasung,
7.
der voraussichtliche Termin der Freigabe sowie
8.
der Zeitpunkt der Dichtheitsprüfung, falls diese erforderlich ist.
(3) Absatz 1 gilt nicht für Erdreichbegasungen im Freien mit Phosphorwasserstoff.
(4) Das Ausscheiden, der Wechsel und das Hinzutreten von Befähigungsschein-Inhabern sind der zuständigen Behörde unverzüglich anzuzeigen, sofern die Tätigkeiten unter dem Erlaubnisvorbehalt nach Nummer 4.2 Absatz 1 stehen.

4.3.3
Niederschrift
(1) Über Begasungen mit Begasungsmitteln nach Nummer 4.1 ist eine Niederschrift anzufertigen. Aus der Niederschrift müssen insbesondere hervorgehen:

1.
Art und Menge der Begasungsmittel,
2.
Ort, Beginn und Ende der Verwendung und
3.
der Zeitpunkt der Freigabe.
Auf Verlangen ist der zuständigen Behörde eine Kopie der Niederschrift vorzulegen.
(2) Werden Fahrzeuge, Waggons, Container, Tanks oder andere Transportbehälter begast, sind in die Niederschrift zusätzliche Anweisungen über die Beseitigung von Rückständen des Begasungsmittels sowie Angaben über die verwendeten Begasungsgeräte aufzunehmen. Die Niederschrift ist dem Auftraggeber zu übergeben.
(3) Absatz 1 gilt nicht für Erdreichbegasungen im Freien mit Phosphorwasserstoff.

4.4
Anforderungen bei Begasungen
4.4.1
Allgemeine Anforderungen
(1) Begasungen sind so durchzuführen, dass Personen nicht gefährdet werden. Objekte, die

begast werden sollen, wie beispielsweise Gebäude, Räume oder Transporteinheiten, sind hierfür nach dem jeweiligen Stand der Technik hinreichend abzudichten.

(2) Für jede Begasung ist eine verantwortliche Person zu bestellen. Diese muss einen für die vorgesehene Begasung ausreichenden Befähigungsschein nach Nummer 4.3.1 Absatz 2 besitzen. Sofern mehrere vollautomatisch programmgesteuerte Sterilisatoren in einem räumlich zusammenhängenden Bereich betrieben werden, genügt die Bestellung einer verantwortlichen Person.

4.4.2
Organisatorische Maßnahmen

(1) Für Begasungen dürfen nur Personen eingesetzt werden, die sachkundig sind. Satz 1 gilt nicht für Hilfskräfte,

1.
die ausschließlich Tätigkeiten ohne oder mit nur geringem Gefährdungspotenzial nach Einweisung durch eine sachkundige Person ausführen,

2.
die bei Begasungen nach Absatz 5 eingesetzt werden oder

3.
deren Anwesenheit und Mitwirkung dazu dient, im Rahmen einer Sachkundeausbildung unter Aufsicht einer verantwortlichen Person die nach Nummer 4.3.1 Absatz 2 Satz 1 Ziffer 3 erforderliche Erfahrung zu erlangen.

(2) Bei Begasungen müssen während der Tätigkeiten, bei denen durch das Begasungsmittel nach der Gefährdungsbeurteilung nach § 6 eine erhöhte Gefährdung von Beschäftigten oder anderen Personen besteht, mindestens die verantwortliche Person und eine weitere Person anwesend sein, die die Voraussetzungen nach Nummer 4.3.1 Absatz 2 Satz 1 Ziffer 3 erfüllt. Erfolgt die Begasung in vollautomatisch programmgesteuerten Sterilisatoren, auf die Nummer 4.1 Absatz 5 nicht anwendbar ist, ist die Anwesenheit einer Person mit Befähigungsschein während der Tätigkeiten nach Satz 1 ausreichend, wenn eine zweite Person kurzfristig verfügbar ist, die die Voraussetzungen nach Nummer 4.3.1 Absatz 2 Satz 1 Ziffer 3 erfüllt.

(3) Bei Raumdesinfektionen nach Nummer 4.1 Absatz 2 ist die Anwesenheit einer Person mit Befähigungsschein während der Tätigkeiten nach Absatz 2 Satz 1 ausreichend, wenn eine zweite Person anwesend ist, die in der Lage ist, Notfallmaßnahmen nach § 13 Absatz 1 zu ergreifen.

(4) Bei Begasungen mit Hydrogencyanid oder Sulfuryldifluorid dürfen nur Befähigungsschein-Inhaber eingesetzt werden, soweit die Teilnahme nicht der Sachkundeausbildung oder dem Nachweis ausreichender Erfahrung nach Nummer 4.3.1 Absatz 2 Satz 1 Ziffer 3 dient und die Aufsicht durch eine ausreichende Zahl von Befähigungsschein-Inhabern gewährleistet ist.

(5) Werden für Begasungen gebrauchsfertig portionierte Zubereitungen verwendet, die Phosphorwasserstoff entwickeln, dürfen Hilfskräfte eingesetzt werden, wenn diese

1.
von Befähigungsschein-Inhabern in ausreichender Zahl beaufsichtigt werden,

2.
vorher unterwiesen worden sind und

3.
gesundheitlich geeignet sind.

4.4.3
Begasung von Räumen und ortsbeweglichen Transporteinheiten und Gütern in Räumen

(1) Die Benutzer angrenzender Räume und Gebäude sind spätestens 24 Stunden vor Beginn der Begasung mit Begasungsmitteln nach Nummer 4.1 schriftlich unter Hinweis auf die Gefahren der Begasungsmittel zu warnen. Satz 1 gilt nicht bei Begasungen in ortsfesten Sterilisatoren und Sterilisationskammern.

(2) An den Zugängen zu Räumen, die begast werden sollen, sind vor Beginn der Begasung Warnzeichen nach Nummer 4.4.4 Absatz 1 und 2 anzubringen. Zusätzlich sind die Zugänge zu den Räumen mit dem Namen, der Anschrift und der Telefonnummer des Begasungsunternehmens zu versehen.

(3) Nach der Einbringung des Begasungsmittels bis zur Freigabe der begasten Räume muss die verantwortliche Person für den Bedarfsfall verfügbar sein.

(4) Die verantwortliche Person darf Räume, begaste Güter oder die Nutzung von Einrichtungsgegenständen erst freigeben, wenn durch geeignete Nachweisverfahren sichergestellt ist, dass keine Gefährdung mehr durch Begasungsmittelreste besteht.

4.4.4
Begasung ortsbeweglicher Transporteinheiten im Freien

(1) Transporteinheiten wie Fahrzeuge, Waggons, Container, Tanks oder andere Transportbehälter dürfen im Freien nur mit einem allseitigen Sicherheitsabstand von mindestens 10 Metern zu Gebäuden begast werden. Sie sind von der verantwortlichen Person auf ihre Gasdichtheit zu prüfen, abzudichten sowie für die Dauer der Begasung abzuschließen, zu verplomben und allseitig sichtbar mit Warnzeichen nach Absatz 2 zu kennzeichnen. Zusätzlich sind sie mit dem Namen, der Anschrift und der Telefonnummer des Begasungsunternehmens zu versehen. Das Warnzeichen muss rechteckig, mindestens 300 Millimeter breit und mindestens 250 Millimeter hoch sein. Die Aufschriften müssen schwarz auf weißem Grund sein.

(2) Das Warnzeichen muss mindestens folgende Angaben tragen:

1.
das Wort „GEFAHR",
2.
das Gefahrensymbol für „giftig",
3.
die Aufschrift „DIESE EINHEIT IST BEGAST",
4.
die Bezeichnung des Begasungsmittels,
5.
das Datum und die Uhrzeit der Begasung,
6.
das Datum der Belüftung, sofern eine solche erfolgt ist, und
7.
die Aufschrift „ZUTRITT VERBOTEN".

Eine Abbildung des Warnzeichens ist nachstehend dargestellt.

GEFAHR

DIESE EINHEIT IST BEGAST

MIT [Bezeichnung des Begasungsmittels *]

SEIT [Datum *]

[Stunde *]

BELÜFTET AM [Datum *]

ZUTRITT VERBOTEN

* entsprechende Angabe einfügen

(3) Auf Schiffen dürfen unter Gas stehende Transportbehälter nur transportiert werden, wenn die Laderäume mit einer mechanischen Lüftung ausgerüstet sind, die verhindert, dass sich Gaskonzentrationen oberhalb der Arbeitsplatzgrenzwerte entwickeln.

(4) Steht für die erforderliche Öffnung begaster Fahrzeuge, Waggons, Container, Tanks oder anderer begaster Transportbehälter keine sachkundige Person zur Verfügung, so dürfen sie nur unter Aufsicht einer fachkundigen Person geöffnet werden, die in der Lage ist, mögliche

Gefährdungen von Beschäftigten oder anderen Personen zu ermitteln und zu beurteilen sowie die erforderlichen Schutzmaßnahmen zu veranlassen.

4.4.5
Begasung auf Schiffen im Hafen und während der Beförderung
(1) Begasungen auf Schiffen sind nur zulässig, wenn die Sicherheit der Besatzung und anderer Personen während der Liegezeit im Hafen und auch während eines Transits hinreichend gewährleistet ist. Neben den begasungsspezifischen Regelungen dieses Anhangs sind hierzu die international geltenden Empfehlungen der Internationalen Seeschifffahrtsorganisation (IMO) für die Anwendung von Schädlingsbekämpfungsmitteln auf Schiffen zu beachten.
(2) Die verantwortliche Person hat der Kapitänin oder dem Kapitän des Schiffs nach angemessener Begasungszeit und vor Verlassen des Hafens schriftlich mitzuteilen,

1.
welche Räume begast wurden und welche weiteren Räume während der Beförderung nicht betreten werden dürfen,

2.
welche zur Durchführung der Begasung erforderlichen technischen Änderungen am Schiff vorgenommen wurden,

3.
dass die begasten Räume hinreichend gasdicht sind und

4.
dass die an die begasten Räume angrenzenden Räume von Begasungsmitteln frei sind.
(3) Nummer 4.4.4 Absatz 1 und 2 ist entsprechend anzuwenden.
(4) Während der gesamten Beförderungsdauer muss die Gasdichtheit der begasten Räume mindestens alle acht Stunden geprüft werden. Die Ergebnisse sind in das Schiffstagebuch einzutragen.
(5) Die Hafenbehörden sind spätestens 24 Stunden vor Ankunft eines begasten Schiffs über die Art und den Zeitpunkt der Begasung zu unterrichten sowie darüber, welche Räume und Transportbehälter begast worden sind.

4.4.6
Sterilisatoren und Sterilisationskammern
(1) Begasungen in Sterilisatoren und Sterilisationskammern sind nur zulässig, wenn diese

1.
in Räumen errichtet sind, die nicht zum ständigen Aufenthalt von Menschen dienen, ausgenommen Begasungen in vollautomatischen Sterilisatoren in Arbeitsbereichen der Sterilgutversorgung,

2.
auf ihre Gasdichtheit vor jeder Begasung überprüft werden und die Gasdichtheit überwacht wird und

3.
für Mensch und Umwelt gefahrlos entlüftet werden können.
(2) Wenn keine vollautomatische Drucksteuerung und Drucküberwachung sichergestellt ist, dürfen Sterilisatoren und Sterilisationskammern nur mit Normal- oder Unterdruck betrieben werden.
(3) Die Überprüfung und Überwachung der Gasdichtheit von Sterilisationskammern ist zu dokumentieren.

Nummer 5
Ammoniumnitrat

5.1
Anwendungsbereich
(1) Nummer 5 gilt für das Lagern, Abfüllen und innerbetriebliche Befördern von

1.
Ammoniumnitrat,

2.
ammoniumnitrathaltigen Zubereitungen.

(2) Nummer 5 gilt nicht für

1.
Zubereitungen mit einem Massengehalt an Ammoniumnitrat bis zu 10 Prozent,

2.
Ammoniumnitrat und ammoniumnitrathaltige Zubereitungen der Gruppen A und E in Mengen bis zu 100 Kilogramm,

3.
ammoniumnitrathaltige Zubereitungen der Gruppen B, C und D in Mengen bis zu 1 Tonne,

4.
Ammoniumnitrat und ammoniumnitrathaltige Zubereitungen, die auf Grund ihrer Eigenschaften dem Sprengstoffgesetz unterliegen.

5.2 Begriffsbestimmungen

Ammoniumnitrat und die Zubereitungen werden in folgende Gruppen eingeteilt:

1.
Gruppe A:
Ammoniumnitrat und ammoniumnitrathaltige Zubereitungen, die zur detonativen Reaktion fähig sind oder die nach Nummer 5.3 Absatz 7 Tabelle 1 hinsichtlich des Ammoniumnitratgehalts den Untergruppen A I, A II, A III oder A IV zugeordnet sind;

2.
Gruppe B:
ammoniumnitrathaltige Zubereitungen, die zur selbstunterhaltenden fortschreitenden thermischen Zersetzung fähig sind;

3.
Gruppe C:
ammoniumnitrathaltige Zubereitungen, die weder zur selbstunterhaltenden fortschreitenden thermischen Zersetzung noch zur detonativen Reaktion fähig sind, jedoch beim Erhitzen Stickoxide entwickeln;

4.
Gruppe D:
ammoniumnitrathaltige Zubereitungen, die in wässriger Lösung oder Suspension ungefährlich, in kristallisiertem Zustand unter Reduktion des ursprünglichen Wassergehalts jedoch zur detonativen Reaktion fähig sind;

5.
Gruppe E:
ammoniumnitrathaltige Zubereitungen, die als Wasser-in-Öl-Emulsionen vorliegen und als Vorprodukte für die Herstellung von Sprengstoffen dienen.

5.3 Allgemeine Bestimmungen

(1) Für Ammoniumnitrat und ammoniumnitrathaltige Zubereitungen der in Nummer 5.2 genannten Gruppen gilt Nummer 5.4.

(2) Ammoniumnitrat und ammoniumnitrathaltige Zubereitungen der Gruppen A, B, C oder E müssen in ihren Bestandteilen fein verteilt und innig gemischt sein und dürfen sich während der Lagerung, Beförderung oder Abfüllung nicht entmischen.

(3) Ammoniumnitrathaltige Düngemittel in Abmischungen als Stickstoff-Kalium- oder Stickstoff-Phosphor-Kalium-Düngemittel (NK- oder NPK-Bulk Blends) müssen nach den Vorschriften der Gruppe B oder nur nach Maßgabe der festgestellten Gefährlichkeit gelagert werden. Werden bei der Abmischung Düngemittel der Gruppe A verwendet, muss die Lagerung nach den Vorschriften der Gruppe A oder ebenfalls nach Maßgabe der festgestellten Gefährlichkeit erfolgen.

(4) Als Ammoniumnitrat gelten alle Nitrationen, für die ein Äquivalent Ammoniumionen vorhanden ist.

(5) Der Massenanteil an verbrennlichen Bestandteilen ist bei ammoniumnitrathaltigen

Zubereitungen der Untergruppe B II aus Absatz 7 Tabelle 1 unbeschränkt, bei Ammoniumnitrat und ammoniumnitrathaltigen Zubereitungen der Untergruppe A I nach Absatz 7 Tabelle 1 auf bis zu 0,2 Prozent und bei ammoniumnitrathaltigen Zubereitungen aller übrigen Untergruppen nach Absatz 7 Tabelle 1 der Gruppen A, B, C und D auf bis zu 0,4 Prozent beschränkt.

(6) Als verbrennlicher Bestandteil bei Ammoniumnitrat und ammoniumnitrathaltigen Zubereitungen der Untergruppe A I nach Absatz 7 Tabelle 1 gilt der Kohlenstoff, soweit es sich um organische Stoffe handelt.

(7) Inerte Stoffe im Sinne von Nummer 5 sind Stoffe, die die thermische Sensibilität und die Sensibilität gegen eine einwirkende Detonation nicht erhöhen. Im Zweifelsfall ist dies durch ein Gutachten der Bundesanstalt für Materialforschung und -prüfung nachzuweisen.

Tabelle 1

Rahmenzusammensetzungen und Grenzen für Ammoniumnitrat und ammoniumnitrathaltige Zubereitungen für die Zuordnung zu einer der Gruppen nach Nummer 5.2

Unter-gruppen	Massenanteil an Ammoniumnitrat in Prozent (%)	Andere Bestandteile	Besondere Bestimmungen
A I	≥ 90	Chloridgehalt ≤ 0,02 % Inerte Stoffe ≤ 10 %	Keine weiteren Ammoniumsalze sind erlaubt.
A II	> 80 bis < 90	Kalkstein, Dolomit oder Calciumcarbonat < 20 %	
A III	> 45 bis < 70	Ammoniumsulfat	Inerte Stoffe sind erlaubt.
A IV	> 70 bis < 90	Kaliumsalze, Phosphate in NP-, NK- oder NPK- Düngern, Sulfate in N-Düngern; inerte Stoffe	
B I	≤ 70	Kaliumsalze, Phosphate, inerte Stoffe und andere Ammoniumsalze in NK- oder NPK-Düngern	Bei einem Massenanteil von mehr als 45 % Ammoniumnitrat darf der Massenanteil von Ammoniumnitrat und anderen Ammoniumsalzen zusammen nicht mehr als 70 % betragen.
B II	≤ 45	Überschüssige Nitrate ≤ 10 %	Unbeschränkter Gehalt an verbrennlichen Bestandteilen; über den Gehalt an Ammoniumnitrat hinausgehende überschüssige Nitrate werden als Kaliumnitrat berechnet.
C I	≤ 80	Kalkstein, Dolomit oder Calciumcarbonat ≥ 20 %	Kalkstein, Dolomit oder Calciumcarbonat mit minimaler Reinheit von 90 %.
C II	≤ 70	Inerte Stoffe	
C III	≤ 45	Phosphate und andere Ammoniumsalze in NP-Düngern	
	> 45 bis < 70	Phosphate und andere Ammoniumsalze in NP-Düngern	Der Massenanteil an Ammoniumnitrat und anderen Ammoniumsalzen darf zusammen 70 % nicht

Unter-gruppen	Massenanteil an Ammoniumnitrat in Prozent (%)	Andere Bestandteile	Besondere Bestimmungen
			übersteigen.
C IV	≤ 45	Ammoniumsulfat	Inerte Stoffe sind erlaubt.
D I	≤ 45	Harnstoff, Wasser	In wässriger Lösung.
D II	≤ 45	Überschüssige Nitrate ≤ 10 %, Kaliumsalze, Phosphate und andere Ammoniumsalze in NP-, NK- oder NPK-Düngern; Wasser	In wässriger Lösung oder Suspension. Überschüssige Nitrate werden als Kaliumnitrat berechnet. Der Grenzgehalt aus Spalte 2 darf sowohl in der flüssigen als auch bei Suspensionen in der festen Phase nicht überschritten werden.
D III	≤ 70	Ammoniak, Wasser	In wässriger Lösung.
D IV	> 70 bis ≤ 93	Wasser	In wässriger Lösung.
E	> 60 bis ≤ 85	≥ 5 % bis ≤ 30 % Wasser, ≥ 2 % bis ≤ 8 % verbrennliche Bestandteile, ≥ 0,5 % bis≤ 4 % Emulgator	Anorganische Salze; Zusätze.

(8) Ammoniumnitrat und ammoniumnitrathaltige Zubereitungen, die den in Absatz 7 Tabelle 1 festgelegten Rahmenzusammensetzungen und Grenzen innerhalb der Gruppen A, B, C, D oder E nicht zuzuordnen sind oder den Voraussetzungen der Absätze 2 und 5 nicht entsprechen, dürfen nur nach Vorliegen eines Gutachtens der Bundesanstalt für Materialforschung und -prüfung über ihre Gefährlichkeit und nach Maßgabe der darin festgelegten Anforderungen gelagert, abgefüllt oder innerbetrieblich befördert werden.

(9) Ammoniumnitrathaltige Zubereitungen der Gruppe B können nach den für die Gruppe C geltenden Vorschriften gelagert, abgefüllt oder innerbetrieblich befördert werden, wenn diese Zubereitungen nach einem Gutachten der Bundesanstalt für Materialforschung und -prüfung frei von den Gefahren einer selbstunterhaltenden fortschreitenden thermischen Zersetzung sind.

(10) Bei Zuordnung von Ammoniumnitrat und ammoniumnitrathaltigen Zubereitungen nach den Absätzen 3, 8 oder 9 ist die Kennzeichnung der Gruppe entsprechend dem Gutachten der Bundesanstalt für Materialforschung und -prüfung vorzunehmen.

5.4

Vorsorgemaßnahmen

5.4.1

Grundmaßnahmen bei der Lagerung von Stoffen und Zubereitungen der in Nummer 5.2 genannten Gruppen

Bei der Lagerung von Stoffen und Zubereitungen der Gruppen A, B, C, D und E sind folgende Schutzmaßnahmen zu ergreifen:

1.

Schutz gegen Witterungseinflüsse,

2.

Schutz gegen Verunreinigungen und gefährliche Zusammenlagerung,

3.

Schutz vor unbefugtem Zugang,

4.

Brandschutz,

5.

Schutz vor unzulässiger Beanspruchung.

5.4.2

Zusätzliche Maßnahmen für Stoffe und Zubereitungen der Gruppen und Untergruppen A, D IV und E

5.4.2.1

Allgemeine Maßnahmen

(1) Ausgelaufene oder verschüttete Stoffe und Zubereitungen und verunreinigte Stoffe und Zubereitungen müssen unmittelbar verbraucht oder gefahrlos beseitigt werden.

(2) Die Stoffe und Zubereitungen der Gruppe A dürfen nur verpackt gelagert und befördert werden.

(3) Im Lagerraum oder in einem Umkreis von 10 Metern um den Ort der Lagerung von Stoffen und Zubereitungen der Gruppe A dürfen keine brennbaren Materialien gelagert werden.

(4) Zubereitungen der Gruppen und Untergruppen D IV und E sind vor thermischer Zersetzung zu schützen.

5.4.2.2

Zusätzliche Maßnahmen für die Lagerung von Mengen über 1 Tonne

(1) Stoffe und Zubereitungen der Gruppe A in Mengen von mehr als 1 Tonne dürfen nur in geeigneten Gebäuden mit entsprechenden Schutzmaßnahmen und nach dem Stand der Technik gelagert werden.

(2) Zubereitungen der Gruppen und Untergruppen D IV und E in Mengen von mehr als 1 Tonne dürfen nur in geeigneten Lagerbehältern mit entsprechenden Schutzmaßnahmen und nach dem Stand der Technik gelagert werden.

(3) Die Stoffe und Zubereitungen der Gruppe A und Zubereitungen der Gruppe E sind vor der Lagerung in Teilmengen von bis zu 25 Tonnen zu unterteilen.

(4) Teilmengen bis zu 25 Tonnen von Stoffen und Zubereitungen der Gruppe A dürfen nur gelagert werden, wenn sie

1.

voneinander durch Wände aus Mauerziegeln oder Wandbausteinen ähnlicher Festigkeit oder aus Beton getrennt werden, deren Zwischenraum mit nicht brennbaren Stoffen voll ausgefüllt ist, und wenn die Wände einschließlich des Zwischenraums eine Mindestdicke d aufweisen, die sich aus der jeweils größten Teilmenge M nach folgender Beziehung errechnet:

$d = 0,1\ M^{1/3}$ mit d in „Meter" und M in „Kilogramm",

2.

in Fällen, in denen die Trennwände nicht bis zur Decke reichen, nur bis zu einer Höhe von 1 Meter unterhalb der Wandhöhe gelagert werden.

(5) Der Ort der Lagerung muss zu Gebäuden, die dem dauernden Aufenthalt von Menschen dienen, einen Mindestabstand (Schutzabstand) E haben, der sich aus der jeweils größten Teilmenge M nach folgender Beziehung errechnet:

$E = 11\ M^{1/3}$ mit E in „Meter" und M in „Kilogramm".

Für Betriebsgebäude gilt dies nur, wenn sie auch Wohnzwecken dienen.

(6) Der Schutzabstand zu öffentlichen Verkehrswegen beträgt zwei Drittel des Abstands nach Absatz 5.

(7) Abweichend von den Absätzen 5 und 6 beträgt für Lagermengen bis zu 3 Tonnen der Schutzabstand zu bewohnten Gebäuden und zu öffentlichen Verkehrswegen mindestens 50 Meter.

5.4.2.3

Zusätzliche Maßnahmen für die Lagerung von mehr als 25 Tonnen

(1) Wer beabsichtigt, Stoffe und Zubereitungen der Gruppen und Untergruppen A, D IV und E in Mengen von mehr als 25 Tonnen zu lagern, hat dies spätestens zwei Wochen vorher der zuständigen Behörde schriftlich anzuzeigen.

(2) Die Anzeige muss folgende Angaben enthalten:

1.

Name und Anschrift des Anzeigepflichtigen,

2.

Art und Höchstmenge der zu lagernden Stoffe oder Zubereitungen,

3.

4. eine Beschreibung der Bauart und Einrichtung des Lagers mit Grundrissen und Schnitten,

5. einen Lageplan, aus dem die Lage zu Gebäuden und öffentlichen Verkehrswegen im Umkreis von 350 Metern ersichtlich ist,

welche der im Lageplan nach Ziffer 4 eingezeichneten Gebäude zum dauernden Aufenthalt von Menschen oder zu Wohnzwecken dienen.

(3) Änderungen bezüglich der Angaben nach Absatz 2 sind vom Arbeitgeber der zuständigen Behörde unverzüglich anzuzeigen.

(4) In Lagergebäuden für Stoffe und Zubereitungen der Gruppe A dürfen Räume nicht zum dauernden Aufenthalt von Personen, ausgenommen von Aufsichts- und Bedienungspersonal, dienen.

(5) Stoffe und Zubereitungen der Gruppe A dürfen nur in eingeschossigen Gebäuden gelagert werden.

5.4.3
Zusätzliche Maßnahmen für Zubereitungen der Gruppe B

5.4.3.1
Allgemeine Maßnahmen

Feuerstätten und sonstige Zündquellen dürfen in Lagerräumen nicht vorhanden sein.

5.4.3.2
Zusätzliche Maßnahmen für die Lagerung von mehr als 100 Tonnen

(1) Die Temperatur der Zubereitungen darf bei der Einlagerung 70 Grad Celsius nicht überschreiten.

(2) Fördermittel und ihre baulichen Einrichtungen müssen so beschaffen sein oder so betrieben werden, dass entstehende Wärme keine Zersetzung des Lagerguts einleiten kann.

5.4.3.3
Zusätzliche Maßnahmen für unverpackte Zubereitungen über 1 500 Tonnen oder für ausschließlich verpackte Zubereitungen über 3 000 Tonnen

(1) Die Zubereitungen sind in Teilmengen von jeweils höchstens 3 000 Tonnen zu unterteilen. Die Unterteilung kann durch feuerbeständige Zwischenwände, durch Haufwerke aus nicht brennbarem Lagergut oder durch einen jederzeit freizuhaltenden Zwischenraum von mindestens 2,50 Metern Breite vorgenommen werden. Reichen die Zwischenwände nicht bis zur Decke, so darf das Lagergut nur bis zu einer Höhe von 1 Meter unterhalb der Wandhöhe aufgeschüttet werden.

(2) Absatz 1 ist nicht anzuwenden, wenn gleichzeitig

1. geeignete Löscheinrichtungen vorhanden sind,

2. Löschwasser in ausreichender Menge zur Verfügung steht,

3. eine jederzeit einsatzbereite Werkfeuerwehr vorhanden ist,

4. das ins Lager gelangende Lagergut abgesiebt wird und

5. die Luft im Lagerraum und in den unterhalb der Lagerfläche befindlichen Ausspeicherkanälen fortlaufend überwacht wird.

5.4.4
Sicherheitstechnische Maßnahmen für Zubereitungen der Gruppe D

Die Zubereitungen sind vor Austrocknung zu bewahren.

5.5
Erleichternde Bestimmungen

5.5.1
Erleichternde Bestimmungen für bestimmte Stoffe und Zubereitungen

Stoffe und Zubereitungen der Untergruppen A I und A II sowie Zubereitungen mit inerten Stoffen der Untergruppe A IV und der Gruppe E können

1.

abweichend von Nummer 5.4.2.2 Absatz 3 in Teilmengen (Stapel) von höchstens 100 Tonnen unterteilt werden und

2.

abweichend von Nummer 5.4.2.2 Absatz 5 und 6 mit einem Schutzabstand, der der Hälfte des dort geforderten Werts entspricht, gelagert werden.

Voraussetzung hierfür ist der Nachweis durch ein Gutachten der Bundesanstalt für Materialforschung und -prüfung, dass die Stoffe und Zubereitungen der Untergruppen A I, A II und A IV die Beschaffenheitsanforderungen des Anhangs III der Verordnung (EG) Nr. 2003/2003 des Europäischen Parlaments und des Rates vom 13. Oktober 2003 über Düngemittel (ABl. L 304 vom 21.11.2003, S. 1), die zuletzt durch die Verordnung (EG) Nr. 1020/2009 (ABl. L 282 vom 29.10.2009, S. 7) geändert worden ist, erfüllen und Stoffe und Zubereitungen der Gruppe E nicht detonationsfähig sind.

5.5.2

Erleichternde Bestimmungen für ammoniumnitrat- und sprengstoffherstellende Betriebe

Für ammoniumnitrat- und sprengstoffherstellende Betriebe

1.

sind Nummer 5.4.2.1 Absatz 2 und Nummer 5.4.2.3 Absatz 1 bis 3 für Stoffe und Zubereitungen der Gruppe A nicht anzuwenden;

2.

gilt ein um die Hälfte verminderter Schutzabstand nach Nummer 5.4.2.2 Absatz 5 und 6.

5.6

Ausnahmen

Ausnahmen nach § 19 Absatz 1 durch die zuständige Behörde von den in den in Nummer 5.4.2 genannten Maßnahmen für Stoffe und Zubereitungen der Gruppen und Untergruppen A, D IV und E ergehen im Benehmen mit der Bundesanstalt für Materialforschung und -prüfung.

*)

Nummer im Register des Chemical Abstracts Service (CAS).

Anhang II (zu § 16 Absatz 2)

Besondere Herstellungs- und Verwendungsbeschränkungen für bestimmte Stoffe, Zubereitungen und Erzeugnisse

(Fundstelle: BGBl. I 2010, 1674 - 1676;
bzgl. der einzelnen Änderungen vgl. Fußnote)

Nummer 1

Asbest

(1) Arbeiten an asbesthaltigen Teilen von Gebäuden, Geräten, Maschinen, Anlagen, Fahrzeugen und sonstigen Erzeugnissen sind verboten. Satz 1 gilt nicht für

1.

Abbrucharbeiten,

2.

Sanierungs- und Instandhaltungsarbeiten mit Ausnahme von Arbeiten, die zu einem Abtrag der Oberfläche von Asbestprodukten führen, es sei denn, es handelt sich um emissionsarme Verfahren, die behördlich oder von den Trägern der gesetzlichen Unfallversicherung anerkannt sind. Zu den Verfahren, die zum verbotenen Abtrag von asbesthaltigen Oberflächen führen, zählen insbesondere Abschleifen, Druckreinigen, Abbürsten und Bohren,

3.

Tätigkeiten mit messtechnischer Begleitung, die zu einem Abtrag der Oberfläche von Asbestprodukten führen und die notwendigerweise durchgeführt werden müssen, um eine Anerkennung als emissionsarmes Verfahren zu erhalten.

Zu den nach Satz 1 verbotenen Arbeiten zählen auch Überdeckungs-, Überbauungs- und Aufständerungsarbeiten an Asbestzementdächern und -wandverkleidungen sowie Reinigungs- und Beschichtungsarbeiten an unbeschichteten Asbestzementdächern und -wandverkleidungen. Die weitere Verwendung von bei Arbeiten anfallenden asbesthaltigen Gegenständen und Materialien zu anderen Zwecken als der Abfallbeseitigung oder Abfallverwertung ist verboten.

(2) Die Gewinnung, Aufbereitung, Weiterverarbeitung und Wiederverwendung von natürlich vorkommenden mineralischen Rohstoffen und daraus hergestellten Zubereitungen und Erzeugnissen, die Asbest mit einem Massengehalt von mehr als 0,1 Prozent enthalten, ist verboten.

(3) Asbesthaltige Abfälle sind zu versehen mit der genannten Kennzeichnung in Artikel 67 in Verbindung mit Anhang XVII Nummer 6 Spalte 2 Ziffer 3 sowie Anlage 7 dieses Anhangs der Verordnung (EG) Nr. 1907/2006.

(4) Die Absätze 1 und 3 gelten auch für private Haushalte.

Nummer 2
2-Naphthylamin, 4-Aminobiphenyl, Benzidin, 4-Nitrobiphenyl

(1) Folgende Stoffe sowie Zubereitungen, die diese Stoffe mit einem Massengehalt von mehr als 0,1 Prozent enthalten, dürfen nicht hergestellt werden:

1.

2-Naphthylamin und seine Salze,

2.

4-Aminobiphenyl und seine Salze,

3.

Benzidin und seine Salze und

4.

4-Nitrobiphenyl.

(2) Das Herstellungsverbot nach Absatz 1 gilt nicht für Forschungs- und Analysezwecke sowie für wissenschaftliche Lehrzwecke in den dafür erforderlichen Mengen.

Nummer 3
Pentachlorphenol und seine Verbindungen

(1) Über das Verwendungsverbot nach Artikel 67 in Verbindung mit Anhang XVII Nummer 22 der Verordnung (EG) Nr. 1907/2006 hinaus dürfen solche Erzeugnisse nicht verwendet werden, die mit einer Zubereitung behandelt worden sind, die Pentachlorphenol, Pentachlorphenolnatrium oder eine der übrigen Pentachlorphenolverbindungen enthält und deren von der Behandlung erfasste Teile als 5 Milligramm pro Kilogramm dieser Stoffe enthalten.

(2) Absatz 1 gilt nicht für Holzbestandteile von Gebäuden und Möbeln sowie für Textilien, die vor dem 23. Dezember 1989 mit Zubereitungen behandelt wurden, die Pentachlorphenol, Pentachlorphenolnatrium oder eine der übrigen Pentachlorphenolverbindungen enthalten. Für das in Artikel 3 des Einigungsvertrags genannte Gebiet tritt an die Stelle des 23. Dezember 1989 der 3. Oktober 1990.

(3) Absatz 1 gilt nicht für Altholz, welches nach der Altholzverordnung vom 15. August 2002 (BGBl. I S. 3302), die zuletzt durch Artikel 2a der Verordnung vom 20. Oktober 2006 (BGBl. I S. 2298) geändert worden ist, verwertet wird.

(4) Die Absätze 1 bis 3 gelten auch für private Haushalte.

Nummer 4
Kühlschmierstoffe und Korrosionsschutzmittel

(1) Kühlschmierstoffe, denen nitrosierende Agenzien als Komponenten zugesetzt worden sind, dürfen nicht verwendet werden.

(2) Der Arbeitgeber hat im Rahmen der Gefährdungsbeurteilung nach § 6 sicherzustellen, dass den verwendeten Kühlschmierstoffen keine nitrosierenden Stoffe zugesetzt worden sind.

(3) Korrosionsschutzmittel, die gleichzeitig nitrosierende Agenzien oder deren Vorstufen, beispielsweise Nitrit, und sekundäre Amine, einschließlich verkappter sekundärer Amine, enthalten, dürfen nicht verwendet werden. Ausgenommen sind sekundäre Amine, deren zugehörige N-Nitrosamine nachweislich keine krebserzeugenden Stoffe der Kategorie 1 oder 2 sind.

(4) Wassermischbare und wassergemischte Korrosionsschutzmittel, die im Anlieferzustand nitrosierende Agenzien oder deren Vorstufen, beispielsweise Nitrit, enthalten, dürfen nicht verwendet werden.

(5) Der Arbeitgeber hat im Rahmen der Gefährdungsbeurteilung nach § 6 sicherzustellen, dass die eingesetzten Korrosionsschutzmittel den Anforderungen der Absätze 3 und 4 entsprechen.

Nummer 5

Biopersistente Fasern

(1) Folgende mineralfaserhaltige Gefahrstoffe dürfen weder für die Wärme- und Schalldämmung im Hochbau, einschließlich technischer Isolierungen, noch für Lüftungsanlagen hergestellt oder verwendet werden:

1.

künstliche Mineralfasern (künstlich hergestellte ungerichtete glasige [Silikat-]Fasern mit einem Massengehalt von in der Summe über 18 Prozent der Oxide von Natrium, Kalium, Calcium, Magnesium und Barium),

2.

Zubereitungen und Erzeugnisse, die künstliche Mineralfasern mit einem Massengehalt von insgesamt mehr als 0,1 Prozent enthalten.

(2) Absatz 1 gilt nicht, wenn die künstlichen Mineralfasern eines der folgenden Kriterien erfüllen:

1.

ein geeigneter Intraperitonealtest hat keine Anzeichen von übermäßiger Kanzerogenität ergeben,

2.

die Halbwertzeit nach intratrachealer Instillation von 2 Milligramm einer Fasersuspension für Fasern mit einer Länge von mehr als 5 Mikrometer, einem Durchmesser von weniger als 3 Mikrometer und einem Länge-zu-Durchmesser-Verhältnis von größer als 3 zu 1 (WHO-Fasern) beträgt höchstens 40 Tage,

3.

der Kanzerogenitätsindex KI, der sich aus der Differenz zwischen der Summe der Massengehalte (in Prozent) der Oxide von Natrium, Kalium, Bor, Calcium, Magnesium, Barium und dem doppelten Massengehalt (in Prozent) von Aluminiumoxid ergibt, ist bei künstlichen Mineralfasern mindestens 40,

4.

Glasfasern, die für Hochtemperaturanwendungen bestimmt sind, die

a)

eine Klassifikationstemperatur von 1 000 Grad Celsius bis zu 1 200 Grad Celsius erfordern, besitzen eine Halbwertzeit nach den unter Ziffer 2 genannten Kriterien von höchstens 65 Tagen oder

b)

eine Klassifikationstemperatur von über 1 200 Grad Celsius erfordern, besitzen eine Halbwertzeit nach den unter Ziffer 2 genannten Kriterien von höchstens 100 Tagen.

(3) Spritzverfahren, bei denen krebserzeugende Mineralfasern verwendet werden, sind verboten.

(4) Die Absätze 1 bis 3 gelten auch für private Haushalte.

Nummer 6

Besonders gefährliche krebserzeugende Stoffe

(1) Die folgenden besonders gefährlichen krebserzeugenden Stoffe dürfen nur in geschlossenen

Anlagen hergestellt oder verwendet werden:

1.
6-Amino-2-ethoxynaphthalin,
2.
Bis(chlormethyl)ether,
3.
Cadmiumchlorid (in einatembarer Form),
4.
Chlormethyl-methylether,
5.
Dimethylcarbamoylchlorid,
6.
Hexamethylphosphorsäuretriamid,
7.
1,3-Propansulton,
8.
N-Nitrosaminverbindungen, ausgenommen solche N-Nitrosaminverbindungen, bei denen sich in entsprechenden Prüfungen kein Hinweis auf krebserzeugende Wirkungen ergeben hat,
9.
Tetranitromethan,
10.
1,2,3-Trichlorpropan sowie
11.
Dimethyl- und Diethylsulfat.

Die Herstellungs- und Verwendungsbeschränkung nach Satz 1 gilt auch für o-Toluidin.
(2) Die Herstellungs- und Verwendungsbeschränkung nach Absatz 1 gilt nicht für Forschungs- und Analysezwecke sowie für wissenschaftliche Lehrzwecke in den dafür erforderlichen Mengen.
-

Anhang III (zu § 11 Absatz 4)
Spezielle Anforderungen an Tätigkeiten mit organischen Peroxiden

(Fundstelle: BGBl. I 2013, 2531 - 2534;
bzgl. der einzelnen Änderungen vgl. Fußnote)

Nummer 1
Anwendungsbereich und Begriffsbestimmungen

(1) Der Anhang III legt nur Anforderungen fest zum Schutz von Beschäftigten und Personen nach § 1 Absatz 3 Satz 2 (andere Personen) vor

a)
Brand- und Explosionsgefährdungen sowie
b)
den Auswirkungen von Bränden oder Explosionen.

Gesundheitsschädigende Wirkungen, die bei Tätigkeiten mit organischen Peroxiden auftreten können, werden von Anhang III nicht erfasst.
(2) Folgende Begriffsbestimmungen gelten für Anhang III:

a)
Gefahrgruppe ist eine Einteilung von organischen Peroxiden in Abhängigkeit von ihrem Abbrandverhalten im verpackten Zustand,
b)
Gefährliche Objekte sind Betriebsgebäude, Räume oder Plätze in oder auf denen Tätigkeiten

mit organischen Peroxiden durchgeführt werden,

c)

Schutzabstände sind die zwischen gefährlichen Objekten und der Nachbarschaft, insbesondere Wohnbereichen und Verkehrswegen, einzuhaltenden Abstände,

d)

Sicherheitsabstände sind die innerhalb eines Betriebsgeländes einzuhaltenden Abstände,

e)

Verkehrswege sind Straßen, Schienen- und Schifffahrtswege, die uneingeschränkt dem öffentlichen Verkehr zugänglich sind, ausgenommen solche mit geringer Verkehrsdichte,

f)

Wohnbereich ist ein Bereich, in dem sich bewohnte Gebäude befinden und der nicht mit dem Betrieb in Zusammenhang steht; zu den bewohnten Gebäuden zählen auch Gebäude und Anlagen mit Räumen, die nicht nur zum vorübergehenden Aufenthalt von Personen bestimmt und geeignet sind.

Nummer 2
Tätigkeiten mit organischen Peroxiden

2.1 Anwendungsbereich
(1) Nummer 2 gilt für Tätigkeiten mit organischen Peroxiden.
(2) Nummer 2 gilt nicht für

a)

Tätigkeiten mit organischen Peroxiden in Form von Zubereitungen, wenn

aa)

die Zubereitung nicht mehr als 1,0 Prozent Aktivsauerstoff aus den organischen Peroxiden bei höchstens 1,0 Prozent Wasserstoffperoxid enthält oder

bb)

die Zubereitung nicht mehr als 0,5 Prozent Aktivsauerstoff aus den organischen Peroxiden bei mehr als 1,0 Prozent, jedoch höchstens 7,0 Prozent Wasserstoffperoxid enthält,

b)

Tätigkeiten mit organischen Peroxiden in Kleinpackungen mit einem Inhalt von bis zu 100 Gramm festem oder bis zu 25 Milliliter flüssigem organischen Peroxid, sofern

aa)

die organischen Peroxide nicht dem Sprengstoffgesetz unterfallen,

bb)

die Kleinpackungen handelsfertig in Verkehr gebracht worden sind und die im Betrieb vorhandene Gesamtmasse der organischen Peroxide in den Kleinpackungen einen Inhalt von insgesamt 100 Kilogramm nicht übersteigt,

c)

das Aufbewahren explosionsgefährlicher organischer Peroxide, sofern diese den Bestimmungen der Zweiten Verordnung zum Sprengstoffgesetz in der Fassung der Bekanntmachung vom 10. September 2002 (BGBl. I S. 3543), die zuletzt durch Artikel 2 der Verordnung vom 26. November 2010 (BGBl. I S. 1643) geändert worden ist, unterliegen.

2.2 Begriffsbestimmungen
Folgende Begriffsbestimmungen gelten für Nummer 2:

a)

Aktivsauerstoff ist der für Oxidationsreaktionen verfügbare abspaltbare Sauerstoff der Peroxidgruppe (pro Peroxogruppe jeweils ein Sauerstoffatom),

b)

der korrigierte Stoffdurchsatz A_k (angegeben in Kilogramm/Minute) charakterisiert das Abbrandverhalten eines organischen Peroxids in seiner Verpackung bezogen auf eine

216

Menge von 10 000 Kilogramm. Darin sind das Maß der Vollständigkeit und Gleichmäßigkeit des Abbrandes sowie das Wärmestrahlungsvermögen der Flammen berücksichtigt.

2.3 Zuordnung organischer Peroxide zu Gefahrgruppen

(1) Der Arbeitgeber darf eine Tätigkeit mit einem organischen Peroxid nur ausüben lassen, wenn die Bundesanstalt für Materialforschung und -prüfung für dieses organische Peroxid eine Gefahrgruppe nach Absatz 2 bekannt gegeben hat. Hat die Bundesanstalt für Materialforschung und -prüfung für explosionsgefährliche organische Peroxide die Lagergruppenzuordnung I, II oder III nach der Zweiten Verordnung zum Sprengstoffgesetz in der Fassung der Bekanntmachung vom 10. September 2002 (BGBl. I S. 3543), die zuletzt durch Artikel 2 der Verordnung vom 26. November 2010 (BGBl. I S. 1643) geändert worden ist, bekannt gegeben, gilt für diese organischen Peroxide entsprechend die Gefahrgruppe OP I, OP II oder OP III als bekannt gegeben. Satz 1 findet keine Anwendung auf organische Peroxide in Form von Zubereitungen, die organische Peroxide mit einem Massengehalt unter 10 Prozent und Wasserstoffperoxid mit einem Massengehalt unter 5 Prozent enthalten.

(2) Für die Einteilung in Gefahrgruppen gelten folgende Kriterien:

a)

Gefahrgruppe OP I: organische Peroxide dieser Gruppe brennen sehr heftig unter starker Wärmeentwicklung ab; der Brand breitet sich rasch aus; Packungen organischer Peroxide können auch vereinzelt mit geringer Druckwirkung explodieren; dabei kann sich der gesamte Inhalt einer Packung umsetzen; einzelne brennende Packungen können fortgeschleudert werden; die Gefährdung der Umgebung durch Wurfstücke ist gering; Gebäude in der Umgebung sind im Allgemeinen durch Druckwirkung nicht gefährdet; diese Gefahrgruppe wird in die Untergruppen Ia und Ib unterteilt; die Gefahrgruppe OP Ia umfasst die organischen Peroxide mit einem korrigierten Stoffdurchsatz Ak größer oder gleich 300 Kilogramm/Minute; die Gefahrgruppe OP Ib umfasst die organischen Peroxide mit einem korrigierten Stoffdurchsatz Ak größer oder gleich 140 Kilogramm/Minute, jedoch kleiner 300 Kilogramm/Minute,

b)

Gefahrgruppe OP II: organische Peroxide dieser Gruppe brennen heftig unter starker Wärmeentwicklung ab; der Brand breitet sich rasch aus; die Packungen organischer Peroxide können auch vereinzelt mit geringer Druckwirkung explodieren; dabei setzt sich jedoch nicht der gesamte Inhalt einer Packung um; die Umgebung ist hauptsächlich durch Flammen und Wärmestrahlung gefährdet; Bauten in der Umgebung sind durch Druckwirkung nicht gefährdet; die Gefahrgruppe OP II umfasst die organischen Peroxide mit einem korrigierten Stoffdurchsatz Ak größer oder gleich 60 Kilogramm/Minute, jedoch kleiner 140 Kilogramm/Minute,

c)

Gefahrgruppe OP III: organische Peroxide dieser Gruppe brennen ab, wobei die Auswirkungen des Brandes denen brennbarer Stoffe vergleichbar sind; die Gefahrgruppe OP III umfasst die organischen Peroxide mit einem korrigierten Stoffdurchsatz Ak kleiner 60 Kilogramm/Minute,

d)

Gefahrgruppe OP IV: organische Peroxide dieser Gruppe sind schwer entzündbar und brennen so langsam ab, dass die Umgebung durch Flammen und Wärmestrahlung praktisch nicht gefährdet ist; die Angabe eines korrigierten Stoffdurchsatzes Ak ist für diese Gefahrgruppe nicht möglich.

(3) Liegt für ein organisches Peroxid keine Gefahrgruppenzuordnung vor, hat der Arbeitgeber eine solche bei der Bundesanstalt für Materialforschung und -prüfung schriftlich oder elektronisch zu beantragen. Dem Antrag sind die erforderlichen Unterlagen beizufügen. Die Bundesanstalt für Materialforschung und -prüfung gibt die Gefahrgruppenzuordnung bekannt.

(4) Abweichend von Absatz 3 kann der Arbeitgeber auch von einer anderen geeigneten Stelle prüfen lassen, welche Gefahrgruppenzuordnung vorzunehmen ist. In diesem Fall hat der Arbeitgeber das Prüfergebnis mit den erforderlichen Unterlagen der Bundesanstalt für

Materialforschung und -prüfung vorzulegen. Die Bundesanstalt für Materialforschung und -prüfung gibt die Gefahrgruppenzuordnung bekannt, wenn diese als zutreffend bewertet worden ist.

(5) Bis zur Bekanntgabe der Gefahrgruppenzuordnung durch die Bundesanstalt für Materialforschung und -prüfung müssen organische Peroxide mit einer Peroxidkonzentration

a)

   größer oder gleich 57 Prozent wie organische Peroxide der Gefahrgruppe OP Ib,

b)

   größer oder gleich 32 Prozent, aber kleiner 57 Prozent wie organische Peroxide der Gefahrgruppe OP II,

c)

   größer oder gleich 10 Prozent, aber kleiner 32 Prozent wie organische Peroxide der Gefahrgruppe OP III

behandelt werden.

(6) Nicht brennbare organische Peroxide mit einer Peroxidkonzentration größer oder gleich 10 Prozent können wie organische Peroxide der Gefahrgruppe OP IV behandelt werden, wenn hierzu die Zustimmung der zuständigen Behörde vorliegt. Die vorläufige Gefahrgruppenzuordnung darf nicht länger als zwei Jahre genutzt werden.

2.4 Informationsermittlung und Gefährdungsbeurteilung

(1) Bei Tätigkeiten mit einem organischen Peroxid hat der Arbeitgeber im Rahmen der Gefährdungsbeurteilung nach § 6 fachkundig zu ermitteln, ob die von der Bundesanstalt für Materialforschung un -prüfung bekannt gegebene Gefahrgruppenzuordnung des organischen Peroxids für die Tätigkeiten anwendbar ist. Stimmen die Kriterien der Zuordnung mit den Bedingungen der Tätigkeiten überein, hat er die aus der Gefahrgruppenzuordnung resultierenden Schutzmaßnahmen zu ergreifen. Stellt der Arbeitgeber fest, dass die bekannt gegebene Gefahrgruppenzuordnung für einzelne Tätigkeiten nicht übernommen werden kann, legt er fachkundig für die betreffenden Tätigkeiten eine abweichende Gefahrgruppe fest. Ist der Arbeitgeber selbst nicht fachkundig, hat er sich fachkundig beraten zu lassen.

(2) Stellt der Arbeitgeber im Rahmen der Gefährdungsbeurteilung nach § 6 fest, dass bei der Herstellung, Be- oder Verarbeitung organischer Peroxide Gemische auftreten können, die detonationsfähig sind oder zur schnellen Deflagration oder heftigen Wärmeexplosion neigen, hat der Arbeitgeber ein Gutachten der Bundesanstalt für Materialforschung und -prüfung einzuholen, das insbesondere auf die zu treffenden Schutzmaßnahmen eingeht. Dies gilt auch, wenn Tätigkeiten mit organischen Peroxiden in ortsfesten Freianlagen, einschließlich der Lagerung in Tanks oder Silos, ausgeübt werden sollen.

2.5 Schutz- und Sicherheitsabstände

(1) Der Arbeitgeber hat für Gebäude und Freianlagen, in oder auf denen Tätigkeiten mit organischen Peroxiden durchgeführt werden, ausreichende Schutzabstände zu Wohnbereichen und öffentlichen Verkehrswegen sowie Sicherheitsabstände zu innerbetrieblichen Gebäuden oder Anlagen festzulegen. Zu Gebäuden, in denen nur Tätigkeiten mit organischen Peroxiden der Gefahrgruppe OP IV durchgeführt werden, sind keine Schutz- und Sicherheitsabstände einzuhalten.

(2) Die Schutz- und Sicherheitsabstände sind in Abhängigkeit von der Gefahrgruppe und der Menge der vorhandenen organischen Peroxide sowie der Lage, Anordnung und Bauart der Gebäude und Anlagen festzulegen.

(3) Beim Aufbewahren von organischen Peroxiden der Gefahrgruppe OP Ia bis zu einer Nettomasse von 100 Kilogramm und der Gefahrgruppen OP Ib, OP II und OP III bis zu einer Nettomasse von 200 Kilogramm sind keine Schutz- und Sicherheitsabstände einzuhalten. Es muss jedoch sichergestellt sein, dass eine nicht bestimmungsgemäße Umsetzung organischer Peroxide nicht nach außen oder nur in ungefährliche Richtung wirken kann.

2.6 Bauliche Anforderungen

Der Arbeitgeber hat Gebäude, in denen Tätigkeiten mit organischen Peroxiden durchgeführt werden, so zu errichten, dass eine Gefährdung der Beschäftigten und anderer Personen bei Betriebsstörungen oder Unfällen auf ein Minimum reduziert wird. Kann durch eine eintretende Zersetzung eine Gefährdung auftreten, hat er sicherzustellen, dass insbesondere Gebäude und Räume zum Herstellen, Bearbeiten, Verarbeiten, Abfüllen oder Vernichten organischer Peroxide

a)
in Sicherheitsbauweise errichtet werden,

b)
über ausreichend widerstandsfähige Decken und Wände verfügen und

c)
über ausreichend bemessene Druckentlastungsflächen in Wänden oder Decken verfügen, die im Explosionsfall einen schnellen Druckabbau ermöglichen; diese müssen aus leichten Baustoffen bestehen und ihre Widerstandsfähigkeit muss deutlich niedriger sein als die anderer Bauteile.

2.7 Zündquellen
Der Arbeitgeber hat die Bereiche, in denen Zündquellen vermieden werden müssen, im Rahmen der Gefährdungsbeurteilung festzulegen und hierfür die erforderlichen Schutzmaßnahmen, einschließlich der Kennzeichnung dieser Bereiche, zu ergreifen.

2.8 Innerbetrieblicher Transport
Zum innerbetrieblichen Transport eines organischen Peroxids dürfen nur Kraftfahrzeuge oder Flurförderzeuge eingesetzt werden, die keine Zündquelle für das organische Peroxid darstellen.

2.9 Anforderungen an das Aufbewahren organischer Peroxide
(1) Organische Peroxide, die dem Sprengstoffgesetz unterfallen, sind aufzubewahren nach Maßgabe der Vorschriften der Zweiten Verordnung zum Sprengstoffgesetz in der Fassung der Bekanntmachung vom 10. September 2002 (BGBl. I S. 3543), die zuletzt durch Artikel 2 der Verordnung vom 26. November 2010 (BGBl. I S. 1643) geändert worden ist. Für das Aufbewahren organischer Peroxide, die nicht dem Sprengstoffgesetz unterfallen, gelten die Absätze 2 bis 5.
(2) Lagergebäude für organische Peroxide der Gefahrgruppen OP I bis OP III müssen in eingeschossiger Bauweise errichtet sein. Abweichend von Satz 1 darf ein Lagergebäude auch mehrgeschossig sein, wenn die Gefährdungsbeurteilung ergibt, dass die Gefährdung der Beschäftigten und anderer Personen durch die mehrgeschossige Bauweise nicht erhöht wird.
(3) Lagerräume für organische Peroxide der Gefahrgruppen OP I bis OP III müssen mit Druckentlastungsflächen versehen sein.
(4) Lagerräume müssen so errichtet und ausgerüstet sein, dass die höchstzulässige Aufbewahrungstemperatur für organische Peroxide nicht überschritten wird.
(5) Der Arbeitgeber hat dafür zu sorgen, dass organische Peroxide mit anderen Stoffen, Zubereitungen oder Erzeugnissen nur zusammen gelagert oder gemeinsam abgestellt werden, wenn hierdurch keine wesentliche Erhöhung der Gefährdung eintreten kann.

2.10 Anforderungen an Betriebsanlagen und -einrichtungen
(1) Betriebsanlagen und -einrichtungen müssen so beschaffen und ausgerüstet sein, dass auch bei Betriebsstörungen oder Unfällen die Sicherheit aufrechterhalten und ein unkontrollierter Austritt von organischen Peroxiden vermieden wird. Sie müssen vollständig und gefahrlos entleert werden können.
(2) Betriebsanlagen müssen so errichtet sein, dass durch sie keine gefährlichen Reaktionen der organischen Peroxide ausgelöst werden. Sie sind mit Kontroll- und Regeleinrichtungen für den sicheren Betrieb auszurüsten.
(3) Gefährliche Einschlüsse organischer Peroxide müssen vermieden werden.
(4) Art und Anzahl der Feuerlöscheinrichtungen müssen für die besonderen Eigenschaften der organischen Peroxide ausgelegt sein.

Verordnung über den Schutz vor Schäden durch Röntgenstrahlen

Röntgenverordnung - RöV

RöV

Ausfertigungsdatum: 08.01.1987

"Röntgenverordnung in der Fassung der Bekanntmachung vom 30. April 2003 (BGBl. I S. 604), die zuletzt durch Artikel 6 der Verordnung vom 11. Dezember 2014 (BGBl. I S. 2010) geändert worden ist". Neugefasst durch Bek. v. 30. 4.2003 I 604; Zuletzt geändert durch Art. 6 V v. 11.12.2014 I 2010.

Die Verordnung zur Änderung der Röntgenverordnung dient der Umsetzung der Richtlinie 96/29/EURATOM des Rates vom 13. Mai 1996 zur Festlegung der grundlegenden Sicherheitsnormen für den Schutz der Gesundheit der Arbeitskräfte und der Bevölkerung gegen die Gefahren durch ionisierende Strahlungen (ABl. EG Nr. L 159 S. 1) und der Richtlinie 97/43/EURATOM des Rates vom 30. Juni 1997 über den Gesundheitsschutz von Personen gegen die Gefahren ionisierender Strahlung bei medizinischer Exposition und zur Aufhebung der Richtlinie 84/466/EURATOM (ABl. EG Nr. L 180 S. 22).

Fußnote

(+++ Textnachweis ab: 1.1.1988 +++)
(+++ Amtliche Hinweise des Normgebers auf EG-Recht:
    Umsetzung der
    EARL 29/96 (CELEX Nr: 396L0029)
    EARL 43/97 (CELEX Nr: 397L0043) vgl. V v. 18.6.2002 I 1869 +++)
(+++ Maßgaben aufgrund EinigVtr Anlage I Kap. VIII B III Nr. 13 nicht mehr
    anzuwenden gem. Art. 109 Nr. 3 Buchst. b DBuchst. ll
    G v. 8.12.2010 I 1864 mWv 15.12.2010 +++)

Abschnitt 1
Allgemeine Vorschriften

§ 1 Anwendungsbereich

Diese Verordnung gilt für Röntgeneinrichtungen und Störstrahler, in denen Röntgenstrahlung mit einer Grenzenergie von mindestens fünf Kiloelektronvolt durch beschleunigte Elektronen erzeugt werden kann und bei denen die Beschleunigung der Elektronen auf eine Energie von einem Megaelektronvolt begrenzt ist.

-

§ 2 Begriffsbestimmungen

Im Sinne dieser Verordnung sind:

1.

Anwendung von Röntgenstrahlung am Menschen:
Technische Durchführung und
a)
Befundung einer Röntgenuntersuchung oder
b)
Überprüfung und Beurteilung des Ergebnisses einer Röntgenbehandlung,
nachdem eine Person nach § 24 Abs. 1 Nr. 1 oder 2 eine rechtfertigende Indikation gestellt

hat.

2.

Basisbild:
Analoges oder digitales Ausgangsbild, welches Grundlage für eine Bearbeitung, Übertragung, Speicherung oder Darstellung ist.

2a.

Basisschutzgerät:
Röntgeneinrichtung, die den Vorschriften der Anlage 2 Nummer 6 entspricht.

3.

Betrieb einer Röntgeneinrichtung:
Eigenverantwortliches Verwenden oder Bereithalten einer Röntgeneinrichtung zur Erzeugung von Röntgenstrahlung. Zum Betrieb gehört nicht die Erzeugung von Röntgenstrahlung im Zusammenhang mit der geschäftsmäßigen Prüfung, Erprobung, Wartung oder Instandsetzung der Röntgeneinrichtung. Röntgeneinrichtungen werden ferner nicht betrieben, soweit sie im Bereich der Bundeswehr oder des Zivilschutzes ausschließlich für den Einsatzfall geprüft, erprobt, gewartet, instand gesetzt oder bereitgehalten werden. Die Sätze 1 bis 3 gelten für Störstrahler entsprechend.

4.

Betriebsbedingungen, maximale:
Kombination der technischen Einstellparameter, die unter normalen Betriebsbedingungen bei Röntgenstrahlern nach Anlage 2 Nr. 1.1, Röntgeneinrichtungen nach Anlage 2 Nummer 2 bis 4 und 6 und Störstrahlern nach Anlage 2 Nr. 5 zur höchsten Ortsdosisleistung und bei Röntgenstrahlern nach Anlage 1 und Anlage 2 Nr. 1.2 zur höchsten mittleren Ortsdosisleistung führen. Hierzu gehören die Spannung für die Beschleunigung von Elektronen, der Röntgenröhrenstrom und gegebenenfalls weitere Parameter wie Einschaltzeit oder Elektrodenabstand.

5.

Bildqualität,

a)
    diagnostische:
Darstellung der diagnostisch wichtigen Bildmerkmale, Details und kritischen Strukturen nach dem Stand der Technik und der Heilkunde oder Zahnheilkunde,

b)
    physikalische:
Verhältnis zwischen den Strukturen eines Prüfkörpers und den Kenngrößen ihrer Abbildung.

6.

Dosis:

a)
    Äquivalentdosis:
Produkt aus Energiedosis (absorbierte Dosis) im ICRU-Weichteilgewebe und dem Qualitätsfaktor Q des Berichts Nr. 51 der International Commission on Radiation Units and Measurements (ICRU report 51, ICRU Publications, 7910 Woodmont Avenue, Suite 800, Bethesda, Maryland 20814, U.S.A.). Beim Vorliegen mehrerer Strahlungsarten und -energien ist die gesamte Äquivalentdosis die Summe ihrer ermittelten Einzelbeiträge. Die Einheit der Äquivalentdosis ist das Sievert (Sv).

b)
    Effektive Dosis:
Summe der gewichteten Organdosen in den in Anlage 3 angegebenen Geweben oder Organen des Körpers durch äußere Strahlenexposition. Die Einheit der effektiven Dosis ist das Sievert (Sv).

c)
    Körperdosis:
Sammelbegriff für Organdosis und effektive Dosis.

d)
    Organdosis:

Produkt aus der mittleren Energiedosis in einem Organ, Gewebe oder Körperteil und dem Strahlungs-Wichtungsfaktor W(tief)R. Für Röntgen- und Elektronenstrahlung hat der Strahlungs-Wichtungsfaktor den Wert 1. Die Einheit der Organdosis ist das Sievert (Sv). Soweit in den §§ 31, 31a, 31c, 32 und 35 Werte oder Grenzwerte für die Organdosis der Haut festgelegt sind, beziehen sie sich auf die lokale Hautdosis. Die lokale Hautdosis ist das Produkt der gemittelten Energiedosis der Haut in 0,07 Millimeter Gewebetiefe und dem Strahlungs-Wichtungsfaktor. Die Mittelungsfläche beträgt 1 Quadratzentimeter, unabhängig von der exponierten Hautfläche.

e)

Ortsdosis:

Äquivalentdosis, gemessen an einem bestimmten Ort. Messgrößen für die Ortsdosimetrie sind die Umgebungs-Äquivalentdosis H*(10) und die Richtungs-Äquivalentdosis H'(0,07, Omega). Die Umgebungs-Äquivalentdosis H*(10) am interessierenden Punkt im tatsächlichen Strahlungsfeld ist die Äquivalentdosis, die im zugehörigen ausgerichteten und aufgeweiteten Strahlungsfeld in 10 Millimeter Tiefe in der ICRU-Kugel auf dem der Einfallsrichtung der Strahlung entgegengesetzt orientierten Radius erzeugt würde. Die Richtungs-Äquivalentdosis H'(0,07, Omega) am interessierenden Punkt im tatsächlichen Strahlungsfeld ist die Äquivalentdosis, die im zugehörigen aufgeweiteten Strahlungsfeld in 0,07 Millimeter Tiefe auf einem in festgelegter Richtung Omega orientierten Radius der ICRU-Kugel erzeugt würde. Dabei ist

aa)

ein aufgeweitetes Strahlungsfeld ein idealisiertes Strahlungsfeld, in dem die Teilchenflussdichte und die Energie- und Richtungsverteilung der Strahlung an allen Punkten eines ausreichend großen Volumens die gleichen Werte aufweist wie das tatsächliche Strahlungsfeld am interessierenden Punkt,

bb)

ein aufgeweitetes und ausgerichtetes Feld ein idealisiertes Strahlungsfeld, das aufgeweitet und in dem die Strahlung zusätzlich in eine Richtung ausgerichtet ist,

cc)

die ICRU-Kugel ein kugelförmiges Phantom von 30 Zentimeter Durchmesser aus ICRU-Weichteilgewebe (gewebeäquivalentes Material der Dichte 1 g/cm3, Zusammensetzung: 76,2% Sauerstoff, 11,1% Kohlenstoff, 10,1% Wasserstoff, 2,6% Stickstoff).

Die Einheit der Ortsdosis ist das Sievert (Sv).

f)

Ortsdosisleistung:

In einem bestimmten Zeitintervall erzeugte Ortsdosis, dividiert durch die Länge des Zeitintervalls.

g)

Personendosis:

Äquivalentdosis, gemessen an der für die Strahlenexposition repräsentativen Stelle der Körperoberfläche. Messgrößen für die Personendosimetrie sind die Tiefen-Personendosis H(tief)p(10) und die Oberflächen-Personendosis H(tief)p(0,07). Die Tiefen-Personendosis H(tief)p(10) ist die Äquivalentdosis in 10 Millimeter Tiefe im Körper an der Tragestelle des Personendosimeters. Die Oberflächen-Personendosis H(tief)p(0,07) ist die Äquivalentdosis in 0,07 Millimeter Tiefe im Körper an der Tragestelle des Personendosimeters. Die Einheit der Personendosis ist das Sievert (Sv).

7.

Durchführung, technische:

Einstellen der technischen Parameter an der Röntgeneinrichtung, Lagern des Patienten oder des Tieres unter Beachtung der Einstelltechnik, Zentrieren und Begrenzen des Nutzstrahls, Durchführen von Strahlenschutzmaßnahmen und Auslösen der Strahlung.

8.

Forschung, medizinische:

Anwendung von Röntgenstrahlung am Menschen, soweit sie der Fortentwicklung der

Heilkunde, Zahnheilkunde oder der medizinischen Wissenschaft und nicht in erster Linie der Untersuchung oder Behandlung des einzelnen Patienten dient.

9.

Hochschutzgerät:
Röntgeneinrichtung, die den Vorschriften der Anlage 2 Nr. 2 entspricht.

10.

Indikation, rechtfertigende:
Entscheidung eines Arztes oder Zahnarztes mit der erforderlichen Fachkunde im Strahlenschutz, dass und in welcher Weise Röntgenstrahlung am Menschen in der Heilkunde oder Zahnheilkunde angewendet wird.

11.

Medizinphysik-Experte:
In medizinischer Physik besonders ausgebildeter Diplom-Physiker mit der erforderlichen Fachkunde im Strahlenschutz oder eine inhaltlich gleichwertig ausgebildete sonstige Person mit Hochschul- oder Fachhochschulabschluss und mit der erforderlichen Fachkunde im Strahlenschutz.

12.

Person, helfende:
Eine einwilligungsfähige oder mit Einwilligung ihres gesetzlichen Vertreters handelnde Person, die außerhalb ihrer beruflichen Tätigkeit freiwillig Personen unterstützt oder betreut, an denen in Ausübung der Heilkunde oder der Zahnheilkunde oder im Rahmen der medizinischen Forschung oder zugelassener Röntgenreihenuntersuchungen Röntgenstrahlung angewendet wird.

12a.

Proband, gesunder:
Person, an der zum Zweck der medizinischen Forschung Röntgenstrahlung angewendet wird und bei der in Bezug auf ein Forschungsvorhaben, das nach § 28a genehmigungsbedürftig ist, keine Krankheit, deren Erforschung Gegenstand des Vorhabens ist, oder kein entsprechender Krankheitsverdacht vorliegt.

13.

Referenzwerte, diagnostische:
Dosiswerte für typische Untersuchungen mit Röntgenstrahlung, bezogen auf Standardphantome oder auf Patientengruppen mit Standardmaßen, mit für die jeweilige Untersuchungsart geeigneten Röntgeneinrichtungen und Untersuchungsverfahren.

14.

Röntgeneinrichtung:
Einrichtung, die zum Zweck der Erzeugung von Röntgenstrahlung betrieben wird einschließlich Anwendungsgeräte, Zusatzgeräte und Zubehör, der erforderlichen Software sowie Vorrichtungen zur medizinischen Befundung.

15.

Röntgenpass:
Von der untersuchten Person freiwillig geführtes Dokument, das Angaben über den Zeitpunkt einer Röntgenuntersuchung, die untersuchte Körperregion, die Art der Untersuchung und den untersuchenden Arzt enthält.

16.

Röntgenstrahler:
Bestandteil einer Röntgeneinrichtung, bestehend aus Röntgenröhre und Röhrenschutzgehäuse, bei einem Einkesselgerät auch dem Hochspannungserzeuger.

17.

Schulröntgeneinrichtung:
Röntgeneinrichtung zum Betrieb im Zusammenhang mit dem Unterricht in Schulen, die den Vorschriften der Anlage 2 Nr. 4 entspricht.

18.

Störstrahler:
Geräte oder Vorrichtungen, in denen ausschließlich Elektronen beschleunigt werden und die

Röntgenstrahlung erzeugen, ohne dass sie zu diesem Zweck betrieben werden. Als Störstrahler gelten auch Elektronenmikroskope, bei denen die erzeugte Röntgenstrahlung durch Detektoren ausgewertet wird.

19.
Strahlenexposition:
Einwirkung ionisierender Strahlung auf den menschlichen Körper. Ganzkörperexposition ist die Einwirkung ionisierender Strahlung auf den ganzen Körper, Teilkörperexposition ist die Einwirkung ionisierender Strahlung auf einzelne Organe, Gewebe oder Körperteile.

20.
Strahlenexposition, berufliche:
Die Strahlenexposition einer Person, die
a)
zum Ausübenden einer Tätigkeit nach dieser Verordnung in einem Beschäftigungs- oder Ausbildungsverhältnis steht oder diese Tätigkeit selbst ausübt,
b)
eine Aufgabe nach § 19 oder § 20 des Atomgesetzes wahrnimmt,
c)
im Rahmen des § 6 Abs. 1 Nr. 1 oder 2 dieser Verordnung Röntgeneinrichtungen oder Störstrahler prüft, erprobt, wartet oder instand setzt oder
d)
im Rahmen des § 6 Abs. 1 Nr. 3 dieser Verordnung im Zusammenhang mit dem Betrieb einer fremden Röntgeneinrichtung oder eines fremden Störstrahlers beschäftigt ist oder Aufgaben selbst wahrnimmt.
Eine nicht mit der Berufsausübung zusammenhängende Strahlenexposition bleibt dabei unberücksichtigt.

21.
Strahlenexposition, medizinische:
a)
Exposition einer Person im Rahmen ihrer Untersuchung oder Behandlung mit Röntgenstrahlung in der Heilkunde oder Zahnheilkunde (Patient),
b)
Exposition einer Person, an der mit ihrer Einwilligung oder mit Einwilligung ihres gesetzlichen Vertreters Röntgenstrahlung in der medizinischen Forschung angewendet wird (Proband),
c)
Exposition einer Person im Rahmen ihrer Untersuchung mit Röntgenstrahlung nach Vorschriften des allgemeinen Arbeitsschutzes,
d)
Exposition einer Person im Rahmen einer Reihenuntersuchung mit Röntgenstrahlung zur Früherkennung von Krankheiten.

22.
Strahlenschutzbereiche:
Überwachungsbereich oder Kontrollbereich.

23.
Tätigkeiten:
Der Betrieb, die Prüfung, Erprobung, Wartung oder Instandsetzung von Röntgeneinrichtungen oder Störstrahlern.

24.
Teleradiologie:
Untersuchung eines Menschen mit Röntgenstrahlung unter der Verantwortung eines Arztes nach § 24 Abs. 1 Nr. 1, der sich nicht am Ort der technischen Durchführung befindet und der mit Hilfe elektronischer Datenübertragung und Telekommunikation insbesondere zur rechtfertigenden Indikation und Befundung unmittelbar mit den Personen am Ort der technischen Durchführung in Verbindung steht.

24a.

Tierbegleitperson:
Eine einwilligungsfähige Person, die das 18. Lebensjahr vollendet hat und die außerhalb ihrer beruflichen Tätigkeit freiwillig ein Tier begleitet, an dem in Ausübung der Tierheilkunde Röntgenstrahlung angewendet wird.

25.
Vollschutzgerät:
Röntgeneinrichtung, die den Vorschriften der Anlage 2 Nr. 3 entspricht.

26.
Vorsorge, arbeitsmedizinische:
Ärztliche Untersuchung, gesundheitliche Beurteilung und Beratung beruflich strahlenexponierter Personen durch einen Arzt nach § 41 Abs. 1 Satz 1.

Abschnitt 1a
Strahlenschutzgrundsätze

-

§ 2a Rechtfertigung

(1) Neue Arten von Tätigkeiten, mit denen Strahlenexpositionen von Mensch und Umwelt verbunden sein können, müssen unter Abwägung ihres wirtschaftlichen, sozialen oder sonstigen Nutzens gegenüber der möglicherweise von ihnen ausgehenden gesundheitlichen Beeinträchtigung gerechtfertigt sein. Die Rechtfertigung bestehender Arten von Tätigkeiten kann überprüft werden, sobald wesentliche neue Erkenntnisse über den Nutzen oder die Auswirkungen der Tätigkeit vorliegen.
(2) Medizinische Strahlenexpositionen im Rahmen der Heilkunde, Zahnheilkunde oder der medizinischen Forschung müssen einen hinreichenden Nutzen erbringen, wobei ihr Gesamtpotenzial an diagnostischem oder therapeutischem Nutzen einschließlich des unmittelbaren gesundheitlichen Nutzens für den Einzelnen und des Nutzens für die Gesellschaft abzuwägen ist gegenüber der von der Strahlenexposition möglicherweise verursachten Schädigung des Einzelnen.
(3) Die in Anlage 5 genannten Tätigkeitsarten sind nicht gerechtfertigt.

-

§ 2b Dosisbegrenzung

Wer eine Tätigkeit nach dieser Verordnung plant, ausübt oder ausüben lässt, ist verpflichtet, dafür zu sorgen, dass die Dosisgrenzwerte dieser Verordnung nicht überschritten werden.

-

§ 2c Vermeidung unnötiger Strahlenexposition und Dosisreduzierung

(1) Wer eine Tätigkeit nach dieser Verordnung plant, ausübt oder ausüben lässt, ist verpflichtet, jede unnötige Strahlenexposition von Mensch und Umwelt zu vermeiden.
(2) Wer eine Tätigkeit nach dieser Verordnung plant, ausübt oder ausüben lässt, ist verpflichtet, jede Strahlenexposition von Mensch und Umwelt unter Beachtung des Standes der Technik und unter Berücksichtigung aller Umstände des Einzelfalles auch unterhalb der Grenzwerte so gering wie möglich zu halten.

Abschnitt 2
Überwachungsvorschriften

Unterabschnitt 1
Betrieb von Röntgeneinrichtungen und Störstrahlern

§ 3 Genehmigungsbedürftiger Betrieb von Röntgeneinrichtungen

(1) Wer eine Röntgeneinrichtung betreibt oder deren Betrieb wesentlich verändert, bedarf der Genehmigung.

(2) Die Genehmigung ist zu erteilen, wenn

1.

keine Tatsachen vorliegen, aus denen sich Bedenken gegen die Zuverlässigkeit

a)

des Antragstellers, seines gesetzlichen Vertreters oder, bei juristischen Personen oder nicht rechtsfähigen Personenvereinigungen, der nach Gesetz, Satzung oder Gesellschaftsvertrag zur Vertretung oder Geschäftsführung Berechtigten oder

b)

eines Strahlenschutzbeauftragten

ergeben,

2.

die für den sicheren Betrieb der Röntgeneinrichtung notwendige Anzahl von Strahlenschutzbeauftragten vorhanden ist und ihnen die für die Erfüllung ihrer Aufgaben erforderlichen Befugnisse eingeräumt sind,

3.

jeder Strahlenschutzbeauftragte oder, falls ein Strahlenschutzbeauftragter nicht notwendig ist, eine der in Nummer 1 Buchstabe a genannten Personen die erforderliche Fachkunde im Strahlenschutz besitzt,

4.

gewährleistet ist, dass die beim Betrieb der Röntgeneinrichtung sonst tätigen Personen die notwendigen Kenntnisse über die mögliche Strahlengefährdung und die anzuwendenden Schutzmaßnahmen besitzen,

5.

gewährleistet ist, dass beim Betrieb der Röntgeneinrichtung die Ausrüstungen vorhanden und die Maßnahmen getroffen sind, die nach dem Stand der Technik erforderlich sind, damit die Schutzvorschriften eingehalten werden,

6.

keine Tatsachen vorliegen, aus denen sich Bedenken ergeben, dass das für die sichere Ausführung des Betriebes notwendige Personal nicht vorhanden ist,

7.

§ 2a Abs. 3 dem beabsichtigten Betrieb nicht entgegensteht und

8.

dem Betrieb sonstige öffentlich-rechtliche Vorschriften nicht entgegenstehen.

(3) Für eine Genehmigung zum Betrieb einer Röntgeneinrichtung zur Anwendung von Röntgenstrahlung am Menschen müssen zusätzlich zu Absatz 2 folgende Voraussetzungen erfüllt sein:

1.

Der Antragsteller oder der von ihm bestellte Strahlenschutzbeauftragte ist als Arzt oder Zahnarzt approbiert oder ihm ist die vorübergehende Ausübung des ärztlichen oder zahnärztlichen Berufs erlaubt;

2.

226

es ist gewährleistet, dass

a)

bei der vorgesehenen Art der Untersuchung die erforderliche Bildqualität mit einer möglichst geringen Strahlenexposition erreicht wird; dabei sind für die Prüfung, ob dieses Produkt für die vorgesehene Anwendung geeignet ist, die Angaben zur Zweckbestimmung des Medizinproduktes oder des Zubehörs im Sinne des Medizinproduktegesetzes zu beachten,

b)

soweit es sich nicht um eine Röntgeneinrichtung handelt, die vor dem 1. Juli 2002 erstmalig in Betrieb genommen worden ist, Vorrichtungen zur Anzeige der Strahlenexposition des Patienten vorhanden sind oder, falls dies nach dem Stand der Technik nicht möglich ist, die Strahlenexposition des Patienten auf andere Weise unmittelbar ermittelt werden kann,

c)

soweit es die Art der Behandlung von Menschen erfordert, ein Medizinphysik-Experte bei der Bestrahlungsplanung mitwirkt und während der Durchführung der Behandlung verfügbar ist und

d)

soweit es die Art der Untersuchung erfordert, bei der Untersuchung von Menschen ein Medizinphysik-Experte zur Beratung in Fragen der Optimierung, insbesondere Patientendosimetrie und Qualitätssicherung einschließlich Qualitätskontrolle, und erforderlichenfalls zur Beratung in weiteren Fragen des Strahlenschutzes bei medizinischen Expositionen hinzugezogen werden kann.

(4) Für eine Genehmigung zum Betrieb einer Röntgeneinrichtung zur Teleradiologie müssen zusätzlich zu den Absätzen 2 und 3 folgende Voraussetzungen erfüllt sein: Es ist gewährleistet, dass

1.

eine Person nach § 24 Abs. 1 Nr. 1, die sich nicht am Ort der technischen Durchführung der Untersuchung befindet, nach eingehender Beratung mit dem Arzt nach Nummer 3 die rechtfertigende Indikation nach § 23 Abs. 1 für die Anwendung von Röntgenstrahlung am Menschen stellt, die Untersuchungsergebnisse befundet und die ärztliche Verantwortung für die Anwendung der Röntgenstrahlung trägt,

2.

die technische Durchführung durch eine Person nach § 24 Abs. 2 Nr. 1 oder 2 erfolgt,

3.

am Ort der technischen Durchführung ein Arzt mit den erforderlichen Kenntnissen im Strahlenschutz vorhanden ist, der insbesondere die zur Feststellung der rechtfertigenden Indikation erforderlichen Angaben ermittelt und an die Person nach Nummer 1 weiterleitet sowie den Patienten aufklärt,

4.

die Person nach Nummer 1 mittels Telekommunikation unmittelbar mit den Personen nach den Nummern 2 und 3 in Verbindung steht,

5.

die elektronische Datenübertragung und die Bildwiedergabeeinrichtung am Ort der Befundung dem Stand der Technik entsprechen und eine Beeinträchtigung der diagnostischen Aussagekraft der übermittelten Daten und Bilder nicht eintritt und

6.

die Person nach Nummer 1 oder in begründeten Fällen eine andere Person nach § 24 Abs. 1 Nr. 1 innerhalb eines für eine Notfallversorgung erforderlichen Zeitraumes am Ort der technischen Durchführung eintreffen kann.

Die Genehmigung zum Betrieb einer Röntgeneinrichtung zur Teleradiologie ist auf den Nacht-, Wochenend- und Feiertagsdienst zu beschränken. Sie kann über den Nacht-, Wochenend- und Feiertagsdienst hinaus erteilt werden, wenn zusätzlich zu den Voraussetzungen nach Satz 1 ein Bedürfnis im Hinblick auf die Patientenversorgung besteht. Eine Genehmigung nach Satz 3 ist auf längstens drei Jahre zu befristen.

(4a) Für eine Genehmigung zum Betrieb einer Röntgeneinrichtung zur Untersuchung von Menschen im Rahmen freiwilliger Röntgenreihenuntersuchungen nach § 25 Absatz 1 Satz 2 muss zusätzlich zu den Absätzen 2 und 3

1.
   der Antragsteller oder der von ihm bestellte Strahlenschutzbeauftragte die für den Betrieb einer Röntgeneinrichtung zur Anwendung von Röntgenstrahlung am Menschen im Rahmen freiwilliger Röntgenreihenuntersuchungen nach § 25 Absatz 1 Satz 2 erforderliche Fachkunde im Strahlenschutz besitzen,

2.
   jede Person nach § 24 Absatz 1 Nummer 1 oder Nummer 2, die Röntgenstrahlung im Rahmen freiwilliger Röntgenreihenuntersuchungen anwendet, die hierfür erforderliche Fachkunde im Strahlenschutz besitzen,

3.
   jede Person nach § 24 Absatz 2, die eine Untersuchung im Rahmen freiwilliger Röntgenreihenuntersuchungen technisch durchführt, die hierfür erforderliche Fachkunde oder die hierfür erforderlichen Kenntnisse im Strahlenschutz besitzen und

4.
   gewährleistet sein, dass
   a)
      eine Person nach § 24 Absatz 2 Nummer 1 oder Nummer 2 die Untersuchung technisch durchführt, sofern am Untersuchungsort keine Person nach § 24 Absatz 1 Nummer 1 oder Nummer 2 mit der für die Untersuchung erforderlichen Fachkunde im Strahlenschutz anwesend ist,
   b)
      abweichend von Absatz 3 Nummer 2 Buchstabe b die Röntgeneinrichtung in jedem Fall eine Vorrichtung zur Anzeige der Strahlenexposition aufweist,
   c)
      die Ausrüstungen vorhanden und die Maßnahmen getroffen sind, die nach dem Stand der Technik erforderlich sind, damit die Anforderungen an den Betrieb der Röntgeneinrichtung im Rahmen freiwilliger Röntgenreihenuntersuchungen erfüllt sind, und
   d)
      bei Röntgeneinrichtungen mit digitalem Bildempfänger alle Befundungseinrichtungen den besonderen Anforderungen der vorgesehenen Untersuchungsart genügen und die von der jeweiligen Röntgeneinrichtung ausgegebenen Befundbilder mit denen der anderen Röntgeneinrichtungen übereinstimmen.

Eine Genehmigung nach Satz 1 ist auf längstens fünf Jahre zu befristen.

(5) Für eine Genehmigung zum Betrieb einer Röntgeneinrichtung zur Anwendung von Röntgenstrahlung in der Tierheilkunde muss zusätzlich zu den Voraussetzungen nach Absatz 2 der Antragsteller oder der von ihm bestellte Strahlenschutzbeauftragte als Tierarzt, Arzt oder Zahnarzt oder approbiert oder zur vorübergehenden Ausübung des tierärztlichen, ärztlichen oder zahnärztlichen Berufs berechtigt sein.

(6) Die Anforderungen an die Beschaffenheit von Röntgeneinrichtungen, die Medizinprodukte oder Zubehör im Sinne des Medizinproduktegesetzes sind, richten sich nach den jeweils geltenden Anforderungen des Medizinproduktegesetzes.

(7) Dem Genehmigungsantrag sind die zur Prüfung erforderlichen Unterlagen beizufügen, insbesondere

1.
   erläuternde Pläne, Zeichnungen und Beschreibungen,

2.
   die Bescheinigung nach § 18a Abs. 1 Satz 3,

3.
   Angaben, die es ermöglichen zu prüfen, ob Absatz 2 Nr. 5 eingehalten wird und

4.

im Zusammenhang mit

a)

der Anwendung am Menschen Angaben, die es ermöglichen zu prüfen, ob die Voraussetzungen des Absatzes 3,

b)

dem teleradiologischen Einsatz Angaben, die es ermöglichen zu prüfen, ob die Voraussetzungen des Absatzes 4 oder

c)

der Anwendung am Tier Angaben, die es ermöglichen zu prüfen, ob die Voraussetzungen des Absatzes 5

erfüllt sind.

(8) Wer den Betrieb einer Röntgeneinrichtung beendet, hat dies den zuständigen Stellen unverzüglich mitzuteilen.

-

§ 4 Anzeigebedürftiger Betrieb von Röntgeneinrichtungen

(1) Einer Genehmigung nach § 3 Abs. 1 bedarf nicht, wer eine Röntgeneinrichtung betreibt,

1.

deren Röntgenstrahler nach § 8 Abs. 1 in Verbindung mit Anlage 1 oder Anlage 2 Nr. 1 bauartzugelassen ist,

2.

deren Herstellung und erstmaliges In-Verkehr-Bringen unter den Anwendungsbereich des Medizinproduktegesetzes fällt oder

3.

die nach Nummer 2 in Verkehr gebracht worden ist und außerhalb der Heilkunde oder Zahnheilkunde eingesetzt wird,

wenn er die Inbetriebnahme der zuständigen Behörde spätestens zwei Wochen vorher anzeigt.

(2) Der Anzeige nach Absatz 1 Nr. 1, 2 oder 3 sind beizufügen:

1.

ein Abdruck der Bescheinigung einschließlich des Prüfberichtes eines Sachverständigen nach § 4a, in der

a)

die Röntgeneinrichtung und der vorgesehene Betrieb beschrieben sind,

b)

festgestellt ist, dass der Röntgenstrahler bauartzugelassen oder die Röntgeneinrichtung nach den Vorschriften des Medizinproduktegesetzes erstmalig in Verkehr gebracht worden ist,

c)

festgestellt ist, dass für den vorgesehenen Betrieb die Anforderungen nach § 3 Abs. 2 Nr. 5 erfüllt sind,

d)

festgestellt ist, dass bei einer Röntgeneinrichtung zur Anwendung von Röntgenstrahlung am Menschen die Voraussetzungen nach § 3 Abs. 3 Nr. 2 Buchstabe a und b sowie § 16 Abs. 2 Satz 1 erfüllt sind,

2.

bei einer Röntgeneinrichtung nach Absatz 1 Nr. 1 ein Abdruck des Zulassungsscheins,

3.

Nachweise nach § 3 Abs. 2 Nr. 2 bis 4,

4.

bei einer Röntgeneinrichtung zur Anwendung von Röntgenstrahlung am Menschen die Nachweise der in § 3 Abs. 3 Nr. 1 und 2 Buchstabe c oder d genannten Voraussetzungen und

5.

bei einer Röntgeneinrichtung zur Anwendung am Tier in der Tierheilkunde der Nachweis der in § 3 Abs. 5 genannten Voraussetzungen.

§ 3 Abs. 6 gilt entsprechend. Verweigert der Sachverständige die Erteilung der Bescheinigung nach Satz 1 Nr. 1, entscheidet auf Antrag die zuständige Behörde.

(3) Einer Genehmigung nach § 3 Abs. 1 bedarf auch nicht, wer ein Basis-, Hoch- oder Vollschutzgerät oder eine Schulröntgeneinrichtung betreibt, wenn er die Inbetriebnahme der zuständigen Behörde spätestens zwei Wochen vorher anzeigt und der Anzeige einen Abdruck des Zulassungsscheins beifügt. Im Falle der Anzeige des Betriebes eines Basis- oder Hochschutzgerätes oder einer Schulröntgeneinrichtung sind darüber hinaus Nachweise nach § 3 Abs. 2 Nr. 2 bis 4 beizufügen. Röntgeneinrichtungen, die nicht als Schulröntgeneinrichtungen bauartzugelassen sind, dürfen im Zusammenhang mit dem Unterricht in allgemein bildenden Schulen nicht betrieben werden.

(4) Von dem Erfordernis einer Genehmigung nach § 3 Abs. 1 ist nicht befreit, wer eine Röntgeneinrichtung

1.

in der technischen Radiographie zur Grobstrukturanalyse in der Werkstoffprüfung, ausgenommen Basis-, Hoch- und Vollschutzgeräte sowie Schulröntgeneinrichtungen,

2.

zur Behandlung von Menschen,

3.

zur Teleradiologie,

4.

außerhalb eines Röntgenraumes, außer in den Fällen des § 20 Absatz 2 und 3 Nummer 1, 2 und 4, oder

5.

zur Untersuchung im Rahmen freiwilliger Röntgenreihenuntersuchungen nach § 25 Absatz 1 Satz 2

betreibt.

(5) Bei einer wesentlichen Änderung des Betriebes einer nach Absatz 1 oder Absatz 3 angezeigten Röntgeneinrichtung sind die Absätze 1 bis 4 entsprechend anzuwenden. Satz 1 gilt entsprechend für die wesentliche Änderung des Betriebes einer Röntgeneinrichtung, die auf Grund einer Anzeige nach § 4 Absatz 1 dieser Verordnung in der vor dem 1. Juli 2002 geltenden Fassung betrieben wird.

(6) Die zuständige Behörde kann den nach Absatz 1 oder 5 angezeigten Betrieb einer Röntgeneinrichtung binnen zwei Wochen nach Eingang der Anzeige untersagen, wenn eine Genehmigung nach § 3 Abs. 2, auch in Verbindung mit Abs. 3 oder 5, nicht erteilt werden könnte; danach kann der Betrieb nur noch untersagt werden, wenn eine erteilte Genehmigung zurückgenommen oder widerrufen werden könnte. Für den nach Absatz 3 Satz 1 angezeigten Betrieb eines Hochschutzgerätes oder einer Schulröntgeneinrichtung gilt Satz 1 entsprechend. Die Behörde kann den nach Absatz 3 Satz 1 angezeigten Betrieb eines Vollschutzgerätes untersagen, wenn Tatsachen vorliegen, aus denen sich Bedenken gegen die Zuverlässigkeit des Strahlenschutzverantwortlichen ergeben.

(7) § 3 Abs. 8 gilt entsprechend.

-

§ 4a Sachverständige

(1) Die zuständige Behörde bestimmt Sachverständige für die technische Prüfung von Röntgeneinrichtungen nach § 4 Abs. 2 Satz 1 Nr. 1 einschließlich der Erteilung der Bescheinigung und für die Prüfung von Röntgeneinrichtungen und Störstrahlern nach § 18 Abs. 1 Satz 1 Nr. 5. Sie kann Anforderungen an einen Sachverständigen nach Satz 1 hinsichtlich seiner Ausbildung, Berufserfahrung, Eignung, Einweisung in die Sachverständigentätigkeit, seines Umfangs an

Prüftätigkeit und seiner sonstigen Voraussetzungen und Pflichten, insbesondere seiner messtechnischen Ausstattung, sowie seiner Zuverlässigkeit und Unparteilichkeit festlegen. Als Sachverständiger darf nur bestimmt werden, wer unabhängig ist von Personen, die an der Herstellung, am Vertrieb oder an der Instandhaltung von Röntgeneinrichtungen oder Störstrahlern beteiligt sind.

(2) Für Sachverständige nach Absatz 1 gelten § 15 Abs. 1 Nr. 1 und 2, § 18 Abs. 1 Satz 1 Nr. 4, §§ 21, 31 bis 31c, 35 Abs. 1 und 4 bis 11 sowie §§ 35a bis 43 entsprechend.

\-

§ 5 Betrieb von Störstrahlern

(1) Wer einen Störstrahler betreibt oder dessen Betrieb wesentlich verändert, bedarf der Genehmigung. § 3 Abs. 2, 7 Nr. 1 bis 3 und Abs. 8 ist entsprechend anzuwenden.

(2) Einer Genehmigung nach Absatz 1 bedarf nicht, wer einen Störstrahler betreibt, bei dem die Spannung zur Beschleunigung der Elektronen 30 Kilovolt nicht überschreitet, wenn

1.
   die Ortsdosisleistung bei normalen Betriebsbedingungen im Abstand von 0,1 Metern von der berührbaren Oberfläche 1 Mikrosievert durch Stunde nicht überschreitet und
2.
   auf dem Störstrahler ausreichend darauf hingewiesen ist, dass
   a)
      Röntgenstrahlung erzeugt wird und
   b)
      die Spannung zur Beschleunigung der Elektronen den vom Hersteller oder Einführer bezeichneten Höchstwert nicht überschreiten darf.

(3) Einer Genehmigung nach Absatz 1 bedarf auch nicht, wer einen Störstrahler betreibt, bei dem die Spannung zur Beschleunigung der Elektronen 30 Kilovolt überschreitet, wenn der Störstrahler bauartzugelassen ist.

(4) Einer Genehmigung nach Absatz 1 bedarf auch nicht, wer eine Kathodenstrahlröhre für die Darstellung von Bildern betreibt, bei der die Spannung zur Beschleunigung von Elektronen 40 Kilovolt nicht überschreitet, wenn die Ortsdosisleistung bei normalen Betriebsbedingungen im Abstand von 0,1 Metern von der berührbaren Oberfläche 1 Mikrosievert durch Stunde nicht überschreitet.

(5) Der Hersteller oder Einführer darf einen Störstrahler einem anderen zum genehmigungsfreien Betrieb nur überlassen, wenn er den in den Absätzen 2 bis 4 genannten Voraussetzungen entsprechend beschaffen ist. Einen genehmigungsbedürftigen Störstrahler darf der Hersteller oder Einführer einem anderen nur überlassen, wenn er einen deutlich sichtbaren Hinweis auf die Genehmigungsbedürftigkeit enthält.

(6) Auf einen Störstrahler, der als Bildverstärker im Zusammenhang mit einer genehmigungs- oder anzeigebedürftigen Röntgeneinrichtung betrieben wird, sind die Absätze 1 bis 5 nicht anzuwenden.

(7) Die zuständige Behörde kann anordnen, dass der Hersteller oder Einführer die für den Strahlenschutz wesentlichen Merkmale eines Störstrahlers, dessen Betrieb nicht der Genehmigung nach Absatz 1 bedarf und der nicht bauartzugelassen ist, prüfen lässt, bevor er den Störstrahler einem anderen überlässt.

Unterabschnitt 2
Sonstige Tätigkeiten im Zusammenhang mit Röntgeneinrichtungen und Störstrahlern

\-

§ 6 Prüfung, Erprobung, Wartung, Instandsetzung und Beschäftigung

(1) Wer

1.

geschäftsmäßig Röntgeneinrichtungen oder Störstrahler prüft, erprobt, wartet oder instand setzt,

2.

Röntgeneinrichtungen oder Störstrahler im Zusammenhang mit der Herstellung prüft oder erprobt oder

3.

im Zusammenhang mit dem Betrieb einer fremden Röntgeneinrichtung oder eines fremden Störstrahlers nach § 5 Abs. 1 unter seiner Aufsicht stehende Personen beschäftigt oder Aufgaben selbst wahrnimmt und dies bei diesen Personen oder bei sich selbst im Kalenderjahr zu einer effektiven Dosis von mehr als 1 Millisievert führen kann,

hat dies der zuständigen Behörde unverzüglich vor Beginn der Tätigkeit schriftlich anzuzeigen. Satz 1 gilt nicht für Sachverständige nach § 4a und für denjenigen, der geschäftsmäßig Störstrahler nach § 5 Abs. 4, ausgenommen Projektionseinrichtungen, prüft, erprobt, wartet oder instand setzt. Satz 1 gilt ebenfalls nicht für denjenigen, der, ohne Röntgenstrahlung einzuschalten, Tätigkeiten nach den Nummern 1 und 2 an Anwendungsgeräten, Zusatzgeräten und Zubehör, der erforderlichen Software sowie an Vorrichtungen zur medizinischen Befundung durchführt, die keine Strahlenschutzmaßnahmen erfordern. Die Anforderungen der Medizinprodukte-Betreiberverordnung bleiben unberührt.

(2) Einer Anzeige nach Absatz 1 Satz 1 Nr. 1 oder 2 sind Nachweise entsprechend § 3 Abs. 2 Nr. 3 bis 5 beizufügen. Für eine Tätigkeit nach Absatz 1 Satz 1 Nr. 1 oder 2 gelten die §§ 13 bis 15 Abs. 1 Nr. 1 und 2, § 18 Abs. 1 Satz 1 Nr. 1 und 4 und Satz 2, §§ 18a, 19, 21, 22 Abs. 1 Nr. 1 Buchstabe a, c und d, Abs. 1 Nr. 2 Buchstabe a und c und Abs. 1 Satz 2 und 3, §§ 30 bis 35 Abs. 1 und 4 bis 11 sowie §§ 35a bis 43 entsprechend. Der nach Absatz 1 Satz 1 Nummer 1 oder Nummer 2 Verpflichtete hat dafür zu sorgen, dass die in Satz 2 genannten Schutzvorschriften und die von der zuständigen Behörde erlassenen Anordnungen eingehalten werden. Das Gleiche gilt für den Strahlenschutzbeauftragten, soweit ihm diese Aufgaben und Pflichten nach § 13 Absatz 2 Satz 2 übertragen worden sind.

(3) Einer Anzeige nach Absatz 1 Satz 1 Nr. 3 sind Nachweise entsprechend § 3 Abs. 2 Nr. 3 und 4 beizufügen. Bei einer Beschäftigung nach Absatz 1 Satz 1 Nr. 3 ist den Anordnungen des Strahlenschutzverantwortlichen der Röntgeneinrichtung oder des Störstrahlers und den Anordnungen des für diesen Betrieb zuständigen Strahlenschutzbeauftragten, die diese in Erfüllung ihrer Pflichten nach § 15 treffen, Folge zu leisten. Der zur Anzeige Verpflichtete nach Absatz 1 Satz 1 Nr. 3 hat dafür zu sorgen, dass die unter seiner Aufsicht beschäftigten Personen die Anordnungen des Strahlenschutzverantwortlichen der fremden Röntgeneinrichtung oder des fremden Störstrahlers und den Anordnungen des für diesen Betrieb zuständigen Strahlenschutzbeauftragten befolgen. Die §§ 13 bis 15 Abs. 1 Nr. 1 und 2, § 18 Abs. 1 Satz 1 Nr. 4, §§ 18a, 21, 31 bis 31c, 33 Abs. 2 Nr. 1 und Abs. 3, § 35 Abs. 1 und 4 bis 11, §§ 35a bis 41 und 43 gelten entsprechend. Der nach Absatz 1 Satz 1 Nummer 3 Verpflichtete hat dafür zu sorgen, dass die in Satz 4 genannten Schutzvorschriften und die von der zuständigen Behörde erlassenen Anordnungen befolgt werden. Das Gleiche gilt für den Strahlenschutzbeauftragten, soweit ihm diese Aufgaben und Pflichten nach § 13 Absatz 2 Satz 2 übertragen worden sind.

-

§ 7 Untersagung

(1) Die zuständige Behörde kann Tätigkeiten nach § 6 Abs. 1 Satz 1 Nr. 1 oder 2 untersagen, wenn

1.

Tatsachen vorliegen, aus denen sich Bedenken gegen die Zuverlässigkeit des Anzeigepflichtigen oder einer Person, die diese Tätigkeit leitet oder beaufsichtigt, ergeben,

2.

3. eine Voraussetzung nach § 6 Abs. 2 Satz 1 nicht nachgewiesen wird oder später wegfällt oder

    Tatsachen vorliegen, aus denen sich Bedenken ergeben, dass das für die sichere Ausführung der Tätigkeit notwendige Personal nicht vorhanden ist.

(2) Die zuständige Behörde kann Tätigkeiten nach § 6 Abs. 1 Satz 1 Nr. 3 untersagen, wenn eine Voraussetzung nach § 6 Abs. 3 Satz 1 nicht nachgewiesen wird oder später wegfällt. Absatz 1 Nr. 1 gilt entsprechend.

Unterabschnitt 3
Bauartzulassung

-

§ 8 Verfahren der Bauartzulassung

(1) Die Bauart von Röntgenstrahlern, Schulröntgeneinrichtungen, Basisschutzgeräten, Hochschutzgeräten, Vollschutzgeräten und Störstrahlern (bauartzugelassene Vorrichtungen) kann auf Antrag des Herstellers oder Einführers zugelassen werden, wenn die Voraussetzungen nach Anlage 1 oder 2 erfüllt sind. Dem Zulassungsantrag sind alle zur Prüfung erforderlichen Unterlagen beizufügen. Satz 1 gilt nicht für Vorrichtungen, die Medizinprodukte oder Zubehör im Sinne des Medizinproduktegesetzes sind.

(2) Die Zulassungsbehörde hat vor ihrer Entscheidung auf Kosten des Antragstellers eine Bauartprüfung durch die Physikalisch-Technische Bundesanstalt zu veranlassen. Der Antragsteller hat der Physikalisch-Technischen Bundesanstalt auf Verlangen die zur Prüfung erforderlichen Baumuster zu überlassen.

(3) Die Bauartzulassung ist zu versagen, wenn

1. die Vorrichtung nicht den in Anlage 1 oder 2 genannten Voraussetzungen entspricht,

2. Tatsachen vorliegen, aus denen sich Bedenken gegen

    a) die Zuverlässigkeit des Herstellers, Einführers oder des für die Leitung der Herstellung Verantwortlichen oder

    b) die erforderliche technische Erfahrung des für die Herstellung Verantwortlichen ergeben,

3. überwiegende öffentliche Interessen der Zulassung entgegenstehen oder

4. § 2a Abs. 3 der Bauartzulassung entgegensteht.

(4) Die Bauartzulassung ist auf höchstens zehn Jahre zu befristen. Die Frist kann auf Antrag verlängert werden.

(5) Eine bauartzugelassene Vorrichtung, die vor Ablauf der Zulassungsfrist in den Verkehr gebracht worden ist, darf nach Maßgabe der §§ 4 und 5 weiter betrieben werden, es sei denn, die Zulassungsbehörde hat nach § 11 bekannt gemacht, dass ein ausreichender Schutz vor Strahlenschäden nicht gewährleistet ist und diese Vorrichtung nicht weiter betrieben werden darf.

(6) Für die Erteilung der Bauartzulassung ist das Bundesamt für Strahlenschutz zuständig.

-

§ 9 Pflichten des Inhabers einer Bauartzulassung

Der Zulassungsinhaber hat

1.

    vor einer Abgabe der gefertigten bauartzugelassenen Vorrichtung eine Qualitätskontrolle durchzuführen, um sicherzustellen, dass die gefertigte bauartzugelassene Vorrichtung den für den Strahlenschutz wesentlichen Merkmalen der Bauartzulassung entspricht,

2.

    die Qualitätskontrolle durch einen von der Zulassungsbehörde zu bestimmenden Sachverständigen überwachen zu lassen,

3.

    vor einer Abgabe der gefertigten bauartzugelassenen Vorrichtungen das Bauartzeichen und weitere von der Zulassungsbehörde zu bestimmende Angaben anzubringen,

4.

    dem Erwerber einer bauartzugelassenen Vorrichtung mit dieser einen Abdruck des Zulassungsscheins auszuhändigen, auf dem das Ergebnis und das Datum der Qualitätskontrolle nach Nummer 1 bestätigt ist, und

5.

    dem Erwerber einer bauartzugelassenen Vorrichtung mit dieser eine Betriebsanleitung in deutscher Sprache auszuhändigen, in der auf die dem Strahlenschutz dienenden Maßnahmen hingewiesen ist.

Die Zulassungsbehörde kann auf Antrag des Zulassungsinhabers Ausnahmen von Satz 1 zulassen, wenn ein ausreichender Schutz vor Strahlenschäden gewährleistet ist.

-

§ 10 Zulassungsschein

Wird die Bauart nach § 8 Abs. 1 zugelassen, so hat die Zulassungsbehörde einen Zulassungsschein zu erteilen. In diesen sind aufzunehmen

1.

    die für den Strahlenschutz wesentlichen Merkmale der Vorrichtung,

2.

    der zugelassene Gebrauch der Vorrichtung,

3.

    bei Basis-, Hoch- und Vollschutzgeräten, Schulröntgeneinrichtungen und Störstrahlern die Bezeichnung der dem Strahlenschutz dienenden Ausrüstungen,

4.

    inhaltliche Beschränkungen, Auflagen und Befristungen,

5.

    das Bauartzeichen und die Angaben, mit denen die Vorrichtung zu versehen ist, und

6.

    ein Hinweis auf die Pflichten des Inhabers einer bauartzugelassenen Vorrichtung nach § 12.

-

§ 11 Bekanntmachung im Bundesanzeiger

Der wesentliche Inhalt der Bauartzulassung und ihrer Änderungen, ihre Rücknahme, ihr Widerruf, die Verlängerung der Zulassungsfrist und die Erklärung, dass eine bauartzugelassene Vorrichtung nicht weiter betrieben werden darf, sind durch die Zulassungsbehörde im Bundesanzeiger bekannt zu machen.

-

§ 12 Pflichten des Inhabers einer bauartzugelassenen Vorrichtung

(1) Der Inhaber einer bauartzugelassenen Vorrichtung hat einen Abdruck des Zulassungsscheins nach § 10 bei der Vorrichtung bereitzuhalten. Im Falle der Weitergabe der bauartzugelassenen

Vorrichtung gilt § 9 Satz 1 Nr. 4 und 5 entsprechend.

(2) An der bauartzugelassenen Vorrichtung dürfen keine Änderungen vorgenommen werden, die für den Strahlenschutz wesentliche Merkmale betreffen.

(3) Wer eine bauartzugelassene Vorrichtung betreibt, hat den Betrieb unverzüglich einzustellen, wenn

1.
    die Rücknahme, der Widerruf einer Bauartzulassung oder die Erklärung, dass eine bauartzugelassene Vorrichtung nicht weiter betrieben werden darf, bekannt gemacht wurde oder

2.
    die bauartzugelassene Vorrichtung nicht mehr den im Zulassungsschein bezeichneten Merkmalen entspricht.

Abschnitt 3
Vorschriften für den Betrieb

Unterabschnitt 1
Allgemeine Vorschriften

-

§ 13 Strahlenschutzverantwortliche und Strahlenschutzbeauftragte

(1) Strahlenschutzverantwortlicher ist, wer einer Genehmigung nach § 3 oder § 5 bedarf oder wer eine Anzeige nach § 4 zu erstatten hat. Handelt es sich bei dem Strahlenschutzverantwortlichen um eine juristische Person oder um eine rechtsfähige Personengesellschaft, werden die Aufgaben des Strahlenschutzverantwortlichen von der durch Gesetz, Satzung oder Vertrag zur Vertretung berechtigten Person wahrgenommen. Besteht das vertretungsberechtigte Organ aus mehreren Mitgliedern oder sind bei nicht rechtsfähigen Personenvereinigungen mehrere vertretungsberechtigte Personen vorhanden, so ist der zuständigen Behörde mitzuteilen, welche dieser Personen die Aufgaben des Strahlenschutzverantwortlichen wahrnimmt. Die Gesamtverantwortung aller Organmitglieder oder Mitglieder der Personenvereinigung bleibt hiervon unberührt.

(2) Soweit dies für den sicheren Betrieb notwendig ist, hat der Strahlenschutzverantwortliche für die Leitung oder Beaufsichtigung dieses Betriebes die erforderliche Anzahl von Strahlenschutzbeauftragten schriftlich zu bestellen. Bei der Bestellung eines Strahlenschutzbeauftragten sind dessen Aufgaben, innerbetrieblicher Entscheidungsbereich und die zur Wahrnehmung seiner Aufgaben erforderlichen Befugnisse schriftlich festzulegen. Der Strahlenschutzverantwortliche bleibt auch dann für die Einhaltung der Schutzvorschriften verantwortlich, wenn er Strahlenschutzbeauftragte bestellt hat.

(3) Es dürfen nur Personen zu Strahlenschutzbeauftragten bestellt werden, bei denen keine Tatsachen vorliegen, aus denen sich Bedenken gegen ihre Zuverlässigkeit ergeben, und die die erforderliche Fachkunde im Strahlenschutz besitzen.

(4) Es ist dafür zu sorgen, dass Schüler und Auszubildende beim Betrieb einer Schulröntgeneinrichtung oder eines Störstrahlers nach § 5 Abs. 1 nur in Anwesenheit und unter der Aufsicht des zuständigen Strahlenschutzbeauftragten mitwirken.

(5) Die Bestellung des Strahlenschutzbeauftragten mit Angabe der Aufgaben und Befugnisse, ihrer Änderungen sowie das Ausscheiden des Strahlenschutzbeauftragten aus seiner Funktion sind der zuständigen Behörde unverzüglich schriftlich mitzuteilen. Der Mitteilung der Bestellung ist die Bescheinigung über die erforderliche Fachkunde im Strahlenschutz nach § 18a Abs. 1 beizufügen. Dem Strahlenschutzbeauftragten und dem Betriebsrat oder dem Personalrat ist eine Abschrift der Mitteilung zu übermitteln.

-

§ 14 Stellung des Strahlenschutzverantwortlichen und des Strahlenschutzbeauftragten

(1) Dem Strahlenschutzbeauftragten obliegen die ihm durch diese Verordnung auferlegten Pflichten nur im Rahmen seiner Befugnisse. Ergibt sich, dass der Strahlenschutzbeauftragte infolge unzureichender Befugnisse, unzureichender Fachkunde oder fehlender Zuverlässigkeit oder aus anderen Gründen seine Pflichten nur unzureichend erfüllen kann, kann die zuständige Behörde gegenüber dem Strahlenschutzverantwortlichen die Feststellung treffen, dass diese Person nicht als Strahlenschutzbeauftragter im Sinne dieser Verordnung anzusehen ist.

(2) Der Strahlenschutzbeauftragte hat dem Strahlenschutzverantwortlichen unverzüglich alle Mängel mitzuteilen, die den Strahlenschutz beeinträchtigen. Kann sich der Strahlenschutzbeauftragte über eine von ihm vorgeschlagene Maßnahme zur Behebung von aufgetretenen Mängeln mit dem Strahlenschutzverantwortlichen nicht einigen, so hat dieser dem Strahlenschutzbeauftragten die Ablehnung des Vorschlages schriftlich mitzuteilen und zu begründen und dem Betriebsrat oder dem Personalrat und der zuständigen Behörde je eine Abschrift zu übersenden.

(3) Der Strahlenschutzverantwortliche hat den Strahlenschutzbeauftragten über alle Verwaltungsakte und Maßnahmen, die Aufgaben oder Befugnisse des Strahlenschutzbeauftragten betreffen, unverzüglich zu unterrichten.

(4) Der Strahlenschutzverantwortliche und der Strahlenschutzbeauftragte haben bei der Wahrnehmung ihrer Aufgaben mit dem Betriebsrat oder dem Personalrat, den Fachkräften für Arbeitssicherheit und dem Arzt nach § 41 Abs. 1 Satz 1 zusammenzuarbeiten und sie über wichtige Angelegenheiten des Strahlenschutzes zu unterrichten. Der Strahlenschutzbeauftragte hat den Betriebsrat oder Personalrat auf dessen Verlangen in Angelegenheiten des Strahlenschutzes zu beraten.

(5) Der Strahlenschutzbeauftragte darf bei Erfüllung seiner Pflichten nicht behindert und wegen deren Erfüllung nicht benachteiligt werden.

-

§ 15 Pflichten des Strahlenschutzverantwortlichen und des Strahlenschutzbeauftragten

(1) Der Strahlenschutzverantwortliche hat unter Beachtung des Standes der Technik zum Schutz des Menschen und der Umwelt vor den schädlichen Wirkungen von Röntgenstrahlung durch geeignete Schutzmaßnahmen, insbesondere durch Bereitstellung geeigneter Räume, Schutzvorrichtungen, Geräte und Schutzausrüstungen für Personen, durch geeignete Regelung des Betriebsablaufs und durch Bereitstellung ausreichenden und geeigneten Personals, erforderlichenfalls durch Außerbetriebsetzung, dafür zu sorgen, dass

1.

jede unnötige Strahlenexposition von Menschen vermieden wird,

2.

jede Strahlenexposition von Menschen unter Berücksichtigung aller Umstände des Einzelfalles auch unterhalb der in § 31a Abs. 1 bis 4 Satz 1 und 2, § 31b Satz 1, § 31c Satz 1 und § 32 festgesetzten Grenzwerte so gering wie möglich gehalten wird,

3.

die Vorschriften des § 3 Abs. 8, § 13 Abs. 2 Satz 2 und Abs. 3 bis 5, § 15a Satz 1, § 16 Abs. 4 Satz 1, § 17 Abs. 3 Satz 1, § 17a Abs. 4 Satz 1 und § 18 Abs. 1 Satz 3 und Abs. 4 eingehalten werden und

4.

die Vorschriften des § 16 Abs. 1 Satz 2, Abs. 2 Satz 1 bis 3 und 5, Abs. 3 Satz 1 bis 5 und Abs. 4 Satz 2 und 3, § 17 Abs. 1 Satz 1 bis 3 und 5, Abs. 2 Satz 1 bis 3, Abs. 3 Satz 2 und 3, § 17a Abs. 4 Satz 2 und 3, § 18 Abs. 1 Satz 1, 2 und 4, Abs. 2 und 3 Satz 1, § 19 Abs. 1 Satz 1, Abs. 2, 3 und 6 Satz 1, § 20 Abs. 1, 2 und 5, § 21 Abs. 1 und 2 Satz 1, § 22 Abs. 1 Satz 1 und Abs. 2, § 23 Abs. 1 Satz 1, 4 und 5, Abs. 2 und 3, §§ 24, 25 Absatz 1 Satz 1 und 3, Absatz 1a bis 3 und 5, §§ 26, 27 Abs. 1 Satz 1, Abs. 2 und 3, § 28 Absatz 1 bis 3 Satz 3, Abs. 4 bis 6 und 8, § 28c Abs. 1 Satz 2 und Abs. 2 bis 5, § 28d Abs. 1, 2 Satz 1, Abs. 3 und

4, §§ 28e, 29 Absatz 1 Satz 1, 2 und 4, §§ 30, 31a Abs. 1 Satz 1, Abs. 2, 3 Satz 1 und 2, Abs. 4 Satz 1 und 2 und Abs. 5, § 31b Satz 1, § 31c Satz 1, §§ 32, 34 Absatz 1 Satz 1 und Absatz 2 bis 4, § 35 Absatz 1 Satz 1, Absatz 2 Satz 1 und 2, Absatz 3 und 4 Satz 1, 3 und 5, Absatz 5, 6 und 7 Satz 1, Absatz 9, 11 und 12, § 36 Absatz 1 Satz 1 bis 3 und Absatz 2 bis 4, § 37 Absatz 1, 2 und 5a, § 40 Absatz 1 und § 42 eingehalten werden.

(2) Der Strahlenschutzbeauftragte hat dafür zu sorgen, dass

1.

die in Absatz 1 Nr. 4 genannten Vorschriften und

2.

die Bestimmungen des Bescheides über die Genehmigung oder Bauartzulassung und die von der zuständigen Behörde erlassenen Anordnungen und Auflagen, deren Durchführung und Erfüllung ihm nach § 13 Abs. 2 übertragen worden ist,

eingehalten werden. Soweit ihm Aufgaben übertragen worden sind, hat der Strahlenschutzbeauftragte die Strahlenschutzgrundsätze des Absatzes 1 Nr. 1 und 2 zu beachten.

-

§ 15a Strahlenschutzanweisung

Die zuständige Behörde kann den Strahlenschutzverantwortlichen verpflichten, eine Strahlenschutzanweisung zu erlassen, in der die in dem Betrieb zu beachtenden Strahlenschutzmaßnahmen aufzuführen sind. Zu diesen Maßnahmen gehören in der Regel

1.

das Aufstellen eines Planes für die Organisation des Strahlenschutzes, erforderlichenfalls mit der Bestimmung, dass ein oder mehrere Strahlenschutzbeauftragte bei der genehmigten Tätigkeit ständig anwesend oder sofort erreichbar sein müssen,

2.

die Regelung des für den Strahlenschutz wesentlichen Betriebsablaufs,

3.

die für die Ermittlung der Körperdosis vorgesehenen Messungen und Maßnahmen entsprechend den Expositionsbedingungen,

4.

die Führung eines Betriebsbuches, in das die für den Strahlenschutz wesentlichen Betriebsvorgänge einzutragen sind,

5.

die regelmäßige Funktionsprüfung und Wartung von Röntgeneinrichtungen oder Störstrahlern einschließlich der Ausrüstungen und Vorrichtungen, die für den Strahlenschutz wesentlich sind, sowie die Führung von Aufzeichnungen über die Funktionsprüfungen und über die Wartungen und

6.

die Regelung des Schutzes gegen Störmaßnahmen oder sonstige Einwirkungen Dritter oder gegen das unerlaubte Inbetriebsetzen einer Röntgeneinrichtung oder eines Störstrahlers.

Die Strahlenschutzanweisung kann Bestandteil sonstiger erforderlicher Betriebsanweisungen nach immissionsschutz- oder arbeitsschutzrechtlichen Vorschriften sein.

-

§ 16 Qualitätssicherung bei Röntgeneinrichtungen zur Untersuchung von Menschen

(1) Als eine Grundlage für die Qualitätssicherung bei der Durchführung von Röntgenuntersuchungen in der Heilkunde oder Zahnheilkunde erstellt und veröffentlicht das Bundesamt für Strahlenschutz diagnostische Referenzwerte. Die veröffentlichten diagnostischen Referenzwerte sind bei der Untersuchung von Menschen zu Grunde zu legen. Die den Prüfungen der ärztlichen Stelle nach § 17a Absatz 1 zugrunde liegenden Daten zur Strahlenexposition können als Grundlage für die Erstellung der diagnostischen Referenzwerte dienen.

(2) Es ist dafür zu sorgen, dass bei Röntgeneinrichtungen zur Untersuchung von Menschen vor der Inbetriebnahme eine Abnahmeprüfung durch den Hersteller oder Lieferanten durchgeführt wird, durch die festgestellt wird, dass die erforderliche Bildqualität mit möglichst geringer Strahlenexposition erreicht wird. Nach jeder Änderung der Einrichtung oder ihres Betriebes, welche die Bildqualität oder die Höhe der Strahlenexposition beeinflussen kann, ist dafür zu sorgen, dass eine Abnahmeprüfung durch den Hersteller oder Lieferanten durchgeführt wird, die sich auf die Änderung und deren Auswirkungen beschränkt. Sofern die Prüfung nach Satz 2 durch den Hersteller oder Lieferanten nicht mehr möglich ist, ist dafür zu sorgen, dass sie durch ein Unternehmen nach § 6 Abs. 1 Nr. 1 durchgeführt wird. Bei der Abnahmeprüfung sind ferner die Bezugswerte für die Konstanzprüfung nach Absatz 3 mit denselben Prüfmitteln zu bestimmen, die bei der Konstanzprüfung verwendet werden. Das Ergebnis der Abnahmeprüfung ist unverzüglich aufzuzeichnen; zu den Aufzeichnungen gehören auch die Röntgenaufnahmen der Prüfkörper. Die Abnahmeprüfung ersetzt nicht eine Genehmigung nach § 3 Abs. 1 oder eine Anzeige nach § 4 Abs. 1 oder 5.

(3) In regelmäßigen Zeitabständen, mindestens jedoch monatlich, ist eine Konstanzprüfung durchzuführen, durch die ohne mechanische oder elektrische Eingriffe festzustellen ist, ob die Bildqualität und die Höhe der Strahlenexposition den Angaben in der letzten Aufzeichnung nach Absatz 2 Satz 5 noch entsprechen. Bei einer Röntgeneinrichtung nach § 3 Abs. 4 ist zusätzlich regelmäßig, mindestens jedoch jährlich, der Übertragungsweg auf Stabilität sowie auf Konstanz der Qualität und der Übertragungsgeschwindigkeit der übermittelten Daten und Bilder zu prüfen. Bei der Filmverarbeitung in der Heilkunde ist die Konstanzprüfung arbeitstäglich und in der Zahnheilkunde mindestens arbeitswöchentlich durchzuführen. Das Ergebnis der Konstanzprüfungen ist unverzüglich aufzuzeichnen; zu den Aufzeichnungen gehören auch die Aufnahmen der Prüfkörper und die Prüffilme. Ist die erforderliche Bildqualität nicht mehr gegeben oder nur mit einer höheren Strahlenexposition des Patienten zu erreichen, ist unverzüglich die Ursache zu ermitteln und zu beseitigen. Die zuständige Behörde kann Abweichungen von den Fristen nach den Sätzen 1 bis 3 festlegen.

(4) Die Aufzeichnungen nach Absatz 2 Satz 5 sind für die Dauer des Betriebes, mindestens jedoch bis zwei Jahre nach dem Abschluss der nächsten vollständigen Abnahmeprüfung aufzubewahren. Die Aufzeichnungen nach Absatz 3 Satz 4 sind nach Abschluss der Aufzeichnung zwei Jahre lang aufzubewahren. Die Aufzeichnungen nach den Sätzen 1 und 2 sind den zuständigen Stellen auf Verlangen vorzulegen. Die zuständige Behörde kann Abweichungen von den Fristen nach Satz 1 oder 2 festlegen.

-

§ 17 Qualitätssicherung bei Röntgeneinrichtungen zur Behandlung von Menschen

(1) Es ist dafür zu sorgen, dass bei Röntgeneinrichtungen zur Behandlung von Menschen vor der Inbetriebnahme eine Abnahmeprüfung durch den Hersteller oder Lieferanten durchgeführt wird, durch die festgestellt wird, dass die Dosisleistung im Nutzstrahlenbündel des Strahlers und die Röntgenröhrenspannung den Qualitätsmerkmalen des Herstellers entspricht. Nach jeder Änderung der Einrichtung oder ihres Betriebes, welche die Dosisleistung im Nutzstrahlenbündel des Strahlers beeinflussen kann, ist dafür zu sorgen, dass eine Abnahmeprüfung durch den Hersteller oder Lieferanten durchgeführt wird, welche sich auf die Änderung und deren Auswirkung beschränkt. Sofern die Prüfung nach Satz 2 durch den Hersteller oder Lieferanten nicht mehr möglich ist, ist dafür zu sorgen, dass sie durch ein Unternehmen nach § 6 Abs. 1 Nr. 1 durchgeführt wird. Bei der Abnahmeprüfung sind ferner die Bezugswerte für die Konstanzprüfung nach Absatz 2 zu bestimmen. Das Ergebnis der Abnahmeprüfung ist unverzüglich aufzuzeichnen. Die Abnahmeprüfung ersetzt nicht eine Genehmigung nach § 3 Abs. 1.

(2) In regelmäßigen Zeitabständen, mindestens jedoch halbjährlich, ist eine Konstanzprüfung durchzuführen, durch die ohne mechanische oder elektrische Eingriffe festzustellen ist, ob die Dosisleistung im Nutzstrahlenbündel den Angaben der letzten Aufzeichnungen nach Absatz 1 Satz 5 noch entspricht. Das Ergebnis der Konstanzprüfung ist unverzüglich aufzuzeichnen. Bei einer wesentlichen Abweichung der Dosisleistung ist unverzüglich die Ursache zu ermitteln und zu

beseitigen. Die zuständige Behörde kann Abweichungen von der Frist nach Satz 1 festlegen. (3) Die Aufzeichnungen nach Absatz 1 Satz 5 sind für die Dauer des Betriebes, mindestens jedoch bis zwei Jahre nach Abschluss der nächsten vollständigen Abnahmeprüfung aufzubewahren. Die Aufzeichnungen nach Absatz 2 Satz 2 sind nach Abschluss der Aufzeichnung zwei Jahre lang aufzubewahren. Die Aufzeichnungen nach den Sätzen 1 und 2 sind den zuständigen Stellen auf Verlangen vorzulegen. Die zuständige Behörde kann Abweichungen von den Fristen nach Satz 1 oder 2 festlegen.

-

§ 17a Qualitätssicherung durch ärztliche und zahnärztliche Stellen

(1) Zur Qualitätssicherung der Anwendung von Röntgenstrahlung am Menschen bestimmt die zuständige Behörde ärztliche und zahnärztliche Stellen. Die zuständige Behörde legt fest, in welcher Weise die ärztlichen und zahnärztlichen Stellen die Prüfungen durchführen, mit denen sichergestellt wird, dass bei der Anwendung von Röntgenstrahlung am Menschen die Erfordernisse der medizinischen Wissenschaft beachtet werden und die angewendeten Verfahren und eingesetzten Röntgeneinrichtungen den nach dem Stand der Technik jeweils notwendigen Qualitätsstandards entsprechen, um dessen Strahlenexposition so gering wie möglich zu halten. Die ärztliche und zahnärztliche Stelle hat der zuständigen Behörde

1.
     die Ergebnisse der Prüfungen nach Satz 2,

2.
     die beständige, ungerechtfertigte Überschreitung der bei der Untersuchung zu Grunde zu legenden diagnostischen Referenzwerte nach § 16 Abs. 1 und

3.
     eine Nichtbeachtung der Optimierungsvorschläge nach Absatz 2

mitzuteilen. Die ärztliche und die zahnärztliche Stelle dürfen die Ergebnisse der Prüfungen nach Satz 2, ausgenommen die personenbezogenen Daten der untersuchten oder behandelten Personen, an die Stelle weitergeben, die für die Qualitätsprüfung nach dem Neunten Abschnitt des Vierten Kapitels des Fünften Buches Sozialgesetzbuch zuständig ist.

(2) Die ärztliche oder zahnärztliche Stelle hat im Rahmen ihrer Befugnisse nach Absatz 1 die Aufgabe, dem Strahlenschutzverantwortlichen Maßnahmen zur Optimierung der medizinischen Strahlenanwendung vorzuschlagen, insbesondere zur Verbesserung der Bildqualität, zur Herabsetzung der Strahlenexposition oder zu sonstigen qualitätsverbessernden Maßnahmen, und nachzuprüfen, ob und wie weit die Vorschläge umgesetzt werden.

(3) Die ärztliche oder zahnärztliche Stelle unterliegt im Hinblick auf patientenbezogene Daten der ärztlichen Schweigepflicht.

(4) Der Betrieb einer Röntgeneinrichtung zur Anwendung von Röntgenstrahlung am Menschen ist bei einer von der zuständigen Behörde bestimmten ärztlichen oder zahnärztlichen Stelle unverzüglich anzumelden. Ein Abdruck der Anmeldung ist der zuständigen Behörde zu übersenden. Der ärztlichen oder zahnärztlichen Stelle sind die Unterlagen auf Verlangen vorzulegen, die diese zur Erfüllung ihrer Aufgaben nach den Absätzen 1 und 2 benötigt, insbesondere Röntgenbilder, Angaben zur Höhe der Strahlenexposition, zur Röntgeneinrichtung, zu den sonstigen verwendeten Geräten und Ausrüstungen und zur Anwendung des § 23. Der Strahlenschutzverantwortliche unterliegt den von der ärztlichen oder zahnärztlichen Stelle durchzuführenden Prüfungen.

(5) Andere Stellen dürfen der ärztlichen oder zahnärztlichen Stelle auf deren Ersuchen Informationen einschließlich personenbezogener Daten, die sie auf Grund eines Gesetzes zur Qualitätssicherung in der Heilkunde und Zahnheilkunde oder zum Schutz von Patienten erhoben haben, übermitteln, soweit dies zur Erfüllung der Aufgaben der ärztlichen oder zahnärztlichen Stelle nach dieser Verordnung erforderlich ist. Gesundheitsdaten von Patienten dürfen nur mit Einwilligung des Betroffenen übermittelt werden. Im Übrigen bleiben die Bestimmungen zum Schutz personenbezogener Daten unberührt.

-

§ 18 Sonstige Pflichten beim Betrieb einer Röntgeneinrichtung oder eines Störstrahlers nach § 5 Abs. 1

(1) Es ist dafür zu sorgen, dass

1.

die beim Betrieb einer Röntgeneinrichtung beschäftigten Personen anhand einer deutschsprachigen Gebrauchsanweisung durch eine entsprechend qualifizierte Person in die sachgerechte Handhabung eingewiesen werden und über die Einweisung unverzüglich Aufzeichnungen angefertigt werden,

2.

eine Ausfertigung des Genehmigungsbescheides oder, sofern eine Bauartzulassung erteilt ist, ein Abdruck des Zulassungsscheins und der Betriebsanleitung nach § 9 Satz 1 Nr. 5 aufbewahrt wird,

3.

die Gebrauchsanweisung nach Nummer 1 und die Bescheinigung nach § 4 Abs. 2 Nr. 1, der letzte Prüfbericht nach Nummer 5 und gegebenenfalls die Bescheinigungen über Sachverständigenprüfungen nach wesentlichen Änderungen des Betriebes der Röntgeneinrichtung bereitgehalten werden,

4.

der Text dieser Verordnung zur Einsicht ständig verfügbar gehalten wird,

5.

eine Röntgeneinrichtung in Zeitabständen von längstens fünf Jahren durch einen Sachverständigen nach § 4a nach dem Stand der Technik insbesondere auf sicherheitstechnische Funktion, Sicherheit und Strahlenschutz überprüft und eine Durchschrift des dabei anzufertigenden Prüfberichts den zuständigen Stellen unverzüglich übersandt wird und

6.

bei einer Röntgeneinrichtung zur Anwendung von Röntgenstrahlung am Menschen ein aktuelles Bestandsverzeichnis geführt und der zuständigen Behörde auf Verlangen vorgelegt wird; das Bestandsverzeichnis nach § 8 der Verordnung über das Errichten, Betreiben und Anwenden von Medizinprodukten kann herangezogen werden.

Es ist dafür zu sorgen, dass die Einweisung nach Satz 1 Nr. 1 bei der ersten Inbetriebnahme durch eine entsprechend qualifizierte Person des Herstellers oder Lieferanten vorgenommen wird. Die Aufzeichnungen nach Satz 1 Nr. 1 sind für die Dauer des Betriebes aufzubewahren. Satz 1 Nr. 1 bis 4, Satz 2 und 3 gelten beim Betrieb eines Störstrahlers nach § 5 Abs. 1 entsprechend.

(2) Für jede Röntgeneinrichtung zur Anwendung von Röntgenstrahlung am Menschen sind schriftliche Arbeitsanweisungen für die an dieser Einrichtung häufig vorgenommenen Untersuchungen oder Behandlungen zu erstellen. Die Arbeitsanweisungen sind für die dort tätigen Personen zur jederzeitigen Einsicht bereitzuhalten und auf Anforderung den zuständigen Stellen zu übersenden.

(3) Bei Röntgeneinrichtungen nach § 3 Abs. 4 müssen an den jeweils anderen Einrichtungen zusätzlich Abdrucke oder Ablichtungen der Aufzeichnungen über die Abnahmeprüfungen nach § 16 Abs. 2, die Konstanzprüfungen nach § 16 Abs. 3 und die Sachverständigenprüfungen nach Absatz 1 Satz 1 Nr. 5 aller zum System gehörenden Röntgeneinrichtungen zur Einsicht vorliegen. Die Pflicht nach Satz 1 kann auch durch das Bereithalten der Aufzeichnungen zur Einsicht in elektronischer Form erfüllt werden.

(4) Der Betrieb einer Röntgeneinrichtung, die Medizinprodukt oder Zubehör im Sinne des Medizinproduktegesetzes ist, ist unverzüglich einzustellen, wenn

1.

der begründete Verdacht besteht, dass die Einrichtung die Sicherheit und die Gesundheit der Patienten, der Anwender oder Dritter bei sachgemäßer Anwendung, Instandhaltung und ihrer Zweckbestimmung entsprechender Verwendung über ein nach den Erkenntnissen der medizinischen Wissenschaften vertretbares Maß hinausgehend gefährden oder

2.

die zuständige Behörde festgestellt hat, dass ein ausreichender Schutz vor Strahlenschäden nicht gewährleistet ist.

---

§ 18a Erforderliche Fachkunde und Kenntnisse im Strahlenschutz

(1) Die erforderliche Fachkunde im Strahlenschutz wird in der Regel durch eine für den jeweiligen Anwendungsbereich geeignete Ausbildung, praktische Erfahrung und die erfolgreiche Teilnahme an von der zuständigen Stelle anerkannten Kursen erworben. Die Ausbildung ist durch Zeugnisse, die praktische Erfahrung durch Nachweise und die erfolgreiche Kursteilnahme durch eine Bescheinigung zu belegen. Der Erwerb der Fachkunde im Strahlenschutz wird von der zuständigen Stelle geprüft und bescheinigt. Die Kursteilnahme darf nicht länger als fünf Jahre zurückliegen. Die erforderliche Fachkunde im Strahlenschutz wird mit Bestehen der Abschlussprüfung einer staatlichen oder staatlich anerkannten Berufsausbildung erworben, wenn die zuständige Behörde zuvor festgestellt hat, dass in dieser Ausbildung die für den jeweiligen Anwendungsbereich geeignete Ausbildung und praktische Erfahrung im Strahlenschutz sowie den nach Satz 1 in Verbindung mit Absatz 4 anerkannten Kursen entsprechendes theoretisches Wissen vermittelt wird. Für "Medizinisch-technische Radiologieassistentinnen" und "Medizinisch-technische Radiologieassistenten" gilt der Nachweis nach Satz 1 mit der Erlaubnis nach § 1 Nr. 2 des MTA-Gesetzes vom 2. August 1993 (BGBl. I S. 1402), das zuletzt durch Artikel 23 des Gesetzes vom 27. April 2002 (BGBl. I S. 1467) geändert worden ist, für die nach § 9 Abs. 1 Nr. 2 dieses Gesetzes vorbehaltenen Tätigkeiten als erbracht.

(2) Die Fachkunde im Strahlenschutz muss mindestens alle fünf Jahre durch eine erfolgreiche Teilnahme an einem von der zuständigen Stelle anerkannten Kurs oder anderen von der zuständigen Stelle als geeignet anerkannten Fortbildungsmaßnahmen aktualisiert werden. Abweichend hiervon kann die Fachkunde im Strahlenschutz im Einzelfall auf andere geeignete Weise aktualisiert und die Aktualisierung der zuständigen Behörde nachgewiesen werden. Der Nachweis über die Aktualisierung der Fachkunde nach Satz 1 ist der zuständigen Stelle auf Anforderung vorzulegen. Die zuständige Stelle kann eine Bescheinigung über die Fachkunde oder über die Kenntnisse entziehen oder deren Fortgeltung mit Auflagen versehen, wenn der Nachweis über Fortbildungsmaßnahmen nicht oder nicht vollständig vorgelegt wird oder eine Überprüfung nach Satz 5 ergibt, dass die Fachkunde oder die Kenntnisse im Strahlenschutz nicht oder nicht im erforderlichen Umfang vorhanden sind. Bestehen begründete Zweifel an der erforderlichen Fachkunde, kann die zuständige Behörde eine Überprüfung der Fachkunde veranlassen.

(3) Die erforderlichen Kenntnisse im Strahlenschutz werden in der Regel durch eine für das jeweilige Anwendungsgebiet geeignete Einweisung und praktische Erfahrung erworben. Für Personen nach § 3 Abs. 4 Satz 2 Nr. 3, § 24 Abs. 1 Nr. 3 und Abs. 2 Nr. 4 und § 29 Absatz 1 Nummer 2 und Abs. 2 Nr. 3 gilt Absatz 1 Satz 2 bis 5 und Absatz 2 entsprechend. Für die in Satz 2 genannten Personen gelten abweichend von Absatz 1 Satz 3 die Kenntnisse mit dem erfolgreichen Abschluss eines anerkannten Kurses als geprüft und bescheinigt, wenn die zuständige Behörde auf Antrag eines Kursveranstalters zuvor festgestellt hat, dass die erforderlichen Kenntnisse im Strahlenschutz mit dem Bestehen der Abschlussprüfung dieses Kurses erworben werden. Absatz 4 gilt entsprechend.

(4) Kurse nach Absatz 1 Satz 1, Absatz 2 und 3 Satz 2 können von der für die Kursstätte zuständigen Stelle nur anerkannt werden, wenn die Kursinhalte geeignet sind, das für den jeweiligen Anwendungsbereich erforderliche Wissen im Strahlenschutz zu vermitteln und die Qualifikation des Lehrpersonals und die Ausstattung der Kursstätte eine ordnungsgemäße Wissensvermittlung gewährleisten.

---

§ 19 Strahlenschutzbereiche

(1) Bei genehmigungs- und anzeigebedürftigen Tätigkeiten nach dieser Verordnung sind Strahlenschutzbereiche nach Maßgabe des Satzes 2 einzurichten. Je nach Höhe der

Strahlenexposition wird zwischen Überwachungsbereichen und Kontrollbereichen unterschieden:

1.

Überwachungsbereiche sind nicht zum Kontrollbereich gehörende betriebliche Bereiche, in denen Personen im Kalenderjahr eine effektive Dosis von mehr als 1 Millisievert oder höhere Organdosen als 15 Millisievert für die Augenlinse oder 50 Millisievert für die Haut, die Hände, die Unterarme, die Füße und Knöchel erhalten können.

2.

Kontrollbereiche sind Bereiche, in denen Personen im Kalenderjahr eine effektive Dosis von mehr als 6 Millisievert oder höhere Organdosen als 45 Millisievert für die Augenlinse oder 150 Millisievert für die Haut, die Hände, die Unterarme, die Füße und Knöchel erhalten können.

(2) Kontrollbereiche sind abzugrenzen und während der Einschaltzeit zu kennzeichnen. Die Kennzeichnung muss deutlich sichtbar mindestens die Worte "Kein Zutritt - Röntgen" enthalten; sie muss auch während der Betriebsbereitschaft vorhanden sein.

(3) Aus anderen Strahlenquellen herrührende Ortsdosen sind bei der Festlegung der Grenzen des Kontrollbereichs und des Überwachungsbereichs einzubeziehen.

(4) Die zuständige Behörde kann anordnen, dass weitere Bereiche als Kontrollbereiche oder als Überwachungsbereiche zu behandeln sind, wenn dies zum Schutz Einzelner oder der Allgemeinheit erforderlich ist.

(5) Die Bereiche nach den Absätzen 1 und 4 gelten als Strahlenschutzbereiche nur während der Einschaltzeit des Strahlers.

(6) Beim Betrieb ortsveränderlicher Röntgeneinrichtungen oder Störstrahler nach § 5 Abs. 1 ist ein nach Absatz 1 Satz 2 Nr. 2 einzurichtender Kontrollbereich zu kennzeichnen und so abzugrenzen, dass unbeteiligte Personen diesen nicht unbeabsichtigt betreten können. Kann ausgeschlossen werden, dass unbeteiligte Personen den Kontrollbereich unbeabsichtigt betreten können, ist die Abgrenzung nicht erforderlich.

§ 20 Röntgenräume

(1) Eine Röntgeneinrichtung darf nur in einem allseitig umschlossenen Raum (Röntgenraum) betrieben werden, der in der Genehmigung oder in der Bescheinigung des Sachverständigen nach § 4a bezeichnet ist.

(2) Abweichend von Absatz 1 darf eine Röntgeneinrichtung zur Untersuchung außerhalb des Röntgenraumes betrieben werden, wenn der Zustand der zu untersuchenden Person oder des zu untersuchenden Tieres oder dessen Größe dies zwingend erfordert. Dabei sind besondere Vorkehrungen zum Schutz Dritter vor Röntgenstrahlung zu treffen.

(3) Absatz 1 ist nicht anzuwenden auf den Betrieb von Röntgeneinrichtungen

1.

für technische Zwecke, wenn sie den Vorschriften der Anlage 2 Nummer 2, 3 oder Nummer 6 entsprechen,

2.

für den Unterricht an Schulen, wenn sie den Vorschriften der Anlage 2 Nr. 4 entsprechen,

3.

bei denen in der Genehmigung ausdrücklich festgestellt ist, dass sie zum Betrieb außerhalb eines Röntgenraumes bestimmt sind, und

4.

in sonstigen Fällen, wenn es im Einzelfall zwingend erforderlich ist, die Röntgeneinrichtung außerhalb eines Röntgenraumes zu betreiben, und die für die Genehmigung nach § 3 oder für die Entgegennahme der Anzeige nach § 4 zuständige Behörde den Betrieb außerhalb eines Röntgenraumes gestattet.

(4) Die Behörde kann für Störstrahler nach § 5 Abs. 1 festlegen, dass sie nur in allseitig umschlossenen Räumen betrieben werden dürfen.

(5) Röntgeneinrichtungen zur Behandlung dürfen nur in allseitig umschlossenen Räumen (Bestrahlungsräumen) betrieben werden. Diese müssen so bemessen sein, dass die erforderlichen Verrichtungen ohne Behinderung vorgenommen werden können. Bestrahlungsräume, in denen die Ortsdosisleistung höher als 3 Millisievert durch Stunde sein kann, sind darüber hinaus so abzusichern, dass Personen, auch mit einzelnen Körperteilen, nicht unkontrolliert hineingelangen können. Es muss eine geeignete Ausstattung zur Überwachung des Patienten im Bestrahlungsraum vorhanden sein.

§ 21 Schutzvorkehrungen

(1) Der Schutz beruflich strahlenexponierter Personen vor Strahlung ist vorrangig durch bauliche und technische Vorrichtungen oder durch geeignete Arbeitsverfahren sicherzustellen. Bei Personen, die sich im Kontrollbereich aufhalten, ist sicherzustellen, dass sie die erforderliche Schutzkleidung tragen und die erforderlichen Schutzausrüstungen verwenden.
(2) Im Kontrollbereich von Röntgeneinrichtungen, die in Röntgenräumen betrieben werden, dürfen Arbeitsplätze, Verkehrswege oder Umkleidekabinen nur liegen, wenn sichergestellt ist, dass sich dort während der Einschaltzeit Personen nicht aufhalten. Dies gilt nicht für Arbeitsplätze, die aus Gründen einer ordnungsgemäßen Anwendung der Röntgenstrahlen nicht außerhalb des Kontrollbereichs liegen können.

§ 22 Zutritt zu Strahlenschutzbereichen

(1) Personen darf der Zutritt

1.

zu Überwachungsbereichen nur erlaubt werden, wenn

a)

sie darin eine dem Betrieb der Röntgeneinrichtung dienende Aufgabe wahrnehmen,

b)

an ihnen nach § 25 Abs. 1 Röntgenstrahlung angewendet werden soll oder ihr Aufenthalt in diesem Bereich als Proband, helfende Person oder Tierbegleitperson erforderlich ist,

c)

bei Auszubildenden oder Studierenden dies zur Erreichung ihres Ausbildungszieles erforderlich ist oder

d)

sie Besucher sind,

2.

zu Kontrollbereichen nur erlaubt werden, wenn

a)

sie zur Durchführung oder Aufrechterhaltung der darin vorgesehenen Betriebsvorgänge tätig werden müssen,

b)

an ihnen nach § 25 Abs. 1 Röntgenstrahlung angewendet werden soll oder ihr Aufenthalt in diesem Bereich als Proband, helfende Person oder Tierbegleitperson erforderlich ist und eine zur Ausübung des ärztlichen, zahnärztlichen oder tierärztlichen Berufs berechtigte Person, die die erforderliche Fachkunde im Strahlenschutz besitzt, zugestimmt hat,

c)

bei Auszubildenden oder Studierenden dies zur Erreichung ihres Ausbildungszieles erforderlich ist oder

d)

bei schwangeren Frauen, die nach Buchstabe a oder c den Kontrollbereich betreten dürfen, der fachkundige Strahlenschutzverantwortliche oder der Strahlenschutzbeauftragte dies ausdrücklich gestattet und durch geeignete Überwachungsmaßnahmen sicherstellt, dass der besondere Dosisgrenzwert nach § 31a Abs. 4 Satz 2 eingehalten und dies dokumentiert wird.

Die zuständige Behörde kann gestatten, dass der fachkundige Strahlenschutzverantwortliche oder der zuständige Strahlenschutzbeauftragte auch anderen Personen den Zutritt zu Strahlenschutzbereichen erlaubt. Betretungsrechte auf Grund anderer gesetzlicher Regelungen bleiben unberührt.

(2) Schwangeren Frauen darf der Zutritt zu Kontrollbereichen als helfende Person abweichend von Absatz 1 Satz 2 Nr. 2 Buchstabe b nur gestattet werden, wenn zwingende Gründe dies erfordern. Schwangeren Frauen darf der Zutritt zu Kontrollbereichen als Tierbegleitperson abweichend von Absatz 1 Satz 1 Nummer 2 Buchstabe b nicht gestattet werden.

Unterabschnitt 2
Anwendung von Röntgenstrahlen am Menschen

-

§ 23 Rechtfertigende Indikation

(1) Röntgenstrahlung darf unmittelbar am Menschen in Ausübung der Heilkunde oder Zahnheilkunde nur angewendet werden, wenn eine Person nach § 24 Abs. 1 Nr. 1 oder 2 hierfür die rechtfertigende Indikation gestellt hat. Die rechtfertigende Indikation erfordert die Feststellung, dass der gesundheitliche Nutzen der Anwendung am Menschen gegenüber dem Strahlenrisiko überwiegt. Andere Verfahren mit vergleichbarem gesundheitlichen Nutzen, die mit keiner oder einer geringeren Strahlenexposition verbunden sind, sind bei der Abwägung zu berücksichtigen. Eine rechtfertigende Indikation nach Satz 1 ist auch dann zu stellen, wenn die Anforderung eines überweisenden Arztes vorliegt. Die rechtfertigende Indikation darf nur gestellt werden, wenn der die rechtfertigende Indikation stellende Arzt den Patienten vor Ort persönlich untersuchen kann, es sei denn, es liegt ein Anwendungsfall des § 3 Abs. 4 vor. § 28a bleibt unberührt.

(2) Der die rechtfertigende Indikation stellende Arzt hat vor der Anwendung, erforderlichenfalls in Zusammenarbeit mit dem überweisenden Arzt, die verfügbaren Informationen über bisherige medizinische Erkenntnisse heranzuziehen, um jede unnötige Strahlenexposition zu vermeiden. Patienten sind über frühere medizinische Anwendungen von ionisierender Strahlung und weiteren bildgebenden Verfahren, die für die vorgesehene Anwendung von Bedeutung sind, zu befragen.

(3) Vor einer Anwendung von Röntgenstrahlung in der Heilkunde oder Zahnheilkunde hat der anwendende Arzt gebärfähige Frauen, erforderlichenfalls in Zusammenarbeit mit dem überweisenden Arzt, zu befragen, ob eine Schwangerschaft besteht oder bestehen könnte. Bei bestehender oder nicht auszuschließender Schwangerschaft ist die Dringlichkeit der Anwendung besonders zu prüfen.

-

§ 24 Berechtigte Personen

(1) In der Heilkunde oder Zahnheilkunde darf Röntgenstrahlung am Menschen nur angewendet werden von

1.

Personen, die als Ärzte approbiert sind oder denen die Ausübung des ärztlichen Berufs erlaubt ist und die für das Gesamtgebiet der Röntgenuntersuchung oder Röntgenbehandlung die erforderliche Fachkunde im Strahlenschutz besitzen,

2.

Personen, die als Ärzte oder Zahnärzte approbiert sind oder denen die Ausübung des ärztlichen oder zahnärztlichen Berufs erlaubt ist und die für das Teilgebiet der Anwendung

244

von Röntgenstrahlung, in dem sie tätig sind, die erforderliche Fachkunde im Strahlenschutz besitzen,

3.
Personen, die als Ärzte oder Zahnärzte approbiert sind oder zur Ausübung des ärztlichen oder zahnärztlichen Berufs berechtigt sind und nicht über die erforderliche Fachkunde im Strahlenschutz verfügen, wenn sie unter ständiger Aufsicht und Verantwortung einer Person nach Nummer 1 oder 2 tätig sind und über die erforderlichen Kenntnisse im Strahlenschutz verfügen.

(2) Die technische Durchführung ist neben den in Absatz 1 genannten Personen ausschließlich

1.
Personen mit einer Erlaubnis nach § 1 Absatz 1 Nummer 2 des MTA-Gesetzes vom 2. August 1993 (BGBl. I S. 1402), das zuletzt durch Artikel 23 des Gesetzes vom 2. Dezember 2007 (BGBl. I S. 2686) geändert worden ist,

2.
Personen mit einer staatlich geregelten, staatlich anerkannten oder staatlich überwachten erfolgreich abgeschlossenen Ausbildung, wenn die technische Durchführung Gegenstand ihrer Ausbildung und Prüfung war und sie die erforderliche Fachkunde im Strahlenschutz besitzen,

3.
Personen, die sich in einer die erforderlichen Voraussetzungen zur technischen Durchführung vermittelnden beruflichen Ausbildung befinden, wenn sie unter ständiger Aufsicht und Verantwortung einer Person nach § 24 Abs. 1 Nr. 1 oder 2 Arbeiten ausführen, die ihnen im Rahmen ihrer Ausbildung übertragen sind, und sie die erforderlichen Kenntnisse im Strahlenschutz besitzen und

4.
Personen mit einer erfolgreich abgeschlossenen sonstigen medizinischen Ausbildung, wenn sie unter ständiger Aufsicht und Verantwortung einer Person nach Absatz 1 Nr. 1 oder 2 tätig sind und die erforderlichen Kenntnisse im Strahlenschutz besitzen,

5.
Medizinphysik-Experten, wenn sie unter ständiger Aufsicht und Verantwortung einer Person nach Absatz 1 Nummer 1 oder Nummer 2 tätig sind,

erlaubt.

-

§ 25 Anwendungsgrundsätze

(1) Röntgenstrahlung darf am Menschen nur in Ausübung der Heilkunde oder Zahnheilkunde, in der medizinischen Forschung, in sonstigen durch Gesetz vorgesehenen oder zugelassenen Fällen, zur Untersuchung nach Vorschriften des allgemeinen Arbeitsschutzes oder in den Fällen, in denen die Aufenthalts- oder Einwanderungsbestimmungen eines anderen Staates eine Röntgenaufnahme fordern, angewendet werden. Freiwillige Röntgenreihenuntersuchungen zur Ermittlung übertragbarer Krankheiten in Landesteilen oder für Bevölkerungsgruppen mit überdurchschnittlicher Erkrankungshäufigkeit oder zur Früherkennung von Krankheiten bei besonders betroffenen Personengruppen bedürfen der Zulassung durch die zuständigen obersten Landesgesundheitsbehörden. Für die Anwendung von Röntgenstrahlung am Menschen in den nach dem Infektionsschutzgesetz vorgesehenen Fällen gelten § 23 Abs. 3 und § 24, für die übrigen Anwendungen von Röntgenstrahlung am Menschen außerhalb der Heilkunde oder Zahnheilkunde gelten die §§ 23 und 24 entsprechend.

(1a) Bei jeder Anwendung von Röntgenstrahlung am Menschen muss die ordnungsgemäße Funktion der Röntgeneinrichtung sichergestellt sein.

(2) Die durch eine Röntgenuntersuchung bedingte Strahlenexposition ist so weit einzuschränken, wie dies mit den Erfordernissen der medizinischen Wissenschaft zu vereinbaren ist. Bei der Röntgenbehandlung müssen Dosis und Dosisverteilung bei jeder zu behandelnden Person nach den Erfordernissen der medizinischen Wissenschaft individuell festgelegt werden; die Dosis

außerhalb des Zielvolumens ist so niedrig zu halten, wie dies unter Berücksichtigung des Behandlungszwecks möglich ist. Ist bei Frauen trotz bestehender oder nicht auszuschließender Schwangerschaft die Anwendung von Röntgenstrahlung geboten, sind alle Möglichkeiten zur Herabsetzung der Strahlenexposition der Schwangeren und insbesondere des ungeborenen Kindes auszuschöpfen.

(3) Körperbereiche, die bei der vorgesehenen Anwendung von Röntgenstrahlung nicht von der Nutzstrahlung getroffen werden müssen, sind vor einer Strahlenexposition so weit wie möglich zu schützen.

(4) Die Vorschriften über die Dosisgrenzwerte und über die physikalische Strahlenschutzkontrolle nach § 35 gelten nicht für Personen, an denen nach Absatz 1 Röntgenstrahlung angewendet wird.

(5) Helfende Personen sind über die möglichen Gefahren der Strahlenexposition vor dem Betreten des Kontrollbereichs zu unterrichten. Es sind Maßnahmen zu ergreifen, um ihre Strahlenexposition zu beschränken. Absatz 4, § 35 Abs. 1 Satz 1 und Abs. 9 Satz 1 gelten entsprechend für helfende Personen.

(6) Es ist dafür zu sorgen, dass die ausschließlich für die Anwendung von Röntgenstrahlung am Menschen bestimmten Einrichtungen nur in dem Umfang vorhanden sind, wie es für die ordnungsgemäße Durchführung der radiologischen Diagnostik erforderlich ist.

-

§ 26 Röntgendurchleuchtung

Bei der Röntgendurchleuchtung von Menschen ist zur Gewährleistung des Standes der Technik zumindest eine Einrichtung zur elektronischen Bildverstärkung mit Fernsehkette und automatischer Dosisleistungsregelung oder eine andere, mindestens gleichwertige Einrichtung zu verwenden. Der Röntgenstrahler darf nur während der Durchleuchtung oder zum Anfertigen einer Aufnahme eingeschaltet sein.

-

§ 27 Röntgenbehandlung

(1) Vor der Röntgenbehandlung muss von einer Person nach § 24 Abs. 1 Nr. 1 oder 2 und, soweit es die Art der Behandlung erfordert, einem Medizinphysik-Experten ein auf den Patienten bezogener Bestrahlungsplan einschließlich der Bestrahlungsbedingungen nach Maßgabe des Satzes 2 schriftlich festgelegt werden. Aus dem Bestrahlungsplan müssen alle erforderlichen Daten der Röntgenbehandlung zu ersehen sein, insbesondere die Dauer und Zeitfolge der Bestrahlungen, die Oberflächendosis und die Dosis im Zielvolumen, die Lokalisation und die Abgrenzung des Bestrahlungsfeldes, die Einstrahlrichtung, die Filterung, der Röntgenröhrenstrom, die Röntgenröhrenspannung und der Brennfleck-Haut-Abstand sowie die Festlegung des Schutzes gegen Streustrahlung.

(2) Die Einhaltung aller im Bestrahlungsplan festgelegten Bedingungen sind vor Beginn

1.
der ersten Bestrahlung von einer Person nach § 24 Abs. 1 Nr. 1 oder 2 und, soweit es die Art der Behandlung erfordert, von einem Medizinphysik-Experten,

2.
jeder weiteren Bestrahlung von einer Person nach § 24 Abs. 1 Nr. 1 oder 2
zu überprüfen.

(3) Über die Röntgenbehandlung ist ein Bestrahlungsprotokoll zu erstellen. Hierzu gehören auch Aufzeichnungen über die Überprüfung der Filterung.

-

§ 28 Aufzeichnungspflichten, Röntgenpass

(1) Es ist dafür zu sorgen, dass über jede Anwendung von Röntgenstrahlung am Menschen

Aufzeichnungen nach Maßgabe des Satzes 2 angefertigt werden. Die Aufzeichnungen müssen enthalten:

1.
   die Ergebnisse der Befragung des Patienten nach § 23 Abs. 2 Satz 2 und Abs. 3 Satz 1,
2.
   den Zeitpunkt und die Art der Anwendung,
3.
   die untersuchte Körperregion,
4.
   Angaben zur rechtfertigenden Indikation nach § 23 Abs. 1 Satz 1,
5.
   bei einer Untersuchung zusätzlich den erhobenen Befund,
6.
   die Strahlenexposition des Patienten, soweit sie erfasst worden ist, oder die zu deren Ermittlung erforderlichen Daten und Angaben und
7.
   bei einer Behandlung zusätzlich den Bestrahlungsplan nach § 27 Abs. 1 Satz 1 und das Bestrahlungsprotokoll nach § 27 Abs. 3.

Die Aufzeichnungen sind gegen unbefugten Zugriff und unbefugte Änderung zu sichern. Sie sind auf Verlangen der zuständigen Behörde vorzulegen; dies gilt nicht für die medizinischen Befunde. (2) Der untersuchten oder behandelten Person ist auf deren Wunsch eine Abschrift oder Ablichtung der Aufzeichnungen nach Absatz 1 Satz 2 Nr. 2, 3, 6 und 7 zu überlassen. Bei Röntgenuntersuchungen sind Röntgenpässe bereitzuhalten und der untersuchten Person anzubieten. Wird ein Röntgenpass ausgestellt oder legt die untersuchte Person einen Röntgenpass vor, so sind die Angaben nach Absatz 1 Satz 2 Nr. 2 und 3 sowie Angaben zum untersuchenden Arzt einzutragen. (3) Aufzeichnungen über Röntgenbehandlungen sind 30 Jahre lang nach der letzten Behandlung aufzubewahren. Röntgenbilder und die Aufzeichnungen nach Absatz 1 Satz 2 über Röntgenuntersuchungen sind zehn Jahre lang nach der letzten Untersuchung aufzubewahren. Röntgenbilder und die Aufzeichnungen von Röntgenuntersuchungen einer Person, die das 18. Lebensjahr noch nicht vollendet hat, sind bis zur Vollendung des 28. Lebensjahres dieser Person aufzubewahren. Die zuständige Behörde kann verlangen, dass im Falle der Praxisaufgabe oder sonstiger Einstellung des Betriebes die Aufzeichnungen und Röntgenbilder unverzüglich bei einer von ihr bestimmten Stelle zu hinterlegen sind; dabei ist die ärztliche Schweigepflicht zu wahren. Diese Stelle hat auch die sich aus Absatz 6 Satz 1 ergebenden Pflichten zu erfüllen. (4) Röntgenbilder und die Aufzeichnungen nach Absatz 1 Satz 2 können als Wiedergabe auf einem Bildträger oder auf anderen Datenträgern aufbewahrt werden, wenn sichergestellt ist, dass die Wiedergaben oder die Daten

1.
   mit den Bildern oder Aufzeichnungen bildlich oder inhaltlich übereinstimmen, wenn sie lesbar gemacht werden und
2.
   während der Dauer der Aufbewahrungsfrist verfügbar sind und jederzeit innerhalb angemessener Zeit lesbar gemacht werden können,

und sichergestellt ist, dass während der Aufbewahrungszeit keine Informationsänderungen oder -verluste eintreten können. (5) Werden personenbezogene Patientendaten (Familienname, Vornamen, Geburtsdatum und -ort, Geschlecht), Befunde, Röntgenbilder oder sonstige Aufzeichnungen nach Absatz 1 Satz 2 auf elektronischem Datenträger aufbewahrt, ist durch geeignete Maßnahmen sicherzustellen, dass

1.
   der Urheber, der Entstehungsort und -zeitpunkt eindeutig erkennbar sind,
2.
   das Basisbild mit den bei der Nachverarbeitung verwendeten Bildbearbeitungsparametern

unverändert aufbewahrt wird; werden Serien von Einzelbildern angefertigt, muss erkennbar sein, wie viele Röntgenbilder insgesamt gefertigt wurden und ob alle bei der Untersuchung erzeugten Röntgenbilder oder nur eine Auswahl aufbewahrt wurden; wird nur eine Auswahl an Röntgenbildern aufbewahrt, müssen die laufenden Nummern der Röntgenbilder einer Serie mit aufbewahrt werden,

3.

nachträgliche Änderungen oder Ergänzungen als solche erkennbar sind und mit Angaben zu Urheber und Zeitpunkt der nachträglichen Änderungen oder Ergänzungen aufbewahrt werden und

4.

während der Dauer der Aufbewahrung die Verknüpfung der personenbezogenen Patientendaten mit dem erhobenen Befund, den Daten, die den Bilderzeugungsprozess beschreiben, den Bilddaten und den sonstigen Aufzeichnungen nach Absatz 1 Satz 2 jederzeit hergestellt werden kann.

Röntgenbilder können bei der Aufbewahrung auf elektronischem Datenträger komprimiert werden, wenn sichergestellt ist, dass die diagnostische Aussagekraft erhalten bleibt.

(6) Auf elektronischem Datenträger aufbewahrte Röntgenbilder und Aufzeichnungen müssen einem mit- oder weiterbehandelnden Arzt oder Zahnarzt oder der ärztlichen oder zahnärztlichen Stelle in einer für diese geeigneten Form zugänglich gemacht werden können. Dabei muss sichergestellt sein, dass diese Daten mit den Ursprungsdaten übereinstimmen und die daraus erstellten Bilder zur Befundung geeignet sind. Sofern die Übermittlung durch Datenübertragung erfolgen soll, müssen dem jeweiligen Stand der Technik entsprechende Maßnahmen zur Sicherstellung von Datenschutz und Datensicherheit getroffen werden, die insbesondere die Vertraulichkeit und Unversehrtheit der Daten gewährleistet; bei der Nutzung allgemein zugänglicher Netze sind Verschlüsselungsverfahren anzuwenden.

(7) Soweit das Medizinproduktegesetz Anforderungen an die Beschaffenheit von Geräten und Einrichtungen zur Aufzeichnung, Speicherung, Auswertung, Wiedergabe und Übertragung von Röntgenbildern enthält, bleiben diese unberührt.

(8) Wer eine Person mit Röntgenstrahlung untersucht oder behandelt, hat einem diese Person später untersuchenden oder behandelnden Arzt oder Zahnarzt auf dessen Verlangen Auskünfte über die Aufzeichnungen nach Absatz 1 Satz 2 zu erteilen und ihm die Aufzeichnungen und Röntgenbilder vorübergehend zu überlassen. Auch ohne dieses Verlangen sind die Aufzeichnungen und Röntgenbilder der untersuchten oder behandelten Person zur Weiterleitung an einen später untersuchenden oder behandelnden Arzt oder Zahnarzt vorübergehend zu überlassen, wenn zu erwarten ist, dass dadurch eine weitere Untersuchung mit Röntgenstrahlung vermieden werden kann. Sofern die Aufzeichnungen und Röntgenbilder einem beauftragten Dritten zur Weiterleitung an einen später untersuchenden oder behandelnden Arzt oder Zahnarzt überlassen werden, sind geeignete Maßnahmen zur Wahrung der ärztlichen Schweigepflicht zu treffen. Auf die Pflicht zur Rückgabe der Aufzeichnungen und Röntgenbilder an den Aufbewahrungspflichtigen ist in geeigneter Weise hinzuweisen.

(9) Das Bundesamt für Strahlenschutz ermittelt regelmäßig die medizinische Strahlenexposition der Bevölkerung und ausgewählter Bevölkerungsgruppen.

Unterabschnitt 2a
Medizinische Forschung

-

§ 28a Genehmigung zur Anwendung von Röntgenstrahlung am Menschen in der medizinischen Forschung

(1) Wer zum Zweck der medizinischen Forschung Röntgenstrahlung am Menschen anwendet, bedarf der Genehmigung.

(2) Für die Erteilung der Genehmigung ist das Bundesamt für Strahlenschutz zuständig.

-

§ 28b Genehmigungsvoraussetzungen für die Anwendung von Röntgenstrahlung am Menschen in der medizinischen Forschung

(1) Die Genehmigung nach § 28a Absatz 1 darf nur erteilt werden, wenn

1.

für das beantragte Forschungsvorhaben ein zwingendes Bedürfnis besteht, weil die bisherigen Forschungsergebnisse und die medizinischen Erkenntnisse nicht ausreichen,

2.

die Anwendung von Röntgenstrahlung nicht durch eine Untersuchungs- oder Behandlungsart ersetzt werden kann, die keine Strahlenexposition verursacht,

3.

die strahlenbedingten Risiken, die mit der Anwendung für den Probanden verbunden sind, gemessen an der voraussichtlichen Bedeutung der Ergebnisse für die Fortentwicklung der Heilkunde oder Zahnheilkunde oder der medizinischen Wissenschaft, ärztlich gerechtfertigt sind,

4.

die für die medizinische Forschung vorgesehenen Anwendungsarten von Röntgenstrahlung dem Zweck der Forschung entsprechen und nicht durch andere Anwendungsarten von Röntgenstrahlung ersetzt werden können, die zu einer geringeren Strahlenexposition für den Probanden führen,

5.

die bei der Anwendung von Röntgenstrahlung auftretende Strahlenexposition nach dem Stand von Wissenschaft und Technik nicht weiter herabgesetzt werden kann, ohne den Zweck des Forschungsvorhabens zu gefährden,

6.

die Körperdosis des Probanden abgeschätzt worden ist,

7.

die Anzahl der Probanden auf das notwendige Maß beschränkt wird,

8.

die Stellungnahme einer Ethikkommission nach § 28g zu dem beantragten Forschungsvorhaben vorliegt,

9.

sichergestellt ist, dass
a)
die Anwendung von einem Arzt geleitet wird, der eine mindestens zweijährige Erfahrung in der Anwendung von Röntgenstrahlung am Menschen nachweisen kann, die erforderliche Fachkunde im Strahlenschutz besitzt und während der Anwendung ständig erreichbar ist, und
b)
bei der Planung und bei der Anwendung ein Medizinphysik-Experte hinzugezogen werden kann, soweit es die Art der Anwendung erfordert,

10.

die erforderliche Vorsorge für die Erfüllung gesetzlicher Schadensersatzverpflichtungen getroffen ist und

11.

der Betrieb der Röntgeneinrichtung nach § 3 oder § 4 dieser Verordnung zulässig ist.

(2) Bei einem Forschungsvorhaben, das die Prüfung von Sicherheit oder Wirksamkeit eines Verfahrens zur Behandlung kranker Menschen zum Gegenstand hat, kann die zuständige Behörde abweichend von Absatz 1 eine Genehmigung nach § 28a Absatz 1 auch dann erteilen, wenn der Antragsteller

1.

nachvollziehbar darlegt, dass
a)
die Anwendung von Röntgenstrahlung selbst nicht Gegenstand des

b)

Forschungsvorhabens ist,

die Art der Anwendung von Röntgenstrahlung anerkannten Standardverfahren der Heilkunde am Menschen entspricht,

c)

Art und Häufigkeit der Anwendung von Röntgenstrahlung dem Zweck des Forschungsvorhabens entsprechen und

d)

gewährleistet ist, dass ausschließlich einwilligungsfähige Personen, die das 18. Lebensjahr vollendet haben, in das Forschungsvorhaben eingeschlossen werden, bei denen eine Krankheit vorliegt, deren Behandlung im Rahmen des Forschungsvorhabens geprüft wird, sowie

2.

die zustimmende Stellungnahme einer Ethikkommission nach § 28g vorlegt.

(3) Die durch das Forschungsvorhaben bedingte effektive Dosis darf für gesunde Probanden den Grenzwert von 20 Millisievert nicht überschreiten.

(4) Sieht der Antrag die Anwendung von Röntgenstrahlung an mehreren Einrichtungen vor (Multi-Center-Studie), kann die Genehmigungsbehörde eine alle Einrichtungen umfassende Genehmigung erteilen, wenn dies der sachgerechten Durchführung der Studie dient. Im Fall einer Genehmigung nach Satz 1 in Verbindung mit Absatz 1 ist für jede beteiligte Einrichtung nachzuweisen, dass die Voraussetzungen nach Absatz 1 Nummer 9 und 11 vorliegen.

(5) Die Vorsorge zur Erfüllung gesetzlicher Schadensersatzverpflichtungen ist für einen Zeitraum von zehn Jahren nach Beendigung des Forschungsvorhabens zu treffen. Die Regelungen des Absatzes 1 Nummer 10 gelten nicht, soweit die Vorgaben der Atomrechtlichen Deckungsvorsorge-Verordnung durch die Vorsorge zur Erfüllung gesetzlicher Schadensersatzverpflichtungen nach den entsprechenden Vorschriften des Arzneimittelgesetzes oder des Medizinproduktegesetzes dem Grund und der Höhe nach erfüllt sind. Im Fall einer Genehmigung nach Absatz 2 bedarf es keiner Deckungsvorsorge, die über die Probandenversicherung nach dem Arzneimittelgesetz oder nach dem Medizinproduktegesetz hinausgeht.

-

§ 28c Besondere Schutz-, Aufklärungs- und Aufzeichnungpflichten

(1) Die Anwendung von Röntgenstrahlung am Menschen in der medizinischen Forschung ist nur mit der persönlichen Einwilligung des Probanden zulässig. Der Inhaber der Genehmigung nach § 28a Abs. 1 hat eine schriftliche Erklärung des Probanden darüber einzuholen, dass er mit

1.

der Anwendung von Röntgenstrahlung an seiner Person und

2.

den Untersuchungen, die vor, während und nach der Anwendung zur Kontrolle und zur Erhaltung seiner Gesundheit erforderlich sind,

einverstanden ist. Die Erklärung ist nur wirksam, wenn der Proband geschäftsfähig und in der Lage ist, das Risiko der Anwendung der Röntgenstrahlung für sich einzusehen und seinen Willen hiernach zu bestimmen. Diese Erklärung und alle im Zusammenhang mit der Anwendung stehenden Einwilligungen können jederzeit formlos widerrufen werden.

(2) Die Anwendung ist ferner nur zulässig, wenn der Proband zuvor eine weitere schriftliche Erklärung darüber abgegeben hat, dass er mit der

1.

Mitteilung seiner Teilnahme an dem Forschungsvorhaben und

2.

der unwiderruflichen Mitteilung der durch die Anwendung erhaltenen Strahlenexposition an die zuständige Behörde einverstanden ist.

(3) Vor Abgabe der Einwilligungen ist der Proband durch den das Forschungsvorhaben leitenden

oder einen von diesem beauftragten Arzt oder Zahnarzt über Art, Bedeutung, Tragweite und Risiken der Anwendung der Röntgenstrahlung und über die Möglichkeit des Widerrufs aufzuklären. Der Proband ist zu befragen, ob an ihm bereits ionisierende Strahlung zum Zweck der Untersuchung, Behandlung oder außerhalb der Heilkunde oder Zahnheilkunde angewendet worden ist. Über die Aufklärung und die Befragung des Probanden sind Aufzeichnungen anzufertigen.

(4) Der Proband ist vor Beginn der Anwendung von Röntgenstrahlung ärztlich oder zahnärztlich zu untersuchen. Die Körperdosis ist durch geeignete Verfahren zu überwachen. Der Zeitpunkt der Anwendung, die Ergebnisse der Überwachungsmaßnahmen und die Befunde sind aufzuzeichnen.

(5) Die Erklärungen nach Absatz 1 Satz 2 und Absatz 2 und die Aufzeichnungen nach Absatz 3 Satz 3 und Absatz 4 Satz 3 sind 30 Jahre lang nach deren Abgabe oder dem Zeitpunkt der Anwendung aufzubewahren und auf Verlangen der zuständigen Behörde vorzulegen. Für die Aufzeichnungen gilt § 28 Abs. 2, 3 Satz 4 und 5 und Abs. 4 bis 7 entsprechend.

-

§ 28d Anwendungsverbote und Anwendungsbeschränkungen für einzelne Personengruppen

(1) An schwangeren Frauen darf Röntgenstrahlung in der medizinischen Forschung nicht angewendet werden. Das Gleiche gilt für Personen, die auf gerichtliche oder behördliche Anordnung verwahrt werden.

(2) Von der Anwendung ausgeschlossen sind gesunde Probanden, bei denen in den vergangenen zehn Jahren Röntgenstrahlung zu Forschungs- oder Behandlungszwecken angewendet worden ist, wenn durch die erneute Anwendung in der medizinischen Forschung eine effektive Dosis von mehr als 10 Millisievert zu erwarten ist. § 28b Absatz 3 bleibt unberührt.

(3) Die Anwendung von Röntgenstrahlung an gesunden Probanden, die das 50. Lebensjahr nicht vollendet haben, ist nur zulässig, wenn dies ärztlich gerechtfertigt und zur Erreichung des Forschungszieles besonders notwendig ist.

(4) An geschäftsunfähigen und beschränkt geschäftsfähigen Probanden ist die Anwendung von Röntgenstrahlung nur zulässig, wenn

1.
   das Forschungsziel anders nicht erreicht werden kann,

2.
   die Anwendung an Probanden erfolgt, bei denen in Bezug auf das genehmigungsbedürftige Forschungsvorhaben eine Krankheit oder ein entsprechender Krankheitsverdacht vorliegt, und die Anwendung geeignet ist, diese Krankheit zu erkennen, das Leben der betroffenen Person zu retten, ihre Gesundheit wiederherzustellen oder ihr Leiden zu lindern, und

3.
   der gesetzliche Vertreter oder der Betreuer seine Einwilligung abgegeben hat, nachdem er von dem das Forschungsvorhaben leitenden Arzt oder Zahnarzt über Wesen, Bedeutung, Tragweite und Risiken aufgeklärt worden ist; ist der geschäftsunfähige oder beschränkt geschäftsfähige Proband in der Lage, Wesen, Bedeutung und Tragweite der Anwendung einzusehen und seinen Willen hiernach zu bestimmen, ist zusätzlich dessen persönliche Einwilligung erforderlich.

Für die Erklärungen nach Satz 1 Nr. 3 gilt § 28c Abs. 1 bis 3 entsprechend.

-

§ 28e Mitteilungs- und Berichtspflichten

(1) Der zuständigen Aufsichtsbehörde und der Genehmigungsbehörde sind unverzüglich mitzuteilen:

1.
   jede Überschreitung der Dosisgrenzwerte nach § 28b Absatz 3 und § 28d Absatz 2 Satz 1 unter Angabe der näheren Umstände und

2.

    die Beendigung der Anwendung von Röntgenstrahlung für die Durchführung des Forschungsvorhabens.

(2) Der zuständigen Aufsichtsbehörde und der Genehmigungsbehörde sind nach Beendigung der Anwendung je ein Abschlussbericht vorzulegen, aus dem die im Einzelfall ermittelte Körperdosis oder die zur Berechnung der Körperdosen relevanten Daten hervorgehen.

-

§ 28f Schutzanordnung

Ist zu besorgen, dass ein Proband auf Grund einer Überschreitung der genehmigten Dosiswerte für die Anwendung von Röntgenstrahlung in der medizinischen Forschung an der Gesundheit geschädigt wird, so ordnet die zuständige Aufsichtsbehörde an, dass er durch einen Arzt nach § 41 Abs. 1 Satz 1 untersucht wird.

-

§ 28g Ethikkommission

Eine im Geltungsbereich dieser Verordnung tätige Ethikkommission muss unabhängig, interdisziplinär besetzt und bei der zuständigen Bundesoberbehörde registriert sein. Ihre Aufgabe ist es, das beantragte Forschungsvorhaben nach ethischen und rechtlichen Gesichtspunkten mit mindestens fünf Mitgliedern mündlich zu beraten und innerhalb von längstens 60 Tagen nach Eingang der erforderlichen Unterlagen eine schriftliche Stellungnahme abzugeben, insbesondere dazu, ob für das beantragte Vorhaben ein zwingendes Bedürfnis im Sinne des § 28b Absatz 1 Nummer 1 besteht. Bei multizentrischen Studien genügt die Stellungnahme einer Ethikkommission. Eine Registrierung erfolgt nur, wenn in einer veröffentlichten Verfahrensordnung die Mitglieder, die aus medizinischen oder zahnmedizinischen Sachverständigen und nichtmedizinischen Mitgliedern bestehen und die erforderliche Fachkompetenz aufweisen, das Verfahren und die Anschrift aufgeführt sind. Veränderungen der Zusammensetzung der Kommission, des Verfahrens oder der übrigen Festlegungen der Verfahrensordnung sind der Behörde unverzüglich mitzuteilen.

Unterabschnitt 3
Anwendung von Röntgenstrahlung in der Tierheilkunde oder in sonstigen Fällen

-

§ 29 Berechtigte Personen in der Tierheilkunde

(1) Röntgenstrahlung darf in der Tierheilkunde nur angewendet werden von

1.

    Personen, die zur Ausübung des tierärztlichen, ärztlichen oder zahnärztlichen Berufs berechtigt sind und die erforderliche Fachkunde im Strahlenschutz besitzen,

2.

    Personen, die zur Ausübung des tierärztlichen, ärztlichen oder zahnärztlichen Berufs berechtigt sind und die nicht die erforderliche Fachkunde im Strahlenschutz besitzen, wenn sie auf ihrem speziellen Arbeitsgebiet über die für die Anwendung erforderlichen Kenntnisse im Strahlenschutz verfügen und unter ständiger Aufsicht und Verantwortung einer der unter Nummer 1 genannten Personen tätig sind.

(2) Die technische Durchführung ist neben den in Absatz 1 genannten Personen ausschließlich

1.

Personen mit einer Erlaubnis nach § 1 Absatz 1 Nummer 2 des MTA-Gesetzes vom 2. August 1993 (BGBl. I S. 1402), das zuletzt durch Artikel 23 des Gesetzes vom 2. Dezember 2007 (BGBl. I S. 2686) geändert worden ist,

2.

Personen mit einer staatlich geregelten, staatlich anerkannten oder staatlich überwachten erfolgreich abgeschlossenen Ausbildung, wenn die technische Durchführung Gegenstand ihrer Ausbildung und Prüfung war und sie die erforderliche Fachkunde im Strahlenschutz besitzen,

3.

Personen, die über die erforderlichen Kenntnisse im Strahlenschutz verfügen, wenn sie unter ständiger Aufsicht und Verantwortung einer der in Absatz 1 Nr. 1 bezeichneten Personen tätig sind,

4.

Medizinphysik-Experten, wenn sie unter ständiger Aufsicht und Verantwortung einer Person nach Absatz 1 Nummer 1 tätig sind,

erlaubt.

(3) Bei der Anwendung von Röntgenstrahlung am Tier bleiben tierschutzrechtliche Vorschriften unberührt.

(4) Tierbegleitpersonen sind vor dem Betreten des Kontrollbereichs über die möglichen Gefahren der Strahlenexposition zu unterrichten. Es sind Maßnahmen zu ergreifen, um ihre Strahlenexposition zu beschränken. § 25 Absatz 4, § 35 Absatz 1 Satz 1 und Absatz 9 Satz 1 gelten für Tierbegleitpersonen entsprechend.

-

§ 30 Berechtigte Personen in sonstigen Fällen

In anderen Fällen als zur Anwendung am Menschen oder in der Tierheilkunde dürfen nur solche Personen Röntgenstrahlung anwenden oder die Anwendung technisch durchführen, die

1.

die erforderliche Fachkunde im Strahlenschutz besitzen oder

2.

auf ihrem Arbeitsgebiet über die für den Anwendungsfall erforderlichen Kenntnisse im Strahlenschutz verfügen, wenn sie unter Aufsicht und Verantwortung einer Person nach Nummer 1 tätig werden.

Satz 1 gilt nicht für den Betrieb eines Vollschutzgerätes nach § 2 Nummer 25.

Unterabschnitt 4
Vorschriften über die Strahlenexposition

-

§ 31 Kategorien beruflich strahlenexponierter Personen

Personen, die einer beruflichen Strahlenexposition durch Tätigkeiten nach dieser Verordnung ausgesetzt sind, sind zum Zweck der Kontrolle und arbeitsmedizinischen Vorsorge folgenden Kategorien zugeordnet:

1.

Beruflich strahlenexponierte Personen der Kategorie A:
Personen, die einer beruflichen Strahlenexposition ausgesetzt sind, die im Kalenderjahr zu einer effektiven Dosis von mehr als 6 Millisievert oder einer höheren Organdosis als 45 Millisievert für die Augenlinse oder 150 Millisievert für die Haut, die Hände, die Unterarme, die Füße und Knöchel führen kann.

2.

Beruflich strahlenexponierte Personen der Kategorie B:
Personen, die einer beruflichen Strahlenexposition ausgesetzt sind, die im Kalenderjahr zu
einer effektiven Dosis von mehr als 1 Millisievert oder einer höheren Organdosis als 15
Millisievert für die Augenlinse oder 50 Millisievert für die Haut, die Hände, die Unterarme, die
Füße und Knöchel führen kann, ohne in die Kategorie A zu fallen.

-

§ 31a Dosisgrenzwerte bei beruflicher Strahlenexposition

(1) Für beruflich strahlenexponierte Personen darf die effektive Dosis den Grenzwert von 20
Millisievert im Kalenderjahr nicht überschreiten. Die zuständige Behörde kann im Einzelfall für ein
einzelnes Jahr eine effektive Dosis von 50 Millisievert zulassen, wobei für fünf aufeinander
folgende Jahre 100 Millisievert nicht überschritten werden dürfen.
(2) Für beruflich strahlenexponierte Personen darf die Organdosis

1.
    für die Augenlinse den Grenzwert von 150 Millisievert,
2.
    für die Haut, die Hände, die Unterarme, die Füße und Knöchel jeweils den Grenzwert von
    500 Millisievert,
3.
    für die Keimdrüsen, die Gebärmutter und das Knochenmark (rot) jeweils den Grenzwert von
    50 Millisievert,
4.
    für die Schilddrüse und die Knochenoberfläche jeweils den Grenzwert von 300 Millisievert,
5.
    für den Dickdarm, die Lunge, den Magen, die Blase, die Brust, die Leber, die Speiseröhre,
    andere Organe oder Gewebe gemäß Anlage 3 Fußnote 1, soweit nicht unter Nummer 3
    genannt, jeweils den Grenzwert von 150 Millisievert

im Kalenderjahr nicht überschreiten.
(3) Für Personen unter 18 Jahren darf die effektive Dosis den Grenzwert von 1 Millisievert im
Kalenderjahr nicht überschreiten. Die Organdosis für die Augenlinse darf den Grenzwert von 15
Millisievert, für die Haut, die Hände, die Unterarme, die Füße und Knöchel jeweils den Grenzwert
von 50 Millisievert im Kalenderjahr nicht überschreiten. Abweichend von den Sätzen 1 und 2 kann
die zuständige Behörde für Auszubildende und Studierende im Alter zwischen 16 und 18 Jahren
festlegen, dass die effektive Dosis den Grenzwert von 6 Millisievert, die Organdosis der Augenlinse
den Grenzwert von 45 Millisievert und die Organdosis der Haut, der Hände, der Unterarme, der
Füße und Knöchel jeweils den Grenzwert von 150 Millisievert im Kalenderjahr nicht überschreiten
darf, wenn dies zur Erreichung des Ausbildungszieles notwendig ist.
(4) Bei gebärfähigen Frauen darf die über einen Monat kumulierte Dosis der Gebärmutter den
Grenzwert von 2 Millisievert nicht überschreiten. Für ein ungeborenes Kind, das auf Grund der
Beschäftigung der Mutter einer Strahlenexposition ausgesetzt ist, darf die Äquivalentdosis vom
Zeitpunkt der Mitteilung der Schwangerschaft bis zu deren Ende den Grenzwert von 1 Millisievert
nicht überschreiten. Als Äquivalentdosis des ungeborenen Kindes gilt die Organdosis der
Gebärmutter der schwangeren Frau.
(5) Bei der Ermittlung der Körperdosis ist die berufliche Strahlenexposition aus dem
Anwendungsbereich der Strahlenschutzverordnung sowie die berufliche Strahlenexposition, die
außerhalb des räumlichen Geltungsbereiches dieser Verordnung erfolgt, einzubeziehen. Die
natürliche Strahlenexposition, die medizinische Strahlenexposition und die Exposition als helfende
Person oder Tierbegleitperson sind nicht zu berücksichtigen.

-

§ 31b Berufslebensdosis

§ 31c Dosisbegrenzung bei Überschreitung

Wurde unter Verstoß gegen § 31a Abs. 1 oder 2 ein Grenzwert im Kalenderjahr überschritten, so ist eine Weiterbeschäftigung als beruflich strahlenexponierte Person nur zulässig, wenn die Expositionen in den folgenden vier Kalenderjahren unter Berücksichtigung der erfolgten Grenzwertüberschreitung so begrenzt werden, dass die Summe der Dosen das Fünffache des jeweiligen Grenzwertes nicht überschreitet. Ist die Überschreitung eines Grenzwertes so hoch, dass bei Anwendung von Satz 1 die bisherige Beschäftigung nicht fortgesetzt werden kann, kann die zuständige Behörde im Benehmen mit einem Arzt nach § 41 Abs. 1 Satz 1 Ausnahmen von Satz 1 zulassen.

§ 32 Begrenzung der Strahlenexposition der Bevölkerung

(1) Für Einzelpersonen der Bevölkerung darf die effektive Dosis den Grenzwert von 1 Millisievert im Kalenderjahr nicht überschreiten.
(2) Unbeschadet des Absatzes 1 darf die Organdosis für die Augenlinse den Grenzwert von 15 Millisievert im Kalenderjahr und die Organdosis für die Haut den Grenzwert von 50 Millisievert im Kalenderjahr nicht überschreiten.

§ 33 Anordnung von Maßnahmen und behördliche Ausnahmen

(1) Die zuständige Behörde kann auch nachträglich anordnen, dass

1.
    die Wirksamkeit der dem Strahlenschutz dienenden Ausrüstungen einer Röntgeneinrichtung oder eines Störstrahlers nach § 5 Abs. 1 sowie
2.
    die Konstanz der Messgrößen zur Beschreibung der Bildqualität und Höhe der Strahlenexposition einer Röntgeneinrichtung zur Untersuchung von Menschen

durch eine von ihr bestimmte Stelle geprüft und dass die Prüfung in bestimmten Abständen wiederholt wird.
(2) Die zuständige Behörde kann nachträglich diejenigen Schutzmaßnahmen anordnen, die

1.
    nach dem Stand der Technik oder dem Stand der Heilkunde oder Zahnheilkunde zum Schutz von Leben, Gesundheit oder Sachgütern einzelner oder der Allgemeinheit vor Gefahren durch den Betrieb einer Röntgeneinrichtung oder eines Störstrahlers nach § 5 Abs. 1 oder
2.
    zur Durchführung der §§ 13 bis 32 und 34 bis 42 erforderlich sind.

(3) Soweit eine Anordnung nach Absatz 1 oder 2 nicht die Beseitigung einer dringenden Gefahr für Leben, Gesundheit oder bedeutende Sachgüter bezweckt, ist für die Ausführung eine angemessene Frist zu setzen.
(4) Die Anordnung ist an den Strahlenschutzverantwortlichen zu richten. Sie kann in dringenden Fällen auch an einen Strahlenschutzbeauftragten gerichtet werden. Dieser hat den

Strahlenschutzverantwortlichen von der Anordnung unverzüglich zu unterrichten.

(5) Beim Betrieb einer ortsveränderlichen Röntgeneinrichtung oder eines ortsveränderlichen Störstrahlers nach § 5 Abs. 1 kann die Anordnung auch an denjenigen gerichtet werden, in dessen Verfügungsbereich der Betrieb stattfindet. Dieser hat die erforderlichen Schutzmaßnahmen zu treffen und den von ihm beauftragten Strahlenschutzverantwortlichen auf die Einhaltung der Schutzmaßnahmen hinzuweisen.

(6) Die zuständige Behörde kann im Einzelfall gestatten, dass von den Vorschriften der §§ 15a bis 18, 19 bis 32 und 34 bis 41 mit Ausnahme der Dosisgrenzwertregelungen abgewichen wird, wenn

1.

eine Röntgeneinrichtung, ein Störstrahler oder eine Tätigkeit erprobt werden soll oder die Einhaltung der Anforderungen einen unverhältnismäßig großen Aufwand erfordern würde, sofern in beiden Fällen die Sicherheit der Röntgeneinrichtung, des Störstrahlers oder der Tätigkeit sowie der Strahlenschutz auf andere Weise gewährleistet sind, oder

2.

die Sicherheit der Röntgeneinrichtung, des Störstrahlers oder der Tätigkeit durch die Abweichung nicht beeinträchtigt werden und der Strahlenschutz gewährleistet ist.

-

§ 34 Messung von Ortsdosis, Ortsdosisleistung und Personendosis

(1) Soweit es aus Gründen des Strahlenschutzes erforderlich ist, ist die Ortsdosis oder Ortsdosisleistung im Kontrollbereich und im Überwachungsbereich einer Röntgeneinrichtung oder eines Störstrahlers nach § 5 Abs. 1 zu messen. In begründeten Ausnahmefällen kann die zuständige Behörde eine Stelle bestimmen, die die Messung vorzunehmen hat.

(2) Zeitpunkt und Ergebnis der Messungen nach Absatz 1 sind aufzuzeichnen. Die Aufzeichnungen sind nach Abschluss der Aufzeichnung 30 Jahre lang aufzubewahren und der zuständigen Behörde auf Verlangen vorzulegen. Bei Beendigung des Betriebes der Röntgeneinrichtung oder des Störstrahlers nach § 5 Abs. 1 sind sie bei der von der zuständigen Behörde bestimmten Stelle zu hinterlegen.

(3) Messgeräte für Röntgenstrahlung der in § 1 Absatz 1 Nummer 13 der Mess- und Eichverordnung bezeichneten Art müssen dem Mess- und Eichgesetz entsprechen, wenn sie für nachfolgende Zwecke verwendet werden:

1.

für die physikalische Strahlenschutzkontrolle mittels Messung

a)

der Personendosis nach § 35 Absatz 4 Satz 1, Absatz 6 Satz 1 oder Absatz 8 Nummer 3 oder

b)

der Ortsdosis oder Ortsdosisleistung nach § 34 Absatz 1 Satz 1 oder § 35 Absatz 8 Nummer 1,

2.

für Messungen zur Abgrenzung von Strahlenschutzbereichen oder zur Festlegung von Aufenthaltszeiten von Personen in Strahlenschutzbereichen oder

3.

für Messungen nach den §§ 3, 4 und 16 Absatz 2.

Zur Messung der Personendosis, der Ortsdosis und der Ortsdosisleistung sind, sofern nicht nach Satz 1 Nummer 1 Messgeräte nach dem Mess- und Eichgesetz vorgeschrieben sind, andere geeignete Strahlungsmessgeräte zu verwenden. Es ist dafür zu sorgen, dass die Strahlungsmessgeräte nach den Sätzen 1 und 2

1.

den Anforderungen des Messzwecks genügen,

2.

in ausreichender Zahl vorhanden sind und

3.
  regelmäßig auf ihre Funktionstüchtigkeit geprüft und gewartet werden.

(4) Der Zeitpunkt und das Ergebnis der Funktionsprüfung und Wartung nach Absatz 3 Satz 3 Nummer 3 sind aufzuzeichnen. Die Aufzeichnungen sind zehn Jahre ab dem Zeitpunkt der Funktionsprüfung oder Wartung aufzubewahren und der zuständigen Behörde auf Verlangen vorzulegen oder bei einer von ihr zu bestimmenden Stelle zu hinterlegen.

-

§ 35 Zu überwachende Personen und Ermittlung der Körperdosis

(1) An Personen, die sich aus anderen Gründen als zu ihrer ärztlichen oder zahnärztlichen Untersuchung oder Behandlung im Kontrollbereich aufhalten, ist unverzüglich die Körperdosis zu ermitteln. Ist beim Aufenthalt von Personen im Kontrollbereich sichergestellt, dass im Kalenderjahr eine effektive Dosis von 1 Millisievert oder höhere Organdosen als ein Zehntel der Organdosisgrenzwerte des § 31a Abs. 2 nicht erreicht werden können, so kann die zuständige Behörde Ausnahmen von Satz 1 zulassen. Die in Satz 1 genannten Personen haben die erforderlichen Messungen zu dulden.

(2) Wer eine Anzeige nach § 6 Abs. 1 Nr. 3 zu erstatten hat, hat dafür zu sorgen, dass die unter seiner Aufsicht stehenden Personen in Kontrollbereichen nur beschäftigt werden, wenn jede einzelne beruflich strahlenexponierte Person im Besitz eines vollständig geführten, bei der zuständigen Behörde registrierten Strahlenpasses ist. Wenn er selbst in Kontrollbereichen tätig wird, gilt Satz 1 entsprechend. Die zuständige Behörde kann Aufzeichnungen über die Strahlenexposition, die außerhalb des Geltungsbereiches dieser Verordnung ausgestellt worden sind, als ausreichend im Sinne von Satz 1 anerkennen, wenn diese dem Strahlenpass entsprechen. Die Bundesregierung erlässt mit Zustimmung des Bundesrates allgemeine Verwaltungsvorschriften über Inhalt, Form, Führung und Registrierung des Strahlenpasses.

(3) Beruflich strahlenexponierten Personen nach Absatz 2 darf eine Beschäftigung im Kontrollbereich nur erlaubt werden, wenn diese den Strahlenpass nach Absatz 2 Satz 1 vorlegen und ein Dosimeter nach Absatz 4 Satz 3 tragen.

(4) Die Körperdosis ist durch Messung der Personendosis zu ermitteln. Die zuständige Behörde bestimmt Messstellen für Messungen nach Satz 1. Die Personendosis ist zu messen mit

1.
  einem Dosimeter, das bei einer nach Absatz 4 Satz 2 bestimmten Messstelle anzufordern ist, oder

2.
  einem Dosimeter, dessen Messwert in der Einrichtung der zu überwachenden Person ausgewertet wird und dessen Verwendung nach Zustimmung einer nach Absatz 4 Satz 2 bestimmten Messstelle von der zuständigen Behörde gestattet wurde.

Die Anzeige dieses Dosimeters gilt als Maß für die effektive Dosis, sofern die Körperdosis für einzelne Körperteile, Organe oder Gewebe nicht genauer ermittelt worden ist. Wenn auf Grund der Messung der Personendosis oder sonstiger Tatsachen der Verdacht besteht, dass die Dosisgrenzwerte des § 31a überschritten werden, so ist die Körperdosis unter Berücksichtigung der Expositionsbedingungen zu ermitteln.

(5) Die Dosimeter sind an einer für die Strahlenexposition als repräsentativ geltenden Stelle der Körperoberfläche, in der Regel an der Vorderseite des Rumpfes, zu tragen. Ist vorauszusehen, dass im Kalenderjahr die Organdosis für die Hände, die Unterarme, die Füße und Knöchel oder die Haut größer ist als 150 Millisievert oder die Organdosis der Augenlinse größer ist als 45 Millisievert, so ist die Personendosis durch weitere Dosimeter auch an diesen Körperteilen festzustellen.

(6) Der zu überwachenden Person ist auf ihr Verlangen ein Dosimeter zur Verfügung zu stellen, mit dem die Personendosis jederzeit festgestellt werden kann. Sobald eine Frau ihren Arbeitgeber darüber informiert hat, dass sie schwanger ist, ist ihre berufliche Strahlenexposition arbeitswöchentlich zu ermitteln und ihr mitzuteilen.

(7) Die Dosimeter nach Absatz 4 Satz 3 und Absatz 5 Satz 2 sind der Messstelle jeweils nach

Ablauf eines Monats unverzüglich einzureichen oder es sind im Fall des Absatzes 4 Satz 3 Nummer 2 deren Messwerte der Messstelle zur Prüfung und Feststellung bereitzustellen; hierbei sind die jeweiligen Personendaten (Familienname, Vornamen, Geburtsdatum und -ort, Geschlecht), bei Strahlenpassinhabern nach Absatz 2 Satz 1 und 2 die Registriernummer des Strahlenpasses sowie die Beschäftigungsmerkmale und die Expositionsverhältnisse mitzuteilen. Die zuständige Behörde kann

1.

gestatten, dass Dosimeter in Zeitabständen bis zu drei Monaten der Messstelle einzureichen sind, oder

2.

anordnen, dass die Dosimeter der Messstelle in Zeitabständen von weniger als einem Monat einzureichen sind, wenn nach der Art des Betriebes der Röntgeneinrichtung oder des Störstrahlers nach § 5 Absatz 1 eine besondere Gefährdung möglich erscheint.

Die Messstelle nach Absatz 4 Satz 2 hat Personendosimeter bereitzustellen oder im Fall des Absatzes 4 Satz 3 Nummer 2 der Verwendung zuzustimmen, die Personendosis festzustellen, die Messergebnisse aufzuzeichnen und demjenigen, der die Messung veranlasst hat, schriftlich mitzuteilen. Sie hat ihre Aufzeichnungen fünf Jahre lang nach der jeweiligen Feststellung aufzubewahren. Die Messstelle hat der zuständigen Behörde auf Verlangen die Ergebnisse ihrer Feststellungen einschließlich der Angaben nach Satz 1 mitzuteilen.

(8) Die zuständige Behörde kann

1.

anordnen, dass abweichend von Absatz 4 Satz 1 oder Absatz 5 Satz 2 zur Ermittlung der Körperdosis zusätzlich oder allein die Ortsdosis oder die Ortsdosisleistung gemessen wird, wenn dies nach den Expositionsbedingungen erforderlich erscheint,

2.

bei unterbliebener oder fehlerhafter Messung eine Ersatzdosis festlegen,

3.

anordnen, dass die Personendosis nach einem anderen oder nach zwei voneinander unabhängigen Verfahren gemessen wird und

4.

anordnen, dass bei Personen, die sich im Überwachungsbereich aufhalten, die Körperdosis ermittelt wird.

(9) Die Ergebnisse der Ermittlungen und Messungen nach den Absätzen 1 bis 6 und 8 sind unverzüglich aufzuzeichnen. Die Aufzeichnungen sind so lange aufzubewahren, bis die überwachte Person das 75. Lebensjahr vollendet hat oder vollendet hätte, mindestens jedoch 30 Jahre nach Beendigung der jeweiligen Beschäftigung. Sie sind spätestens 100 Jahre nach der Geburt der betroffenen Person zu löschen. Sie sind auf Verlangen der zuständigen Behörde vorzulegen oder bei einer von dieser bestimmten Stelle zu hinterlegen. § 28 Abs. 4 gilt entsprechend. Bei einem Wechsel des Beschäftigungsverhältnisses sind die Ermittlungsergebnisse dem neuen Arbeitgeber auf Verlangen mitzuteilen, falls weiterhin eine Beschäftigung als beruflich strahlenexponierte Person ausgeübt wird. Aufzeichnungen, die infolge Beendigung der Beschäftigung als beruflich strahlenexponierte Person nicht mehr benötigt werden, sind der nach Landesrecht zuständigen Stelle zu übergeben. Einer beruflich strahlenexponierten Person ist auf Verlangen die im Beschäftigungsverhältnis erhaltene berufliche Strahlenexposition schriftlich mitzuteilen, sofern nicht bereits ein Strahlenpass nach Absatz 2 Satz 1 geführt wird.

(10) Die Messstellen nach Absatz 4 Satz 2 nehmen an Maßnahmen zur Qualitätssicherung teil, die von der Physikalisch-Technischen Bundesanstalt durchgeführt werden.

(11) Überschreitungen der Grenzwerte nach § 31a Abs. 1 bis 4 sind der zuständigen Behörde unter Angabe der Gründe, der betroffenen Person und der ermittelten Körperdosen unverzüglich mitzuteilen. Der betroffenen Person ist unverzüglich die Körperdosis mitzuteilen.

(12) Die Qualität der Messungen nach Absatz 4 Satz 3 Nummer 2 ist durch regelmäßige interne Prüfungen sicherzustellen. Die Ergebnisse der Prüfungen sind der zuständigen Behörde auf Verlangen mitzuteilen.

§ 35a Strahlenschutzregister

(1) In das Strahlenschutzregister nach § 12c des Atomgesetzes werden eingetragen:

1.
die infolge einer beruflichen Strahlenexposition nach § 35 Abs. 7 Satz 4 ermittelten Dosiswerte sowie dazugehörige Feststellungen der zuständigen Behörde,

2.
Angaben über registrierte Strahlenpässe nach § 35 Abs. 2 Satz 1 oder 2,

3.
die jeweiligen Personendaten (Familienname, Vornamen, Geburtsdatum und -ort, Geschlecht), Beschäftigungsmerkmale und Expositionsverhältnisse sowie die Anschrift des Strahlenschutzverantwortlichen.

(2) Zur Eintragung in das Strahlenschutzregister übermitteln jeweils die Daten nach Absatz 1

1.
die Messstellen nach § 35 Abs. 4 Satz 2 binnen Monatsfrist,

2.
die zuständige Behörde ihre Feststellungen sowie Angaben über registrierte Strahlenpässe unverzüglich,

soweit neue oder geänderte Daten vorliegen. Die zuständige Behörde kann anordnen, dass eine Messstelle bei ihr aufgezeichnete Feststellungen zu einer früher erhaltenen Körperdosis zur Eintragung in das Strahlenschutzregister übermittelt; sie kann von ihr angeforderte Aufzeichnungen des Strahlenschutzverantwortlichen oder des Strahlenschutzbeauftragten über Ergebnisse von Messungen und Ermittlungen zur Körperdosis zur Eintragung in das Strahlenschutzregister weiterleiten.

(3) Das Bundesamt für Strahlenschutz fasst die übermittelten Daten im Strahlenschutzregister personenbezogen zusammen, wertet sie aus und unterrichtet die zuständige Behörde, wenn es dies im Hinblick auf die Ergebnisse der Auswertung für erforderlich hält.

(4) Auskünfte aus dem Strahlenschutzregister werden erteilt, soweit dies für die Wahrnehmung der Aufgaben des Empfängers erforderlich ist:

1.
einer zuständigen Behörde oder einer Messstelle auf Anfrage; die zuständige Behörde kann Auskünfte aus dem Strahlenschutzregister an den Strahlenschutzverantwortlichen über bei ihm tätige Personen betreffende Daten, an dessen Strahlenschutzbeauftragten sowie an den zuständigen Arzt nach § 41 Abs. 1 Satz 1 weitergeben, soweit dies zu deren Aufgabenwahrnehmung erforderlich ist,

2.
einem Strahlenschutzverantwortlichen über bei ihm tätige Personen betreffende Daten auf Antrag,

3.
einem Träger der gesetzlichen Unfallversicherung über bei ihm versicherte Personen betreffende Daten auf Antrag.

Dem Betroffenen werden Auskünfte aus dem Strahlenschutzregister über die zu seiner Person gespeicherten Daten auf Antrag erteilt.

(5) Hochschulen, anderen Einrichtungen, die wissenschaftliche Forschung betreiben, und öffentlichen Stellen dürfen auf Antrag Auskünfte erteilt werden, soweit dies für die Durchführung bestimmter wissenschaftlicher Forschungsarbeiten im Bereich des Strahlenschutzes erforderlich ist und § 12c Abs. 3 des Atomgesetzes nicht entgegensteht. Wird eine Auskunft über personenbezogene Daten beantragt, so ist eine schriftliche Einwilligung des Betroffenen beizufügen. Soll die Auskunft ohne Einwilligung des Betroffenen erfolgen, sind die für die Prüfung der Voraussetzungen nach § 12c Abs. 3 Satz 2 des Atomgesetzes erforderlichen Angaben zu machen; zu § 12c Abs. 3 Satz 3 des Atomgesetzes ist glaubhaft zu machen, dass der Zweck der

wissenschaftlichen Forschung bei Verwendung anonymisierter Daten nicht mit vertretbarem Aufwand erreicht werden kann. Personenbezogene Daten dürfen nur für die Forschungsarbeit verwendet werden, für die sie übermittelt worden sind; die Verwendung für andere Forschungsarbeiten oder die Weitergabe richtet sich nach den Sätzen 2 und 3 und bedarf der Zustimmung des Bundesamtes für Strahlenschutz.

(6) Die im Strahlenschutzregister gespeicherten personenbezogenen Daten sind 100 Jahre nach der Geburt der betroffenen Person zu löschen.

(7) Die Messstellen oder die zuständigen Behörden beginnen mit der Übermittlung zu dem Zeitpunkt, den das Bundesamt für Strahlenschutz bestimmt. Das Bundesamt für Strahlenschutz bestimmt das Datenformat und das Verfahren der Übermittlung.

-

§ 36 Unterweisung

(1) Personen, denen nach § 22 Abs. 1 Nr. 2 Buchstabe a und c der Zutritt zum Kontrollbereich gestattet wird, sind vor dem erstmaligen Zutritt über die Arbeitsmethoden, die möglichen Gefahren, die anzuwendenden Sicherheits- und Schutzmaßnahmen und den für ihre Beschäftigung oder ihre Anwesenheit wesentlichen Inhalt dieser Verordnung, der Genehmigung oder Anzeige und der Strahlenschutzanweisung zu unterweisen. Satz 1 gilt entsprechend auch für Personen, die außerhalb des Kontrollbereichs Röntgenstrahlung anwenden, soweit diese Tätigkeit der Genehmigung oder der Anzeige bedarf. Die Unterweisung ist mindestens einmal im Jahr zu wiederholen. Sie kann Bestandteil sonstiger erforderlicher Unterweisungen nach immissionsschutz- oder arbeitsschutzrechtlichen Vorschriften sein.

(2) Andere Personen, denen der Zutritt zu Kontrollbereichen gestattet wird, sind vorher über die möglichen Gefahren und ihre Vermeidung zu unterweisen.

(3) Frauen sind im Rahmen der Unterweisungen nach Absatz 1 oder 2 darauf hinzuweisen, dass eine Schwangerschaft im Hinblick auf die Risiken einer Strahlenexposition für das ungeborene Kind so früh wie möglich mitzuteilen ist.

(4) Über den Inhalt und den Zeitpunkt der Unterweisung nach Absatz 1 oder 2 sind Aufzeichnungen zu führen, die von der unterwiesenen Person zu unterzeichnen sind. Die Aufzeichnungen sind in den Fällen des Absatzes 1 fünf Jahre, in denen des Absatzes 2 ein Jahr lang nach der Unterweisung aufzubewahren und der zuständigen Behörde auf Verlangen vorzulegen.

Abschnitt 4
Arbeitsmedizinische Vorsorge

-

§ 37 Erfordernis der arbeitsmedizinischen Vorsorge

(1) Eine beruflich strahlenexponierte Person der Kategorie A darf im Kontrollbereich Aufgaben nur wahrnehmen, wenn sie innerhalb eines Jahres vor Beginn der Aufgabenwahrnehmung von einem Arzt nach § 41 Abs. 1 Satz 1 untersucht worden ist und dem Strahlenschutzverantwortlichen eine von diesem Arzt ausgestellte Bescheinigung vorliegt, nach der der Aufgabenwahrnehmung keine gesundheitlichen Bedenken entgegenstehen.

(2) Eine beruflich strahlenexponierte Person der Kategorie A darf nach Ablauf eines Jahres seit der letzten Beurteilung oder Untersuchung im Kontrollbereich Aufgaben nur weiter wahrnehmen, wenn sie von einem Arzt nach § 41 Abs. 1 Satz 1 erneut untersucht oder beurteilt worden ist und dem Strahlenschutzverantwortlichen eine von diesem Arzt ausgestellte Bescheinigung vorliegt, dass gegen die weitere Aufgabenwahrnehmung keine gesundheitlichen Bedenken bestehen. Wurde in einem Jahr eine Beurteilung ohne Untersuchung durchgeführt, so ist die Person im folgenden Jahr zu untersuchen.

(3) Die zuständige Behörde kann auf Vorschlag des Arztes nach § 41 Abs. 1 Satz 1 die in Absatz 2

genannte Frist abkürzen, wenn die Arbeitsbedingungen oder der Gesundheitszustand der beruflich strahlenexponierten Person dies erfordern.

(4) Die zuständige Behörde kann unter entsprechender Anwendung der Absätze 1 und 2 für eine beruflich strahlenexponierte Person der Kategorie B Maßnahmen der arbeitsmedizinischen Vorsorge anordnen.

(5) Die zuständige Behörde kann anordnen, dass die in § 31a Abs. 3 genannten nicht beruflich strahlenexponierten Personen sich von einem Arzt nach § 41 Abs. 1 Satz 1 untersuchen lassen.

(5a) Nach Beendigung der Aufgabenwahrnehmung ist dafür zu sorgen, dass die arbeitsmedizinische Vorsorge mit Einwilligung der betroffenen Person so lange fortgesetzt wird, wie es der Arzt nach § 41 Absatz 1 Satz 1 zum Schutz der beruflich strahlenexponierten Person für erforderlich erachtet (nachgehende Untersuchung). Satz 1 gilt auch im Fall der besonderen arbeitsmedizinischen Vorsorge nach § 40 Absatz 1. Die Verpflichtung zum Angebot nachgehender Untersuchungen besteht nicht mehr, wenn der zuständige gesetzliche Unfallversicherungsträger die nachgehende Untersuchung mit Einwilligung der betroffenen Person nach Beendigung des Beschäftigungsverhältnisses veranlasst. Voraussetzung hierfür ist, dass dem Unfallversicherungsträger die erforderlichen Unterlagen in Kopie überlassen werden; hierauf ist der Betroffene vor Abgabe der Einwilligung schriftlich hinzuweisen.

(6) Personen, die nach den Absätzen 1 bis 5 der arbeitsmedizinischen Vorsorge unterliegen, haben die erforderlichen ärztlichen Untersuchungen zu dulden.

§ 38 Ärztliche Bescheinigung

(1) Der Arzt nach § 41 Abs. 1 Satz 1 muss zur Erteilung der ärztlichen Bescheinigung die bei der arbeitsmedizinischen Vorsorge von anderen Ärzten nach § 41 Abs. 1 Satz 1 angelegten Gesundheitsakten anfordern, soweit diese für die Beurteilung erforderlich sind, sowie die bisher erteilten ärztlichen Bescheinigungen, die behördlichen Entscheidungen nach § 39 und die diesen zu Grunde liegenden Gutachten. Die angeforderten Unterlagen sind dem Arzt nach § 41 Abs. 1 Satz 1 unverzüglich zu übergeben. Die ärztliche Bescheinigung ist auf dem Formblatt nach Anlage 4 zu erteilen.

(2) Der Arzt nach § 41 Abs. 1 Satz 1 kann die Erteilung der ärztlichen Bescheinigung davon abhängig machen, dass ihm

1.
    die Art der Aufgaben der beruflich strahlenexponierten Person und die mit diesen Aufgaben verbundenen Arbeitsbedingungen,

2.
    jeder Wechsel der Art der Aufgaben und der mit diesen verbundenen Arbeitsbedingungen,

3.
    die Ergebnisse der Körperdosisermittlungen und

4.
    der Inhalt der letzten ärztlichen Bescheinigung, soweit sie nicht von ihm ausgestellt wurde,

schriftlich mitgeteilt werden. Die der arbeitsmedizinischen Vorsorge unterliegende Person kann eine Abschrift der Mitteilungen nach Satz 1 verlangen.

(3) Der Arzt nach § 41 Abs. 1 Satz 1 hat die ärztliche Bescheinigung dem Strahlenschutzverantwortlichen, der beruflich strahlenexponierten Person und, soweit gesundheitliche Bedenken bestehen, auch der zuständigen Behörde unverzüglich zu übersenden. Während der Dauer der Wahrnehmung von Aufgaben als beruflich strahlenexponierte Person ist die ärztliche Bescheinigung aufzubewahren und der zuständigen Behörde auf Verlangen vorzulegen. Die Übersendung an die beruflich strahlenexponierte Person kann durch Eintragung des Inhalts der Bescheinigung in den Strahlenpass ersetzt werden.

(4) Die ärztliche Bescheinigung kann durch die Entscheidung der zuständigen Behörde nach § 39 ersetzt werden.

§ 39 Behördliche Entscheidung

(1) Hält der Strahlenschutzverantwortliche oder die beruflich strahlenexponierte Person die vom Arzt nach § 41 Abs. 1 Satz 1 in der Bescheinigung nach § 38 getroffene Beurteilung für

unzutreffend, so kann die Entscheidung der zuständigen Behörde beantragt werden.
(2) Die zuständige Behörde kann vor ihrer Entscheidung das Gutachten eines Arztes einholen, der über die für arbeitsmedizinische Vorsorge strahlenexponierter Personen erforderliche Fachkunde im Strahlenschutz verfügt. Die Kosten des ärztlichen Gutachtens sind vom Strahlenschutzverantwortlichen zu tragen.

—

§ 40 Besondere arbeitsmedizinische Vorsorge

(1) Ist nicht auszuschließen, dass eine Person auf Grund außergewöhnlicher Umstände eine Strahlenexposition erhalten hat, die im Kalenderjahr die effektive Dosis von 50 Millisievert oder die Organdosis von 150 Millisievert für die Augenlinse oder von 500 Millisievert für die Haut, die Hände, die Unterarme, die Füße oder Knöchel überschreitet, so ist dafür zu sorgen, dass sie unverzüglich einem Arzt nach § 41 Abs. 1 Satz 1 vorgestellt und der zuständigen Behörde der Sachverhalt unverzüglich mitgeteilt wird.
(2) Ist nach dem Ergebnis der besonderen arbeitsmedizinischen Vorsorge nach Absatz 1 zu besorgen, dass die Gesundheit der beruflich strahlenexponierten Person gefährdet wird, wenn sie erneut eine Aufgabe als beruflich strahlenexponierte Person wahrnimmt oder die Wahrnehmung der bisherigen Aufgabe fortsetzt, so kann die zuständige Behörde anordnen, dass sie diese Aufgabe nicht, nicht mehr oder nur unter Beschränkungen ausüben darf.
(3) (weggefallen)
(4) Personen, die der besonderen arbeitsmedizinischen Vorsorge nach Absatz 1 unterliegen, haben die erforderlichen ärztlichen Untersuchungen zu dulden.
(5) Für die Ergebnisse der besonderen arbeitsmedizinischen Vorsorge nach Absatz 1 gilt § 39 entsprechend.

—

§ 41 Ermächtigte Ärzte

(1) Die zuständige Behörde ermächtigt Ärzte zur Durchführung der arbeitsmedizinischen Vorsorge nach den §§ 37, 38 und 40. Die Ermächtigung darf nur einem Arzt erteilt werden, der die für die arbeitsmedizinische Vorsorge beruflich strahlenexponierter Personen erforderliche Fachkunde im Strahlenschutz nachweist.
(2) Der Arzt nach Absatz 1 Satz 1 hat die Aufgabe, die arbeitsmedizinische Vorsorge nach den §§ 37, 38 und 40 durchzuführen sowie die Maßnahmen vorzuschlagen, die bei erhöhter Strahlenexposition zur Vorbeugung vor gesundheitlichen Schäden und zu ihrer Abwehr erforderlich sind. Personen, die an Arbeitsplätzen beschäftigt sind, an denen die Augenlinse besonders belastet wird, sind daraufhin zu untersuchen, ob sich eine Katarakt gebildet hat.
(3) Der Arzt nach Absatz 1 Satz 1 ist verpflichtet, für jede beruflich strahlenexponierte Person, die der arbeitsmedizinischen Vorsorge unterliegt, eine Gesundheitsakte nach Maßgabe des Satzes 2 zu führen. Diese Gesundheitsakte hat Angaben über die Arbeitsbedingungen, die Ergebnisse der arbeitsmedizinischen Vorsorge nach § 37 Abs. 1, 2 oder 4, die ärztliche Bescheinigung nach § 38 Abs. 1 Satz 3, die Ergebnisse der besonderen arbeitsmedizinischen Vorsorge nach § 40 Abs. 2, die Maßnahmen nach § 37 Abs. 3 oder § 39 Abs. 1, das Gutachten nach § 39 Abs. 2 sowie die durch die Wahrnehmung von Aufgaben als beruflich strahlenexponierte Person erhaltene Körperdosis zu enthalten. Die Gesundheitsakte ist so lange aufzubewahren, bis die Person das 75. Lebensjahr vollendet hat oder vollendet hätte, mindestens jedoch 30 Jahre nach Beendigung der Wahrnehmung von Aufgaben als beruflich strahlenexponierte Person. Sie ist spätestens 100 Jahre nach der Geburt der betroffenen Person zu vernichten.
(4) Der Arzt nach Absatz 1 Satz 1 ist verpflichtet, die Gesundheitsakte auf Verlangen der zuständigen Behörde einer von dieser benannten Stelle zur Einsicht vorzulegen und bei Beendigung der Ermächtigung zu übergeben. Dabei ist die ärztliche Schweigepflicht zu wahren.
(5) Der Arzt nach Absatz 1 Satz 1 hat der untersuchten Person auf ihr Verlangen Einsicht in ihre Gesundheitsakte zu gewähren.

Abschnitt 5
Außergewöhnliche Ereignisabläufe oder Betriebszustände

§ 42 Meldepflicht

(1) Außergewöhnliche Ereignisabläufe oder Betriebszustände beim Betrieb einer Röntgeneinrichtung oder eines Störstrahlers nach § 5 Abs. 1 sind der zuständigen Behörde unverzüglich zu melden, wenn

1.
    zu besorgen ist, dass eine Person eine Strahlenexposition erhalten haben kann, die die Grenzwerte der Körperdosis nach § 31a Abs. 1 oder 2 übersteigt oder

2.
    sie von erheblicher sicherheitstechnischer Bedeutung sind.

(2) Nach Absatz 1 meldepflichtige außergewöhnliche Ereignisabläufe oder Betriebszustände beim Betrieb einer Röntgeneinrichtung, die ein Medizinprodukt oder Zubehör im Sinne des Medizinproduktegesetzes ist, sind zusätzlich unverzüglich dem Bundesinstitut für Arzneimittel und Medizinprodukte zu melden.

Abschnitt 6
Formvorschriften

§ 43 Elektronische Kommunikation

(1) Aufzeichnungs-, Buchführungs- und Aufbewahrungspflichten nach dieser Verordnung können elektronisch erfüllt werden. § 28 Absatz 4 bis 6 bleibt unberührt.

(2) Mitteilungs-, Melde- oder Anzeigepflichten können in elektronischer Form erfüllt werden, wenn der Empfänger hierfür einen Zugang eröffnet und das Verfahren und die für die Datenübertragung notwendigen Anforderungen bestimmt. Dabei müssen dem jeweiligen Stand der Technik entsprechende Maßnahmen zur Sicherstellung von Datenschutz und Datensicherheit getroffen werden, die insbesondere die Vertraulichkeit und Unversehrtheit der Daten gewährleisten; bei der Nutzung allgemein zugänglicher Netze sind Verschlüsselungsverfahren anzuwenden. Ist ein übermitteltes elektronisches Dokument für den Empfänger nicht zur Bearbeitung geeignet, teilt er dies dem Absender unter Angabe der für den Empfang geltenden technischen Rahmenbedingungen unverzüglich mit.

(3) Abweichend von § 17 Absatz 1 Satz 1 erster Halbsatz des Atomgesetzes kann eine Genehmigung oder allgemeine Zulassung nach dieser Verordnung auch in elektronischer Form erteilt werden. In diesem Fall ist das elektronische Dokument mit einer dauerhaft überprüfbaren Signatur nach § 37 Absatz 4 des Verwaltungsverfahrensgesetzes zu versehen.

Abschnitt 7
Ordnungswidrigkeiten

§ 44 Ordnungswidrigkeiten

Ordnungswidrig im Sinne des § 46 Abs. 1 Nr. 4 des Atomgesetzes handelt, wer vorsätzlich oder fahrlässig

1.
    ohne Genehmigung nach

a)

§ 3 Abs. 1 eine Röntgeneinrichtung betreibt oder deren Betrieb verändert,

b)

§ 5 Abs. 1 Satz 1 einen Störstrahler betreibt oder dessen Betrieb verändert oder

c)

§ 28a Abs. 1 Röntgenstrahlung am Menschen zum Zweck der medizinischen Forschung anwendet,

2.

einer vollziehbaren Anordnung nach § 4 Abs. 6, § 5 Abs. 7, §§ 7, 20 Abs. 4 oder § 33 Abs. 1 oder 2 zuwiderhandelt,

3.

entgegen § 5 Abs. 5 einen Störstrahler einem anderen überlässt,

4.

entgegen § 6 Abs. 1 Satz 1 eine Anzeige nicht, nicht richtig oder nicht rechtzeitig erstattet,

5.

entgegen § 9 Satz 1 Nr. 1 oder 2 eine Qualitätskontrolle nicht oder nicht rechtzeitig durchführt oder nicht überwachen lässt,

6.

entgegen § 9 Satz 1 Nr. 3 ein Bauartzeichen oder eine weitere Angabe nicht oder nicht rechtzeitig anbringt,

7.

entgegen § 9 Satz 1 Nr. 4 oder 5, jeweils auch in Verbindung mit § 12 Abs. 1 Satz 2, einen Abdruck des Zulassungsscheins oder eine Betriebsanleitung nicht oder nicht rechtzeitig aushändigt,

8.

entgegen § 12 Abs. 1 Satz 1 einen Abdruck des Zulassungsscheins nicht bereithält,

9.

entgegen § 12 Abs. 3 den Betrieb nicht oder nicht rechtzeitig einstellt,

10.

entgegen § 13 Abs. 2 Satz 1 die erforderliche Anzahl von Strahlenschutzbeauftragten nicht oder nicht in der vorgeschriebenen Weise bestellt,

11.

entgegen § 15 Abs. 1 Nr. 3 als Strahlenschutzverantwortlicher nicht dafür sorgt, dass eine der Vorschriften der § 3 Abs. 8, § 13 Abs. 2 Satz 2 oder Abs. 3 bis 5, § 15a Satz 1, § 16 Abs. 4 Satz 1, § 17 Abs. 3 Satz 1, § 17a Abs. 4 Satz 1 oder § 18 Abs. 1 Satz 3 oder Abs. 4 eingehalten wird,

12.

entgegen § 15 Abs. 1 Nr. 4 oder Abs. 2 Nr. 1 als Strahlenschutzverantwortlicher oder Strahlenschutzbeauftragter nicht dafür sorgt, dass eine der Vorschriften der § 16 Abs. 1 Satz 2, Abs. 2 Satz 1 bis 3 oder 5, Abs. 3 Satz 1 bis 5 oder Abs. 4 Satz 2 oder 3, § 17 Abs. 1 Satz 1 bis 3 oder 5, Abs. 2 Satz 1, 3 oder 4, Abs. 3 Satz 2 oder 3, § 17a Abs. 4 Satz 2 oder 3, § 18 Abs. 1 Satz 1, 2 oder 4, Abs. 2 oder 3 Satz 1, § 19 Abs. 1 Satz 1, Abs. 2, 3 oder Abs. 6 Satz 1, § 20 Abs. 1 oder 2 Satz 2, § 21 Abs. 1 oder 2 Satz 1, § 22 Abs. 1 Satz 1 oder Abs. 2 Satz 2, § 23 Abs. 1 Satz 1, Abs. 2 oder 3, §§ 24, 25 Abs. 1 Satz 1, Abs. 2, 3 oder 5 Satz 2 oder 3, §§ 26, 27 Abs. 1 Satz 1, Abs. 2 oder 3, § 28 Abs. 1 bis 3 Satz 1 oder 2, Abs. 4, 5 Satz 1, Abs. 6 oder 8, § 28c Abs. 1 Satz 2 oder Abs. 2 bis 5, § 28d Abs. 1, 2 Satz 1, Abs. 3 oder 4, §§ 28e, 29 Absatz 1, 2 oder Absatz 4 Satz 1 oder Satz 2, § 30 Satz 1, § 31a Abs. 1 Satz 1, Abs. 2, 3 Satz 1 oder 2, Abs. 4 Satz 1 oder 2 oder Abs. 5 Satz 1, § 31b Satz 1, § 31c Satz 1, §§ 32, 34 Absatz 1 Satz 1, Absatz 2 oder Absatz 4, § 35 Abs. 1 Satz 1, Abs. 2 Satz 1, Abs. 3 oder 4 Satz 1, 3 oder 5, Abs. 5, 6 oder 7 Satz 1, Abs. 9 oder 11, § 36 Abs. 1 Satz 1 oder 2, § 37 Abs. 1 oder 2, § 40 Absatz 1 oder § 42 eingehalten wird,

13.

entgegen § 33 Abs. 4 Satz 3 den Strahlenschutzverantwortlichen nicht oder nicht rechtzeitig unterrichtet,

14.

entgegen § 35 Abs. 1 Satz 3, § 37 Abs. 6 oder § 40 Abs. 4 eine Messung oder eine ärztliche Untersuchung nicht duldet,

15.

entgegen § 38 Abs. 1 Satz 2 eine angeforderte Unterlage nicht oder nicht rechtzeitig übergibt,

16.

entgegen § 38 Abs. 3 Satz 1 eine ärztliche Bescheinigung nicht oder nicht rechtzeitig übersendet,

17.

entgegen § 41 Abs. 3 Satz 1, 3 oder 4 eine Gesundheitsakte nicht, nicht richtig oder nicht vollständig führt, nicht oder nicht für die vorgeschriebene Dauer aufbewahrt oder nicht oder nicht rechtzeitig vernichtet,

18.

entgegen § 41 Abs. 4 Satz 1 eine Gesundheitsakte nicht oder nicht rechtzeitig vorlegt oder nicht oder nicht rechtzeitig übergibt oder

19.

entgegen § 41 Abs. 5 Einsicht in die Gesundheitsakte nicht oder nicht rechtzeitig gewährt.

Abschnitt 8
Schlussvorschriften

-

§ 45 Übergangsvorschriften

(1) Wer am 1. Juli 2002 eine Röntgeneinrichtung oder einen Störstrahler befugt betreibt, darf die Röntgeneinrichtung oder den Störstrahler mit der Maßgabe weiter betreiben, dass die Grenzwerte des § 31a Abs. 1 bis 4 und § 32 nicht überschritten werden. Für den Betrieb von Röntgeneinrichtungen gilt die Genehmigung nach § 16 der Strahlenschutzverordnung vom 13. Oktober 1976 als Genehmigung nach § 3 und die Anzeige nach § 17 der Strahlenschutzverordnung vom 13. Oktober 1976 als Anzeige nach § 4 fort. § 33 bleibt unberührt.
(2) Wer am 31. Oktober 2011 eine Röntgeneinrichtung im Sinne des § 4 Absatz 4 Nummer 5 auf Grund einer Anzeige nach § 4 Absatz 1 befugt betreibt, darf diesen Betrieb bis zum 1. November 2012 fortsetzen; wenn er vor diesem Tag den Antrag auf Genehmigung gestellt hat, verlängert sich die Frist, bis die Behörde die Entscheidung über den Antrag bekannt gegeben hat. Eine Genehmigung für den Betrieb einer Röntgeneinrichtung im Sinne des § 4 Absatz 4 Nummer 5, die vor dem 1. November 2011 erteilt worden ist, erlischt am 1. November 2016, soweit der Genehmigungsbescheid keine kürzere Befristung vorsieht.
(3) Für eine vor dem 1. Juli 2002 nach § 6 angezeigte Tätigkeit gilt Absatz 1 Satz 1 entsprechend. Der zur Anzeige nach § 6 Abs. 1 Nr. 3 Verpflichtete darf seine Tätigkeit fortsetzen, wenn er spätestens bis zum 1. Oktober 2002 die Anzeige sowie spätestens bis zum 1. Juli 2003 die Nachweise entsprechend § 3 Abs. 2 Nr. 3 und 4 der zuständigen Behörde vorlegt.
(4) Ein Verfahren der Bauartzulassung eines Röntgenstrahlers, Hoch- oder Vollschutzgerätes, das vor dem 1. November 2011 begonnen und bei dem die Bauartprüfung veranlasst worden ist, ist nach Maßgabe der bis dahin geltenden Vorschriften abzuschließen.
(5) Messergebnisse nach § 35 Absatz 7 Satz 3, die vor dem 1. November 2011 aufgezeichnet worden sind, sind nach der jeweiligen Feststellung 30 Jahre lang aufzubewahren.
(6) Bei vor dem 1. Juli 2002 bestellten Strahlenschutzbeauftragten gilt die erforderliche Fachkunde im Strahlenschutz im Sinne des § 18a Abs. 1 als erworben und bescheinigt. Eine vor dem 1. Juli 2002 erfolgte Bestellung zum Strahlenschutzbeauftragten gilt fort, sofern die Aktualisierung der Fachkunde entsprechend § 18a Abs. 2 bei Bestellung vor 1973 bis zum 1. Juli 2004, zwischen 1973 bis 1987 bis zum 1. Juli 2005, nach 1987 bis zum 1. Juli 2007 nachgewiesen wird. Eine vor dem 1. Juli 2002 erworbene Fachkunde gilt fort, sofern die Aktualisierung der Fachkunde bei Erwerb der Fachkunde vor 1973 bis zum 1. Juli 2004, bei Erwerb zwischen 1973 bis 1987 bis zum 1. Juli 2005, bei Erwerb nach 1987 bis zum 1. Juli 2007 nachgewiesen wird. Die Sätze 1 bis 3

gelten entsprechend für die Ärzte nach § 41 Abs. 1 Satz 1, für Strahlenschutzverantwortliche, die die erforderliche Fachkunde im Strahlenschutz besitzen und die keine Strahlenschutzbeauftragten bestellt haben, und für Personen, die die Fachkunde vor dem 1. Juli 2002 erworben haben, aber nicht als Strahlenschutzbeauftragte bestellt sind.

(7) Bei vor dem 1. Juli 2002 tätigen Personen im Sinne des § 3 Abs. 4 Satz 2 Nr. 3, § 24 Abs. 1 Nr. 3 und Abs. 2 Nr. 4 und § 29 Abs. 2 Nr. 3 gilt Absatz 6 Satz 3 für die erforderlichen Kenntnisse im Strahlenschutz im Sinne des § 18a Abs. 3 entsprechend.

(8) Personen, die als Hilfskräfte nach § 23 Nr. 4 dieser Verordnung in der vor dem 1. Juli 2002 geltenden Fassung Röntgenstrahlung am Menschen anwenden durften, sind weiterhin zur technischen Durchführung berechtigt, wenn sie unter ständiger Aufsicht und Verantwortung einer Person nach § 24 Abs. 1 Nr. 1 oder 2 tätig sind und die erforderlichen Kenntnisse im Strahlenschutz besitzen. § 18a Abs. 3 gilt entsprechend.

(9) Die vor dem 1. Juli 2002 für Messstellen nach Landesrecht festgelegte Zuständigkeit gilt als Bestimmung im Sinne des § 35 Abs. 4 Satz 2 fort.

(10) Die vor dem 1. Juli 2002 für die Prüfung von Röntgeneinrichtungen nach § 4 von der zuständigen Behörde erfolgte Bestimmung eines Sachverständigen gilt als Bestimmung nach § 4a fort.

(11) Die vor dem 1. Juli 2002 von der zuständigen Behörde erfolgte Bestimmung einer ärztlichen oder zahnärztlichen Stelle gilt als Bestimmung nach § 17a Abs. 1 fort.

(12) Die in § 2 Nr. 6 Buchstabe e bis g aufgeführten Messgrößen sind spätestens bis zum 1. August 2011 bei Messungen der Personendosis nach § 35 und spätestens bis zum 1. August 2016 bei Messungen der Ortsdosis und Ortsdosisleistung nach § 34 zu verwenden. Unberührt hiervon ist bei Messungen der Ortsdosis oder Ortsdosisleistung unter Verwendung anderer als der in § 2 Nr. 6 Buchstabe e bis g genannten Messgrößen eine Umrechnung auf die Messgröße nach § 2 Nr. 6 Buchstabe e bis g durchzuführen, wenn diese Messungen dem Nachweis dienen, dass die Grenzwerte der Körperdosis nach den §§ 31a und 32 nicht überschritten werden.

(13) Bis zum 1. Juli 2002 ermittelte Werte der Körperdosis oder der Personendosis gelten als Werte der Körperdosis nach § 2 Nr. 6 Buchstabe c oder der Personendosis nach § 2 Nr. 6 Buchstabe g fort.

(14) Ein Röntgenstrahler für eine Röntgeneinrichtung zur Anwendung von Röntgenstrahlung am Menschen darf, soweit er nicht nach § 4 Abs. 1 Nr. 2 in Verkehr gebracht wird, nur in Betrieb genommen werden, wenn die geltenden Sicherheits- und Strahlenschutzbestimmungen eingehalten werden und wenn er als Ersatz für einen baugleichen Röntgenstrahler für eine Röntgeneinrichtung zur Anwendung von Röntgenstrahlung am Menschen vorgesehen ist, der nach den geltenden Vorschriften dieser Verordnung in der zum Zeitpunkt der Herstellung des Röntgenstrahlers geltenden Fassung in Betrieb genommen wurde und wenn dies durch eine Bescheinigung des Herstellers bestätigt wird.

-

§ 46

(weggefallen)

-

§ 47 Berlin-Klausel

(gegenstandslos)

-

§ 48

(Inkrafttreten, abgelöste Vorschrift)

-

Anlage 1 (zu § 8 Abs. 1 Satz 1)

Vorschriften über die Bauart von Röntgenstrahlern, die zur Anwendung von Röntgenstrahlung am Tier bestimmt sind (Röntgenstrahler in Röntgeneinrichtungen für tiermedizinische Zwecke, soweit sie nicht nach den Vorschriften des Medizinproduktegesetzes erstmalig in Verkehr gebracht sind)
(Fundstelle: BGBl. I 2003, 63; bzgl. einzelner Änderungen vgl. Fußnote)
Bei Röntgenstrahlern für tiermedizinische Zwecke darf die über einen je nach Anwendung geeigneten Zeitraum gemittelte Ortsdosisleistung bei geschlossenem Strahlenaustrittsfenster und bei den vom Hersteller oder Einführer angegebenen maximalen Betriebsbedingungen

1.
    in 1 Meter Abstand vom Brennfleck nicht höher sein als 1 Millisievert durch Stunde und

2.
    in 0,1 Meter Abstand von der berührbaren Oberfläche des Röntgenstrahlers, ausgenommen dem Bereich der Oberfläche, in dem sich das Strahlenaustrittsfenster befindet, 100 Mikrosievert durch Stunde nicht überschreiten, sofern die Röntgenstrahler für eine Anwendung aus der Hand geeignet sind.

-

Anlage 2 (zu § 8 Abs. 1 Satz 1)

Vorschriften über die Bauart von Röntgenstrahlern und Röntgeneinrichtungen, die zur Anwendung in den in § 30 bezeichneten Fällen bestimmt sind (Röntgeneinrichtungen für nichtmedizinische Zwecke), und von Störstrahlern (§ 5 Abs. 3)
(Fundstelle: BGBl. I 2003, 632 - 633; bzgl. einzelner Änderungen vgl. Fußnote)

1.
    Röntgenstrahler
Bei Röntgenstrahlern, bei denen der Untersuchungsgegenstand vom Schutzgehäuse nicht mit umschlossen wird, muss sichergestellt sein, dass die in Nummer 1.1 und 1.2 angegebenen Werte eingehalten werden.

1.1
    Bei Röntgenstrahlern für Röntgenfeinstrukturuntersuchungen wie Röntgenbeugung, Röntgenmikroradiografie sowie Röntgenspektralanalyse darf die Ortsdosisleistung bei geschlossenen Strahlenaustrittsfenstern und den vom Hersteller oder Einführer angegebenen maximalen Betriebsbedingungen in 1 Meter Abstand vom Brennfleck 3 Mikrosievert durch Stunde nicht überschreiten.

1.2
    Bei den übrigen Röntgenstrahlern darf die über einen je nach Anwendung geeigneten Zeitraum gemittelte Ortsdosisleistung bei geschlossenen Strahlenaustrittsfenstern und den vom Hersteller oder Einführer angegebenen maximalen Betriebsbedingungen in 1 Meter Abstand vom Brennfleck folgende Werte nicht überschreiten:

1.2.1
    bei Nennspannungen bis 200 Kilovolt 2,5 Millisievert durch Stunde,

1.2.2
    bei Nennspannungen über 200 Kilovolt und bis 500 Kilovolt 10 Millisievert durch Stunde,

1.2.3
    bei Nennspannungen über 200 Kilovolt und bis 500 Kilovolt nach Herunterregeln auf eine Röntgenspannung von 200 Kilovolt 2,5 Millisievert durch Stunde.

2.
    Hochschutzgeräte
Bei Hochschutzgeräten muss sichergestellt sein, dass

2.1

267

das Schutzgehäuse außer der Röntgenröhre oder dem Röntgenstrahler auch den zu behandelnden oder zu untersuchenden Gegenstand vollständig umschließt,

2.2

die Ortsdosisleistung im Abstand von 0,1 Meter von der berührbaren Oberfläche des Schutzgehäuses - ausgenommen Innenräume nach Nummer 2.3.1 - bei den vom Hersteller oder Einführer angegebenen maximalen Betriebsbedingungen 10 Mikrosievert durch Stunde nicht überschreitet,

2.3

die Röntgenröhre oder der Röntgenstrahler nur bei vollständig geschlossenem Schutzgehäuse betrieben werden kann. Dies gilt nicht für

2.3.1

Schutzgehäuse, in die ausschließlich hineingefasst werden kann, wenn die Ortsdosisleistung im erreichbaren Teil des Innenraumes bei den vom Hersteller oder Einführer angegebenen maximalen Betriebsbedingungen 0,25 Millisievert durch Stunde nicht überschreitet, oder

2.3.2

Untersuchungsverfahren, die einen kontinuierlichen Betrieb des Röntgenstrahlers erfordern, wenn die Ortsdosisleistung im Innern des geöffneten Schutzgehäuses 10 Mikrosievert durch Stunde nicht überschreitet.

3.

Vollschutzgeräte

Bei Vollschutzgeräten muss

3.1

sichergestellt sein, dass

3.1.1

das Schutzgehäuse außer der Röntgenröhre oder dem Röntgenstrahler auch den zu behandelnden oder zu untersuchenden Gegenstand vollständig umschließt,

3.1.2

die Ortsdosisleistung im Abstand von 0,1 Meter von der berührbaren Oberfläche des Schutzgehäuses 3 Mikrosievert durch Stunde bei den vom Hersteller oder Einführer angegebenen maximalen Betriebsbedingungen nicht überschreitet,

3.2

durch zwei voneinander unabhängige Vorrichtungen sichergestellt sein, dass

3.2.1

die Röntgenröhre oder der Röntgenstrahler nur bei vollständig geschlossenem Schutzgehäuse betrieben werden kann oder

3.2.2

bei Untersuchungsverfahren, die einen kontinuierlichen Betrieb des Röntgenstrahlers erfordern, das Schutzgehäuse während des Betriebes des Röntgenstrahlers nur bei geschlossenem Strahlenaustrittsfenster geöffnet werden kann und hierbei im Inneren des Schutzgehäuses die Ortsdosisleistung 3 Mikrosievert durch Stunde nicht überschreitet.

4.

Schulröntgeneinrichtungen

Bei Schulröntgeneinrichtungen muss sichergestellt sein, dass

4.1

die Vorschriften der Nummer 3 erfüllt sind und

4.2

die vom Hersteller oder Einführer angegebenen maximalen Betriebsbedingungen nicht überschritten werden können.

5.

Störstrahler

Bei einem Störstrahler, der bauartzugelassen werden soll, muss sichergestellt sein, dass

5.1

die Ortsdosisleistung im Abstand von 0,1 Meter von der berührbaren Oberfläche des

Störstrahlers 1 Mikrosievert durch Stunde bei den vom Hersteller oder Einführer angegebenen maximalen Betriebsbedingungen nicht überschreitet,

5.2

der Störstrahler auf Grund technischer Maßnahmen nur dann betrieben werden kann, wenn die dem Strahlenschutz dienenden Vorrichtungen vorhanden und wirksam sind.

6.

Basisschutzgeräte

Bei Basisschutzgeräten muss sichergestellt sein, dass

6.1

das Schutzgehäuse außer der Röntgenröhre oder dem Röntgenstrahler auch den zu behandelnden oder zu untersuchenden Gegenstand so umschließt, dass ausschließlich Öffnungen zum Ein- und Ausbringen des Gegenstandes vorhanden sind,

6.2

die Ortsdosisleistung im Abstand von 0,1 Metern von der berührbaren Oberfläche des Schutzgehäuses und im Abstand von 0,1 Metern vor den Öffnungen 10 Mikrosievert durch Stunde bei den vom Hersteller oder Einführer angegebenen maximalen Betriebsbedingungen nicht überschreitet,

6.3

die Röntgenröhre oder der Röntgenstrahler nur bei vollständig geschlossenem Schutzgehäuse betrieben werden kann. Dies gilt nicht für

6.3.1

Öffnungen im Schutzgehäuse gemäß Nummer 6.1, wenn das Ein- und Ausbringen des zu behandelnden oder zu untersuchenden Gegenstandes ausschließlich mittels Probenwechsler oder Fördereinrichtung geschieht und die Abmessungen der Öffnungen diesem Zweck angepasst sind, oder

6.3.2

Untersuchungsverfahren, die einen kontinuierlichen Betrieb des Röntgenstrahlers erfordern, wenn die Ortsdosisleistung im Innern des geöffneten Schutzgehäuses 10 Mikrosievert durch Stunde nicht überschreitet.

Anlage 3 (zu § 31a)
Gewebe-Wichtungsfaktoren

Fundstelle des Originaltextes: BGBl. I 2003, 634

Gewebe oder Organe	Gewebe-Wichtungsfaktoren W_T
Keimdrüsen	0,20
Knochenmark (rot)	0,12
Dickdarm	0,12
Lunge	0,12
Magen	0,12
Blase	0,05
Brust	0,05
Leber	0,05
Speiseröhre	0,05
Schilddrüse	0,05
Haut	0,01
Knochenoberfläche	0,01
Andere Organe oder Gewebe 1), 2)	0,05

1)
Für Berechnungszwecke setzen sich andere Organe oder Gewebe wie folgt zusammen: Nebennieren, Gehirn, Dünndarm, Niere, Muskel, Bauchspeicheldrüse, Milz, Thymusdrüse und Gebärmutter.

2)
In den außergewöhnlichen Fällen, in denen ein einziges der anderen Organe oder Gewebe eine Äquivalentdosis erhält, die über der höchsten Dosis in einem der zwölf Organe liegt, für die ein Wichtungsfaktor angegeben ist, sollte ein Wichtungsfaktor von 0,025 für dieses Organ oder Gewebe und ein Wichtungsfaktor von 0,025 für die mittlere Organdosis der restlichen anderen Organe oder Gewebe gesetzt werden.

Anlage 4 (zu § 38 Abs. 1 Satz 3)
Ärztliche Bescheinigung nach § 38 der Röntgenverordnung

(Fundstelle: BGBl. I 2003, 635; bzgl. einzelner Änderungen vgl. Fußnote)

```
-----------------------------------------------------
                              -----------------------------------------
                              I Personalnummer                    I
Strahlenschutzverantwortlicher    I I I I I I I I I I I I I I I
(Unternehmen, Dienststelle usw.)  I------------------------------------I
                              I gegebenenfalls Registrier-Nr. des  I
                              I Strahlenpasses                    I
                              I I I I I I I I I I I I I I I
                              -----------------------------------------
                              Herr/Frau
                              Name        ...........................
                              Vorname     ...........................
                              geb. am     ...........................
                              Straße      ...........................
                              Wohnort     ...........................
                              wurde von mir
                              am .......................... untersucht.
Beurteilung
-----------------------------------------------------
```

Es bestehen derzeit gegen eine Wahrnehmung von Aufgaben im Bereich Röntgenstrahlung

I   keine gesundheitlichen Bedenken   ( )
II   gesundheitliche Bedenken gegen Tätigkeit im   ( )
        Kontrollbereich   ( )

Hinweis: Die Beurteilung umfasst nicht sonstige arbeitsmedizinische Vorsorgeuntersuchungen nach anderen Rechtsvorschriften. Hält der Strahlenschutzverantwortliche oder die beruflich strahlenexponierte Person die vom Arzt nach § 41 Abs. 1 Satz 1 in der Bescheinigung nach § 38 getroffene Beurteilung für unzutreffend, so kann die Entscheidung der zuständigen Behörde beantragt werden.

```
-----------------------------------------------------
```

Bemerkungen:

Nächste Beurteilung oder Untersuchung:

```
--------------------------------------------------------------------------
```
Ort, Datum   Unterschrift   Stempel mit Anschrift des Arztes

nach § 41 Abs. 1 Satz 1 RöV

-

Anlage 5 (zu § 2a Absatz 3)

(Fundstelle: BGBl. I 2011, 2054 - 2055)

Liste der nicht gerechtfertigten Tätigkeitsarten

Teil A

Anwendung von
Röntgenstrahlung zur Untersuchung
oder Behandlung von Menschen (Medizin)

1.

Anwendung von Röntgenstrahlung am Menschen zur Darstellung des Zahnstatus mit intraoraler Anode,

2.

Anwendung von Röntgenstrahlung am Menschen zur Pneumenzephalographie.

Teil B

Anwendung von Röntgenstrahlung außerhalb der Medizin

1.

Anwendung von Röntgenstrahlung am Menschen zur Zutrittskontrolle oder Suche von Gegenständen, die eine Person an oder in ihrem Körper verbirgt, soweit die Anwendung nicht

a)

auf Grund eines Gesetzes erfolgt und unter Berücksichtigung aller Umstände des Einzelfalls zur Erledigung hoheitlicher Aufgaben notwendig ist oder

b)

im Geschäftsbereich des Bundesministeriums der Verteidigung zum Zweck der Verteidigung oder der Erfüllung zwischenstaatlicher Verpflichtungen zwingend erforderlich ist.

2.

Anwendung von Röntgenstrahlung am Menschen zur Überprüfung der Passfähigkeit von Kleidungsstücken.

Heimarbeitsgesetz

-

HAG

Ausfertigungsdatum: 14.03.1951

"Heimarbeitsgesetz in der im Bundesgesetzblatt Teil III, Gliederungsnummer 804-1,

271

veröffentlichten bereinigten Fassung, das durch Artikel 26 des Gesetzes vom 20. November 2015 (BGBl. I S. 2010) geändert worden ist". Zuletzt geändert durch Art. 225 V v. 31.10.2006 I 2407. Änderung durch Art. 26 G v. 20.11.2015 I 2010 (Nr. 46) textlich nachgewiesen.

Fußnote

(+++ Textnachweis Geltung ab: 1.1.1975 +++)

<u>Erster Abschnitt</u>
<u>Allgemeine Vorschriften</u>

-

§ 1 Geltungsbereich

(1) In Heimarbeit Beschäftigte sind

a)
 die Heimarbeiter (§ 2 Abs. 1);
b)
 die Hausgewerbetreibenden (§ 2 Abs. 2).

(2) Ihnen können, wenn dieses wegen ihrer Schutzbedürftigkeit gerechtfertigt erscheint, gleichgestellt werden

a)
 Personen, die in der Regel allein oder mit ihren Familienangehörigen (§ 2 Abs. 5) in eigener Wohnung oder selbstgewählter Betriebsstätte eine sich in regelmäßigen Arbeitsvorgängen wiederholende Arbeit im Auftrag eines anderen gegen Entgelt ausüben, ohne daß ihre Tätigkeit als gewerblich anzusehen oder daß der Auftraggeber ein Gewerbetreibender oder Zwischenmeister (§ 2 Abs. 3) ist;
b)
 Hausgewerbetreibende, die mit mehr als zwei fremden Hilfskräften (§ 2 Abs. 6) oder Heimarbeitern (§ 2 Abs. 1) arbeiten;
c)
 andere im Lohnauftrag arbeitende Gewerbetreibende, die infolge ihrer wirtschaftlichen Abhängigkeit eine ähnliche Stellung wie Hausgewerbetreibende einnehmen;
d)
 Zwischenmeister (§ 2 Abs. 3).

Für die Feststellung der Schutzbedürftigkeit ist das Ausmaß der wirtschaftlichen Abhängigkeit maßgebend. Dabei sind insbesondere die Zahl der fremden Hilfskräfte, die Abhängigkeit von einem oder mehreren Auftraggebern, die Möglichkeiten des unmittelbaren Zugangs zum Absatzmarkt, die Höhe und die Art der Eigeninvestitionen sowie der Umsatz zu berücksichtigen.

(3) Die Gleichstellung erstreckt sich, wenn in ihr nichts anderes bestimmt ist, auf die allgemeinen Schutzvorschriften und die Vorschriften über die Entgeltregelung, den Entgeltschutz und die Auskunftspflicht über Entgelte (Dritter, Sechster, Siebenter und Achter Abschnitt). Die Gleichstellung kann auf einzelne dieser Vorschriften beschränkt oder auf weitere Vorschriften des Gesetzes ausgedehnt werden. Sie kann für bestimmte Personengruppen oder Gewerbezweige oder Beschäftigungsarten allgemein oder räumlich begrenzt ergehen; auch bestimmte einzelne Personen können gleichgestellt werden.

(4) Die Gleichstellung erfolgt durch widerrufliche Entscheidung des zuständigen Heimarbeitsausschusses (§ 4) nach Anhörung der Beteiligten. Sie ist vom Vorsitzenden zu unterschreiben und bedarf der Zustimmung der zuständigen Arbeitsbehörde (§ 3 Abs. 1) und der Veröffentlichung im Wortlaut an der von der zuständigen Arbeitsbehörde bestimmten Stelle. Sie tritt am Tag nach der Veröffentlichung in Kraft, wenn in ihr nicht ein anderer Zeitpunkt bestimmt ist. Die Veröffentlichung kann unterbleiben, wenn die Gleichstellung nur bestimmte einzelne Personen

betrifft; in diesem Fall ist in der Gleichstellung der Zeitpunkt ihres Inkrafttretens festzusetzen.

(5) Besteht ein Heimarbeitsausschuß für den Gewerbezweig oder die Beschäftigungsart nicht, so entscheidet über die Gleichstellung die zuständige Arbeitsbehörde nach Anhörung der Beteiligten. Die Entscheidung ergeht unter Mitwirkung der zuständigen Gewerkschaften und Vereinigungen der Auftraggeber, soweit diese zur Mitwirkung bereit sind. Die Vorschriften des Absatzes 4 über die Veröffentlichung und das Inkrafttreten finden entsprechende Anwendung.

(6) Gleichgestellte haben bei Entgegennahme von Heimarbeit auf Befragen des Auftraggebers ihre Gleichstellung bekanntzugeben.

-

§ 2 Begriffe

(1) Heimarbeiter im Sinne dieses Gesetzes ist, wer in selbstgewählter Arbeitsstätte (eigener Wohnung oder selbstgewählter Betriebsstätte) allein oder mit seinen Familienangehörigen (Absatz 5) im Auftrag von Gewerbetreibenden oder Zwischenmeistern erwerbsmäßig arbeitet, jedoch die Verwertung der Arbeitsergebnisse dem unmittelbar oder mittelbar auftraggebenden Gewerbetreibenden überläßt. Beschafft der Heimarbeiter die Roh- und Hilfsstoffe selbst, so wird hierdurch seine Eigenschaft als Heimarbeiter nicht beeinträchtigt.

(2) Hausgewerbetreibender im Sinne dieses Gesetzes ist, wer in eigener Arbeitsstätte (eigener Wohnung oder Betriebsstätte) mit nicht mehr als zwei fremden Hilfskräften (Absatz 6) oder Heimarbeitern (Absatz 1) im Auftrag von Gewerbetreibenden oder Zwischenmeistern Waren herstellt, bearbeitet oder verpackt, wobei er selbst wesentlich am Stück mitarbeitet, jedoch die Verwertung der Arbeitsergebnisse dem unmittelbar oder mittelbar auftraggebenden Gewerbetreibenden überläßt. Beschafft der Hausgewerbetreibende die Roh- und Hilfsstoffe selbst oder arbeitet er vorübergehend unmittelbar für den Absatzmarkt, so wird hierdurch seine Eigenschaft als Hausgewerbetreibender nicht beeinträchtigt.

(3) Zwischenmeister im Sinne dieses Gesetzes ist, wer, ohne Arbeitnehmer zu sein, die ihm von Gewerbetreibenden übertragene Arbeit an Heimarbeiter oder Hausgewerbetreibende weitergibt.

(4) Die Eigenschaft als Heimarbeiter, Hausgewerbetreibender und Zwischenmeister ist auch dann gegeben, wenn Personen, Personenvereinigungen oder Körperschaften des privaten oder öffentlichen Rechts, welche die Herstellung, Bearbeitung oder Verpackung von Waren nicht zum Zwecke der Gewinnerzielung betreiben, die Auftraggeber sind.

(5) Als Familienangehörige im Sinne dieses Gesetzes gelten, wenn sie Mitglieder der häuslichen Gemeinschaft sind,

a)
　Ehegatten und Lebenspartner der in Heimarbeit Beschäftigten (§ 1 Abs. 1) oder der nach § 1 Abs. 2 Buchstabe a Gleichgestellten;

b)
　Personen, die mit dem in Heimarbeit Beschäftigten oder nach § 1 Abs. 2 Buchstabe a Gleichgestellten oder deren Ehegatten oder Lebenspartner bis zum dritten Grad verwandt oder verschwägert sind;

c)
　Mündel, Betreute und Pflegekinder des in Heimarbeit Beschäftigten oder nach § 1 Absatz 2 Buchstabe a Gleichgestellten oder deren Ehegatten oder Lebenspartner sowie Mündel, Betreute und Pflegekinder des Ehegatten oder Lebenspartners des in Heimarbeit Beschäftigten oder nach § 1 Absatz 2 Buchstabe a Gleichgestellten.

(6) Fremde Hilfskraft im Sinne dieses Gesetzes ist, wer als Arbeitnehmer eines Hausgewerbetreibenden oder nach § 1 Abs. 2 Buchstaben b und c Gleichgestellten in deren Arbeitsstätte beschäftigt ist.

Zweiter Abschnitt
Zuständige Arbeitsbehörde, Heimarbeitsausschüsse

-

§ 3 Zuständige Arbeitsbehörde

(1) Zuständige Arbeitsbehörde im Sinne dieses Gesetzes ist die oberste Arbeitsbehörde des Landes. Für Angelegenheiten (§§ 1, 4, 5, 11, 19 und 22), die nach Umfang, Auswirkung oder Bedeutung den Zuständigkeitsbereich mehrerer Länder umfassen, wird die Zuständigkeit durch die obersten Arbeitsbehörden der beteiligten Länder nach näherer Vereinbarung gemeinsam im Einvernehmen mit dem Bundesministerium für Arbeit und Soziales wahrgenommen. Betrifft eine Angelegenheit nach Umfang, Auswirkung oder Bedeutung das gesamte Bundesgebiet oder kommt eine Vereinbarung nach Satz 2 nicht zustande, so ist das Bundesministerium für Arbeit und Soziales zuständig.

(2) Den obersten Arbeitsbehörden der Länder und den von ihnen bestimmten Stellen obliegt die Aufsicht über die Durchführung dieses Gesetzes. Die Vorschriften des § 139b der Gewerbeordnung über die Aufsicht gelten für die Befugnisse der mit der Aufsicht über die Durchführung dieses Gesetzes beauftragten Stellen auch hinsichtlich der Arbeitsstätten der in Heimarbeit Beschäftigten entsprechend.

-

§ 4 Heimarbeitsausschüsse

(1) Die zuständige Arbeitsbehörde errichtet zur Wahrnehmung der in den §§ 1, 10, 11, 18 und 19 genannten Aufgaben Heimarbeitsausschüsse für die Gewerbezweige und Beschäftigungsarten, in denen Heimarbeit in nennenswertem Umfang geleistet wird. Erfordern die unterschiedlichen Verhältnisse innerhalb eines Gewerbezweigs gesonderte Regelungen auf einzelnen Gebieten, so sind zu diesem Zweck jeweils besondere Heimarbeitsausschüsse zu errichten. Die Heimarbeitsausschüsse können innerhalb ihres sachlichen Zuständigkeitsbereichs Unterausschüsse bilden, wenn dies erforderlich erscheint. Für Heimarbeit, für die nach den Sätzen 1 und 2 dieses Absatzes Heimarbeitsausschüsse nicht errichtet werden, ist ein gemeinsamer Heimarbeitsausschuß zu errichten.

(2) Der Heimarbeitsausschuß besteht aus je drei Beisitzern aus Kreisen der Auftraggeber und Beschäftigten seines Zuständigkeitsbereichs und einem von der zuständigen Arbeitsbehörde bestimmten Vorsitzenden. Weitere sachkundige Personen können zugezogen werden; sie haben kein Stimmrecht. Die Beisitzer haben Stellvertreter, für die Satz 1 entsprechend gilt.

(3) Der Heimarbeitsausschuß ist beschlußfähig, wenn außer dem Vorsitzenden mindestens mehr als die Hälfte der Beisitzer anwesend sind. Die Beschlüsse des Heimarbeitsausschusses bedürfen der Mehrheit der Stimmen seiner anwesenden Mitglieder. Bei der Beschlußfassung hat sich der Vorsitzende zunächst der Stimme zu enthalten; kommt eine Stimmenmehrheit nicht zustande, so übt nach weiterer Beratung der Vorsitzende sein Stimmrecht aus.

(4) Der Heimarbeitsausschuß kann sonstige Bestimmungen über die Geschäftsführung in einer schriftlichen Geschäftsordnung treffen. Für die Beschlußfassung über die Geschäftsordnung gilt Absatz 3.

-

§ 5 Beisitzer

(1) Als Beisitzer oder Stellvertreter werden von der zuständigen Arbeitsbehörde geeignete Personen unter Berücksichtigung der Gruppen der Beschäftigten (§ 1 Abs. 1 und 2) auf Grund von Vorschlägen der fachlich und räumlich zuständigen Gewerkschaften und Vereinigungen der Auftraggeber oder, soweit solche nicht bestehen oder keine Vorschläge einreichen, auf Grund von Vorschlägen der Zusammenschlüsse von Gewerkschaften und von Vereinigungen von Arbeitgebern (Spitzenorganisationen) für die Dauer von drei Jahren berufen. Soweit eine Spitzenorganisation keine Vorschläge einreicht, werden die Beisitzer oder Stellvertreter dieser Seite nach Anhörung geeigneter Personen aus den Kreisen der Auftraggeber oder Beschäftigten des Zuständigkeitsbereichs, für den der Heimarbeitsausschuß errichtet ist, berufen.

(2) Auf die Voraussetzungen für das Beisitzeramt, die Besonderheiten für Beisitzer aus Kreisen der

Auftraggeber und der Beschäftigten, die Ablehnung des Beisitzeramts und den Schutz der Beschäftigtenbeisitzer finden die für die ehrenamtlichen Richter der Arbeitsgerichte geltenden Vorschriften mit den sich aus Absatz 3 ergebenden Abweichungen entsprechend Anwendung.

(3) Wird das Fehlen einer Voraussetzung für die Berufung nachträglich bekannt oder fällt eine Voraussetzung nachträglich fort oder verletzt ein Beisitzer gröblich seine Amtspflichten, so kann ihn die zuständige Arbeitsbehörde seines Amtes entheben. Über die Berechtigung zur Ablehnung des Beisitzeramts entscheidet die zuständige Arbeitsbehörde.

(4) Das Amt des Beisitzers ist ein Ehrenamt. Die Beisitzer erhalten eine angemessene Entschädigung für den ihnen aus der Wahrnehmung ihrer Tätigkeit erwachsenden Verdienstausfall und Aufwand sowie Ersatz der Fahrkosten entsprechend den für die ehrenamtlichen Richter der Arbeitsgerichte geltenden Vorschriften. Die Entschädigung und die erstattungsfähigen Fahrkosten setzt im Einzelfall der Vorsitzende des Heimarbeitsausschusses fest.

Dritter Abschnitt
Allgemeine Schutzvorschriften

-

§ 6 Listenführung

Wer Heimarbeit ausgibt oder weitergibt, hat jeden, den er mit Heimarbeit beschäftigt oder dessen er sich zur Weitergabe von Heimarbeit bedient, in Listen auszuweisen. Die Listen sind in den Ausgaberäumen an gut sichtbarer Stelle auszuhängen. Je drei Abschriften sind halbjährlich der obersten Arbeitsbehörde des Landes oder der von ihr bestimmten Stelle einzusenden. Die Oberste Arbeitsbehörde des Landes oder die von ihr bestimmte Stelle hat der zuständigen Gewerkschaft und der zuständigen Vereinigung der Auftraggeber auf Verlangen jederzeit Abschriften zu übersenden.

-

§ 7 Mitteilungspflicht

Wer erstmalig Personen mit Heimarbeit beschäftigen will, hat dies der obersten Arbeitsbehörde des Landes oder der von ihr bestimmten Stelle mitzuteilen. Der Mitteilung sind zwei Abschriften beizufügen; § 6 Satz 4 gilt entsprechend.

-

§ 7a Unterrichtungspflicht

Wer Heimarbeit ausgibt oder weitergibt, hat die Personen, die die Arbeit entgegennehmen, vor Aufnahme der Beschäftigung über die Art und Weise der zu verrichtenden Arbeit, die Unfall- und Gesundheitsgefahren, denen diese bei der Beschäftigung ausgesetzt sind, sowie über die Maßnahmen und Einrichtungen zur Abwendung dieser Gefahren zu unterrichten. Der Auftraggeber hat sich von der Person, die von ihm Arbeit entgegennimmt, schriftlich bestätigen zu lassen, daß sie entsprechend dieser Vorschrift unterrichtet worden ist.

-

§ 8 Entgeltverzeichnisse

(1) Wer Heimarbeit ausgibt oder abnimmt, hat in den Räumen der Ausgabe und Abnahme Entgeltverzeichnisse und Nachweise über die sonstigen Vertragsbedingungen offen auszulegen. Soweit Musterbücher Verwendung finden, sind sie den Entgeltverzeichnissen beizufügen. Wird Heimarbeit den Beschäftigten in die Wohnung oder Betriebsstätte gebracht, so hat der Auftraggeber dafür zu sorgen, daß das Entgeltverzeichnis zur Einsichtnahme vorgelegt wird.

(2) Die Entgeltverzeichnisse müssen die Entgelte für jedes einzelne Arbeitsstück enthalten. Die Preise für mitzuliefernde Roh- und Hilfsstoffe sind besonders auszuweisen. Können die Entgelte für das einzelne Arbeitsstück nicht aufgeführt werden, so ist eine zuverlässige und klare Berechnungsgrundlage einzutragen.

(3) Bei Vorliegen einer Entgeltregelung gemäß den §§ 17 bis 19 ist diese auszulegen. Hierbei ist für die Übersichtlichkeit dadurch zu sorgen, daß nur der Teil der Entgeltregelung ausgelegt wird, der für die Beschäftigten in Betracht kommt.

(4) Die Vorschriften der Absätze 1 bis 3 gelten nicht für neue Muster, die als Einzelstücke erst auszuarbeiten sind.

-

§ 9 Entgeltbelege

(1) Wer Heimarbeit ausgibt oder weitergibt, hat den Personen, welche die Arbeit entgegennehmen, auf seine Kosten Entgeltbücher für jeden Beschäftigten (§ 1 Abs. 1 und 2) auszuhändigen. In die Entgeltbücher, die bei den Beschäftigten verbleiben, sind bei jeder Ausgabe und Abnahme von Arbeit ihre Art und ihr Umfang, die Entgelte und die Tage der Ausgabe und der Lieferung einzutragen. Diese Vorschrift gilt nicht für neue Muster, die als Einzelstücke erst auszuarbeiten sind.

(2) An Stelle von Entgeltbüchern (Absatz 1) können auch Entgelt- oder Arbeitszettel mit den zu einer ordnungsmäßigen Sammlung geeigneten Heften ausgegeben werden, falls die oberste Arbeitsbehörde des Landes oder die von ihr bestimmte Stelle dieses genehmigt hat.

(3) Die in Heimarbeit Beschäftigten haben für die ordnungsmäßige Aufbewahrung der Entgeltbelege zu sorgen. Sie haben sie den von der obersten Arbeitsbehörde des Landes bestimmten Stellen auf Verlangen vorzulegen. Diese Verpflichtung gilt auch für die Auftraggeber, in deren Händen sich die Entgeltbelege befinden.

Vierter Abschnitt
Arbeitszeitschutz

-

§ 10 Schutz vor Zeitversäumnis

Wer Heimarbeit ausgibt oder abnimmt, hat dafür zu sorgen, daß unnötige Zeitversäumnis bei der Ausgabe oder Abnahme vermieden wird. Die oberste Arbeitsbehörde des Landes oder die von ihr bestimmte Stelle kann im Benehmen mit dem Heimarbeitsausschuß die zur Vermeidung unnötiger Zeitversäumnis bei der Abfertigung erforderlichen Maßnahmen anordnen. Bei Anordnungen gegenüber einem einzelnen Auftraggeber kann die Beteiligung des Heimarbeitsausschusses unterbleiben.

-

§ 11 Verteilung der Heimarbeit

(1) Wer Heimarbeit an mehrere in Heimarbeit Beschäftigte ausgibt, soll die Arbeitsmenge auf die Beschäftigten gleichmäßig unter Berücksichtigung ihrer und ihrer Mitarbeiter Leistungsfähigkeit verteilen.

(2) Der Heimarbeitsausschuß kann zur Beseitigung von Mißständen, die durch ungleichmäßige Verteilung der Heimarbeit entstehen, für einzelne Gewerbezweige oder Arten von Heimarbeit die

Arbeitsmenge festsetzen, die für einen bestimmten Zeitraum auf einen Entgeltbeleg (§ 9) ausgegeben werden darf. Die Arbeitsmenge ist so zu bemessen, daß sie durch eine vollwertige Arbeitskraft ohne Hilfskräfte in der für vergleichbare Betriebsarbeiter üblichen Arbeitszeit bewältigt werden kann. Für jugendliche Heimarbeiter ist eine Arbeitsmenge festzusetzen, die von vergleichbaren jugendlichen Betriebsarbeitern in der für sie üblichen Arbeitszeit bewältigt werden kann. Die Festsetzung erfolgt durch widerrufliche Entscheidung nach Anhörung der Beteiligten. Sie ist vom Vorsitzenden zu unterschreiben und bedarf der Zustimmung der zuständigen Arbeitsbehörde und der Veröffentlichung im Wortlaut an der von der zuständigen Arbeitsbehörde bestimmten Stelle. Sie tritt am Tag nach der Veröffentlichung in Kraft, wenn in ihr nicht ein anderer Zeitpunkt bestimmt ist. Die Vorschriften des § 8 Abs. 1 über die Auslegung und Vorlegung von Entgeltverzeichnissen gelten entsprechend.

(3) Soweit für einzelne Gewerbezweige oder Arten von Heimarbeit Bestimmungen nach Absatz 2 getroffen sind, darf an einen in Heimarbeit Beschäftigten eine größere Menge nicht ausgegeben werden. Die Ausgabe einer größeren Menge ist zulässig, wenn Hilfskräfte (Familienangehörige oder fremde Hilfskräfte) zur Mitarbeit herangezogen werden. Für diese Hilfskräfte sind dann weitere Entgeltbelege nach § 9 auszustellen.

(4) Aus wichtigen Gründen, insbesondere wenn nach Auskunft der Agentur für Arbeit geeignete unbeschäftigte Heimarbeiter und Hausgewerbetreibende nicht oder nicht in ausreichender Zahl vorhanden sind oder wenn besondere persönliche Verhältnisse eines in Heimarbeit Beschäftigten es rechtfertigen, kann der Vorsitzende des Heimarbeitsausschusses einem Auftraggeber die Ausgabe größerer Arbeitsmengen auf einen Entgeltbeleg gestatten. Die Erlaubnis kann jeweils nur für einen bestimmten Zeitraum, der sechs Monate nicht überschreiten darf, erteilt werden.

Fünfter Abschnitt
Gefahrenschutz (Arbeitsschutz und öffentlicher Gesundheitsschutz)

-

§ 12 Grundsätze des Gefahrenschutzes

(1) Die Arbeitsstätten der in Heimarbeit Beschäftigten einschließlich der Maschinen, Werkzeuge und Geräte müssen so beschaffen, eingerichtet und unterhalten und Heimarbeit muß so ausgeführt werden, daß keine Gefahren für Leben, Gesundheit und Sittlichkeit der Beschäftigten und ihrer Mitarbeiter sowie für die öffentliche Gesundheit im Sinne des § 14 entstehen.
(2) Werden von Hausgewerbetreibenden oder Gleichgestellten fremde Hilfskräfte beschäftigt, so gelten auch die sonstigen Vorschriften über den Betriebsschutz und die sich daraus ergebenden Verpflichtungen des Arbeitgebers seinen Arbeitnehmern gegenüber.

-

§ 13 Arbeitsschutz

(1) Die Bundesregierung kann mit Zustimmung des Bundesrates für einzelne Gewerbezweige oder bestimmte Arten von Beschäftigungen oder Arbeitsstätten Rechtsverordnungen zur Durchführung des Arbeitsschutzes durch die in Heimarbeit Beschäftigten und ihre Auftraggeber erlassen.
(2) Die Bundesregierung kann mit Zustimmung des Bundesrates Heimarbeit, die mit erheblichen Gefahren für Leben, Gesundheit oder Sittlichkeit der Beschäftigten verbunden ist, durch Rechtsverordnung verbieten.

-

§ 14 Schutz der öffentlichen Gesundheit

(1) Die Bundesregierung kann mit Zustimmung des Bundesrates für einzelne Gewerbezweige oder bestimmte Arten von Beschäftigungen oder Arbeitsstätten Rechtsverordnungen zum Schutz der Öffentlichkeit gegen gemeingefährliche und übertragbare Krankheiten und gegen Gefahren, die

beim Verkehr mit Arznei-, Heil- und Betäubungsmitteln, Giften, Lebens- und Genußmitteln sowie Bedarfsgegenständen entstehen können, erlassen.

(2) Die Polizeibehörde kann im Benehmen mit dem Gewerbeaufsichtsamt und dem Gesundheitsamt für einzelne Arbeitsstätten Verfügungen zur Durchführung des öffentlichen Gesundheitsschutzes im Sinne des Absatzes 1 treffen, insbesondere zur Verhütung von Gefahren für die öffentliche Gesundheit, die sich bei der Herstellung, Verarbeitung oder Verpackung von Lebens- und Genußmitteln ergeben.

(3) Die Bundesregierung kann mit Zustimmung des Bundesrates Heimarbeit, die mit erheblichen Gefahren für die öffentliche Gesundheit im Sinne des Absatzes 1 verbunden ist, durch Rechtsverordnung verbieten.

-

§ 15 Anzeigepflicht

Wer Heimarbeit ausgibt, für die zur Durchführung des Gefahrenschutzes besondere Vorschriften gelten, hat dem Gewerbeaufsichtsamt und der Polizeibehörde Namen und Arbeitsstätte der von ihm mit Heimarbeit Beschäftigten anzuzeigen.

-

§ 16

(1) Wer Heimarbeit ausgibt oder weitergibt, hat dafür zu sorgen, daß Leben oder Gesundheit der in der Heimarbeit Beschäftigten durch technische Arbeitsmittel und Arbeitsstoffe, die er ihnen zur Verwendung überläßt, nicht gefährdet werden.

(2) Die zur Durchführung des Gefahrenschutzes erforderlichen Maßnahmen, die sich auf Räume oder Betriebseinrichtungen beziehen, hat der zu treffen, der die Räume und Betriebseinrichtungen unterhält.

-

§ 16a Anordnungen

Das Gewerbeaufsichtsamt kann in Einzelfällen anordnen, welche Maßnahmen zur Durchführung der §§ 12, 13 und 16 sowie der auf § 13 und § 34 Abs. 2 gestützten Rechtsverordnungen zu treffen sind. Neben den auf Grund von § 3 Abs. 2 bestimmten Stellen nimmt das Gewerbeaufsichtsamt die Aufsichtsbefugnisse nach § 139b der Gewerbeordnung wahr.

Sechster Abschnitt
Entgeltregelung

-

§ 17 Tarifverträge, Entgeltregelungen

(1) Als Tarifverträge gelten auch schriftliche Vereinbarungen zwischen Gewerkschaften einerseits und Auftraggebern oder deren Vereinigungen andererseits über Inhalt, Abschluß oder Beendigung von Vertragsverhältnissen der in Heimarbeit Beschäftigten oder Gleichgestellten mit ihren Auftraggebern.

(2) Entgeltregelungen im Sinne dieses Gesetzes sind Tarifverträge, bindende Festsetzungen von Entgelten und sonstigen Vertragsbedingungen (§ 19) und von Mindestarbeitsbedingungen für fremde Hilfskräfte (§ 22).

-

278

§ 18 Aufgaben des Heimarbeitsausschusses auf dem Gebiet der Entgeltregelung

Der Heimarbeitsausschuß hat die Aufgaben:

a)

auf das Zustandekommen von Tarifverträgen hinzuwirken;

b)

zur Vermeidung und Beendigung von Gesamtstreitigkeiten zwischen den in § 17 Abs. 1 genannten Parteien diesen auf Antrag einer Partei Vorschläge für den Abschluß eines Tarifvertrags zu unterbreiten; wird ein schriftlich abgefaßter Vorschlag von allen Parteien durch Erklärung gegenüber dem Heimarbeitsausschuß angenommen, so hat er die Wirkung eines Tarifvertrags;

c)

bindende Festsetzungen für Entgelte und sonstige Vertragsbedingungen nach Maßgabe des § 19 zu treffen.

-

§ 19 Bindende Festsetzungen

(1) Bestehen Gewerkschaften oder Vereinigungen der Auftraggeber für den Zuständigkeitsbereich eines Heimarbeitsausschusses nicht oder umfassen sie nur eine Minderheit der Auftraggeber oder Beschäftigten, so kann der Heimarbeitsausschuß nach Anhörung der Auftraggeber und Beschäftigten, für die eine Regelung getroffen werden soll, Entgelte und sonstige Vertragsbedingungen mit bindender Wirkung für alle Auftraggeber und Beschäftigten seines Zuständigkeitsbereichs festsetzen, wenn unzulängliche Entgelte gezahlt werden oder die sonstigen Vertragsbedingungen unzulänglich sind. Als unzulänglich sind insbesondere Entgelte und sonstige Vertragsbedingungen anzusehen, die unter Berücksichtigung der sozialen und wirtschaftlichen Eigenart der Heimarbeit unter den tarifvertraglichen Löhnen oder sonstigen durch Tarifvertrag festgelegten Arbeitsbedingungen für gleiche oder gleichwertige Betriebsarbeit liegen. Soweit im Zuständigkeitsbereich eines Heimarbeitsausschusses Entgelte und sonstige Vertragsbedingungen für Heimarbeit derselben Art tarifvertraglich vereinbart sind, sollen in der bindenden Festsetzung keine für die Beschäftigten günstigeren Entgelte oder sonstigen Vertragsbedingungen festgesetzt werden.

(2) Die bindende Festsetzung bedarf der Zustimmung der zuständigen Arbeitsbehörde und der Veröffentlichung im Wortlaut an der von der zuständigen Arbeitsbehörde bestimmten Stelle. Der persönliche Geltungsbereich der bindenden Festsetzung ist unter Berücksichtigung der Vorschriften des § 1 zu bestimmen. Sie tritt am Tag nach der Veröffentlichung in Kraft, wenn in ihr nicht ein anderer Zeitpunkt bestimmt ist. Beabsichtigt die zuständige Arbeitsbehörde die Zustimmung zu einer bindenden Festsetzung insbesondere wegen Unzulänglichkeit der Entgelte oder der sonstigen Vertragsbedingungen (Absatz 1 Satz 2) zu versagen, so hat sie dies dem Heimarbeitsausschuß unter Angabe von Gründen mitzuteilen und ihm vor ihrer Entscheidung über die Zustimmung Gelegenheit zu geben, die bindende Festsetzung zu ändern.

(3) Die bindende Festsetzung hat die Wirkung eines allgemeinverbindlichen Tarifvertrags und ist in das beim Bundesministerium für Arbeit und Soziales geführte Tarifregister einzutragen. Von den Vorschriften einer bindenden Festsetzung kann nur zugunsten des Beschäftigten abgewichen werden. Ein Verzicht auf Rechte, die auf Grund einer bindenden Festsetzung eines Beschäftigten entstanden sind, ist nur in einem von der Obersten Arbeitsbehörde des Landes oder der von ihr bestimmten Stelle gebilligten Vergleich zulässig. Die Verwirkung solcher Rechte ist ausgeschlossen. Ausschlußfristen für ihre Geltendmachung können nur durch eine bindende Festsetzung vorgesehen werden; das gleiche gilt für die Abkürzung von Verjährungsfristen. Im übrigen gelten für die bindende Festsetzung die gesetzlichen Vorschriften über den Tarifvertrag sinngemäß, soweit sich aus dem Fehlen der Vertragsparteien nicht etwas anderes ergibt.

(4) Der Heimarbeitsausschuß kann nach Anhörung der Auftraggeber und Beschäftigten bindende Festsetzungen ändern oder aufheben. Die Absätze 1 bis 3 gelten entsprechend.

(5) Die Absätze 1 bis 4 gelten entsprechend für die Festsetzung von vermögenswirksamen

Leistungen im Sinne des Fünften Vermögensbildungsgesetzes.

§ 20 Art der Entgelte

Die Entgelte für Heimarbeit sind in der Regel als Stückentgelte, und zwar möglichst auf der Grundlage von Stückzeiten zu regeln. Ist dieses nicht möglich, so sind Zeitentgelte festzusetzen, die der Stückentgeltberechnung im Einzelfall zugrunde gelegt werden können.

§ 21 Entgeltregelung für Zwischenmeister, Mithaftung des Auftraggebers

(1) Für Zwischenmeister, die nach § 1 Abs. 2 Buchstabe d den in Heimarbeit Beschäftigten gleichgestellt sind, können im Verhältnis zu ihren Auftraggebern durch Entgeltregelungen gemäß den §§ 17 bis 19 Zuschläge festgelegt werden.
(2) Zahlt ein Auftraggeber an einen Zwischenmeister ein Entgelt, von dem er weiß oder den Umständen nach wissen muß, daß es zur Zahlung der in der Entgeltregelung festgelegten Entgelte an die Beschäftigten nicht ausreicht, oder zahlt er an einen Zwischenmeister, dessen Unzuverlässigkeit er kennt oder kennen muß, so haftet er neben dem Zwischenmeister für diese Entgelte.

§ 22 Mindestarbeitsbedingungen für fremde Hilfskräfte

(1) Für fremde Hilfskräfte, die von Hausgewerbetreibenden oder Gleichgestellten beschäftigt werden, können Mindestarbeitsbedingungen festgesetzt werden. Voraussetzung ist, daß die Entgelte der Hausgewerbetreibenden oder Gleichgestellten durch eine Entgeltregelung (§§ 17 bis 19) festgelegt sind.
(2) Für die Festsetzung gilt § 19 entsprechend mit der Maßgabe, daß an die Stelle der Heimarbeitsausschüsse Entgeltausschüsse für fremde Hilfskräfte der Heimarbeit treten. Für die Auslegung der Mindestarbeitsbedingungen gilt § 8 Abs. 3 entsprechend.
(3) Die Entgeltausschüsse werden im Bedarfsfall durch die zuständige Arbeitsbehörde errichtet. Für ihre Zusammensetzung und das Verfahren vor ihnen gelten § 4 Absätze 2 bis 4 und § 5 entsprechend. Die Beisitzer und Stellvertreter sind aus Kreisen der beteiligten Arbeitnehmer einerseits sowie der Hausgewerbetreibenden und Gleichgestellten andererseits auf Grund von Vorschlägen der fachlich und räumlich zuständigen Gewerkschaften und Vereinigungen der Hausgewerbetreibenden oder Gleichgestellten, soweit solche nicht bestehen oder keine Vorschläge einreichen, nach Anhörung der Beteiligten jeweils zu berufen.

Siebenter Abschnitt
Entgeltschutz

§ 23 Entgeltprüfung

(1) Die oberste Arbeitsbehörde des Landes hat für eine wirksame Überwachung der Entgelte und sonstigen Vertragsbedingungen durch Entgeltprüfer Sorge zu tragen.
(2) Die Entgeltprüfer haben die Innehaltung der Vorschriften des Dritten Abschnitts dieses Gesetzes und der gemäß den §§ 17 bis 19, 21 und 22 geregelten Entgelte und sonstigen Vertragsbedingungen zu überwachen sowie auf Antrag bei der Errechnung der Stückentgelte Berechnungshilfe zu leisten.
(3) Die oberste Arbeitsbehörde des Landes kann die Aufgaben der Entgeltprüfer anderen Stellen

übertragen, insbesondere für Bezirke, in denen Heimarbeit nur in geringerem Umfang geleistet wird.
-

§ 24 Aufforderung zur Nachzahlung der Minderbeträge

Hat ein Auftraggeber oder Zwischenmeister einem in Heimarbeit Beschäftigten oder einem Gleichgestellten ein Entgelt gezahlt, das niedriger ist als das in einer Entgeltregelung gemäß den §§ 17 bis 19 festgesetzte oder das in § 29 Abs. 5 oder 6 bestimmte, so kann ihn die oberste Arbeitsbehörde des Landes oder die von ihr bestimmte Stelle auffordern, innerhalb einer in der Aufforderung festzusetzenden Frist den Minderbetrag nachzuzahlen und den Zahlungsnachweis vorzulegen. Satz 1 gilt entsprechend für sonstige Vertragsbedingungen, die gemäß den §§ 17 bis 19 festgesetzt sind und die Geldleistungen an einen in Heimarbeit Beschäftigten oder einen Gleichgestellten zum Inhalt haben. Die Oberste Arbeitsbehörde des Landes soll von einer Maßnahme nach Satz 1 absehen, wenn glaubhaft gemacht worden ist, daß ein Gleichgestellter im Fall des § 1 Abs. 6 nicht oder wahrheitswidrig geantwortet hat.
-

§ 25 Klagebefugnis der Länder

Das Land, vertreten durch die oberste Arbeitsbehörde oder die von ihr bestimmte Stelle, kann im eigenen Namen den Anspruch auf Nachzahlung des Minderbetrags an den Berechtigten gerichtlich geltend machen. Das Urteil wirkt auch für und gegen den in Heimarbeit Beschäftigten oder den Gleichgestellten. § 24 Satz 3 gilt entsprechend.
-

§ 26 Entgeltschutz für fremde Hilfskräfte

(1) Hat ein Hausgewerbetreibender oder Gleichgestellter einer fremden Hilfskraft ein Entgelt gezahlt, das niedriger ist als das durch Mindestarbeitsbedingungen (§ 22) festgesetzte, so gelten die Vorschriften der §§ 24 und 25 über die Aufforderung zur Nachzahlung der Minderbeträge und über die Klagebefugnis der Länder sinngemäß.
(2) Das gleiche gilt, wenn ein Hausgewerbetreibender oder Gleichgestellter eine fremde Hilfskraft nicht nach der einschlägigen tariflichen Regelung entlohnt. Voraussetzung ist, daß die Entgelte des Hausgewerbetreibenden oder Gleichgestellten durch eine Entgeltregelung (§§ 17 bis 19) festgelegt sind.
-

§ 27 Pfändungsschutz

Für das Entgelt, das den in Heimarbeit Beschäftigten oder den Gleichgestellten gewährt wird, gelten die Vorschriften über den Pfändungsschutz für Vergütungen, die auf Grund eines Arbeits- oder Dienstverhältnisses geschuldet werden, entsprechend.

Achter Abschnitt
Auskunfts- und Aufklärungspflicht über Entgelte
-

§ 28

(1) Auftraggeber, Zwischenmeister, Beschäftigte und fremde Hilfskräfte haben den mit der Entgeltfestsetzung oder Entgeltprüfung beauftragten Stellen auf Verlangen Auskunft über alle die

Entgelte berührenden Fragen zu erteilen und hierbei auch außer den Entgeltbelegen (§ 9) Arbeitsstücke, Stoffproben und sonstige Unterlagen für die Entgeltfestsetzung oder Entgeltprüfung vorzulegen. Die mit der Entgeltfestsetzung oder Entgeltprüfung beauftragten Stellen können Erhebungen über Arbeitszeiten für einzelne Arbeitsstücke anstellen oder anstellen lassen.
(2) Der in Heimarbeit Beschäftigte und Gleichgestellte kann von seinem Auftraggeber verlangen, daß ihm die Berechnung und Zusammensetzung seines Entgelts erläutert wird.

Neunter Abschnitt
Kündigung

-

§ 29 Allgemeiner Kündigungsschutz

(1) Das Beschäftigungsverhältnis eines in Heimarbeit Beschäftigten kann beiderseits an jedem Tag für den Ablauf des folgenden Tages gekündigt werden.
(2) Wird ein in Heimarbeit Beschäftigter von einem Auftraggeber oder Zwischenmeister länger als vier Wochen beschäftigt, so kann das Beschäftigungsverhältnis beiderseits nur mit einer Frist von zwei Wochen gekündigt werden.
(3) Wird ein in Heimarbeit Beschäftigter überwiegend von einem Auftraggeber oder Zwischenmeister beschäftigt, so kann das Beschäftigungsverhältnis mit einer Frist von vier Wochen zum Fünfzehnten oder zum Ende eines Kalendermonats gekündigt werden. Während einer vereinbarten Probezeit, längstens für die Dauer von sechs Monaten, beträgt die Kündigungsfrist zwei Wochen.
(4) Unter der in Absatz 3 Satz 1 genannten Voraussetzung beträgt die Frist für eine Kündigung durch den Auftraggeber oder Zwischenmeister, wenn das Beschäftigungsverhältnis

1.
    zwei Jahre bestanden hat, einen Monat zum Ende eines Kalendermonats,
2.
    fünf Jahre bestanden hat, zwei Monate zum Ende eines Kalendermonats,
3.
    acht Jahre bestanden hat, drei Monate zum Ende eines Kalendermonats,
4.
    zehn Jahre bestanden hat, vier Monate zum Ende eines Kalendermonats,
5.
    zwölf Jahre bestanden hat, fünf Monate zum Ende eines Kalendermonats,
6.
    fünfzehn Jahre bestanden hat, sechs Monate zum Ende eines Kalendermonats,
7.
    zwanzig Jahre bestanden hat, sieben Monate zum Ende eines Kalendermonats.
Bei der Berechnung der Beschäftigungsdauer werden Zeiten, die vor der Vollendung des 25. Lebensjahres des Beschäftigten liegen, nicht berücksichtigt.
(5) § 622 Abs. 4 bis 6 des Bürgerlichen Gesetzbuchs gilt entsprechend.
(6) Für die Kündigung aus wichtigem Grund gilt § 626 des Bürgerlichen Gesetzbuchs entsprechend.
(7) Für die Dauer der Kündigungsfrist nach den Absätzen 2 bis 5 hat der Beschäftigte auch bei Ausgabe einer geringeren Arbeitsmenge Anspruch auf Arbeitsentgelt in Höhe von einem Zwölftel bei einer Kündigungsfrist von zwei Wochen, zwei Zwölfteln bei einer Kündigungsfrist von vier Wochen, drei Zwölfteln bei einer Kündigungsfrist von einem Monat, vier Zwölfteln bei einer Kündigungsfrist von zwei Monaten, sechs Zwölfteln bei einer Kündigungsfrist von drei Monaten, acht Zwölfteln bei einer Kündigungsfrist von vier Monaten, zehn Zwölfteln bei einer Kündigungsfrist von fünf Monaten, zwölf Zwölfteln bei einer Kündigungsfrist von sechs Monaten und vierzehn Zwölfteln bei einer Kündigungsfrist von sieben Monaten des Gesamtbetrages, den er in den dem Zugang der Kündigung vorausgegangenen 24 Wochen als Entgelt erhalten hat. Bei

Entgelterhöhungen während des Berechnungszeitraums oder der Kündigungsfrist ist von dem erhöhten Entgelt auszugehen. Zeiten des Bezugs von Krankengeld oder Kurzarbeitergeld sind in den Berechnungszeitraum nicht mit einzubeziehen.

(8) Absatz 7 gilt entsprechend, wenn ein Auftraggeber oder Zwischenmeister die Arbeitsmenge, die er mindestens ein Jahr regelmäßig an einen Beschäftigten, auf den die Voraussetzungen der Absätze 2, 3, 4 oder 5 zutreffen, ausgegeben hat, um mindestens ein Viertel verringert, es sei denn, daß die Verringerung auf einer Festsetzung gemäß § 11 Abs. 2 beruht. Hat das Beschäftigungsverhältnis im Fall des Absatzes 2 ein Jahr noch nicht erreicht, so ist von der während der Dauer des Beschäftigungsverhältnisses ausgegebenen Arbeitsmenge auszugehen. Die Sätze 1 und 2 finden keine Anwendung, wenn die Verringerung der Arbeitsmenge auf rechtswirksam eingeführter Kurzarbeit beruht.

(9) Teilt ein Auftraggeber einem Zwischenmeister, der überwiegend für ihn Arbeit weitergibt, eine künftige Herabminderung der regelmäßig zu verteilenden Arbeitsmenge nicht rechtzeitig mit, so kann dieser vom Auftraggeber Ersatz der durch Einhaltung der Kündigungsfrist verursachten Aufwendungen insoweit verlangen, als während der Kündigungsfrist die Beschäftigung wegen des Verhaltens des Auftraggebers nicht möglich war.

-

§ 29a Kündigungsschutz im Rahmen der Betriebsverfassung

(1) Die Kündigung des Beschäftigungsverhältnisses eines in Heimarbeit beschäftigten Mitglieds eines Betriebsrats oder einer Jugend- und Auszubildendenvertretung ist unzulässig, es sei denn, daß Tatsachen vorliegen, die einen Arbeitgeber zur Kündigung eines Arbeitsverhältnisses aus wichtigem Grund ohne Einhaltung einer Kündigungsfrist berechtigen würden, und daß die nach § 103 des Betriebsverfassungsgesetzes erforderliche Zustimmung vorliegt oder durch gerichtliche Entscheidung ersetzt ist. Nach Beendigung der Amtszeit ist die Kündigung innerhalb eines Jahres, jeweils vom Zeitpunkt der Beendigung der Amtszeit an gerechnet, unzulässig, es sei denn, daß Tatsachen vorliegen, die einen Arbeitgeber zur Kündigung eines Arbeitsverhältnisses aus wichtigem Grund ohne Einhaltung einer Kündigungsfrist berechtigen würden; dies gilt nicht, wenn die Beendigung der Mitgliedschaft auf einer gerichtlichen Entscheidung beruht.

(2) Die Kündigung eines in Heimarbeit beschäftigten Mitglieds eines Wahlvorstands ist vom Zeitpunkt seiner Bestellung an, die Kündigung eines in Heimarbeit beschäftigten Wahlbewerbers vom Zeitpunkt der Aufstellung des Wahlvorschlags an jeweils bis zur Bekanntgabe des Wahlergebnisses unzulässig, es sei denn, daß Tatsachen vorliegen, die einen Arbeitgeber zur Kündigung eines Arbeitsverhältnisses aus wichtigem Grund ohne Einhaltung einer Kündigungsfrist berechtigen würden, und daß die nach § 103 des Betriebsverfassungsgesetzes erforderliche Zustimmung vorliegt oder durch eine gerichtliche Entscheidung ersetzt ist. Innerhalb von sechs Monaten nach Bekanntgabe des Wahlergebnisses ist die Kündigung unzulässig, es sei denn, daß Tatsachen vorliegen, die einen Arbeitgeber zur Kündigung eines Arbeitsverhältnisses aus wichtigem Grund ohne Einhaltung einer Kündigungsfrist berechtigen würden; dies gilt nicht für Mitglieder des Wahlvorstands, wenn dieser nach § 18 Abs. 1 des Betriebsverfassungsgesetzes durch gerichtliche Entscheidung durch einen anderen Wahlvorstand ersetzt worden ist.

(3) Wird die Vergabe von Heimarbeit eingestellt, so ist die Kündigung des Beschäftigungsverhältnisses der in den Absätzen 1 und 2 genannten Personen frühestens zum Zeitpunkt der Einstellung der Vergabe zulässig, es sei denn, daß die Kündigung zu einem früheren Zeitpunkt durch zwingende betriebliche Erfordernisse bedingt ist.

Zehnter Abschnitt
Ausgabeverbot

-

283

§ 30 Verbot der Ausgabe von Heimarbeit

Die Oberste Arbeitsbehörde des Landes oder die von ihr bestimmte Stelle kann einer Person, die

1.

in den letzten fünf Jahren wiederholt wegen eines Verstoßes gegen die Vorschriften dieses Gesetzes rechtskräftig verurteilt oder mit Geldbuße belegt worden ist,

2.

der Obersten Arbeitsbehörde des Landes oder der von ihr bestimmten Stelle falsche Angaben gemacht oder falsche Unterlagen vorgelegt hat, um sich der Pflicht zur Nachzahlung von Minderbeträgen (§ 24) zu entziehen, oder

3.

der Aufforderung der Obersten Arbeitsbehörde des Landes oder der von ihr bestimmten Stelle zur Nachzahlung von Minderbeträgen (§ 24) wiederholt nicht nachgekommen ist oder die Minderbeträge nach Aufforderung zwar nachgezahlt, jedoch weiter zu niedrige Entgelte gezahlt hat,

die Aus- und Weitergabe von Heimarbeit verbieten.

Elfter Abschnitt
Straftaten und Ordnungswidrigkeiten

-

§ 31 Ausgabe verbotener Heimarbeit

(1) Wer Heimarbeit, die nach einer zur Durchführung des Gefahrenschutzes erlassenen Rechtsvorschrift (§ 13 Abs. 2, § 14 Abs. 3, § 34 Abs. 2 Satz 2) verboten ist, ausgibt oder weitergibt, wird mit Freiheitsstrafe bis zu einem Jahr oder mit Geldstrafe bestraft.
(2) Handelt der Täter fahrlässig, so ist die Strafe Freiheitsstrafe bis zu sechs Monaten oder Geldstrafe bis zu einhundertachtzig Tagessätzen.

-

§ 32 Straftaten und Ordnungswidrigkeiten im Bereich des Arbeits- und Gefahrenschutzes

(1) Ordnungswidrig handelt, wer, abgesehen von den Fällen des § 31, vorsätzlich oder fahrlässig

1.

einer zur Durchführung des Gefahrenschutzes erlassenen Rechtsvorschrift (§§ 13, 14 Abs. 1, 3, § 34 Abs. 2 Satz 2), soweit sie für einen bestimmten Tatbestand auf diese Bußgeldvorschrift verweist, oder

2.

einer vollziehbaren Verfügung nach § 14 Abs. 2 oder § 16a

zuwiderhandelt.
Die in Satz 1 Nr. 1 vorgeschriebene Verweisung ist nicht erforderlich, soweit die dort genannten Rechtsvorschriften vor Inkrafttreten dieses Gesetzes erlassen sind.
(2) Die Ordnungswidrigkeit kann mit einer Geldbuße bis zu zehntausend Euro geahndet werden.
(3) Wer vorsätzlich eine der in Absatz 1 bezeichneten Handlungen begeht und dadurch in Heimarbeit Beschäftigte in ihrer Arbeitskraft oder Gesundheit gefährdet, wird mit Freiheitsstrafe bis zu einem Jahr oder mit Geldstrafe bestraft.
(4) Wer in den Fällen des Absatzes 3 die Gefahr fahrlässig verursacht, wird mit Freiheitsstrafe bis zu sechs Monaten oder mit Geldstrafe bis zu einhundertachtzig Tagessätzen bestraft.

-

§ 32a Sonstige Ordnungswidrigkeiten

(1) Ordnungswidrig handelt, wer vorsätzlich oder fahrlässig einem nach § 30 ergangenen vollziehbaren Verbot der Ausgabe oder Weitergabe von Heimarbeit zuwiderhandelt.

(2) Ordnungswidrig handelt auch, wer vorsätzlich oder fahrlässig

1.
    einer Vorschrift über die Listenführung (§ 6), die Mitteilung oder Anzeige von Heimarbeit (§§ 7, 15), die Unterrichtungspflicht (§ 7a), die Offenlegung der Entgeltverzeichnisse (§ 8), die Entgeltbelege (§ 9) oder die Auskunftspflicht über die Entgelte (§ 28 Abs. 1) zuwiderhandelt,
2.
    einer vollziehbaren Anordnung zum Schutz der Heimarbeiter vor Zeitversäumnis (§ 10) zuwiderhandelt,
3.
    einer Regelung zur Verteilung der Heimarbeit nach § 11 Abs. 2 zuwiderhandelt, soweit sie für einen bestimmten Tatbestand auf diese Bußgeldvorschrift verweist oder
4.
    als in Heimarbeit Beschäftigter (§ 1 Abs. 1) oder diesem Gleichgestellter (§ 1 Abs. 2) duldet, daß ein mitarbeitender Familienangehöriger eine Zuwiderhandlung nach § 32 begeht.

(3) Die Ordnungswidrigkeit nach Absatz 1 kann mit einer Geldbuße bis zu zehntausend Euro, die Ordnungswidrigkeit nach Absatz 2 mit einer Geldbuße bis zu zweitausendfünfhundert Euro geahndet werden.

Zwölfter Abschnitt
Schlußvorschriften

-

§ 33 Durchführungsvorschriften

(1) Das Bundesministerium für Arbeit und Soziales wird ermächtigt, mit Zustimmung des Bundesrates und nach Anhörung der Spitzenverbände der Gewerkschaften und der *Vereinigungen* der Arbeitgeber die zur Durchführung dieses Gesetzes erforderlichen Rechtsverordnungen zu erlassen über

a)
    das Verfahren bei der Gleichstellung (§ 1 Abs. 2 bis 5);
b)
    die Errichtung von Heimarbeitsausschüssen und von Entgeltausschüssen für fremde Hilfskräfte der Heimarbeit und das Verfahren vor ihnen (§§ 4, 5, 11, 18 bis 22);
c)
    Form, Inhalt und Einsendung der Listen und der Anzeige bei erstmaliger Ausgabe von Heimarbeit (§§ 6 und 7);
d)
    Form, Inhalt, Ausgabe und Aufbewahrung von Entgeltbelegen (§ 9).

(2) Das Bundesministerium für Arbeit und Soziales kann mit Zustimmung des Bundesrates und nach Anhörung der Spitzenverbände der Gewerkschaften und der Vereinigung der Arbeitgeber allgemeine Verwaltungsvorschriften für die Durchführung dieses Gesetzes erlassen.

Fußnote

§ 33 Abs. 1 Eingangssatz Kursivdruck: Lautet richtig "Vereinigung"

-

§ 34 Inkrafttreten

(1) Das Gesetz tritt einen Monat nach seiner Verkündung, *der § 33 am Tag nach der Verkündung*

in Kraft.

(2) Mit dem Inkrafttreten dieses Gesetzes treten das Gesetz über die Heimarbeit in der Fassung der Bekanntmachung vom 30. Oktober 1939 (Reichsgesetzbl. I S. 2145) und die Verordnung zur Durchführung des Gesetzes über die Heimarbeit vom 30. Oktober 1939 (Reichsgesetzbl. I S. 2152) außer Kraft. Die auf Grund der bisherigen gesetzlichen Vorschriften zur Durchführung des Gefahrenschutzes erlassenen Verordnungen bleiben mit der Maßgabe in Kraft, daß anstelle der in ihnen erwähnten Vorschriften des Gesetzes über die Heimarbeit in der Fassung vom 30. Oktober 1939 und des Hausarbeitgesetzes in der Fassung vom 30. Juni 1923 (Reichsgesetzbl. S. 472/730) die entsprechenden Vorschriften dieses Gesetzes treten.

Fußnote

§ 34 Abs. 1 Kursivdruck: Betr. Inkrafttreten d. § 33 in der ursprünglichen Fassung

Gesetz über den Ladenschluß - LadSchlG

Ausfertigungsdatum: 28.11.1956

"Gesetz über den Ladenschluß in der Fassung der Bekanntmachung vom 2. Juni 2003 (BGBl. I S. 744), das zuletzt durch Artikel 430 der Verordnung vom 31. August 2015 (BGBl. I S. 1474) geändert worden ist". Neugefasst durch Bek. v. 2. 6.2003 I 744; Zuletzt geändert durch Art. 430 V v. 31.8.2015 I 1474.

Fußnote

(+++ Textnachweis Geltung ab: 1.5.1977 +++)

Überschrift: Im Saarland eingeführt durch § 1 Abs. 1 Nr. 1 V v. 21.11.1963 8050-20-4

Erster Abschnitt
Begriffsbestimmungen

-

§ 1 Verkaufsstellen

(1) Verkaufsstellen im Sinne dieses Gesetzes sind

1.
    Ladengeschäfte aller Art, Apotheken, Tankstellen und Bahnhofsverkaufsstellen,

2.
    sonstige Verkaufsstände und -buden, Kioske, Basare und ähnliche Einrichtungen, falls in ihnen ebenfalls von einer festen Stelle aus ständig Waren zum Verkauf an jedermann feilgehalten werden. Dem Feilhalten steht das Zeigen von Mustern, Proben und ähnlichem gleich, wenn Warenbestellungen in der Einrichtung entgegengenommen werden,

3.
    Verkaufsstellen von Genossenschaften.

(2) Zur Herbeiführung einer einheitlichen Handhabung des Gesetzes kann das Bundesministerium für Arbeit und Soziales im Einvernehmen mit dem Bundesministerium für Wirtschaft und Energie

durch Rechtsverordnung mit Zustimmung des Bundesrates bestimmen, welche Einrichtungen Verkaufsstellen gemäß Absatz 1 sind.

-

§ 2 Begriffsbestimmungen

(1) Feiertage im Sinne dieses Gesetzes sind die gesetzlichen Feiertage.
(2) Reisebedarf im Sinne dieses Gesetzes sind Zeitungen, Zeitschriften, Straßenkarten, Stadtpläne, Reiselektüre, Schreibmaterialien, Tabakwaren, Schnittblumen, Reisetoilettenartikel, Filme, Tonträger, Bedarf für Reiseapotheken, Reiseandenken und Spielzeug geringeren Wertes, Lebens- und Genussmittel in kleineren Mengen sowie ausländische Geldsorten.

Zweiter Abschnitt
Ladenschlusszeiten

-

§ 3 Allgemeine Ladenschlusszeiten

Verkaufsstellen müssen zu folgenden Zeiten für den geschäftlichen Verkehr mit Kunden geschlossen sein:

1.
     an Sonn- und Feiertagen,
2.
     montags bis samstags bis 6 Uhr und ab 20 Uhr,
3.
     am 24. Dezember, wenn dieser Tag auf einen Werktag fällt, bis 6 Uhr und ab 14 Uhr.
Verkaufsstellen für Bäckerwaren dürfen abweichend von Satz 1 den Beginn der Ladenöffnungszeit an Werktagen auf 5.30 Uhr vorverlegen. Die beim Ladenschluss anwesenden Kunden dürfen noch bedient werden.

-

§ 4 Apotheken

(1) Abweichend von den Vorschriften des § 3 dürfen Apotheken an allen Tagen während des ganzen Tages geöffnet sein. An Werktagen während der allgemeinen Ladenschlusszeiten (§ 3) und an Sonn- und Feiertagen ist nur die Abgabe von Arznei-, Krankenpflege-, Säuglingspflege- und Säuglingsnährmitteln, hygienischen Artikeln sowie Desinfektionsmitteln gestattet.
(2) Die nach Landesrecht zuständige Verwaltungsbehörde hat für eine Gemeinde oder für benachbarte Gemeinden mit mehreren Apotheken anzuordnen, dass während der allgemeinen Ladenschlusszeiten (§ 3) abwechselnd ein Teil der Apotheken geschlossen sein muss. An den geschlossenen Apotheken ist an sichtbarer Stelle ein Aushang anzubringen, der die zur Zeit offenen Apotheken bekannt gibt. Dienstbereitschaft der Apotheken steht der Offenhaltung gleich.

-

§ 5 Zeitungen und Zeitschriften

Abweichend von den Vorschriften des § 3 dürfen Kioske für den Verkauf von Zeitungen und Zeitschriften an Sonn- und Feiertagen von 11 bis 13 Uhr geöffnet sein.

-

§ 6 Tankstellen

(1) Abweichend von den Vorschriften des § 3 dürfen Tankstellen an allen Tagen während des ganzen Tages geöffnet sein.

(2) An Werktagen während der allgemeinen Ladenschlusszeiten (§ 3) und an Sonn- und Feiertagen ist nur die Abgabe von Ersatzteilen für Kraftfahrzeuge, soweit dies für die Erhaltung oder Wiederherstellung der Fahrbereitschaft notwendig ist, sowie die Abgabe von Betriebsstoffen und von Reisebedarf gestattet.

-

§ 7

(weggefallen)

-

§ 8 Verkaufsstellen auf Personenbahnhöfen

(1) Abweichend von den Vorschriften des § 3 dürfen Verkaufsstellen auf Personenbahnhöfen von Eisenbahnen und Magnetschwebebahnen, soweit sie den Bedürfnissen des Reiseverkehrs zu dienen bestimmt sind, an allen Tagen während des ganzen Tages geöffnet sein, am 24. Dezember jedoch nur bis 17 Uhr. Während der allgemeinen Ladenschlusszeiten ist der Verkauf von Reisebedarf zulässig.

(2) Das Bundesministerium für Verkehr und digitale Infrastruktur wird ermächtigt, im Einvernehmen mit den Bundesministerien für Wirtschaft und Energie und für Arbeit und Soziales durch Rechtsverordnung mit Zustimmung des Bundesrates Ladenschlusszeiten für die Verkaufsstellen auf Personenbahnhöfen vorzuschreiben, die sicherstellen, dass die Dauer der Offenhaltung nicht über das von den Bedürfnissen des Reiseverkehrs geforderte Maß hinausgeht; es kann ferner die Abgabe von Waren in den genannten Verkaufsstellen während der allgemeinen Ladenschlusszeiten (§ 3) auf bestimmte Waren beschränken.

(2a) Die Landesregierungen werden ermächtigt, durch Rechtsverordnung zu bestimmen, dass in Städten mit über 200 000 Einwohnern zur Versorgung der Berufspendler und der anderen Reisenden mit Waren des täglichen Ge- und Verbrauchs sowie mit Geschenkartikeln

1. Verkaufsstellen auf Personenbahnhöfen des Schienenfernverkehrs und

2. Verkaufsstellen innerhalb einer baulichen Anlage, die einen Personenbahnhof des Schienenfernverkehrs mit einem Verkehrsknotenpunkt des Nah- und Stadtverkehrs verbindet,

an Werktagen von 6 bis 22 Uhr geöffnet sein dürfen; sie haben dabei die Größe der Verkaufsfläche auf das für diesen Zweck erforderliche Maß zu begrenzen.

(3) Für Apotheken bleibt es bei den Vorschriften des § 4.

-

§ 9 Verkaufsstellen auf Flughäfen und in Fährhäfen

(1) Abweichend von den Vorschriften des § 3 dürfen Verkaufsstellen auf Flughäfen an allen Tagen während des ganzen Tages geöffnet sein, am 24. Dezember jedoch nur bis 17 Uhr. An Werktagen während der allgemeinen Ladenschlusszeiten (§ 3) und an Sonn- und Feiertagen ist nur die Abgabe von Reisebedarf an Reisende gestattet.

(2) Das Bundesministerium für Verkehr und digitale Infrastruktur wird ermächtigt, im Einvernehmen mit den Bundesministerien für Wirtschaft und Energie und für Arbeit und Soziales durch Rechtsverordnung mit Zustimmung des Bundesrates Ladenschlusszeiten für die in Absatz 1 genannten Verkaufsstellen vorzuschreiben und die Abgabe von Waren näher zu regeln.

(3) Die Landesregierungen werden ermächtigt, durch Rechtsverordnung abweichend von Absatz 1 Satz 2 zu bestimmen, daß auf internationalen Verkehrsflughäfen und in internationalen Fährhäfen Waren des täglichen Ge- und Verbrauchs sowie Geschenkartikel an Werktagen während der allgemeinen Ladenschlußzeiten (§ 3) und an Sonn- und Feiertagen auch an andere Personen als an Reisende abgegeben werden dürfen; sie haben dabei die Größe der Verkaufsflächen auf das für diesen Zweck erforderliche Maß zu begrenzen.

-

§ 10 Kur- und Erholungsorte

(1) Die Landesregierungen können durch Rechtsverordnung bestimmen, dass und unter welchen Voraussetzungen und Bedingungen in Kurorten und in einzeln aufzuführenden Ausflugs-, Erholungs- und Wallfahrtsorten mit besonders starkem Fremdenverkehr Badegegenstände, Devotionalien, frische Früchte, alkoholfreie Getränke, Milch und Milcherzeugnisse im Sinne des § 4 Abs. 2 des Milch- und Fettgesetzes in der im Bundesgesetzblatt Teil III, Gliederungsnummer 7842-1, veröffentlichen bereinigten Fassung, Süßwaren, Tabakwaren, Blumen und Zeitungen sowie Waren, die für diese Orte kennzeichnend sind, abweichend von den Vorschriften des § 3 Abs. 1 Nr. 1 an jährlich höchstens 40 Sonn- und Feiertagen bis zur Dauer von acht Stunden verkauft werden dürfen. Sie können durch Rechtsverordnung die Festsetzung der zugelassenen Öffnungszeiten auf andere Stellen übertragen. Bei der Festsetzung der Öffnungszeiten ist auf die Zeit des Hauptgottesdienstes Rücksicht zu nehmen.
(2) In den nach Absatz 1 erlassenen Rechtsverordnungen kann die Offenhaltung auf bestimmte Ortsteile beschränkt werden.

-

§ 11 Verkauf in ländlichen Gebieten an Sonntagen

Die Landesregierungen oder die von ihnen bestimmten Stellen können durch Rechtsverordnung bestimmen, dass und unter welchen Voraussetzungen und Bedingungen in ländlichen Gebieten während der Zeit der Feldbestellung und der Ernte abweichend von den Vorschriften des § 3 alle oder bestimmte Arten von Verkaufsstellen an Sonn- und Feiertagen bis zur Dauer von zwei Stunden geöffnet sein dürfen, falls dies zur Befriedigung dringender Kaufbedürfnisse der Landbevölkerung erforderlich ist.

-

§ 12 Verkauf bestimmter Waren an Sonntagen

(1) Das Bundesministerium für Arbeit und Soziales bestimmt im Einvernehmen mit den Bundesministerien für Wirtschaft und Energie und für Ernährung und Landwirtschaft durch Rechtsverordnung mit Zustimmung des Bundesrates, dass und wie lange an Sonn- und Feiertagen abweichend von der Vorschrift des § 3 Abs. 1 Nr. 1 Verkaufsstellen für die Abgabe von Milch und Milcherzeugnissen im Sinne des § 4 Abs. 2 des Milch- und Fettgesetzes in der im Bundesgesetzblatt Teil III, Gliederungsnummer 7842-1, veröffentlichten bereinigten Fassung, Bäcker- und Konditorwaren, frischen Früchten, Blumen und Zeitungen geöffnet sein dürfen.
(2) In den nach Absatz 1 erlassenen Rechtsverordnungen kann die Offenhaltung auf bestimmte Sonn- und Feiertage oder Jahreszeiten sowie auf bestimmte Arten von Verkaufsstellen beschränkt werden. Eine Offenhaltung am 2. Weihnachts-, Oster- und Pfingstfeiertag soll nicht zugelassen werden. Die Lage der zugelassenen Öffnungszeiten wird unter Berücksichtigung der Zeit des Hauptgottesdienstes von den Landesregierungen oder den von ihnen bestimmten Stellen durch Rechtsverordnung festgesetzt.

-

§ 13

(weggefallen)

-

§ 14 Weitere Verkaufssonntage

(1) Abweichend von der Vorschrift des § 3 Abs. 1 Nr. 1 dürfen Verkaufsstellen aus Anlass von Märkten, Messen oder ähnlichen Veranstaltungen an jährlich höchstens vier Sonn- und Feiertagen geöffnet sein. Diese Tage werden von den Landesregierungen oder den von ihnen bestimmten Stellen durch Rechtsverordnung freigegeben.
(2) Bei der Freigabe kann die Offenhaltung auf bestimmte Bezirke und Handelszweige beschränkt werden. Der Zeitraum, während dessen die Verkaufsstellen geöffnet sein dürfen, ist anzugeben. Er darf fünf zusammenhängende Stunden nicht überschreiten, muss spätestens um 18 Uhr enden und soll außerhalb der Zeit des Hauptgottesdienstes liegen.
(3) Sonn- und Feiertage im Dezember dürfen nicht freigegeben werden. In Orten, für die eine Regelung nach § 10 Abs. 1 Satz 1 getroffen ist, dürfen Sonn- und Feiertage nach Absatz 1 nur freigegeben werden, soweit die Zahl dieser Tage zusammen mit den nach § 10 Abs. 1 Nr. 1 freigegebenen Sonn- und Feiertagen 40 nicht übersteigt.

-

§ 15 Sonntagsverkauf am 24. Dezember

Abweichend von der Vorschrift des § 3 Abs. 1 Nr. 1 dürfen, wenn der 24. Dezember auf einen Sonntag fällt,

1.

Verkaufsstellen, die gemäß § 12 oder den hierauf gestützten Vorschriften an Sonn- und Feiertagen geöffnet sein dürfen,

2.

Verkaufsstellen, die überwiegend Lebens- und Genussmittel feilhalten,

3.

alle Verkaufsstellen für die Abgabe von Weihnachtsbäumen
während höchstens drei Stunden bis längstens 14 Uhr geöffnet sein.

-

§ 16

(weggefallen)

Dritter Abschnitt
Besonderer Schutz der Arbeitnehmer

-

§ 17 Arbeitszeit an Sonn- und Feiertagen

(1) In Verkaufsstellen dürfen Arbeitnehmer an Sonn- und Feiertagen nur während der ausnahmsweise zugelassenen Öffnungszeiten (§§ 4 bis 15 und die hierauf gestützten Vorschriften) und, falls dies zur Erledigung von Vorbereitungs- und Abschlussarbeiten unerlässlich ist, während insgesamt weiterer 30 Minuten beschäftigt werden.
(2) Die Dauer der Beschäftigungszeit des einzelnen Arbeitnehmers an Sonn- und Feiertagen darf acht Stunden nicht überschreiten.
(2a) In Verkaufsstellen, die gemäß § 10 oder den hierauf gestützten Vorschriften an Sonn- und

Feiertagen geöffnet sein dürfen, dürfen Arbeitnehmer an jährlich höchstens 22 Sonn- und Feiertagen beschäftigt werden. Ihre Arbeitszeit an Sonn- und Feiertagen darf vier Stunden nicht überschreiten.

(3) Arbeitnehmer, die an Sonn- und Feiertagen in Verkaufsstellen gemäß §§ 4 bis 6, 8 bis 12, 14 und 15 und den hierauf gestützten Vorschriften beschäftigt werden, sind, wenn die Beschäftigung länger als drei Stunden dauert, an einem Werktag derselben Woche ab 13 Uhr, wenn sie länger als sechs Stunden dauert, an einem ganzen Werktag derselben Woche von der Arbeit freizustellen; mindestens jeder dritte Sonntag muss beschäftigungsfrei bleiben. Werden sie bis zu drei Stunden beschäftigt, so muß jeder zweite Sonntag oder in jeder zweiten Woche ein Nachmittag ab 13 Uhr beschäftigungsfrei bleiben. Statt an einem Nachmittag darf die Freizeit am Sonnabend- oder Montagvormittag bis 14 Uhr gewährt werden. Während der Zeiten, zu denen die Verkaufsstelle geschlossen sein muss, darf die Freizeit nicht gegeben werden.

(4) Arbeitnehmerinnen und Arbeitnehmer in Verkaufsstellen können verlangen, in jedem Kalendermonat an einem Samstag von der Beschäftigung freigestellt zu werden.

(5) Mit dem Beschicken von Warenautomaten dürfen Arbeitnehmer außerhalb der Öffnungszeiten, die für die mit dem Warenautomaten in räumlichem Zusammenhang stehende Verkaufsstelle gelten, nicht beschäftigt werden.

(6) (weggefallen)

(7) Das Bundesministerium für Arbeit und Soziales wird ermächtigt, zum Schutze der Arbeitnehmer in Verkaufsstellen vor übermäßiger Inanspruchnahme ihrer Arbeitskraft oder sonstiger Gefährdung ihrer Gesundheit durch Rechtsverordnung mit Zustimmung des Bundesrates zu bestimmen,

1.
dass während der ausnahmsweise zugelassenen Öffnungszeiten (§§ 4 bis 16 und die hierauf gestützten Vorschriften) bestimmte Arbeitnehmer nicht oder die Arbeitnehmer nicht mit bestimmten Arbeiten beschäftigt werden dürfen,

2.
dass den Arbeitnehmern für Sonn- und Feiertagsarbeit über die Vorschriften des Absatzes 3 hinaus ein Ausgleich zu gewähren ist,

3.
dass die Arbeitnehmer während der Ladenschlusszeiten an Werktagen (§ 3 Abs. 1 Nr. 2, §§ 5, 6, 8 bis 10 und die hierauf gestützten Vorschriften) nicht oder nicht mit bestimmten Arbeiten beschäftigt werden dürfen.

(8) Das Gewerbeaufsichtsamt kann in begründeten Einzelfällen Ausnahmen von den Vorschriften der Absätze 1 bis 5 bewilligen. Die Bewilligung kann jederzeit widerrufen werden.

(9) Die Vorschriften der Absätze 1 bis 8 finden auf pharmazeutisch vorgebildete Arbeitnehmer in Apotheken keine Anwendung.

Vierter Abschnitt
Bestimmungen für einzelne Gewerbezweige und für den Marktverkehr

-

§§ 18 und 18a (weggefallen)

-

§ 19 Marktverkehr

(1) Während der allgemeinen Ladenschlusszeiten (§ 3) dürfen auf behördlich genehmigten Groß- und Wochenmärkten Waren zum Verkauf an die letzten Verbraucher nicht feilgehalten werden; jedoch kann die nach Landesrecht zuständige Verwaltungsbehörde in den Grenzen einer gemäß §§ 10 bis 15 oder den hierauf gestützten Vorschriften zulässigen Offenhaltung der Verkaufsstellen einen geschäftlichen Verkehr auf Groß- und Wochenmärkten zulassen.

(2) Am 24. Dezember dürfen nach 14 Uhr Waren auch im sonstigen Marktverkehr nicht feilgehalten

werden.

(3) Im Übrigen bleibt es bei den Vorschriften der §§ 64 bis 71a der Gewerbeordnung, insbesondere bei den auf Grund des § 69 Abs. 1 Satz 1 der Gewerbeordnung festgesetzten Öffnungszeiten für Messen, Ausstellungen und Märkte.

-

§ 20 Sonstiges gewerbliches Feilhalten

(1) Während der allgemeinen Ladenschlusszeiten (§ 3) ist auch das gewerbliche Feilhalten von Waren zum Verkauf an jedermann außerhalb von Verkaufsstellen verboten; dies gilt nicht für Volksbelustigungen, die den Vorschriften des Titels III der Gewerbeordnung unterliegen und von der nach Landesrecht zuständigen Behörde genehmigt worden sind, sowie für das Feilhalten von Tageszeitungen an Werktagen. Dem Feilhalten steht das Zeigen von Mustern, Proben und ähnlichem gleich, wenn dazu Räume benutzt werden, die für diesen Zweck besonders bereitgestellt sind, und dabei Warenbestellungen entgegengenommen werden.

(2) Soweit für Verkaufsstellen gemäß §§ 10 bis 15 oder den hierauf gestützten Vorschriften Abweichungen von den Ladenschlusszeiten des § 3 zugelassen sind, gelten diese Abweichungen unter denselben Voraussetzungen und Bedingungen auch für das Feilhalten gemäß Absatz 1.

(2a) Die nach Landesrecht zuständige Verwaltungsbehörde kann abweichend von den Vorschriften der Absätze 1 und 2 Ausnahmen für das Feilhalten von leichtverderblichen Waren und Waren zum sofortigen Verzehr, Gebrauch oder Verbrauch zulassen, sofern dies zur Befriedigung örtlich auftretender Bedürfnisse notwendig ist und diese Ausnahmen im Hinblick auf den Arbeitsschutz unbedenklich sind.

(3) Die Vorschriften des § 17 Abs. 1 bis 3 gelten entsprechend.

(4) Das Bundesministerium für Arbeit und Soziales kann durch Rechtsverordnung mit Zustimmung des Bundesrates zum Schutze der Arbeitnehmer vor übermäßiger Inanspruchnahme ihrer Arbeitskraft oder sonstiger Gefährdung ihrer Gesundheit Vorschriften, wie in § 17 Abs. 7 genannt, erlassen.

Fünfter Abschnitt
Durchführung des Gesetzes

-

§ 21 Auslage des Gesetzes, Verzeichnisse

(1) Der Inhaber einer Verkaufsstelle, in der regelmäßig mindestens ein Arbeitnehmer beschäftigt wird, ist verpflichtet,

1.

einen Abdruck dieses Gesetzes und der auf Grund dieses Gesetzes erlassenen Rechtsverordnungen mit Ausnahme der Vorschriften, die Verkaufsstellen anderer Art betreffen, an geeigneter Stelle in der Verkaufsstelle auszulegen oder auszuhängen,

2.

ein Verzeichnis über Namen, Tag, Beschäftigungsart und -dauer der an Sonn- und Feiertagen beschäftigten Arbeitnehmer und über die diesen gemäß § 17 Abs. 3 als Ersatz für die Beschäftigung an diesen Tagen gewährte Freizeit zu führen; dies gilt nicht für die pharmazeutisch vorgebildeten Arbeitnehmer in Apotheken. Die Landesregierungen können durch Rechtsverordnung eine einheitliche Form für das Verzeichnis vorschreiben.

(2) Die Verpflichtung nach Absatz 1 Nr. 2 obliegt auch den in § 20 genannten Gewerbetreibenden.

-

§ 22 Aufsicht und Auskunft

(1) Die Aufsicht über die Ausführung der Vorschriften dieses Gesetzes und der auf Grund dieses Gesetzes erlassenen Vorschriften üben, soweit es sich nicht um Wochenmärkte (§ 19) handelt, die nach Landesrecht für den Arbeitsschutz zuständigen Verwaltungsbehörden aus; ob und inwieweit andere Dienststellen an der Aufsicht beteiligt werden, bestimmen die obersten Landesbehörden.

(2) Auf die Befugnisse und Obliegenheiten der in Absatz 1 genannten Behörden finden die Vorschriften des § 139b der Gewerbeordnung entsprechend Anwendung.

(3) Die Inhaber von Verkaufsstellen und die in § 20 genannten Gewerbetreibenden sind verpflichtet, den Behörden, denen auf Grund des Absatzes 1 die Aufsicht obliegt, auf Verlangen

1.
> die zur Erfüllung der Aufgaben dieser Behörden erforderlichen Angaben wahrheitsgemäß und vollständig zu machen,

2.
> das Verzeichnis gemäß § 21 Abs. 1 Nr. 2, die Unterlagen, aus denen Namen, Beschäftigungsart und -zeiten der Arbeitnehmer sowie Lohn- und Gehaltszahlungen ersichtlich sind, und alle sonstigen Unterlagen, die sich auf die nach Nummer 1 zu machenden Angaben beziehen, vorzulegen oder zur Einsicht einzusenden. Die Verzeichnisse und Unterlagen sind mindestens bis zum Ablauf eines Jahres nach der letzten Eintragung aufzubewahren.

(4) Die Auskunftspflicht nach Absatz 3 Nr. 1 obliegt auch den in Verkaufsstellen oder beim Feilhalten gemäß § 20 beschäftigten Arbeitnehmern.

§ 23 Ausnahmen im öffentlichen Interesse

(1) Die obersten Landesbehörden können in Einzelfällen befristete Ausnahmen von den Vorschriften der §§ 3 bis 15 und 19 bis 21 dieses Gesetzes bewilligen, wenn die Ausnahmen im öffentlichen Interesse dringend nötig werden. Die Bewilligung kann jederzeit widerrufen werden. Die Landesregierungen werden ermächtigt, durch Rechtsverordnung die zuständigen Behörden abweichend von Satz 1 zu bestimmen. Sie können diese Ermächtigung auf oberste Landesbehörden übertragen.

(2) Das Bundesministerium für Arbeit und Soziales kann im Einvernehmen mit dem Bundesministerium für Wirtschaft und Energie durch Rechtsverordnung mit Zustimmung des Bundesrates Vorschriften über die Voraussetzungen und Bedingungen für die Bewilligung von Ausnahmen im Sinne des Absatzes 1 erlassen.

Sechster Abschnitt
Straftaten und Ordnungswidrigkeiten

§ 24 Ordnungswidrigkeiten

(1) Ordnungswidrig handelt, wer vorsätzlich oder fahrlässig

1.
> als Inhaber einer Verkaufsstelle oder als Gewerbetreibender im Sinne des § 20
> a)
>> einer Vorschrift des § 17 Abs. 1 bis 3 über die Beschäftigung an Sonn- und Feiertagen, die Freizeit oder den Ausgleich,
> b)
>> einer Vorschrift einer Rechtsverordnung nach § 17 Abs. 7 oder § 20 Abs. 4, soweit sie für einen bestimmten Tatbestand auf diese Bußgeldvorschrift verweist,
> c)
>> einer Vorschrift des § 21 Abs. 1 Nr. 2 über Verzeichnisse oder des § 22 Abs. 3 Nr. 2 über die Einsicht, Vorlage oder Aufbewahrung der Verzeichnisse,

2.
> als Inhaber einer Verkaufsstelle

a)
einer Vorschrift der §§ 3, 4 Abs. 1 Satz 2, des § 6 Abs. 2, des § 9 Abs. 1 Satz 2, des § 17 Abs. 5 oder einer nach § 4 Abs. 2 Satz 1, § 8 Abs. 2, § 9 Abs. 2 oder nach § 10 oder § 11 erlassenen Rechtsvorschrift über die Ladenschlusszeiten,

b)
einer sonstigen Vorschrift einer Rechtsverordnung nach § 10 oder § 11, soweit sie für einen bestimmten Tatbestand auf diese Bußgeldvorschrift verweist,

c)
der Vorschrift des § 21 Abs. 1 Nr. 1 über Auslagen und Aushänge,

3.
als Gewerbetreibender im Sinne des § 19 oder des § 20 einer Vorschrift des § 19 Abs. 1, 2 oder des § 20 Abs. 1, 2 über das Feilhalten von Waren im Marktverkehr oder außerhalb einer Verkaufsstelle oder

4.
einer Vorschrift des § 22 Abs. 3 Nr. 1 oder Abs. 4 über die Auskunft
zuwiderhandelt.
(2) Die Ordnungswidrigkeit nach Absatz 1 Nr. 1 Buchstabe a und b kann mit einer Geldbuße bis zu zweitausendfünfhundert Euro, die Ordnungswidrigkeit nach Absatz 1 Nr. 1 Buchstabe c und Nr. 2 bis 4 mit einer Geldbuße bis zu fünfhundert Euro geahndet werden.
-

§ 25 Straftaten

Wer vorsätzlich als Inhaber einer Verkaufsstelle oder als Gewerbetreibender im Sinne des § 20 eine der in § 24 Abs. 1 Nr. 1 Buchstaben a und b bezeichneten Handlungen begeht und dadurch vorsätzlich oder fahrlässig Arbeitnehmer in ihrer Arbeitskraft oder Gesundheit gefährdet, wird mit Freiheitsstrafe bis zu sechs Monaten oder mit Geldstrafe bis zu einhundertachtzig Tagessätzen bestraft.
-

§ 26

(weggefallen)

Siebenter Abschnitt
Schlussbestimmungen

-

§ 27 Vorbehalt für die Landesgesetzgebung

Unberührt bleiben die landesrechtlichen Vorschriften, durch die der Gewerbebetrieb und die Beschäftigung von Arbeitnehmern in Verkaufsstellen an anderen Festtagen als an Sonn- und Feiertagen beschränkt werden.
-

§ 28 Bestimmung der zuständigen Behörden

Soweit in diesem Gesetz auf die nach Landesrecht zuständige Verwaltungsbehörde verwiesen wird, bestimmt die Landesregierung durch Verordnung, welche Behörden zuständig sind.
-

§§ 29 und 30 (weggefallen)

§ 31

(Inkrafttreten, Außerkrafttreten)

Über eine Bewertung bei Amazon oder anderen Distributoren freut sich die Redaktion. Mit Kritik und Verbesserungsvorschlägen für künftige Ausgaben wenden Sie sich auch gerne an MGJV.Verlag@gmail.com

Vielen Dank, Ihre Redaktion MGJV

www.ingramcontent.com/pod-product-compliance
Lightning Source LLC
Chambersburg PA
CBHW071412180526
45170CB00001B/74